中央高校基本科研业务费专项资金专著出版与后期资助项目"人口社会学"（批准号：JBK130815）

人口社会学

——基于人口行为视角的研究

SOCIOLOGY
OF POPULATION
RESEARCH FROM THE PERSPECTIVE OF POPULATION BEHAVIOR

张俊良／著

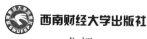

西南财经大学出版社

·成都·

图书在版编目(CIP)数据

人口社会学:基于人口行为视角的研究/张俊良著.—成都:西南财经大学出版社,2018.5

ISBN 978-7-5504-3518-6

Ⅰ.①人…　Ⅱ.①张…　Ⅲ.①人口社会学—研究　Ⅳ.①C92-05

中国版本图书馆 CIP 数据核字(2018)第 113669 号

人口社会学——基于人口行为视角的研究

Renkou Shehuixue——Jiyu Renkou Xingwei Shijiao de Yanjiu

张俊良　著

责任编辑:刘佳庆

封面设计:墨创文化

责任印制:朱曼丽

出版发行	西南财经大学出版社(四川省成都市光华村街 55 号)
网　　址	http://www.bookcj.com
电子邮件	bookcj@foxmail.com
邮政编码	610074
电　　话	028-87353785　87352368
照　　排	四川胜翔数码印务设计有限公司
印　　刷	四川新财印务有限公司
成品尺寸	170mm×240mm
印　　张	24.25
字　　数	608 千字
版　　次	2018 年 5 月第 1 版
印　　次	2018 年 5 月第 1 次印刷
书　　号	ISBN 978-7-5504-3518-6
定　　价	88.00 元

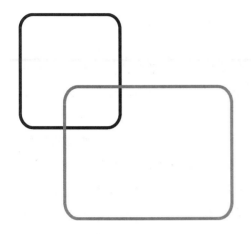

前　　言

　　《人口社会学——基于人口行为视角的研究》一书，是作者在"人口社会学"这门课程讲稿的基础上整理而成的。自20世纪90年代初期以来，作者一直在给人口学专业的硕士生和博士生，社会学及人口、资源与环境经济学等专业的硕士生讲授"人口社会学"这门课程。经过漫长的学习、思考和积累，逐步构建起本书的研究框架和知识体系。

　　首先，本研究以马克思主义理论为指导。对人口行为内涵、内容及属性的界定，以马克思关于人口生产的理论为依据。马克思认为："生命的生产——无论是自己生命生产（通过劳动）或是他人生命生产（通过生育）——立即表现为双重关系：一方面是自然关系，另一方面是社会关系。"据此，我们将人口行为划分为自己生命生产行为和他人生命生产行为两个大类，然后再分别对两大行为进行具体研究，包括其内容、特征、属性及影响因素等。在对两大类人口行为的分析过程中，也一直以马克思主义为指导，如关于阶级、阶层的分析，关于个体社会化的分析，关于婚姻家庭的分析，关于社会变迁与人口行为现代化等分析过程。其次，本研究广泛借鉴当代人口学和当代社会学以及其他学科的相关理论，构建分析框架和充实研究内容。关于人口行为能否作为人口社会学的研究对象，我们借鉴了西方社会学家马克斯·韦伯、帕森斯等人的相关理论，结合我国当代人口学的知识体系进行了深入和系统的论证。研究发现，在我国人口学知识体系中，尚无专门聚焦于人口行为的系统研究；同时，一些西方社会学家认为，社会学就是研究社会行为的，而人口行为是社会行为中的一个大类，所以我们认为人口社会学是可以将人口行为作为研究对象的。在对两大类人口行为的分析过程中，本书也借鉴了诸多的人口学和社会学的经典理论和前沿理论。如人口生产和再生产理论、人口流动和社会流动理论、生命周期理论、个体社会化理论、生育行为理论等。

《人口社会学——基于人口行为视角的研究》一书，在系统梳理相关研究的基础之上，充分借鉴了学术界丰硕的研究成果，构建起本研究的理论分析框架，以此为依据对人口行为进行系统研究。本书具有以下几个显著的特点：

第一，将完整意义上的人口行为，即自己生命生产行为和他人生命生产行为作为研究对象，学科定位较准确。人口社会学以"人口行为"作为自己的研究对象有几个优点：一是抓准了人口与社会的结合点。对"人口行为"这个客体的研究，既不同于其他人口学科的研究，也有别于社会学各学科的研究，显示出了人口社会学研究对象的特有本质。二是避免了研究对象的宽泛和笼统。人口行为作为人口社会学的对象，它是一个十分具体的研究客体。三是将人口行为作为研究对象。通过对人口行为的研究，揭示其原因、性质特征及一般规律，进而阐明人口行为问题的原因与调控对策，完成人口社会学的根本任务——人口行为现代化与社会进步。

第二，使用人口学的分析框架，将人口学和社会学的理论和方法融会贯通，学科体系较有特色。以人口行为作为研究的主线，运用社会学、人口学、行为学等学科理论，系统阐述了各种人口行为的内涵、特征、动因、动机、问题及对策；同时，对人口社会学研究对象和研究主要内容给予了较准确的定位，使之成为一门真正独立的科学体系。按该研究体系建立的人口社会学，既不同于一般人口学研究，也不与社会学和行为科学的研究重复，但又充分有机地运用了多学科的知识、理论与方法，找准了自身的学科地位，因而也就显现了其自身的学科价值。

第三，本书十分注重对当代人口行为的新现象、新问题的研究与探索，现实价值显著。在研究自己生命生产过程中，提出并简要分析了人口的犯罪行为、同性恋与同居行为、吸毒行为、艾滋病人口问题、自杀行为、贫困人口问题、残疾人口问题及女性人口问题等。在研究他人生命生产过程中，也提出并不同程度地分析了早恋行为、早婚行为、离婚行为，单亲家庭、独身家庭、丁克家庭、独生子女家庭、失独家庭、空巢家庭、同性恋家庭及婚外同居家庭等新现象新问题。

这些新现象新问题，也是当代人口学、社会学等学科研究的热点问题，对这些问题的提出和分析，一方面将有助于对现实热点问题的认识、把握和解决，另一方面也将有利于人口社会学学科体系的完善和知识体系的丰富。

当然，本书的研究尚存诸多不足，甚至有较大缺陷。比如，人口行为种类的逻辑体系还不甚清晰，运用行为科学的理论和方法不够充分，对人口行为的诸多新现象和新问题没能做深入系统研究等。对这些不足，将在后续研究中进一步完善。如若本书能抛砖引玉，作者就倍感欣慰了。

在本书即将问世之际，要特别感谢闫东东博士、郭显超博士的辛勤劳动，他们花费了大量的时间和精力，帮助我整理书稿。还要特别感谢长期以来一直关心本书写作和研究的杨成钢教授、王学义教授；感谢陈藻博士、张兴月博士、黄玲硕士、詹韵秋硕士及刘思岑硕士等给予的支持和帮助；感谢西南财经大学给予的立项支持和出版经费资助。

张俊良

2018 年 3 月 26 日

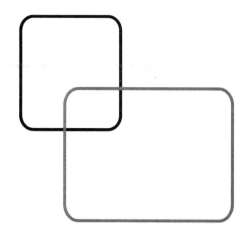

目　录

第一章 导论——人口社会学论史

人口社会学（Sociology of population）将人口行为作为研究客体，探讨人口行为的动因、人口行为过程、人口行为问题与规范、人口行为现代化等，揭示隐藏在各种人口行为之中的客观规律。而最基本的人口行为主要有两种，即自己生命生产行为和他人生命生产行为。在这两种基本人口行为当中包括的其他人口行为还有流动行为、消费行为、择偶行为、婚姻行为、家庭和生育行为以及死亡行为等。因此，梳理人口社会学思想史的过程，就是分类、整理和分析人类历史上的各个时期思想家们围绕上述两大基本人口行为阐述的各种观点和理论。

众所周知，社会是人类生活的共同体，构成社会的基本要素包括人口、自然环境和文化。人口、自然环境及文化三个要素之间的相互关系和有机组合就构成了所谓的社会。由此可见，一定数量与质量和有一定结构的人口是构成社会的首要因素。在人类科学的发展史上，无论是经济学、社会学，还是政治学、历史学甚至哲学，当它们的研究触及"社会"这一领域时，无一例外都或多或少要讨论人口因素，研究人口问题。西方古代的思想家如色诺芬、柏拉图、亚里士多德等，他们的思想体系中都论及了人口行为；中国古代思想家如孔子、孟轲等人的思想体系，对人口行为的论述占有相当大的比重；当代国内外的经济学家、社会学家、政治学家、历史学家、宗教学家和伦理学家们，在其思想体系中，几乎都从不同视角论及人口行为。因此，要从浩如烟海的历史文献中梳理出有关人口社会学的思想、观点和理论，不是一件容易的事。同时，在搜集、整理人口社会学相关观点与理论时，还应有别于一般人口学论史的研究。有些观点和理论，它究竟是研究一般人口学的还是人口经济学的，或是人口社会学的，难以截然区分开。但是，无论是从哪个视角，只要是针对人口行为某一方面或某些方面的论述，都是人口社会学思想的范畴。

纵观人口社会学思想的发展史，大体上经历了萌芽、准备、形成和发展四个阶段。

第一节　萌芽阶段的人口社会学

这一阶段大概是从古代社会至人口学及社会学产生以前的时代。社会学大约产生于19世纪中叶，学术界公认的是以1839年社会学鼻祖奥古斯特·孔德发表《实证哲学教程》为标志。人口学的产生则以1855年基亚尔提出"人口学"这一概念为标志。这一阶段的人口社会学思想大多依附于历代政治学说、伦理学说、宗教神学等各种理论或学说中，是零星的和散乱的，处于萌芽状态。这一时期的代表人物主要有古希腊时期的色诺芬、柏拉图和亚里士多德，以及封建社会后期的启蒙思想家孟德斯鸠等人。中国古代的孔子、孟轲、管仲、墨子、商鞅、王充、洪亮吉等人也是较重要的人物。

一、古希腊、古罗马时期的人口社会学思想

欧洲古代的人口社会思想主要以柏拉图及亚里士多德为代表人物。

柏拉图（公元前427—公元前347），古希腊伟大的思想家，《理想国》是他的代表作。在《理想国》一书中，柏拉图提出了一些人口社会思想。第一，适度人口社会思想。柏拉图认为，一国人口数量究竟以多少为适宜，不仅应考虑本国的土地能供养多少人居住，并且能让他们过最低水平生活；还应该考虑有多少人才能抵挡邻国发动的侵略，并当邻国受他国侵略时又能给予其充分的帮助。据此，他计算出了一个适度人口数，认为5 040人是一个城邦国家公民的理想规模。第二，他认为国家应通过规定结婚年龄和调节结婚数量等办法来干预人口增长。柏拉图在《理想国》中主张女子20至40岁，男子25至55岁为结婚年龄，"结婚的数量应该完全交给领导者去考虑，并把战争、流行病及其他类似事项都考虑在内，不能使我们的国家过大或过小"①。他在《法律论》中则规定女子16至20岁、男子30至35岁为法定结婚年龄。除特殊情况外，凡达到这个年龄的男女，结婚就必须作为义务事项来完成。当市民人数发生过剩情况时，应采取向殖民地移民或限制生育的办法；相反，万一因战争或流行病使市民数下降时，便采取招

---

① 柏拉图. 理想国 [M]. 北京：商务印书馆，1957：24.

外国人入籍或发布生育命令。如果过了十年发现新婚家庭仍没有生育，就要解除他们的婚姻。

亚里士多德（公元前384—公元前322），古希腊伟大的思想家，《政治学》是其代表作，这部书也是第一本剥削阶级的政治学书。在《政治学》一书中，亚里士多德提出了一些人口社会思想，这些思想基本上是继承柏拉图的，但又有其新的特色。

第一，社会适度人口思想。亚里士多德认为，一个城邦国家，人口太少了，这个城邦在生活上就无法自给自足；相反，人口太多，虽然在物质需要方面可以充分自给，"但它既难以构成一个真正的立宪政体，也就终于不能成为一个真正的城邦"①。且为数众多的人口，"倘若各不相知，则职司的分配和案情的裁断两者都不免有所失误"，不利于城邦政治的实施。另外，人口过多，"外侨或客民如果混杂在群众之间，便不易查明，这样，他们就不难冒充公民而混用政治权利"②。因此，亚里士多德的社会适度人口思想，实际上是从"立宪政体"及立宪政治的实施的角度讲的。

第二，亚里士多德还强调了人口质量与社会政治的关系。他认为："一个城邦所需的主要配备为人民；就人民而言，自然应该考虑到数量，也要考虑到品质。""国势强弱与其以人数来衡量毋宁以他们的能力为凭……凡显然具有最高能力足以完成其作用的城邦才可算是最伟大的城邦。"③ 在亚里士多德看来，人口的质量对于城邦来讲比数量更为重要。

第三，亚里士多德还强调了人口结构（主要是人口社会结构）对城邦政治的影响。他说："倘使以人口为标准来判断国势，就必须把计算的人口限于组成城邦的主要部分各分子。这些分子如果特别大，可以作为一个大邦的象征；如果它虽能派遣大批的工匠，却只能编成少数的重装部队，这样的城邦就不得称为大邦。"④ 就是说，一个城邦尽管工商贸易发达，很繁荣，却不能组建一支强大的军队（因为人口年龄或阶层结构的关系），那么也称不上是个大邦。

第四，亚里士多德认为，人口过多会引起一些社会问题。他说："法律（和礼俗）就是某种秩序；普遍良好的秩序基于普遍遵守法律（和礼俗）的习惯。可

① 亚里士多德. 政治学 [M]. 北京：商务印书馆，1981：354-355.
② 亚里士多德. 政治学 [M]. 北京：商务印书馆，1981：355-356.
③ 亚里士多德. 政治学 [M]. 北京：商务印书馆，1981：352-353.
④ 亚里士多德. 政治学 [M]. 北京：商务印书馆，1981：355.

是，事物如为数过多，就难以制定秩序。"① 因此，"凡以政治修明著称于世的城邦无不对人口有所限制"②。按亚里士多德的说法，如果人口过多，社会秩序就难以正常维持，必然发生社会问题。

第五，亚里士多德主张国家应规定女子 17 岁、男子 37 岁是法定结婚年龄，还应规定国民婚后在多长时间内必须生育和抚养好后代。当孩子过多时，就应考虑诸如堕胎等节育措施。

二、中世纪欧洲的人口社会学思想

在欧洲封建社会后期，战争和饥荒频繁，尤其是 14 至 17 世纪反复发生的鼠疫，使大批人口死亡。因此，当时有些思想家从不同的角度阐述了他们各自的人口社会学思想。欧洲中世纪（约公元 476—公元 1453），是 15 世纪后期人文主义者用以表述从公元 5 世纪罗马文明瓦解到人文主义者正在参与的文明生活和知识复兴的历史时期。构成中世纪文明的基础来自三个方面：一是古希腊和古罗马的历史和文化遗产；二是新入侵的日耳曼和斯堪的纳维亚的社会发展模式；三是早期基督教在欧洲大陆流传时逐步形成的传统。其中，基督教的影响极大，几乎渗透到中世纪早期欧洲社会生活的各个方面，且几乎贯穿了整个中世纪 1 000 多年的历史，特别是在意识形态领域。

（一）早期的禁欲主义和贞操观念

欧洲中世纪的早期，教会思想家们大都仍拘泥于基督教教义，依旧从教义出发，继续宣扬禁欲主义和贞操观念，还故意贬低婚姻和家庭生活。教会及其思想代言人利用各种机会，要求人们摒弃来自世俗婚姻与家庭生活的所谓快乐，劝导每一个社会成员如何去祈求上帝，以便将来进入天堂并享有来世的幸福。在整个中世纪，基督教教义并不绝对地限制人们涉足婚姻与家庭生活，但作为僧侣阶层则必然被要求严格奉行独身生活的原则。但是，也有为数不少的僧侣，特别是高层次且具有显赫地位的僧侣，表面上严格奉行禁欲主义和独身生活原则，实际上或多或少、或深或浅地涉足事实上的婚姻和家庭生活。这在成书于中世纪末期的不少文学和纪实性作品中有所披露和反映。

（二）中期的"自然权利理论"

教义与现实生活中人们的客观要求相融合，产生了折中主义的"自然权利理

① 亚里士多德. 政治学 ［M］. 北京：商务印书馆，1981：357.
② 亚里士多德. 政治学 ［M］. 北京：商务印书馆，1981：357.

论"。中世纪西欧最著名的教会思想家圣·托马斯·阿奎那（Saint Thomas Aquinas，1225—1274）在其代表作《神学大全》（Summa Theologiae）（《神学大全》是一部天主教神学著作汇编。）中指出，男女两性结合与生儿育女是出自人类的自然本性，是合乎自然的，所以也是人类与生俱来的自然权利的一个重要方面，理应受到尊重和理解。显然，这种观点适应了当时社会经济发展对增加人口的需要。因为自公元 9 世纪开始，斯堪的纳维亚人的入侵和神圣罗马帝国的领土扩张战争和瘟疫等疾病使欧洲人口锐减。即使社会经济的恢复与发展需要增加人口，但按照教义（无论是基督教还是天主教），僧侣仍被要求严格恪守独身生活的清规戒律。

（三）晚期的反独身主义

反对独身主义的思想风靡中世纪后期的欧洲。

经过长期的宗教禁锢和基督教内部纷争，不仅在公元 11 世纪基督教被人为地分裂为天主教（以罗马教皇为教会最高统治者的教派）和东正教（以东罗马帝国首都君士坦丁堡为中心的东部的自命为"正宗教会"的教派），而且在 16 世纪宗教改革以后，又陆续从天主教中分裂出许多新的教派，统称新教。

孟德斯鸠（1689—1755），是 18 世纪法国著名的启蒙思想家。他从政治、经济和社会各个方面探讨了人口问题，并把探讨法国的人口问题同批判法国的封建专制制度结合起来。他的主要的人口社会思想有：第一，人类的繁衍受多方面社会因素的制约。孟德斯鸠认为，人类的繁衍不同于动物，不是一个纯自然的过程。动物雌性的生殖力几乎是固定的，但人类的繁衍生殖却有思想方式、性格、感情幻想、无常的嗜欲、保存美色的意识、生育的痛苦、家庭人口太多的负担等多种影响因素。第二，他认为当时法国人口减少是由"恶政"及内部道德败坏造成的。风俗的败坏、战争、瘟疫、饥饿、恶政等因素会引起人口的减少，因此，必须进行社会改革，消除恶政，恢复道德，促进人们结婚和生育，增加人口。第三，主张社会立法调节人口的增长或减少。他认为人类繁殖不应受宗教教义的束缚，应受社会立法制约。法律不仅有保护人类的繁衍及子女的教养的意义，而且有调节人口数量的直接作用。人口不足的国家可以通过奖励来鼓励婚姻和生育，人口过多的国家可以通过惩罚限制婚姻和生育来达到减少人口的目的。至于各国制定怎样的人口法律，可视各国情况而定。

纵观中世纪欧洲人口思想的发展历程，人们可以看到一条从比较严格的禁欲主义逐步演变为反独身主义的脉络。这基本上是与中世纪欧洲意识形态和社会经济发展相吻合的。中世纪早期，禁欲主义和贞操观念的宣扬，实际上是早期基督教人口思想的自然延伸。由于社会经济发展的需要，到 13 世纪中叶产生了圣·托马斯·阿奎那的"自然权利理论"。伴随着宗教内部的派别纷争，中世纪后期迎来了大规模的宗教改革和人口思想上的反独身主义观点。这在一定程度上，是人们从中世纪的意识形态中解放出来的重大标志之一，也符合社会经济发展对人口变化的理性要求。

三、中国古代人口社会学思想

中国古代人口社会学思想也是十分丰富的，归纳起来有两种观点：一种是鼓励人口增长，促进社会发展；一种是主张限制人口增长，促进社会发展。

（一）鼓励人口增长的观点

鼓励人口增长的观点，代表人物较多，主要有管仲、商鞅、墨子、孔丘、孟轲等人。其主要观点如下：第一，他们认为人众兵强是强国的标志。如《管子》一书中提出："地大国富，人众兵强，此霸王之本也。"① "人众兵强，此帝王之大资也。"② 强调人口众多是霸权主义的开始，是强国的基础和标志。第二，孔孟通过宣扬"孝悌"的伦理道德观来鼓励人口增殖。孔丘认为，"孝"是仁德之本，它的一个重要表现是繁衍子孙，传宗接代，使其对祖先的祭祀不断继续下去。孟轲则进一步提出了"不孝有三，无后为大"③ 的思想。第三，为鼓励人口增殖，他们提出了各种鼓励措施。墨翟提出五项社会措施：①实行早婚，主张男二十岁娶妻，女十五岁嫁人；②制止战争，他认为战争不仅使人口大批死亡，而且会减少成年夫妇生育子女数，因为"兴师以攻伐邻国，久者终年，速者数月，男女久不相见，此所以寡人之道也"④；③节制蓄妾，他认为当时王公贵族大量"蓄妾""大国拘女累千，小国累百"，使"天下之男多寡无妻，女多拘无夫，男女失时，故民少"⑤；④实行薄葬短丧，他认为厚葬使王公贵族死后大批"杀人陪殉"，往往"天子杀殉，众者数百，寡者数十；将军大夫杀殉，众者数十，寡者数人"，而丧期过长，居丧名目繁多，使人经常处于"恶伤"之中，除了"作

---

① 出自《管子·重令》。
② 出自《商君书·弱民》。
③ 出自《孟子·离娄上》。
④ 出自《墨子·节用上》。
⑤ 出自《墨子·辞过》。

疾病死者不可胜计"外，还会"败男女之交"①，降低人口出生率（数）；⑤减轻赋税徭役，因为"横征暴敛"会使"冻饿死者不可胜数"②，不利于人口增长。

第四，除了以上一些增加人口的社会措施外，他们还提出了一些在短期内迅速增加人口的社会措施，其中尤以商鞅的"徕民"政策最为突出。商鞅提出用给田地、房屋和免除徭役等优厚待遇，大量招徕韩魏赵三国之民，增加秦国的人口。另外，荀况（约公元前313—前238），主张"以德服人"，使他国民之心悦诚服，"欲为我民"等。

（二）限制人口增长的观点

韩非在《韩非子·五蠹》中提出了"人民众而财货寡，事力劳而供养薄，故民争"的观点。封建社会末期，由于人口增长较快，洪吉亮（1746—1809）主张减少人口。他提出用"天地调剂法"和"君相调剂法"解决人口过快增长的问题。所谓"天地调剂法"，是借助"水旱、疾疫"来提高人口的死亡率；"君相调剂法"通过"使野无闲田，民无剩力""疆土之新辟者，移种民以居之"，减重税、抑兼并，"遇有水旱、疾疫，则开仓廪、悉府库以赈之"③ 等来减轻人口增长过快的压力。在这两种调剂法中，主要用第二种方法，因为"民之遇水旱、疫疾而不幸者，不过十之一二矣"。

以上这些古代思想家们已将人口现象与社会现象结合起来研究，提出了许多有益的人口社会思想，但这些思想是零星的，人口社会学还处于萌芽状态。

第二节　准备阶段的人口社会学

这一阶段是自人口学和社会产生以后到独立的人口社会学产生之前的时期。这一时期的人口社会思想主要依附于人口和社会学之中，许多人口学家和社会学家都提出了一些人口社会学相关学说。最具代表性的人物有马尔萨斯、斯宾塞、麦肯洛特、杜蒙特等。

一、马尔萨斯人口理论

托马斯·罗伯特·马尔萨斯（1766—1834），于1789年匿名发表了《人口

---

① 出自《墨子·节葬下》。
② 出自《墨子·节用上》。
③ 出自《洪北江诗文集·治平篇》。

论》的第一版。此后，经多次修改，先后出了六版（1834 年前）。马尔萨斯的人口理论实际上是从人口增长与生活资料增长的角度讲的。概括起来为"两个公理""两个级数""两种抑制"和"三个命题"。在其人口理论中，也包含有人口社会学的思想。他提出在人口增长快于生活资料的增长时，就应采取抑制人口增长的社会措施。在第一版中，他提出了积极的抑制措施，即贫困、饥荒、瘟疫、战争等将会增加死亡率而减少人口数量。在第二版中又提出了预防的抑制，即道德的抑制，包括推迟结婚直到有能力抚养孩子为止，并且婚前要过有道德的独身生活。根据他的理论，他得出了以下几个结论：①财产私有制是保持人口与生活资料之间平衡的最有效最良好的制度；②济贫法不能对穷人过于宽大，贫困是生儿育女过多和懒惰的结果；③一切社会改革不可能改善工人和劳动者的生活，工资增加会导致人口繁殖，因此，会降低生活水平；④生存竞争是自然规律，适者生存、弱者淘汰、贫困者自然死亡。

其后，普雷斯（Place Francis，1771—1854）提出了反对马尔萨斯的禁欲和晚婚的道德抑制，主张通过避孕来节制生育的新马尔萨斯主义。普雷斯是资产阶级的社会学家，他的学说与老马尔萨斯的学说一样，都把资本主义制度造成的失业、贫困归罪于劳动人口增长太快，都否认消灭资本主义制度是解决人口问题的前提条件。

二、社会学中的人口论观点

欧洲各国的经济学家、社会学家，在阐述其经济学理论和社会学理论的过程中，提出了许许多多有关人口和社会的思想和观点，有些还形成了较系统的理论。这些观点、思想和理论，为人口社会学的产生奠定了坚实的思想基础。

法国的孔德（Auguste Comte，1789—1857），于 1838 年出版的《实证哲学教程》中首次使用了社会学（Sociologie）一词，之后其成为社会学的鼻祖，并在社会学发展史上占有不可磨灭的地位。继他之后，英国思想家斯宾塞（Herbert Spencer，1820—1903）在进化论的基础上对孔德的社会学理论做了进一步发展，并提出了带有浓厚社会生物学色彩的人口社会学思想。在斯宾塞的《社会静力学》（Social Statics）、《社会学研究》（The study of Sociology）、《社会学原理》（The Priciple of Sociology）等著述中，他以达尔文"物竞天择，适者生存"思想为指导，认为生物繁衍的能力包括个体自身生存的能力和生育新的个体的能力，且两种能力成反比关系。低等生物由于缺乏抵抗外来危险的能力，为了种群延续，生育力必然很强；而对较高级的生物体来说，其自身生存能力较强，其生育能力必然较弱。人类作为最高级的生物体，生育量最小。斯宾塞认为脑力越发达，个性也就越发达，自我生存变得比生育新的个体更为重要，因此生育量就相对较小。展望未来，文化发达的社会，人口压力将会消失①。

杜尔克姆（Emile Durkheim，1858—1917）是公认的社会学形成时期的最具代表性的人物。作为法国的社会学家，他第一次明确了社会学这门学科的具体研究范围和特定的研究方法。其主要著述有《社会分工》（*The Division of Labor in Society*）和《自杀论》（*Suicide*）等。他主张使社会学的观念渗透到社会科学的各个学科中去，而以社会学统一起来，其中也包括对人口学的渗透。杜尔克姆在对其"社会形态学"定义研究范围时，认为"社会形态学"应研究：①居民在社会组织关系中的地理基础；②人口及其容积、密度和分布情况；③迁移动向；④城市的集合与村落的集合。研究这些因素的目的在于阐述这些因素与社会组织形式及社会结构之间的相互关系。此外，杜尔克姆还提出了"社会容积"和"社会密度"两个概念。在他看来，社会容积是指"社会的各单位的数"；社会密度是指"整体的集中度"，是表明物质的、精神的社会关系的指标，它的变化，产生于人口的集中、城市的形成和发展，以及交通运输手段等因素②。

法国人口学家、社会学家阿尔森·杜蒙特（Arseise Dumont，1849—1902）于1890年出版了《人口缩减与文明——人口学的研究》一书，1898年又出版了《人口出生率与社会民主》，1901年出版了《道德及以此为基础的人口学》。在这些著作中，他对法国及其他欧洲国家人口增长停滞、出生率下降做了多方面的解释。其中，最具代表性的是他的"社会毛细管"（*Social Capillarity*）学说。杜蒙特认为："所有的人都有一种想从社会低的地位向高的地位上升的倾向。在宿命的本能支配下，作为社会分子的所有的人，必然要举其全力，努力维持他所一度确保的地位。只要能够超越同伴，他就无所顾忌地朝着诱惑他的理想的光明和希望不断地向上攀登。这恰好和灯油依靠灯芯上升相似。这种社会毛细管现象的激烈程度有如光的中心那样光亮和强度。这样的现象就叫作"社会的毛细管现象"或称"毛细管的吸引现象"③。

杜蒙特认为，马尔萨斯过剩人口论的忧虑是毫无依据的，其关于人口增长总

① 佟新. 人口社会学 [M]. 北京：北京大学出版社，2000：52.
② 南亮三郎. 人口论史 [M]. 北京：中国人民大学出版社，1984：225.
③ 南亮三郎. 人口论史 [M]. 北京：中国人民大学出版社，1984：235.

是趋向于超过生活资料增长的命题是站不住脚的。杜蒙特说，人口增长总是缓慢的和不规则的，很明显，出生率趋于下降，至少在某些文明国家是如此。这种下降是由于人们提高社会地位和改善经济地位的普遍欲望起了作用。他把这种普遍欲望叫作"社会毛细管作用"。杜蒙特把一个人改进现状、提高地位的所有愿望归纳为这种毛细管作用，即包括渴望更多的财富和权力，希望得到更美好更完善的东西和更多的知识，等等。杜蒙特认为，这是追求进步的伟大力量，是所有社会运动的主要动力。正是在这种推动力的作用下，出现了出生率下降。因为大家庭模式妨碍一个人提高社会地位，实现抱负，其结果便使人们求助于限制家庭规模，这就是西欧一些国家出生率下降的原因。法国就是如此。杜蒙特认为，这些倾向对于把政治平等和经济、社会不平等结合起来的现代社会，会激发这种社会毛细管作用，在这些国家充满着为居民们改善地位的机会，其直接结果就是小家庭的普及。相反，在另外一些国家，人们的社会等级森严，社会地位固定，人们追求较高社会地位的每一个愿望都被难以超越的障碍所打消，人们没有提高其地位的动力，这些社会是处于停滞状态的、组织僵硬的社会。在这样的环境里，毛细管作用是无效的，并且出生率必定处于较高水平。

三、经济学中的人口论观点

继斯宾塞和杜尔克姆之后，欧洲各国的经济学家、社会学家们也提出了许多有益于独立的人口社会学体系建立的思想和理论。例如，德国的经济学家布伦坦诺（Lujo Brentano，1844—1931）于1909年发表的"福利学说"（Wohlstand theorie）。他认为，当时生育数的减少，主要原因是随着福利（Wohlstand）的增长而引起的生育意愿的减退。而生育意愿的减退是近代生活中各种各样享乐的相互竞争的激化，以及对子女的爱的情操纯洁化的结果。在近些年里各种享乐的竞争对于社会中无论男女都表现得很激烈。正如在经济学中"葛森规律"（边际享乐递减规律）所表现的那样，靠近更为强烈的各种享乐首先得到满足，而生育子孙的意愿被放在末尾。这种倾向随着福利的增进会变得更为强烈，并在近代社会激烈的生存竞争中，和尽量为子女准备好优越条件的愿望同时得到加强①。所以，马尔萨斯的那种随着福利增长人口增加的理论是完全错误的。布伦坦诺的福利人口论，在本质上是社会学的人口理论。

---

① 南亮三郎. 人口论史［M］. 北京：中国人民大学出版社，1984：206.

另一个德国社会学家沃尔夫（Julius Wolf，1862—1935）于 1912 年发表了《生育缩减——现代的性生活的合理化》一文，试图从文化的变化中寻求生育缩减的原因。他对过分地进行生育控制的结果的描述与当代人口学中人口素质"逆淘汰"现象十分相似。他认为，过分地进行生育控制会导致：①人口中文化程度愈高的阶层，由于生育控制愈强烈，因而其人口数量亦随之减少；②一方面欧洲人口缩减，而世界其他地区人口却愈来愈增加。因此，他认为，"今天的人口问题，从最深刻的根本说来，是世界秩序问题"①。

四、法学中的人口论观点

德国法学家斯太因（Lorenz V. Stein，1815—1890）在他的著述中提醒学术界要高度认识法国思想家孟德斯鸠的人口论中的社会观点，试图找出广泛意义的社会人口论的新方向。社会学家汉森（George Hansen，1862—1911），沿着斯太囚的思路进行研究，并出版了划时代的巨著《三个人口阶段——试图证明各国人民兴盛和衰退的原因》（1889 年）。汉森从理论上证明农民阶级和城市中层阶级以及工人阶级三个阶级之间存在着人口流动，因而城市人口的衰减不断得到补充和更新。故此，以城市中层阶级为主体，一国的文化得以维持。他说："人口所据以划分的阶级或身份，并不像人们通常想象的那样是相互独立的东西。它并非单纯由经济上沟通着的缓慢的纽带互相联系着，实际上存在着一个内部的、有机的联系。只有地主的身份是持续性的。城市的中层阶级中被来自农村的流入人口不断更新和补充，而且屈服于生存斗争的中层阶级成员不断被推到工人的地位上。由此而形成的"人口水流"（实际上是指人口的水平流动和垂直流动，即人口各群体的社会地位的变迁——笔者注）的速度和强度，决定着中层阶级精神水平的高度，并决定着整个国民文化的高度。"② 汉森的理论首先是从观察 19 世纪末在他眼前展开的阶级斗争为发端，他从一个独特的阶级观点出发，认为在当时互相斗争着的阶级绝不是独立存在，而是在内部由人口流动而联系起来的。汉森把这样的人口水流之源归之于农村，他把农村不断受到人口压迫看成是整个运动的原动力。总之，汉森是立足于马尔萨斯人口学说，以马尔萨斯学说作为自己的原理，发展到了人口水流这一新的问题上来。

19 世纪中叶到 19 世纪末，社会文化的人口论以汉森的人口水流理论为代表，

---

①　南亮三郎. 人口论史［M］. 北京：中国人民大学出版社，1984：208.

②　南亮三郎. 人口论史［M］. 北京：中国人民大学出版社，1984：210.

开辟了社会学人口论的新领域。到 20 世纪初，围绕生育缩减问题，考察影响人口变动的社会、文化因素的新的社会理论得以提倡。德国经济学家、社会学家麦肯洛特（Gerhard Mackenroth，1903—1955），于 1953 年出版了《人口论——人口理论、社会学及统计学》一书。他在该著作中将人口理论与统计学严格区分开来，同时，他的人口理论具有彻底的社会学性格。他认为，对人口问题的研究具有最后发言权的是社会学家，而不是经济学家。在他看来，支配人口过程的规律是"历史的、社会学的规律"，因而人口理论必须是历史的、社会学的。麦肯洛特所提出的历史的、社会学的人口规律说讲述了人口的运动过程依各个时代而采取不同的、特定的人口样式和繁殖结构，这种人口样式归根结底是服从于社会整体的社会学构造的规律。就是说，在工业时代以前有它的特有的人口样式，工业化以后的时代又表现为另外的人口样式，结婚年龄、出生率、死亡率等人口因素，在各个时代以独特的形态组合起来，而构成人口样式。如果说工业时代前有过高出生率、高死亡率和高结婚年龄这样的组合，那么在现代工业时代就是低出生率、低死亡率和低结婚年龄的组合。然而这些人口样式的变化是整个社会结构变化的反映，要从理论上来说明这一点，就只能由社会学家来进行研究。

"所谓一切历史现实的繁殖态度，常常是埋藏在一个社会过程的全体之中，因而历史的人口样式依社会阶层、民族以及时代而有所不同，它存在于不断的运动中，各种影响是从阶层到阶层，从民族到民族，而且从一个时代到一个时代发生着交互作用。探求这些交互作用、历史演变以及历史发展，而且在与社会过程的其他领域的关系中进行说明——这就是人口论所要说明的，存在于现实之中，在思辨之中不使自己失掉的真正的内容。这种情况下的统计学所具有的任务，是用以研究影响人口数量和构成上一定的态度样式或者是态度变化的数据。因此统计学是不可缺少的辅助手段，但它和人口论并非同一内容。人口论方面的最后发言的常常是社会学。"[1]

五、马克思主义人口社会思想

马克思和恩格斯在论述人口问题和阐述其人口思想的同时，也涉及一些人口社会问题和人口社会现象，在这些人口社会问题和人口社会现象的论述中诞生了马克思主义的人口社会思想。例如，在马克思的《政治经济学批判》序言和导

---

[1]　南亮三郎. 人口论史［M］. 北京：中国人民大学出版社，1984：214.

言、《资本论》《剩余价值理论》《1844 年经济学哲学手稿》，恩格斯的《政治经济学批判大纲》《英国工人阶级状况》《反杜林论》《自然辩证法》《家庭、私有制和国家的起源》《恩格斯致卡尔·考茨基（1881 年 2 月 1 日）》，马克思和恩格斯合著的《德意志意识形态》等著作中，都论述了一些人口社会问题，提出了他们关于人口社会现象的基本观点。这些人口社会思想的提出，对于当代人口社会学的形成与发展产生了巨大的推动作用，特别是为当代中国人口社会学体系和研究内容的丰富和完善，奠定了重要的理论基础。

首先，马克思和恩格斯提出了人口具有两重属性，人口的本质属性是社会属性的观点。马克思主义认为人口具有自然和社会二重属性，人口的自然属性是人口存在和发展的自然基础，它是人口的生物本性，是人口作为一个生物种群，作为自然界有生命的物质与其他生物群体的共性。比如人口的出生、成长、衰老、死亡的自然变动过程和人类自身的遗传、变异以及全部的生理机能等。人口的自然属性既影响着人口的生存和发展，也影响着人口的数量和质量。

人口的社会属性是人口作为一切社会生活主体所具有的特性。正如马克思所说："人是最名副其实的政治动物，不仅是一种合群的动物，而且是只有在社会中才能独立的动物。"① 人口的社会属性是人口的本质属性，是人口区别于生物群体的根本标志，只有承认这一点，才能完整地认识人口社会问题，把握人口社会现象，把人口的自然属性和社会属性有机地结合起来，从人口的这两个方面来研究人口的社会本质。

其次，马克思和恩格斯提出了人口现象和人口问题在本质上是一种社会现象和社会问题的观点。马克思和恩格斯从人口的二重属性出发，科学地提出了人口与动物的本质区别，论证了人口受社会生产方式的影响和制约的观点。一是马克思和恩格斯提出了人们所从事的物质资料生产是一种社会生产的科学论断。他们认为，物质资料的生产是人类社会存在和发展的基础，而这种生产必然是在一定生产关系下的生产，因为人类要进行生产，就必然要结成一定的生产关系，他们获得生产资料的数量，即产品的分配方式，也直接决定于生产关系特别是生产资料所有制的性质。因此，人类所从事的物质资料生产活动及其分配活动，是在一定社会制度下获得的，要受到社会生产方式的制约。二是人类自身的生产也是在一定的社会关系下进行的。因为人类的生育行为，是通过一定的婚姻家庭关系来

---

① 马克思，恩格斯. 马克思恩格斯全集 [M]. 北京：人民出版社，1979：25.

实现的，人类的繁殖不仅表现为一种单纯的自然关系，而且表现为一种社会关系，是两性间的自然生育现象和以婚姻家庭形式为基础的社会关系的统一。因此，正如马克思所说："生命的生产——无论是自己生命生产（通过劳动）或他人生命生产（通过生育）——立即表现为双重关系：一方面是自然关系，另一方面是社会关系。"① 婚姻家庭关系又受到一定的社会生产方式的影响，同时还受到各种政治法律制度、政策措施、社会意识形态、文化教育、伦理道德、医疗卫生等社会条件和上层建筑的影响，由此决定了人类的增殖与繁衍不会像动物那样单纯的是一种超越社会、超越历史阶段的自然现象，而是受到各种社会因素制约和影响的处于一定历史阶段的社会现象。

再次，马克思和恩格斯科学地提出了人口生产和再生产在社会发展中的作用的观点。马克思和恩格斯在提出物质资料的生产是人类社会存在和发展的基础的同时，并没有否定人类自身的生产在人类社会发展中的作用，著名的"两种生产"的理论，也因此而成为马克思主义人口理论的基石。1884 年，恩格斯在《家庭、私有制和国家的起源》的第一版序言中明确指出："根据唯物主义观点，历史中的决定性因素，归根结底是直接生活的生产和再生产。但是，生产本身又有两种：一方面是生活资料即食物、衣服、住房以及为此所必需的工具的生产；另一方面是人类自身的生产，即种的繁衍。"恩格斯的这段话，十分明确地把人类自身的生产放在了与物质资料的生产同等重要的地位。他认为，人类自身的生产也会作为历史发展中的决定性因素。至于两种生产在人类历史发展中的作用到底谁大谁小、谁主要谁次要我们不去争论，但提出人口在社会发展中具有重要作用，却是毋庸置疑的，而且不管怎样，作为现实中的人口数量、人口构成、人口质量和人口密度等人口现象以及人口自身的增殖繁衍等都会对人类社会的发展产生影响作用。

总之，19 世纪中叶以后到 20 世纪中叶 100 年左右的时期内，许多社会学、人口学、经济学等学科的专家，纷纷用社会学、社会心理等学科的方法来研究人口问题，研究欧洲人口出生率减退的现象，形成了人口思想史上的社会学派，为人口社会学的产生奠定了基础，这些社会学家、人口学家都成为人口社会学这门学科的历史先驱。

① 马克思，恩格斯. 马克思恩格斯全集 [M]. 北京：人民出版社，1979：34.

第三节 形成时期的人口社会学

第二次世界大战后，世界人口迅速增长，人口问题层出不穷。人口学成为当代最热门的学科之一。在当代由于对人口现象研究的侧重点不同，因而在国际上形成了两种公认的外延和内涵都有差异的"人口学"。一种即所谓的"形式人口学"（Formal Demography），另一种即所谓的"人口研究"（Population Studies）。形式人口学又称纯粹人口学（Pure Demography）主要研究人口现象之间的必然的数量关系，而较少考察人口过程同经济、社会、自然资源等其他因素之间的关系。人口研究则主要考察人口过程同经济、社会、自然资源等因素之间的相互关系。因而人口研究具有多学科的特点，通常把这些研究称为人口经济学、人口生态学等等。人口社会学就是作为人口研究的一种，在第二次世界大战后应运而生的新兴学科。

人口社会学形成于20世纪50—70年代。1952年法国人口学家阿尔弗雷·索维（Alfred Sauvy, 1898）出版了《人口通论》。该书下册副标题为"社会生物学"。这本书实际上就是当代世界出版的第一本人口社会学专著，尽管该书未命名为人口社会学，而是用了"社会生物学"，但是其中的内容大多是人口社会学研究的内容。1967年日本关东学院社会学教授富田富士雄出版了《人口社会学的基本问题》一书，该书于1977年修订后再版。这是我们所知第一本使用"人口社会学"这个名词命名的专著。1971年，法国国立人口研究所所长罗兰·普列萨（Roland Pressat）的《社会人口学》出版。普列萨认为，社会人口学是人口学的一个分支，以人口状况和人口变动与各种社会生活之间的关系为研究对象。1976年，苏联学者瓦连捷伊主编的《人口学体系》一书中也专门设了章节对人口社会学进行了讨论。1976年，耶路撒冷希伯来大学人口学教授裴德·马特拉斯出版了《人口社会学导论》一书，该书是作者在1973年出版的《人口与社会》一书的基础上充实后完成的。1978年，美国威斯康星大学卡·泰欧勃等主编的《社会人口学论文集》出版。与此同时，西方一些国家的大学也开设了人口社会学这门课程。所有这些都标志着人口社会学的诞生。

一、阿尔弗·索维

阿尔弗·索维在其《人口通论》中详细分析了影响人口生育率、死亡率、迁移等变化的经济和社会因素。从影响生育率的社会因素来看，他认为在不实行"防止生育"（"使性关系不致产生自然结果的一切措施"）的条件下，主要有以下几个因素：

（1）卫生因素。不健康和性病等影响生育率。

（2）婚姻制度。一夫一妻制是生育率最高的婚姻制度，而多配偶的婚姻制度生育力则较差。

（3）死亡率。死亡率下降会使出生率增高。

（4）独身。"从严格的禁欲主义直到无拘无束的放荡生活，独身生活的形式是多种多样的"①，这会引起生育率下降。

（5）结婚年龄。

（6）离婚及分居。婚姻破裂通常会使生育率下降，各种季节性或暂时性的分居也会有同样的结果。

（7）生活水平等。

索维认为，在实行防止生育的情况下，促使生育率下降的原因就更多了。如："废止童工及实行义务教育""现代对儿童的抚养"（指"现在儿童成了家庭注意的中心"）"父亲权威的丧失""妇女解放""社会提升的机会""普通教育的发展""城市的发展""宗教感情的减弱"等。另外，许多国家的各种不同形式对家庭给予物质补助，如救济金、住房、教育、医疗保险、免税等，以及一些社会风气（如多子女母亲由受人冷落变得受人尊重等）的转变，也促进生育率的变动②。

社会因素对死亡率的影响。如"社会提供的物质帮助"（包括"医疗及社会服务的范围、人力及技术水平"）"知识或文化水平""风俗、习惯及生活方式"等等③，都对死亡率产生影响。他还分析了影响国际迁移状况变化的一些因素，如"出于政治的、种族的或宗教的理由"，使他们"决定迁离这个环境"④ 等。

为此，索维认为，各国应制定有利于使人口"适度增长"的各种政策，他指出：人口政策的目标从数量上说可能是：①尽可能降低死亡率和发病率；②调节生育率，防止太高或太低；③根据总的利益安排人口迁移。从质量上说：①给最

---

① 阿尔弗·索维. 人口通论（下册）[M]. 北京：商务印书馆，1983：133-153.

② 阿尔弗·索维. 人口通论（下册）[M]. 北京：商务印书馆，1983：133-153.

③ 阿尔弗·索维. 人口通论（下册）[M]. 北京：商务印书馆，1983：108-109.

④ 阿尔弗·索维. 人口通论（下册）[M]. 北京：商务印书馆，1983：257.

不幸的阶级提供满意的发展和生活条件。这意味着包括整个经济、社会和文化政策，包括增加收入、公平分配、充分就业，包括地理分布、职业分布和发展教育等等。②保证按优选择。①

以索维为代表的社会适度人口论的缺陷主要是脱离了一定的社会生产方式笼统地研究人口问题，歪曲和抹杀了资本主义国家存在失业和贫困问题的根本社会原因，宣扬在资本主义制度下只要努力发展技术，采取"明智"的人口政策，使人口适度增长，社会面貌就会焕然一新。索维在《人口通论》中指出："如果资本主义不知道如何去扩大人们的物质环境，不知道如何去减轻由于各种技术改革而造成的痛苦，不知道如何为那些边际工人寻找有用的就业机会，那它就不得不让位给一种更能适应这些目标的社会制度了。"②"如果资本主义经济不考虑向前走这明智的一步，而仍然因害怕提高生产率吓得目瞪口呆，那就会走上自取灭亡的道路。"③

二、富田富士雄

富田富士雄在其《人口社会学的基本问题》一书中，对人口社会学的许多重大问题都做了较多的研究。其主要内容包括：第一，他研究了人口出生率、死亡率及人口迁移等人口变动过程的社会、文化原因。当然，他在研究人口变动的社会原因时，有时也加进经济的因素。实际上，他仅仅是研究了理论人口学关系到人口社会学的一些课题，不同的是，他把这些课题从理论人口学独立出来了，这不能不说是一个创造性的研究。第二，他介绍了社会学理论中关于人口现象的研究。社会学自产生以来都将人口作为一个重大的社会现象加以研究，用社会学的理论和方法来阐述一些人口现象的运动、变化及发展。这部分内容相当于我们常说的社会学派的人口理论。这是准备阶段的人口社会学思想。第三，他还专门研究了人口社会学的研究方法，但仍未脱离理论人口学的基本框架。同时，他还专门研究了人口迁移与宗教（主要是基督教）教派的发展变化之间的关系。

总之，富田氏对人口社会学的创立的贡献是极大的，他首次出版了人口社会学的专著，对人口社会学的研究对象、方法及体系都有一定的探索性的研究，尽管他的"人口社会学"未能完全摆脱理论人口学的束缚，但对人口社会学所作的

① 索维. 人口通论（下册）[M]. 北京：商务印书馆，1983：403-404.
② 索维. 人口通论（上册）[M]. 北京：商务印书馆，1983：218.
③ 索维. 人口通论（上册）[M]. 北京：商务印书馆，1983：218.

探索性研究毕竟是难能可贵的。

三、罗兰·普列萨

《社会人口学》是 1971 年由法国社会学家罗兰·普列萨出版的。该书的基本内容有两个特点：①用社会学的理论和社会学方法研究人口问题；②侧重于用人口分析（Demographic analgais）的方法来研究人口问题，引进了一些数理统计的分析。普列萨的《社会人口学》与以前的社会学派的人口理论尽管有很大的区别，但仍然没有建立起真正的人口社会学，因为他过分强调了社会学的方法和经验分析的方法。

四、马特拉斯

裘德·马特拉斯是耶路撒冷希伯来大学人口学教授，在当今西方也是很有影响力的人口社会学家。《人口社会学导论》是 1976 年成书的，在此之前，作者于 1973 年出版过一部《人口与社会》。《人口社会学导论》在论述人口与社会结构的关系上，许多观点和材料都继承了《人口与社会》一书的论述。

该书显著的特点是只探索性地提出新问题，而不是对老问题的解决；是引起对问题的争论，而没有总结性的结论。该书上篇属一般性的引论，主要阐述了人口问题及其历史背景和人口与社会、经济、政治组织的关系；中篇分别论述了人口结构和变动，即人口的出生、死亡及迁移因素与社会诸因素之间的关系；下篇分别从社会、经济、政治和人口学的角度阐述人口变动的后果以及人口政策的问题及前景。

总之，该书对人口与社会因素之间的关系的探索性研究，在人口社会学的发展史上做出了巨大贡献。尽管没能构建起系统完整的人口社会学体系，但也难能可贵，无可指责。

五、瓦连捷伊

《人口学体系》成书于 1976 年，它是由苏联莫斯科大学经济系人口研究中心的研究人员编写的一部学术性较强的专著，由瓦连捷伊主编。该书设专章研究"人口社会学"。该项研究从历史唯物主义与人口社会的关系入手，认为：①历史唯物主义的范畴和概念是人口社会学研究的方法论基础，"它给人口研究指出了基本方向"；②"历史唯物主义从社会各个组成部分复杂的相互关系方面研究整个社会，人口社会学的研究领域则是特殊的社会现象，即历史上各个特定社会制度的人口再生产和人口发展"。

同时，该书还研究了人口社会学与其他各分支社会学之间的关系，认为人口社会学是一门"综合性的学科"，把"人口知识和社会学知识综合在一起"，而且还把"其他具体社会学的个别部分"囊括了进来，因为后者所提供的知识是分析人口问题所必需的，当然，人口社会学并不专门研究某一门具体社会学的问题。在这种情况下，只是把社会学知识，有时也把心理学和人口学知识综合在一起，来解决人口的理论问题和实际问题①。

另外，该书认为人口社会学的研究对象是"研究社会生活的社会学规律如何体现在人口活动以及阶级、阶层和社会集团的活动之中，研究这种规律如何经过人口再生产的规律的中介而折射出来。这门学科（人口社会学）把阐明社会体系各个组成部分对人口再生产影响作用的全部理论观点、原则、假说、概念全都联系了起来"②。

瓦氏的观点在人口社会学的所有观点中独树一帜。但这种观点把历史唯物主义等同于社会学原理，把人口社会学看作是社会学的一门具体学科，或者认为它是社会学、心理学和人口学知识的综合等等，都是欠妥的。

第四节　当代人口社会学的主要特点

一、西方人口社会学的特点

综观当代西方资产阶级学者对人口社会问题的研究，我们可以发现，他们提出的人口社会思想或理论大致有三个特点：

第一是强调从社会学的角度研究人口问题的重要性。法国的麦肯洛特认为，过去的人口理论一直是由经济学家研究的，但许多人口问题经济学家却解决不了。照他看来，支配人口过程的规律应是"历史的、社会学的规律"，人口的运动过程则根据各个时代社会结构的变化而采取不同的、特定的人口样式和繁殖结构。因此，要从理论上说明社会结构的变化对人口出生率、死亡率、结婚年龄等变化的决定作用，只能有赖于社会学家来进行研究。德国的休布内尔鉴于第二次

---

① 瓦连捷伊. 人口学体系 [M]. 北京：中国人民大学出版社，1981：144-148.
② 瓦连捷伊. 人口学体系 [M]. 北京：中国人民大学出版社，1981：144-148.

世界大战后德国面临的一些新的人口问题，如"难民问题""因战争而产生的社会变动及其结果""特定人口集团中特别高的死亡率及其结果""随着重建经济而来的劳动力不足"等问题，指出："所有这些问题，对于从前的仅仅从经济学角度来研究人口问题的理论来说，都是无能为力的，如果没有各种关系科学的合作，也是无法完成的。与此同时，目前正需要离开经济学，努力使其发展成为一个具有社会学性格的独立科学。"① 在英国，第二次世界大战前人们关心的人口问题主要是出生率的降低问题。为了深入分析影响出生率变化的各种因素，人们也开始注重从社会学角度开展对人口问题的研究。如英国的格里贝尼克在批评英国经济学家对人口研究的缺点时指出，英国的经济学"对于人口的发展问题，比起研究原因，有更偏重研究结果的倾向。人口只被他们看作是论据之一，而把人口现象与社会、经济现象联系起来的企图几乎是没有的"②。他认为，在英国，现在已经从原来以为人口研究是"经济学家的事"转为开始意识到它是属于社会学的倾向，但"该项社会学在英国的发展是落后的"③。

第二，部分学者片面夸大人口对社会发展及社会问题的作用。面对第二次世界大战后世界人口、特别是发展中国家和地区人口迅速增长的形势，有些学者竭力宣扬悲观论，认为人口如果继续迅速增长下去，将导致"人类最终毁灭"，并把世界上许多社会问题都归罪于人口的过度增长。美国的威廉·福格特在1949年出版的《生存之路》一书中认为，现代世界人口增长已超过土地和自然资源的负载力，人类面临覆灭的危险。生存之路就在于控制人口增长，恢复并保持人口数量与土地、自然资源的平衡。他在该书的最后一章《我们的未来史》中写道："这两条曲线——人口曲线和生存手段曲线——历来都是相交的。但现在它们却正在越来越快地分离。……在地球上，到处都能看到这两条曲线的分离带来的结果。"④ 并且他认为"这两条曲线的方向和它们给地球带来的痛苦在最近的将来是不会发生变化的"。因此，"必须使全人类都认识到目前整个世界所陷入的困境。具体说来，目前人类的处境就如同一个人穿着一双小了两号的鞋子。我们必须了解这一点，而不要再怨经济制度运转不灵、气候不佳、运气不好或老天你无情"⑤。福格特在书中提出要使整个世界摆脱这种困境的办法，就是"控制人口"

---

① 转引自南亮三郎《人口思想史》。该书由吉林大学人口研究室1980年编印（内部发行）。
② 转引自南亮三郎《人口思想史》。该书由吉林大学人口研究室1980年编印（内部发行）。
③ 转引自南亮三郎《人口思想史》。该书由吉林大学人口研究室1980年编印（内部发行）。
④ 福格特. 生存之路 [M]. 北京：商务印书馆，1981：270-271.
⑤ 福格特. 生存之路 [M]. 北京：商务印书馆，1981：270-271.

和"恢复资源"。

美国的保罗·R.埃利奇在《人口爆炸》一书中认为，按照当时世界人口35年翻一番的增长率发展下去，大约900年后人口就会达到6亿亿，那时把地球表面的陆地和海洋加在一起，每平方米将挤满100人。于是他指出："人口若按当前的增长率发展下去，肯定要酿成一种环境危机，并将持续到人类最终毁灭之日。"① 英国的G.泰勒在1970年出版的《世界末日》一书中，更预言人类将在最近30年内毁灭，因为地球上人口过剩了，矿物原料和食物、资源用完了，科技进步使大气和水源遭到污染而造成毁灭性的后果。

美国的丹尼斯·梅多斯等人在1972年出版的《增长的极限》一书，是受1968年建立的"罗马俱乐部"的委托而写的。在《增长的极限》中，梅多斯等人以整个世界为对象，研究世界人口、工业发展、污染、粮食生产和资源消耗五种因素之间的变动与联系。他们通过连锁的反馈环路，把有关五种增长因素的相互影响的因果关系综合在一起，并且给予每种因果关系以量的测定，从而建立了"世界模型"。根据电子计算机对不同假设方案的计算，他们指出："现今人口和资本增长的格局实际上在世界范围内扩大富人和穷人之间的鸿沟，继续按照现今这种格局增长的最后结果将是灾难性的衰退。"② 为了"免于污染和拥挤以及免受世界系统可能崩溃的威胁"，他们提出应该尽快降低出生率和控制资源的消耗，实现"全球的平衡状态"。他们认为，一旦这种"平衡状态"实现后，还可能"出现新的自由——普及的和无限制的教育、可以用于创造和发明的闲暇时间，以及最重要的，免于饥饿与贫困，这是在今天只有非常之少的一部分人可能享受的"③。

第三，提出了许多影响生育率变动的社会因素的理论。当代国外许多学者在论述如何使生育率下降或上升的问题时，对影响生育率的主要社会因素都提出了自己的见解。除德国的卢·布伦坦诺（1844—1931）提出"福利人口理论"，阿·杜蒙特提出"社会毛细管人口理论"外，法国的勒罗亚·波留在1913年发表的《人口问题》中提出了一系列促使人口出生率提高的政策，并把它称作新的"社会的伦理的卫生制度"。他认为社会伦理观念对生育率的影响很大，在那些固

---

① 埃利奇. 人口爆炸 [M]. 纽约：纽约巴兰图书公司，1972：44.
② 德内拉·梅多斯，乔根·兰德斯，丹尼斯·梅多斯. 增长的极限 [M]. 北京：商务印书馆，1984：351-352.
③ 德内拉·梅多斯，乔根·兰德斯，丹尼斯·梅多斯. 增长的极限 [M]. 北京：商务印书馆，1984：351-352.

守着传统伦理观念的地区出生率高，而所谓"近代的精神"是造成出生率低下的原因。因此，"如果对于法国的出生率施加一些根本的影响，那就首先必须使用从整个人口的伦理的感觉上唤起普遍的高瞻远瞩的办法"，使人们认识到国民的生存延续是自己应当关心的至高无上的事情，有三个乃至三个以上孩子的家庭才是"正常家庭"。他提出实行"社会的伦理的卫生制度"的计划，包括：应该固守传统的伦理观念，停止近二三十年来政府与这种传统观念所进行的不合理的、愚蠢的斗争，禁止妨碍传统的社会伦理的活动；要压制新马尔萨斯主义的宣传，禁止有关性的书刊出版和宣传堕胎的行为，对施行堕胎的助产医生和从事这一活动的人给予严厉处罚；改革劳动立法，缩短受教育的时间，降低参加劳动的年龄，以减少子女的培育费用；等等。

以上我们所介绍的当代国外的部分人口社会思想，其中有的是不科学的，有的也是值得我们借鉴的。比如，福格特介绍并高度评价了美国土壤保持局"根据土地能够经受得住的各种利用方法对土地进行了分类"，把土地分为"适宜于耕种的土地""适宜于限制耕种的土地""不适宜于耕种的土地"等八个类别。他认为，"除非人类能使土地利用同土地能力相适应，并且使土地的生产能力大体恢复正常的水平，否则要保持高生活标准是不可能的。要合理地利用土地，要限制人口，即控制人类对大地果实的需要"[1]。他还建议"学校应该设置人类生态学课程，在讲授历史、经济、农业、文学、工程、医药、国际政治和艺术等课程时都应该提到生态学"[2]。在梅多斯等人的《增长的极限》中，尽管所设计的"世界模型"有很多缺点和问题，但他们运用连锁的反馈环路的方法，把各种相关因素综合起来，建立数学模型，进行多方案预测对我们也有一定的启示。我们完全可以在马克思主义观点的指导下，对他们的"世界模型"加以改造和完善，创造出新的科学的"世界模型"。

二、中国人口社会学的发展

人口社会学作为一门独立的学科，在中国实际上是一门相当年轻的学科，从第一本以"人口社会学"冠名的专著出版（桂世勋，1986），屈指算来仅30年的时间。但是，对人口现象、人口过程和人口问题进行社会学的研究，在20世纪二三十年代就开始。当时的中国社会，战争连绵不断，灾荒、瘟疫此起彼伏，饥

---

① 福格特. 生存之路 [M]. 北京：商务印书馆，1981：104.
② 福格特. 生存之路 [M]. 北京：商务印书馆，1981：259.

饿和贫困比比皆是，社会动荡不安，民族矛盾、阶级矛盾日益尖锐，社会问题包括人口问题日益严峻，引起当时有识之士的深切关注。19世纪中期发源于欧洲的社会学和人口学思想、理论又相继被引入中国，中国的学者们运用这些思想和理论来研究、探索中国当时的社会、人口问题，试图找到一条使国家、民族兴旺发达的道路。前辈们的辛勤劳作和开创性的尝试，为中国人口问题的社会学研究奠定了坚实的基础。陈长蘅先生于1918年出版了《中国人口论》，这是最早研究中国人口问题的专著。他认为，中国近代社会问题之根源是人口过多，人口过多是中国的病根所在。他说，中国的人口"已甚稠密"，达到了"人满"程度。在其《中国人口论》中还提出了适度人口的主张。他认为："一国人口太疏，或太密，生产率太高，或太低，皆不利于国家之富强，种族之昌大，个人之健康。与文明之嬗进，必折中于二者之间，而后国家与人民最适于生存与发展。"①

1934年，陈达先生出版了《人口问题》一书。他认为，"社会学者既有较广的视点，所以对人口问题亦有较深的兴趣"，还说，"社会学者研究重要的人口事实，以便得到适当的解释；并研究相关的人口事实，以期了解人类的整个行为或其重要部分"②。对人口事实进行社会学解释，并通过这种解释来理解人类行为，这实际上是关于人口的地理分布、出生、死亡等人口现象的社会学思想。

另一个对中国人口问题进行社会文化研究的重要人物是孙本文先生。在其著述中，他兼收并蓄，论述各派之说，在一些问题上还颇有见地。例如，他认为："人口增长的迟速多寡，资源利用的深浅丰绌，人口与资源是否协调，都必须视文化的状况而定。"由此引申出文化状况决定人口状况的见解。他认为，风俗如堕胎、早婚、溺婴、性禁忌等，信仰如独身、守贞、施欲等，社会制度和生育制度等，都可以直接影响人口的出生和死亡。灾患严重与否，与科学技术有密切关系，战争爆发与否与政治、经济、社会、宗教等现象有密切关系。而灾患与战争，都可影响人口的增减。他把风俗、信仰、社会制度、生育制度、科学技术、宗教等都归入文化的范畴，而这些文化因素是人口现象的决定性因素。他说："人口现象，虽与地理、生物、心理、文化各因素有关，而其中最为重要的，却为文化。人口现象的基本因素是文化。人口发展状况，须视文化的状况而定。……如果人类能完全操纵文化发达的前途，人类即能操纵人口的前途。这是

① 陈长蘅. 中国人口论 [M]. 上海：商务印书馆，1918：84.
② 陈达. 人口问题 [M]. 上海：商务印书馆，1934：2.

毫无疑义的。"① 孙本文先生的文化人口论，脱离了生产方式孤立地看待文化因素，并强调文化因素的决定作用，似乎欠妥，但是，他实质上的社会学人口论的"文化观点"，在中国人口社会学发展史上，却是十分有价值的观点。

1925 年，毛泽东在《中国社会各阶级的分析》一文中，分析了中国人口的社会阶级构成。后来，在《湖南农民运动考察报告》（1927）、《怎样分析农村阶级》（1933）等著作中，毛泽东进一步分析了中国人口中各阶级的性质、地位和特点，把中国人口分为五大阶级：地主阶级和买办阶级、中产阶级或民族资产阶级、小资产阶级、半无产阶级、无产阶级，说明了由于各个阶级的经济地位不同，因而政治态度不同，并以此为依据，制定了中国革命的战略和策略。毛泽东指出，地主阶级和买办阶级"代表中国最落后最反动的生产关系，阻碍中国生产力的发展"，是革命的对象，中产阶级或民族资产阶级，对于革命具有两面性。小资产阶级具有一定的革命要求。半无产阶级包括自耕农、富农、小手工业者等，有强烈的革命要求。无产阶级是"中国新的生产力的代表者"，是革命的领导力量②。毛泽东关于中国人口阶级结构的分析，是运用马克思主义阶级理论分析中国社会阶级结构的经典之作，即使是今天，对我们建立完善的科学的人口社会学的知识体系，仍然具有十分重大的指导意义。此外，毛泽东关于"人口与革命"关系的精辟论述，对人口社会学知识体系的完善也是十分有价值的。毛泽东认为，由于帝国主义、封建主义的压迫和剥削，束缚了生产力的发展，造成了旧中国亿万人民的贫困、失业、破产，挣扎在死亡线上，因此，要解决这些问题，只有进行革命。革命不是由于中国人口太多，而是由于帝国主义、封建主义的压迫和剥削。他说："革命的发生是由于人口太多的缘故吗？古今中外有过很多的革命，都是由于人口太多么？中国几千年以来的很多次的革命，也是由于人口太多么？美国一百七十四年以前的反英革命，也是由于人口太多么？艾奇逊的历史知识等于零，他连美国独立宣言也没有读过。华盛顿杰弗逊们之所以举行反英革命，是因为英国人压迫剥削美国人，而不是什么美国人口过剩。中国人民历次推翻自己的封建朝廷，是因为这些封建朝廷压迫和剥削人民，而不是什么人口过剩。"③

到了 20 世纪 50 年代，特别是 1953 年中国第一次人口普查之后，一大批社会

---

① 孙本文. 现代中国社会问题：第 2 册 [M]. 上海：商务印书馆，1932：16.
② 毛泽东. 毛泽东选集：第 1 卷 [M]. 北京：人民出版社，1991：3-9.
③ 毛泽东. 毛泽东选集：第 4 卷 [M]. 北京：人民出版社，1991：1510.

学家、人口学家和经济学家对中国的人口问题给予了深切的关注。1957 年的最高国务会议上，接受了马寅初、邵力子、陶孟和等人的建议，做出关于建立研究人口问题的机构以及推行节育和晚婚的两个具体的人口政策和措施。以马寅初、费孝通、陈达等人为代表的一批学者，以 1953 年人口普查资料为基础，深入研究中国的人口问题。可是，好景不长，"整风反右"运动开始后，这些学术研究活动都被看作是从人口问题"打开向党进攻的缺口"，1957 年 10 月的《人民日报》发表了题为《不许右派利用人口问题进行政治阴谋》的文章，许多从事人口问题研究的学者都被打成了"右派"，人口问题成了学术研究的禁区。经过 20 年左右的漫长岁月，到了 20 世纪 70 年代后期，人口学的研究才逐步得以恢复。1977 年在广东汕头召开了全国人口经济理论座谈会，1978 年 11 月在北京召开了第一次全国人口理论科学讨论会，1979 年 12 月在成都、1981 年 2 月在北京又分别召开了第二次和第三次全国人口理论科学讨论会。1981 年年初，中国人口学会宣告成立。从此之后，在以"控制人口数量，提高人口素质"为宗旨的人口实践活动轰轰烈烈开展的同时，人口学的理论研究也取得了突破性的进展。例如，"两种生产原理"，经过全国范围内的大讨论，其内容得到了进一步的发掘、继承、丰富和发展，两种生产原理的研究与实践，都上升到了一个崭新的阶段。在理论人口学取得突破性进展的同时，人口学的各个学科也相继应运而生，人口经济学、人口地理学、人口生态学、人口社会学等学科就是在此背景下提出来，并逐步得以建立和发展起来的学科。

我国出版的第一本《人口社会学》（1986）专著，是桂世勋教授多年教学和研究的成果。桂世勋教授从 1981 年开始为复旦大学社会学系讲授人口社会学，这也是中国第一次在大学开讲"人口社会学"课程。后来，桂世勋教授将部分讲课内容压缩成九讲，作为"人口社会学讲座"陆续发表于《社会》杂志（1982—1984）。后来，在此"讲座"的基础之上，作者"做了大量的补充和修改，特别加强了应用人口社会学的部分，并就有些人口社会学的理论和实际问题提出了新的见解"[1]，于 1986 年 6 月正式出版了《人口社会学》专著。这本专著共分十五章三个部分。第一章是绪论部分，论述了人口社会学的研究对象、任务和方法；第二至四章属理论人口社会学部分，介绍了古今中外的人口社会思想；第五至十五章是应用人口社会学部分，介绍了人口状况及其变化对各种社会问题的影响，

---

① 桂世勋. 人口社会学［M］. 济南：山东人民出版社，1986：2.

和各种社会因素对人口状况及其变动的影响。

　　自 20 世纪 80 年代初开始，很多学者对人口社会学都做了大量的深入的专题研究，也提出了许多人口社会学的相关理论与观点，特别是关于人口社会学的对象及学科知识体系的相关研究，取得了丰富的成果。学术界还专门召开过至少 3 次全国"人口社会学"方面的研讨会，并出版过《人口社会学论文集》专刊。这些学术活动极大地促进和推动了人口社会学的进一步完善和发展，与人口社会学相关的学术论文、专题研究和论著，在数量上不断增加，质量上日新月异。1989 年，中山大学出版社出版了李若建先生编著的《人口社会学基础》，佟新的《人口社会学》于 2000 年由北京大学出版社出版，2002 年胡伟略先生的《人口社会学》也由中国社会科学出版社出版，2009 年，武汉大学出版社出版了张桂蓉著的《人口社会学》，2016 年，中国人民大学出版社出版了杨菊华、谢永飞编著的《人口社会学》。这些成果，既是对长期以来学术界研究成果的总结，也为人口社会学未来的发展奠定了坚实的基础。

第二章　人口社会学的研究对象、内容与方法

纵观人口学的发展历程，作为人口学主要分支学科的人口社会学已经成为当代人口科学中最为活跃的学科之一，用社会学的视角和方法研究人口现象也逐渐成为一种热潮。本章主要研究人口社会学的几个基本问题，即人口社会学的学科鉴定、研究对象、研究内容、研究方法和应用价值等。核心在于明确人口社会学的研究对象及其与人口学和社会学的区别与联系，这是全书进行分析的理论前提。

第一节　人口与社会

人口社会学，顾名思义，其研究必然要涉及人口与社会两个基本的概念及其相互关系。为此，必须回答几个问题，即什么是人口，什么是社会，它们的相互关系是什么，等等。

一、关于人口

（一）人口的概念

对人口（Population）一词的定义，西方人口学界比较一致的看法是生活在一定地域或某种职业、阶层的人数。比如当代著名的人口学家阿尔弗雷德·索维（Alfed Sauvy，1898—1990）说："我们所说的'人口'，是指一定范围（或是地区，或是职业，或是社会阶级）内的人数或居民数。"① 日本的人口学家安川正

---

① 阿尔弗·索维. 人口通论：上册 [M]. 北京：商务印书馆，1978：52.

彬说："人们在某个地域中，集合起来构成社会的时候，在那个地方生活着的人数就叫作人口。假如采用世界作为那个地域的基本单位的话，那么就叫做世界人口。假如采用亚洲来表示那个地域时，就可以叫做亚洲人口。"① 法国人口学家罗兰·普列萨（Roland Pressat）主编的《人口学词典》中写道："人口一词之最通俗的含义是指某一地域（国、省、地区、市、镇区等等）内居民的整体。"② 还有些西方人口学家把人口看成是生活在一定时间和空间的生物种群，完全把人口看成是与其他生物没有多大差异的生物。

马克思主义对人口的看法与西方学者并不相同。马克思曾经指出："人口……是一个具有许多规定和关系的丰富的总体。"③ "人的本质并不是单个人所固有的抽象物。在其现实性上，它是一切社会关系的总和。"④ 中国学者根据马克思主义经典作家的论述，比较一致的看法是：人口是指"生活在一定的时间、一定的地域、一定的社会生产方式下，实现其生命活动并构成社会生活的主体，具有一定数量和质量的人所组成的社会群体"⑤。这个定义包括四个要素：①人口总是生活在特定的时间、特定的地域；②人口总是生活在特定的社会生产方式之中；③人口总是有一定的数量和质量；④人口是实现其生命活动并构成社会生活主体的社会群体。这四个要素缺一不可。特别值得指出的是，人口是生活在特定的社会生产方式中，生活在特定的政治、经济、社会制度中的一个社会群体，决不能简单地只把人口看成是生活在一定时间、空间、有一定数量和质量的生物群体。这就是说，在认识和看待人口时，不能脱离一定的社会生产方式和社会制度去考察，不能把人口只当成一群有生命活动的生物。

（二）人口的属性

人口具有自然和社会的二重属性。自然属性，即人口的生物属性。人口作为一个生物种群，是自然界有生命的物质，与其他生物有共性。同其他生物一样，人也有出生、成长、衰老、死亡的自然发展过程，有自身的遗传、变异及全部生理机能。人口的自然属性影响着人口的数量和质量，影响着人口的生存和发展。人口的社会属性，即人口作为一切社会生活主体所具有的特性。马克思指出："人是最名副其实的政治动物，不仅是一种合群的动物，而且是只有在社会中才

① 安川正彬. 人口事典［M］. 河北大学人口研究室，译. 保定：河北大学出版社，2005：107.
② 罗兰·普列萨. 人口学词典［M］. 上海：上海辞书出版社，1989：104.
③ 马克思，恩格斯. 马克思恩格斯选集：第2卷［M］. 北京：人民出版社，1972：103.
④ 马克思，恩格斯. 马克思恩格斯选集：第1卷［M］. 北京：人民出版社，1972：18.
⑤ 刘铮. 人口学辞典［M］. 北京：人民出版社，1986：21.

能独立的动物。"① 两种属性是人口所具有的两个方面，它们有机地构成了人口的完整属性。马克思主义出现以前，人口科学把人口当作一种生物实体，把它看成是只受自然控制的生物个体的简单总和。马克思第一次科学地论证了人口的社会本性，认为人口按其本质是社会关系的总和，人口的存在和发展由社会生产方式来决定。因此，人口的自然属性是人口存在和发展的自然基础，而社会属性才是它的本质属性，这是人口区别于其他生物群体的根本标志。

（三）人口的变动

人口可以从静态和动态两个角度来考察。从静态考察，人口的状况通过一定时点上的人口数、人口密度及各种人口构成，包括人口的自然构成、人口的地域构成和人口的社会构成等反映出来。从动态考察，人口的状况通过各种人口变动，主要是自然变动、社会移动（包括机械变动和社会变动）反映出来。其中，自然变动是指人口因出生、死亡等自然原因所引起的人口数量的增减，性别、年龄等构成的变化；机械变动即人口地理位置移动，是指人口在一定地域空间上的移动，其移动方向呈水平方向；社会变动即人口社会位置移动，是指人口在社会关系空间中利用一切社会资本而发生的移动行为，其移动方向既可以是上下垂直的也可以是左右平行的。

二、关于社会

（一）社会的本质

西方社会学对"社会"（Society）的定义是很多的，可谓形形色色，不一而足。西方资产阶级社会学家在对社会一词的理解上大体上可分为"唯名论"和"唯实论"两种派别。受狄尔泰哲学和新康德主义影响的资产阶级社会学家大多是"唯名论"者②。最著名的代表如法国社会心理学家塔德（Gabriel Tarde，1843—1904），德国古典社会学大师维贝尔（Max Weber，1864—1920）。此派认为，社会并非真实地存在，真实存在的不是社会，而是单独的个人，社会这一概念，无非是对这些个人的一种集体称谓而已。许多资产阶级社会学家都犯有与"唯名论"者相同的错误，他们通常把社会看作是人们有意识的创造物，例如近代西方的"社会契约"论者霍布斯、卢梭等人认为，社会乃是意识到共同利益或需要的独立的个人，为了某种目的而相互"协议"的结果。当然，也有不少资产

---

① 马克思，恩格斯. 马克思恩格斯全集：第46卷（上册）[M]. 北京：人民出版社，1972：21.
② 袁亚愚，詹一. 社会学——历史·理论·方法 [M]. 成都：四川大学出版社，1986：71.

阶级的社会学家摆脱了"唯名论"的错误，提出了不少关于"社会"的正确见解，称为"唯实论"。如孔德、斯宾塞、迪尔凯姆等人。在他们看来，社会也是自然界的一个组成部分、自然界的产物；社会不是一种抽象物，而是受自然规律支配的现实；社会是真实的存在，社会这一概念是对客观存在的社会现实的反映。如杜尔克姆认为，社会不是集合意识，是一种建立在个人意识之上的独立实体。"唯名论"者否认社会是真实存在的观点是错误的。"唯实论"者肯定社会的真实存在的观点是正确的，但是，他们仍然未能解决究竟什么是"社会"的问题。

马克思主义认为，社会是人们相互交往的产物，是各种社会关系的总和。马克思说："社会——不管其形式如何——究竟是什么呢？是人们交互作用的产物。"① 又说："生产关系总和起来就构成为所谓社会关系，构成为所谓社会，并且是构成为一个处于一定历史发展阶段上的社会，具有特征的社会。"② 所以，马克思主义所说的社会，就是指一定历史发展阶段上的社会，就是各种社会关系包括经济关系，政治关系、思想文化关系等等关系的总和。把社会理解为社会关系的总和，这是从社会的本质来说的。社会的本质是与各种社会现象、社会问题、社会结构、社会行为等等联系在一起的，是通过它们来表现的。所以，马克思主义对社会的看法与西方学者也是不相同的。只有马克思主义才真正解决了"社会"是什么的问题，才赋予了"社会"真正科学的意义。

（二）社会的构成要素

研究社会，必然涉及社会的构成要素问题。社会作为一个客观存在的实体，是以各种社会关系为纽带有机联系起来的各种客观实在的总和。这些客观实体包括三大类，即自然环境、人口和文化。作为社会构成要素的自然环境，是指与人类生产、生活活动有关联并对其发生影响的自然条件的总和，包括生态环境、生物环境、地下资源环境等。人口要素是指构成一个社会主体的有一定数量、质量和一定结构的不断变动的社会群体，即人口。作为社会构成要素的文化要素的内容十分丰富，主要是指自人类产生以来的人们不断创造和积累起来的物质财富和精神财富的总和，包括生产性文化、生活性文化、交际性文化、制度性文化及观念性文化。生产性文化指人们在生产劳动中所掌握的劳动对象、创造的劳动工具及获得的劳动产品的总和。生活性文化是指人们的生活条件、手段与生活方式

---

① 马克思，恩格斯. 马克思恩格斯选集：第4卷 [M]. 北京：人民出版社，1972：320.
② 马克思，恩格斯. 马克思恩格斯选集：第4卷 [M]. 北京：人民出版社，1972：363.

等。交际性文化是人们在社会生产和生活活动过程中相互交往的方式与手段。制度性文化是人们为处理相互关系，维持正常的社会秩序而形成的各种各样的规范、制度和准则的统称。观念性文化则指人们在创造前面几种文化过程中所形成的各种观点、信念等纯粹观念形态的东西，如宗教、哲学、艺术和科学等。

三、人口与社会的关系

根据马克思主义关于人口与社会相互关系原理，人口与社会之间既相互依赖、相互联系，又相互影响、相互制约。因为人口是社会的主体，人口又是生活在社会中的有生命的通过各种社会关系联系起来的个体的总和，离开了人口就没有社会，离开了社会，人口也无法存在，所以它们是相互以对方的存在为前提条件的，是相互依赖、相互联系的。

一方面，社会对人口发生作用和影响，人口总是在社会的作用和影响中，发展和变化的。人口作为一个群体，作为社会的主体，几乎其所有的行为、活动都是在社会这个大系统下进行的，以整个社会环境为行动背景，受制于一定的社会生产力发展水平，脱离社会系统的人口行动是不存在的；另外，人们在采取任何行动时都要有意识或无意识地考虑社会因素的作用，而不是单纯地由人口的生物本能决定。各个人口过程、人口结构、人口变迁都要受社会文化、政治、经济等诸多因素的制约与影响。例如，已婚人口在选择是否要进行他人的生育行为时，必然要考虑社会生育政策、现阶段以及未来的抚育消费水平等等因素的影响。所以，各种人口现象，如人口的出生、死亡、迁移、人口素质、人口构成等等的发展、变化，都有社会方面的原因，都是在各种各样的社会原因的影响和作用下出现的。

另一方面，人口对社会的作用也是存在的，不可忽视的。人口也对社会发生作用和影响，人口数量、质量等等都会影响社会的发展。人口是构成社会必不可少的要素之一，社会中任何行动的进行和发展都离不开人口的参与，没有了人口，社会的任何活动都无法进行。社会现象的出现和存在，有着人口因素的作用。各种社会现象，如社会的贫困、失业、婚姻、交通、医疗、犯罪、教育、家庭组合、社会结构、社会信息等等的发展、变化，都有人口方面的原因，都是在各种各样的人口原因的影响和作用下出现的。如：人口生育率的降低将会导致人力资本供给的减少，人口质量的提高将会增加人力资本存量等等，这些都对社会经济的发展产生了不容忽视的重要影响。

从上述内容不难看出，人口与社会之间存在着相互依赖、相互联系、相互影响、相互制约的关系，相互对对方发生着作用。

第二节 人口学、社会学与人口社会学

一、人口学

（一）人口学发展历程及主要观点

人口学是以人口为研究对象的一门科学，把对人口的认识和研究作为一门科学，即以科学的态度和方法来认识和研究人口。把人口研究作为一门独立科学，源于近代西方社会①。随着近代资本主义经济的发展和科学技术的进步，欧洲人口的剧烈变动，促使人们对人口问题进行研究。从 17 世纪开始，欧洲出现了一些对人口现象进行专门研究的学者。其中最著名的是英国人卡布坦·约翰·格兰特（Gaptain John Graunt，1620—1674），1662 年出版了人口统计学著作《关于死亡表的自然的和政治的观察》（Natural and Political Observations Upon the Bills of Mortality）；还有法国重农主义创始人弗朗斯瓦·魁奈（Francois Quesnay，1694—1774）等人。但是，人口学这个概念的提出是在 1855 年，比格兰特、魁奈等进行的人口学研究要晚得多。1855 年，阿基尔·格拉德（Achille Guillard，1799—1876）在其所著《统计学要素或用比较法研究的人口学》一书中，首次使用了"人口学"这一概念。它的英文是"Demography"，来源于希腊文，是由"Demos"（人民）和"Grophein"（描述）两词合成的。格拉德在该书序言中还给"人口学"下了定义。此后，许多学者都对"人口学"的含义从不同角度进行了阐述。到 20 世纪，"Demography"一词，已广泛应用于国际社会的各个方面。由此看来，人口学开始是作为统计学、经济学的一部分而存在的，统计学家和经济学家在研究统计学和经济学的同时，创立了人口学这门科学。

人口学从 17 世纪发展到现在，经过三百多年的历史，已经形成了自己的独立的学科体系，包括理论人口学或称人口学原理及各分支人口学。理论人口学或人口学原理，是研究和说明人类社会各个发展阶段的人口过程和人口规律的科学，是人口知识体系的核心和主干。而人口科学的不同分支，都是由理论人口学分化出来的或由它与其他学科相互渗透而形成的。人口社会学就是从理论人口学

---

① 吴忠观. 当代人口学学科体系研究 [M]. 成都：西南财经大学出版社，2000：12.

中分离出来的一门科学，它开始仅仅是作为理论人口学的一部分，但是，当人口研究（Population studies）日益深化之时，人口学就形成了一个庞大的学科群。人口社会学和人口经济学、人口地理学、人口生态学等学科一样，在人口学体系中，逐渐显现其相对的独立性，最终从理论人口学中分离出来，以其自身独特的研究角度、研究内容和研究方法，形成体系独立的分支学科。

（二）人口学与人口社会学

在人口社会学与理论人口学相互关系的问题上，有些问题是值得注意的，例如理论人口学的指导意义问题。当代人口科学体系大体上可分为方法论知识、理论知识、经验和应用知识三大层次[①]。理论人口学是其中的核心和基础，它一方面是各分支人口科学研究成果的总结和概括；另一方面又为各分支人口科学提供最基本的范畴、定理，确定人口研究最基本的原理和方法。因此，理论人口学对人口过程的研究，以及对人口与社会、经济、环境诸因素之间本质联系的研究，所揭示出来的人口学原理，对人口社会学的研究具有指导意义。人口社会学也研究人口与社会诸因素之间的本质联系，也会建立起相应的人口社会理论。由于其研究角度不同，尽管与理论人口学的理论有交叉，但绝不会简单地重复。一些学者认为：理论人口学提供的是"第一层次"的理论，人口社会学提供的则是"第二层次"的理论[②]。我们认为，作为人口学分支学科的人口社会学，它所提供的"人口社会"理论，不是一般的人口理论，而是人口在社会这个特定的领域和特定的方面的理论。同时，人口社会学除了拥有理论知识部分外，还特别强调它的应用知识，即对各种实际人口社会问题的应用研究。因此，与理论人口学相比较而言，人口社会学的研究有两大特点：一是应用性研究；二是特殊的人口社会理论研究。

二、社会学

（一）社会学发展的历史阶段

社会学（Sociology）大体上经历了开创、形成和发展三个阶段。在开创阶段（19世纪30年代—19世纪末），主要代表人物有孔德和斯宾塞。奥古斯特·孔德（Auguste Comte, 1789—1857）是法国思想家，1838年，他在《实证哲学教程》第四卷中首次使用了"Sociolgie"（法语"社会学"一词，该词系孔德用拉丁文

[①] 吴忠观. 当代人口学学科体系研究 [M]. 成都：西南财经大学出版社，2000：40.
[②] 方向新. 人口社会学的学科地位与理论体系初探 [J]. 人口与经济，1989（4）：29-33.

Socius（亲友）和希腊文 Logos（知识）两词组合而成）。孔德试图建立一种与数学、物理学、化学、生物学并列的研究社会的学问。继他之后，英国思想家继承了孔德的社会学思想，并在进化论的基础上做了进一步的发挥。斯宾塞在他的著述中，以进化论的观点去研究和说明社会发展的历史进程，以类比的方法研究和说明社会的组织形态。他认为社会学的主要研究对象是社会制度。他以实证主义的和生物有机论的方法，建立了他的"社会静力学"和"社会动力学"，因此，斯宾塞往往被看成近代社会进化论的始祖。社会学形成阶段（19 世纪末—20 世纪 30 年代）的主要代表人物包括迪尔凯姆、韦伯等。迪尔凯姆不仅是第一个专门讨论社会学方法的社会学家，而且是第一个明确了社会学这门学科的具体研究范围的学者。他认为社会学的焦点应放在集体心理现象、道德义务等社会事实上。而在他所讨论的所有事实中，社会团结和社会整合问题一直占据着中心位置。在其著述中，他论述了"社会团结"的类型，社会整合与自杀率，社会团结与宗教等问题。德国社会学家韦伯创立了"理解社会学"①。他认为，社会学就是解释性地理解社会行动，从而对社会行动的过程和结果作出因果解释的一门科学。另外，韦伯的"科层制"② 理论也是十分著名的对后世影响深刻的理论。社会学发展阶段（从 20 世纪 40 年代起至现在），这一阶段是国外社会学蓬勃发展的时期。在这一时期产生了许多西方社会学流派。如结构功能主义、冲突论、符号互动论、社会交换论、现象文化社会学、法兰克福批判社会学等。在这一时期，美国一跃成为西方社会学的中心，苏联东欧则重建了社会学，并在理论和实践上都有所突破，出现了流派林立，竞相争鸣的迅猛发展的形势③。

（二）西方社会学各流派及其主要观点

社会学在大致经历了三个发展时期后，就针对社会学的主要研究对象以及研究方法探讨上不断形成了诸多理论学派，从 19 世纪 30 年代社会学诞生起，其基本的理论流派大致可以分为以下十种：

1. 实证主义

这一学派产生于 19 世纪上半叶，由法国实证主义哲学家、社会学创始人孔德根据实证哲学思想体系建立，并于 20 世纪在世界广泛流行。实证主义学派在社会学的研究对象上做出了明确的规定，将人类社会等同于自然界，认为社会现

---

① 谈谷静. 社会学［M］. 成都：四川人民出版社，1988：6.
② 科层制，指具有专门化的职能、固定的规章制度和权力分等的分层分科的组织管理制度。
③ 谈谷静. 社会学［M］. 成都：四川人民出版社，1988：9.

象与自然现象之间没有本质的差异，它们都是一种"物"，因而研究社会现象和社会问题与研究自然界一样，采用相同的科学法则。

实证主义学派经历了古典实证主义和新实证主义两个发展阶段，其中古典实证主义又经历了两个发展时期。第一时期为 19 世纪上半期，被看作是古典实证主义发展的第一阶段，代表人物孔德、英国社会学家斯宾塞、比利时社会学家凯特莱和法国社会学家勒普累等，主要观点仍旧以经验研究为主，未能将经验与理论相结合。从 19 世纪下半叶至 20 世纪初为实证主义社会学发展的第二个时期，代表人物为埃米尔·迪尔凯姆和帕雷托，他们重新将社会学的研究对象定义为"社会事实"，进而揭示了它们之间所存在的"形态学"（即结构）的、功能的和因果的关系。新实证主义阶段是继帕雷托之后，这一时期的基本观点不再把自然科学及其方法看作是社会学理论赖以存在的基础，而是侧重社会学的研究通过程序化、操作化和定量化等手段，达到精细化和准确化的水平。实证主义社会学在后期其内部又出现了分化，其中形成了以美国心理学家斯金纳和社会学家霍曼斯、布劳等为代表的行为主义社会学和以美国的拉扎斯菲尔德、斯托福和布莱洛克等为代表的经验主义社会学。

2. 反实证主义

反实证主义学派于 19 世纪末至 20 世纪初在欧洲大陆兴起，其基本方法继承了康德和费希特关于意志高于理性的观点以及叔本华、尼采的唯意志论，反对以整体观和进化观为主要内容的实证主义模式，重点尝试强调以个人行动的主观根源说明人的活动、社会关系、社会结构和社会发展。其中主要的代表学派有新康德主义、法兰克福学派、现象学社会学、存在主义社会学、符号互动论和拟剧论。在对社会学的主要研究对象上，反实证主义认为"社会由个人组成，社会活动由个人行动所决定，个人行动由个人动机、行为规范和价值关系决定"。主张社会科学首先要研究个人行为动机与社会规范，反对实证主义社会学把社会生活看成是一些无个性的社会事实或社会结构的相互作用。

3. 结构功能主义

结构功能主义是由美国社会学家帕森斯在 20 世纪 40 年代首次提出，但其理论渊源可以追溯到孔德和斯宾塞，而迪尔凯姆、拉德克利夫·布朗和马林诺夫斯基对功能主义也做了较为系统的阐述。结构功能主义强调社会是具有一定结构或组织化手段的系统，社会的各组成部分以有序的方式相互关联，并对社会整体发挥着必要的功能，因而可以看出结构功能主义主要是从系统的角度来研究社会，并研究系统的各个组成部分对系统的功能及作用。同时，强调社会成员共同持有的价值取向对于维系社会整合、稳定社会秩序的作用。结构功能主义的主要代表人物有帕森斯和默顿，其中以帕森斯的理论为代表的结构功能主义强调：社会系统是行动系统的4个子系统之一，其他3个是行为有机体系统、人格系统和文化系统，而在社会系统中，行动者之间的关系结构形成了社会系统的基本结构。经验功能主义代表人物默顿则在发展了结构功能主义理论的基础上强调分析社会文化事项对个人、社会群体所造成的客观后果，使其更有利于经验研究。

4. 社会冲突论

流行于20世纪50年代的冲突理论是因反对当时的结构功能主义而出名，以美国的科赛、柯林斯，德国的达伦多夫，英国的赖克斯为代表，其核心观点是通过社会中普遍存在的社会冲突来研究和解释社会变迁。科赛反对帕森斯认为冲突只具有破坏作用的片面观点，力图把结构功能分析方法和社会冲突分析模式结合起来广泛探讨社会冲突的功能。他认为，冲突具有正功能和负功能。在一定条件下，冲突具有保证社会连续性、减少对立两极产生的可能性、防止社会组织的适应性和促进社会整合的正功能。科赛由此提出了"安全阀"理论。达伦多夫则认为，社会组织不是寻求均衡的社会系统，而是强制性协调联合体，社会组织内部的各种不同位置具有不同量的权威和权力。社会结构中固有的这种不平等权威的分布，使社会分化为统治和被统治两大彼此对立的群体。在一定条件下，准群体组织表现为明显的利益群体，并作为集体行动者投入公开的群体冲突，从而导致社会组织内部权威和权力的再分配，社会暂时趋于稳定与和谐，和谐中潜伏着冲突的危机，一旦时机成熟，社会成员就会重新组织起来，进入另一轮争夺权力的冲突，社会就是在这冲突与和谐的循环过程中不断实现的。

5. 社会交换论

20世纪50年代末期产生于美国的社会交换论主要综合了美国心理学家斯金纳的行为主义心理学、功能主义的文化人类学和功利主义的经济学等方面的内容，形成了从微观个人交换论到社会交换论的发展。社会交换论强调应该将人作为社会学的研究基本原则，重点从人和人的心理动机、人的行为表现去研究社会现象，从而反对结构功能主义的那种从宏观的社会制度和社会结构或抽象的社会角色上去研究社会的做法。这一流派的主要代表人物有霍曼斯和布劳。此外，艾默森和怀特海等人也对该理论的发展做出了一定贡献。其中霍曼斯从个人行为的视角出发，提出包括成功命题、刺激命题、价值命题、剥夺-满足命题、攻击-赞同命题、理性命题在内的六个命题，以此来解释一切的社会行为。霍曼斯认为："利己主义、趋利避害是人类行为的基本原则，由于每个人都想在交换中获取最大利益，结果使交换行为本身变成一种相对的得与失。"而布劳则从社会结构的原则出发考察人与人之间的社会交换过程，再从群体层次上升到制度与社会的宏观层次，将个人的交换行为上升到一种社会的交换行为，实现了社会交换理论从微观向宏观的过渡。同时引入了权力、权威、规范和不平等的概念，揭示了权力产生、反抗及变迁的基本规律，使交换理论在更大的范围内解释社会现象。

6. 符号互动论

符号互动论主张通过关注个体间的互动行为来解释社会现象。这一理论由美国社会学家米德创立，并由布鲁默于 1937 年正式提出。戈夫曼是主要代表人物之一。符号互动论的基本观点是：事物本身不存在客观的意义，它是人在社会互动过程中赋予的；人在社会互动过程中根据自身对事物意义的理解来应对事物；人对事物意义的理解可以随着社会互动的过程而发生改变，不是绝对不变的。该理论在社会越轨、精神疾病、集体行为、儿童社会化、死亡和挣扎、老年、疾病与痛苦和艺术社会学等方面具有较强的解释力。

7. 民俗学方法论

民俗学方法论是 20 世纪 60—70 年代发展起来的微观社会学学派，又称民族学方法论。其代表人物是美国社会学家加芬克尔，其重点是在对一定社区的社会成员在社会互动中所遵循的规则的社会学研究，因而又称为本土方法论。民俗学方法论重点研究人们的微观行为，力图发现和描述人们在日常生活中做出行为、响应行为和改变行为的规则，因而他们强烈反对实证主义学派的"社会事实的客观实体论"和功能学派的"社会事实既存论"。

8. 新功能主义

新功能主义理论是 20 世纪 80 年代在以符号互动论、社会交换论和民俗学方法论等为基础的微观社会方法论和以社会冲突论为基础的宏观方法论对传统的功能主义进行批判的背景下发展起来的。新功能主义理论试图通在对功能主义理论批判和继承的前提下，吸收和接纳各个社会学派对围观个人行为和宏观社会变迁、冲突等理论的基本观点，从而构建起一种综合性的理论框架。具体而言，针对符号互动论、社会交换论、民俗学方法论等理论的微观分析，新功能主义力图通过重建帕森斯的行动理论来综合其理论观点，并探索微观个体行动和宏观社会结构及制度的连结环节。对宏观社会学领域的冲突理论，新功能主义主张在保持帕森斯"规范秩序"的前提下，强调对权力、战争、强制、冲突等问题的分析，并把社会变迁分析纳入帕森斯的"分化"理论中。

9. 社会发展理论

社会发展理论是 20 世纪五六十年代的主流社会学派，其核心的论题在于研究社会变迁的规律以及其各类表现形式，有狭义和广义之分。其中狭义特指社会发展问题研究，又称发展社会学，广义包括哲学、经济学、政治学和人类学关于社会发展的研究。社会发展学派的主要代表性理论是现代化理论、依附理论和世界体系理论。其中，现代化理论以帕森斯的结构功能主义为基础，着眼点在社会流动的社会行为主义。现代化理论把传统社会视为特殊主义的、以农业为主的、着重身份名位的、静止的、职业分化简单的社会；相对而言，现代社会则是普遍主义的、以工业为主的、着重成就的、动态的、职业分化复杂的社会。传统社会和现代社会是两种具有相互排斥特征的社会，经济、政治、社会由传统向现代演进的过程就是现代化。而依附理论认为：现代化或"西方化"，实际上就是一个将发展中国家纳入以西方发达国家为主导的"中心-边陲"经济体系的依附化过程。世界体系理论用体系观点来分析整个世界及其组成部分的发展与变化，探讨其总体的发展规律，并从中探求单个国家和社会的发展态势。

（三）马克思主义社会学

马克思主义社会学派是指由马克思和恩格斯创立，以历史唯物主义为基础和指导思想的社会学学说的通称，它是与从孔德开始的西方社会学相对而言的另一大社会学流派。马克思主义社会学包括马克思、恩格斯本人及其后继者的社会学思想、社会学说，以及当代学者用马克思主义立场、观点和方法所阐述的社会学理论、学说等。其中具有代表性的有苏联的《社会学手册》（1976）、民主德国的《马克思列宁主义社会学原理》（1977）；英国学者博特莫尔的《马克思主义社会学》（1975）以及中国广大学者对马克思主义以及马克思主义社会学的探索和实践中形成的理论成果。

1. 马克思主义社会学的理论基础

弄清马克思主义社会学的理论基础对理解和建设马克思主义社会学具有关键性的意义，而马克思主义社会学与历史唯物主义的关系一直以来是马克思主义社会学理论基础争论的焦点。在马克思主义社会学不断发展的过程中，逐渐形成了三种基本的观点。第一种观点认为，历史唯物论就是马克思主义社会学。这种观点在苏联 20 世纪 30—50 年代，在中国 20 世纪 50—70 年代均占主导地位。在

60—70 年代，苏联学术界弱化了这种"等同"或"代替"的观点，提出马克思主义社会学有三层结构，即一般理论、专门理论和个别的经验研究，其中的一般理论就是历史唯物论。第二种观点与第一种观点相反，认为历史唯物论应包括在马克思主义社会学之中。持这一观点的学者主要认为"社会学是关于社会的一般科学，历史唯物论只是历史的逻辑学或辩证唯物主义的社会观及社会发展观"。其代表性的人物和著作有卢基奇的《社会学原理》(1960) 和布里舍里奇的《社会学原理》(1963)。第三种观点认为，历史唯物论与马克思主义社会学既有区别又有联系。持这种观点的学者主要认为："历史唯物论不能代替马克思主义社会学，但同时，历史唯物论是社会学的理论基础和指导思想。"因此，一方面，社会学必须以历史唯物论关于社会存在决定社会意识的基本观点为指导；另一方面，社会学又以各种特殊规律丰富历史唯物论。

2. 马克思主义社会学的主要研究对象

关于马克思主义社会学的主要研究对象，目前学术界的分歧较大，但其中最具有代表性的观点是苏联学者、德国学者和中国的广大马克思主义理论学者。如，苏联学者所著《马克思主义社会学导论》(1962) 一书认为："马克思主义社会学的根本任务就是唯物地阐明社会的物质生活、社会生活、政治生活和精神生活等现象的社会属性，以及它们在社会关系体系中的发展、发挥功能的规律与作用。"苏联科学院社会学研究所所编写的《社会学手册》(1976) 一书提出："马克思列宁主义社会学是关于社会经济形态活动和发展的一般规律和特殊规律以及这些规律在个人、社会集团、阶级、民族活动中的作用机制和表现形式的科学。"德国学者所著《马克思主义社会学原理》(1977) 则主要认为："在社会主义社会中，马克思列宁主义社会学的对象，是研究怎样日益充分满足人的物质的和精神的需要；怎样保证社会主义生产、劳动效率和劳动生产率在科学技术进步基础上的高速增长。"而中国在以马克思主义为指导的社会主义建设中，不断地探索马克思主义社会学的基本理论，对马克思主义社会学的主要研究对象基本上保持一致，但又有所不同。基本的观点可以分为两类：一种观点认为："马克思主义社会学是一门通过社会主义社会的社会关系研究社会主义的社会生活、社会矛盾、社会管理、社会发展及其规律性的科学。"另一种观点则认为："马克思主义社会学以现实的人为其社会学分析的逻辑起点，以社会经济形态为其基本的社会分析模型，以唯物史观为其主要的社会分析工具，以人与社会和自然的关系为其社会分析的对象，并认为这构成了唯物史观社会学的基本思路。"

（四）社会学研究对象之争

明确社会学研究对象，是社会学首要回答的问题，而纵观西方社会学（各学派）与马克思主义社会学两大流派，由于其各自研究的出发点、假设条件和价值取向等不同，在就社会学研究的核心对象这一问题上，争论很多，分歧较大，尚未形成统一的定论，因而导致了社会学研究在研究范围上表现得极为广泛，成了研究整个社会的综合性科学。社会学具体研究整个社会以及构成社会整体的各种社会现象，并揭示这些社会现象的结构及其发展规律。① 但综合来看，社会学是一门研究社会事实（客观事实：社会行为、社会结构、社会问题等；主观事实：人性、社会学心理等）拥有多重范式的学科。

纵观西方各社会学流派与马克思主义社会学，在回答社会学的定义及社会学的主要研究对象时，形成了三大类基本观点：第一类是以社会整体为研究对象，主要代表是孔德、斯宾塞和迪尔凯姆等人。其中孔德、斯宾塞等主要通过一般社会现象来研究社会整体，属于古典实证主义的观点。如结构功能主义以强调各个社会组成部分来研究社会整体。迪尔凯姆则是通过特殊的社会现象主要是"社会事实"来研究社会整体，属于新实证主义的观点，其后续延伸到冲突理论，强调社会冲突是推动社会不断向新的平衡前进的动力。这一类观点重点是从社会的宏观层面出发，研究社会的结构，功能以及社会现象。第二类观点是以个人及其社会行动为作为社会学的研究对象，其核心代表人物是韦伯等人。其中以为韦伯为代表的理解社会学主要是从个人的社会行动及社会行为的解释性理解和因果性说明来研究社会。在其后续发展过程中的行为主义学派通过人的外显行为扩展到人际交往领域使之成为揭示社会现象的理论。而继承和发展韦伯观点的学派还有如社会交换理论，以及民俗学方法论和符号互动理论等学派。可以看出第二类观点重点是从微观领域出发，以个人的行为即个人的行动为视角，透过研究个人行为的心里动机以及现实后果将其扩展到人口群体继而研究整个社会现象和社会整体，马克思主义社会学研究中，既有赞成第一类观点的也有赞同第二类观点的。但是不论哪一类都是以马克思主义的基本观点即社会与个人的统一为基本的出发点去研究。主要共同点在于承认"个人是社会的存在物，应当避免把'社会'当作抽象的东西同个人对立起来；反之，社会又是人们交互作用的产物，是各个人借以生产的社会关系的总和"。第三类观点是不属于以上两大类基本观点之外的

---

① 米拉·马儿科维奇. 社会学 ［M］. 徐坤明，夏士华，译. 北京：中国社会科学出版社，1979：1.

一些其他社会学观点，其影响一般较小，未能成为社会学发展的主流。

显然，要对社会学下一个权威的定义，的确很难，尤其是当代在社会学已发展成为一个庞大的"学科群"的背景下，任何一种定义都很难涵盖社会学的全部内容。当前，学术界一般将社会学划分为理论社会学和分支社会学两大类。理论社会学探讨社会生活的一般原理与法则；而分支社会学，不仅包含有实际应用之义，即对各种实际社会问题的研究，而且也包括了相应的理论，只不过这种理论不是一般的社会学理论，而是一个特定的方面或领域的社会学理论，例如关于家庭结构与功能的理论、人口的理论等。

（五）社会学与人口社会学

由此看来，人口社会学是分支社会学中的一种。作为社会学分支学科的人口社会学，是社会学研究中有关人口的社会理论长期演进的必然结果，特别是在近现代，社会学中产生的社会进化人口论、社会文化人口论及"社会毛细管"学说等，对人口社会学从社会学中独立出来成为一门分支学科，起到了至关重要的作用。从19世纪末到二战前，杜尔克姆、杜蒙特等一大批社会学家将人口的数量、密度、生育率等因素与社会进步、社会文化、社会分工等社会因素结合起来进行研究，产生了各种社会学的人口理论。第二次世界大战以后，婚姻家庭制度、宗教、风俗习惯、伦理道德、价值观念等也被广泛地运用到人口过程的研究之中。这些用社会学的观点、理论和方法来研究人口过程的学术成果，一方面弥补了从经济、生态等角度来研究人口的不足，另一方面也促成了人口社会学的独立学科体系的形成。

三、人口社会学

（一）人口社会学的起源与学科界定

人口社会学是近年来从人口学科分支出来的一门从社会学视角独立研究人口问题的学科，而关于这门学科兴起的论述并不多[①]。其中，最早提到人口社会学的是苏联在1947年出版的《马克思列宁主义人口论》一书，书中首次提到人口社会学这一概念，但是就其研究对象和范围并未有进行具体的详细的论述。[②] 之后，在1976年出版的《人口知识体系》中才有对人口社会学的理论性阐述。而我国关于人口社会学的研究起源于1980年教育部召开的人口学研究规划会议，

---

① 王胜今. 人口社会学 [M]. 长春：吉林大学出版，1988：9.
② 瓦连捷伊. 马克思列宁主义人口理论 [M]. 北京：商务印书馆，1978：93.

这是首次将人口社会学作为人口学的分支学科展开研究。之后如我国著名人口学家刘铮主编的《人口学辞典》将人口社会学定义为应用人口学的一门分支学科①。

自 20 世纪 80 年代以来我国学者就对人口社会学进行了广泛的研究，但就其学科地位即对人口社会学究竟是属于社会学的分支学科还是人口学的分支学科成了争论的焦点。人口社会学，一方面是人口学知识体系日益丰富和完善的结果；另一方面也是社会学知识体系中人口研究日益深化和发展的必然。因此，从这个意义上讲，人口社会学既是人口学的分支，又是社会学的分支。但基本观点可以分为两类：一些学者认为，人口社会学是人口学的分支学科。例如顾鉴塘、董杰等人。董杰认为："人口社会学应是人口学的一个分支学科。它与人口经济学、人口地理学、人口生态学、人口统计学等人口学分支学科相互并列。"②顾鉴塘也认为，人口社会学同人口统计学、人口经济学、人口地理学等学科一样，被认为是人口知识领域的一个必要的组成部分③。另一些学者认为，人口社会学是社会学的分支学科，如佟新，胡伟略等。佟新认为，人口社会学是社会学的一个"分支领域"，"是社会学的一门分支学科"④。胡伟略认为，人口社会学"主要是与社会学的发展有密切关系"，"社会学作为'母体'却能从中分化出人口社会学，以及其他的社会学分支"。因此，人口社会学"既是社会学的一个分支，又可以独立成为一门学科"⑤。另一些学者，如方向新认为，人口社会学"更多地被纳入人口学体系，但是它必须具有社会学的眼光，综合地分析人口过程和社会过程的相互关系"⑥。

（二）人口社会学研究对象之争

人口社会学的定义及研究对象是什么，这是人口社会学首先要回答的问题。自人口社会学产生以来，不同的研究者由于所处的社会环境不同、关注的重点不同、研究的角度不同，对于人口社会学的研究对象有不同的看法。归纳起来，大体上有六大类。

第一类观点认为人口社会学是研究社会体系各个组成部分对人口再生产及其

---

① 刘铮. 人口学辞典 [M]. 北京：人民出版社，1986：19.
② 董杰. 关于人口社会学内容的探讨 [J]. 人口与发展，1989（1）：43-47.
③ 顾鉴塘. 人口社会学的理论特点及其实践功用 [J]. 人口与发展，1989（1）：43-47.
④ 佟新. 人口社会学 [M]. 北京：北京大学出版社，2000：1.
⑤ 胡伟略. 人口社会学 [M]. 北京：中国社会科学出版社，2002：14.
⑥ 方向新. 人口社会学的学科和理论体系初探 [J]. 人口与经济，1989（2）：29-33.

他人口活动的影响的学科。在瓦连捷伊主编的《人口学体系》一书中，他们认为："人口社会学是研究人口再生产的社会学方面，它把历史唯物主义，具体社会学和人口学三者边缘的全部课题集合于一身。它研究社会生活的社会学规律如何体现在人口活动以及阶层、阶级和社会集团的活动之中，研究这种规律如何经过人口再生产规律中介而折射出来，这门科学把阐明社会体系各个组成部分对人口再生产影响的全部理论观点、原则、假说、概念全部联系起来。"① 按这种观点，人口社会学主要应研究社会学规律如何通过人口再生产和人口的其他活动（如阶层、阶级和社会集团活动）"折射"（反映）出来，并将这种影响有机联系起来。简而言之，这种观点就是说，人口社会学是研究社会因素如何影响人口过程的。

第二类观点认为人口社会学是研究人口发展与社会现象、社会条件相互关系的一门学科。我国著名人口学家刘铮主编的《人口学辞典》，给人口社会学的定义是："研究人口发展和各种社会现象之间的本质联系及其数量关系的一门科学，是人口学的分支学科之一。"② 这个定义包含了定性研究和定量研究两个方面。定性就是指人口发展和各种社会现象之间的本质联系，即规律；定量就是指人口发展和各种社会现象之间的数量关系，即数量的规律。还有学者认为，人口社会学"从人口角度，研究各种社会条件对人口发展的影响，说明人口在社会生活中的地位和作用，特别是人口发展过程的社会性和社会后果"③。人口社会学是人口学与社会学之间的一门边缘学科，主要是研究人口变动与社会问题的相互关系及其发展变化的规律，使各种社会因素有利于调节人口变动，以利于经济发展与社会问题的解决。④ 这种观点，把人口发展或人口变动与社会现象、条件之间相互的本质联系作为研究对象，对人口社会学的发展及学科体系的建设起到了积极的推动作用。

第三类观点认为人口社会学是研究各种人口问题与社会问题相互关系的一门学科。"人口社会学……从社会着眼，从现实社会问题入手，研究人口问题。""凡是与社会问题有关的人口问题，或者与人口问题有关的社会现象，人口社会学都应进行研究。"⑤ "人口社会学是研究人口与各种社会问题相互关系的一门科

---

① 瓦连捷伊. 人口学体系 [M]. 北京：中国人民大学出版社，1981：148.
② 刘铮. 人口学辞典 [M]. 北京：人民出版社，1986：19.
③ 杨德清. 人口学概论 [M]. 武汉：湖北人民出版社，1982：11.
④ 杨国璋，等. 当代新学科手册 [M] 上海：上海人民出版社，1985：419.
⑤ 方素岚. 人口社会学浅谈 [J]. 人口研究，1981（4）：34.

学。它从人口与各种社会问题的联系中，来研究各种现实的社会问题。"① "人口社会学的研究对象……是研究人口与社会的相互关系，即研究人口与社会这对特殊矛盾。" "人口与社会之间存在着错综复杂的对立统一关系。人口社会学正是以人口与社会的相互关系作为对象，进行深入系统研究的一门科学。"② 这类观点，从研究人口与社会相互关系出发，探讨人口因素对社会诸问题的影响，探讨社会因素对人口变动的影响，重点探讨人口社会问题。这实际上体现了人口社会学定性研究与应用性研究两个基本特征。这类观点及其研究成果，对人口社会学的开创和发展，事实上都具有相当积极的意义。

第四类观点认为人口社会学是关于人口过程与社会发展之间相互影响的学科。"人口社会学作为一门相对独立的边缘科学，它要研究人口过程与社会发展之间的相互影响。"③ "研究人口与之有关社会现象间的关系，探讨社会因素和人口过程的相互影响，揭示人口过程和社会过程发展中所出现的不相适应性问题，应规定为人口社会学的研究对象。"④ "人口社会学的任务就在于研究人口过程与各种社会因素之间的关系及其相互影响，了解它们之间在发展过程中已经出现或可能出现的不平衡及由这种不平衡带来的各种现实问题，在此基础上探讨人口过程与社会协调发展的规律。"⑤ "人口社会学是研究人口过程与社会发展各种因素之间本质联系及相互影响、相互制约的学科。"⑥ 这类观点从人口的动态和社会的动态关系上探究彼此的内在联系，强调从动态的角度来研究人口过程与社会发展的平衡与协调。这也是一种十分有益的观点。与此观点相近的还有佟新的观点，他认为，"人口社会学的研究对象是用社会学的理论和方法认识和分析人口结构、人口过程和人口变迁，以及它们与各种社会力量——文化、经济和政治要素之间的互动关系"。他还引证了迪尔凯姆的观点，认为"人口社会学是对社会上的人口事件进行社会学分析的一门学科，它通过对纷繁复杂的人口现象和人口问题的社会学分析来认识和理解人类行为和社会"⑦。

第五类观点认为人口社会学是研究人口社会过程和人口社会现象的学科。刘

---

① 刘洪康. 人口手册 [M]. 成都：西南财经大学出版社，1984：14.
② 桂世勋. 人口社会学 [M]. 济南：山东人民出版社，1986：2，7.
③ 宋丁. 面向现代化的人口社会学 [J]. 人口学刊，1985（5）：44-46.
④ 方向新. 人口社会学的研究对象和内容实探 [J]. 人口学刊，1986（6）：29-33.
⑤ 蔡尚忠. 人口基础知识 [M]. 北京：知识出版社，1982：3.
⑥ 李明开. 中国人口社会学的兴起与发展 [J]. 人口与发展，1989（1）：63-65.
⑦ 佟新. 人口社会学 [M]. 北京：北京大学出版社，2000：1-2.

长茂先生认为，人口"从动态上考察，人口变动……又形成人口过程"。"人口过程的每一个基本方面，都需要建立专门的分支人口学来研究，而人口过程的社会方面，即人口社会过程则是人口社会学研究的主要对象。"① 陈祖耀先生又认为，人口社会学的研究对象"只能是人口的社会现象"，因为他认为"社会学以一般社会现象为自己特定的研究对象，人口社会学以特殊的人口社会现象……为自己特定的研究对象"②。

第六类观点认为人口社会学是研究人口行为的一门科学。胡伟略先生认为："人口社会学通过对人口行为社会分析，来探究人口与社会进步的关系问题。"他认为，人口行为是人类行为之一，包括生育行为、死亡行为、迁移行为和社会行为四大类。对这些行为进行"社会"分析，而不仅仅是"社会学"方面的分析，同时也可以包括经济分析。③ 早在 1989 年，顾鉴塘先生在其《人口社会学的理论特点及其实践功用》一文中就指出："一系列以人口社会学为其学说基础的学科，如出生社会学、死亡社会学、迁移社会学以及与之相对应的一系列行为社会学，也将逐渐引起人们的注意并被提上我们的研究日程。"④ 因此，顾先生也可以算作是持这种观点的学者之一。另外，董杰先生也认为，"人口社会学要着重研究各种类型的人口行为的调控手段"，他认为，生育行为、死亡、人口流动和迁移行为，包括人口素质（提高）在内的行为，都是社会行为中的"人口行为"，"人口行为既然是社会行为，人口行为就要受到社会规范和社会控制手段的调控……只有同时采用各种不同类型手段，才能对人口行为进行有效的调节和控制"⑤。

第三节　人口社会学的研究对象与研究意义

一、人口社会学的研究对象

（一）人口社会学的学科界定

人口社会学的研究对象究竟是什么，这同样是摆在本书所有研究中的首要问题，虽然在本章第二节中对目前国内外学者关于人口社会学的研究对象以及人口

---

① 刘长茂. 关于人口社会学发展的思考 [J]. 人口与发展，1989（1）：13-17.
② 陈祖耀. 人口社会学的几个理论问题 [J]. 中共山西省委党校学报，1995（1）：8-11.
③ 胡伟略. 人口社会学 [M]. 北京：中国社会科学出版社，2002：14.
④ 顾鉴塘. 人口社会学的理论特点及其实践功用 [J]. 人口与发展，1989（2）：25-27.
⑤ 董杰. 关于人口社会学内容的探讨 [J]. 人口与发展，1989（1）：48.

社会学的学科界定进行了梳理，但仍未能就人口社会学的研究对象得出较为统一的定论。要想对人口社会学的研究对象得出确切的界定，有必要首先回答以下两个问题：第一，人口社会学的学科界定；第二，人口社会学与社会学和人口学之间的区别与联系。

第一，人口社会学是人口学的一门分支学科。之所以将人口社会学纳入人口学研究的重要组成部分，并作为一门独立的学科，是基于以下几点考虑：首先，人口学从 17 世纪至今经历了几百年的发展之后，现在已成为一个庞大的现代人口科学体系，这个体系并不是简单拼凑、杂乱无章地结合在一起的，而是一个多水平的、多层次的系统①。人口社会学同人口经济学、人口统计学、人口生态学以及人口地理学等一样，是人口学学科范围的一个分支学科。其次，人口社会学的研究不能等同于社会学，与社会学的研究有本质的区别。本章第二节同样对社会学的主要研究对象进行了总结，从中可以看出，从宏观层面来讲，社会学重点在于研究社会现象、社会问题、社会发展及其规律以及社会结构和变迁等；从微观上讲，社会学研究人的社会行为的动机、原因以及对行为造成的结构进行解释，而人口社会学则是应用社会学的分析方法去分析与人口相关的一系列问题。虽然在社会学的微观视角下，同样强调人的社会行为，但其侧重点不同，社会学强调的社会行为是指这种行动与行为的社会性，是对产生这种行为的原因以及由这种行为造成的结果进行分析。人口社会学则突出强调人口及人口群体是这种行为发生的主体，由于人口社会属性的制约，因而致使人口必须在社会的大环境下发生一系列行为特征。因此，人口社会学的研究出发点是人口及人口群体，研究的是人口行为，并非宏观视角下的社会现象、社会问题、社会发展及其规律以及社会结构和变迁等，也不是微观视角下的社会行为。最后：我们应该清醒地认识到，社会学家们大多是将人口、人口现象等作为他们研究社会变动的物质生活条件，作为社会变动和社会问题诸因素中的一个重要因素来进行研究的，这种研究应该归入"社会人口学"的研究，而不是人口社会学。只有明确了人口社会学的学科界定，才能把握人口社会学研究的落脚点是"人口"而非"社会"，当然这里的人口是马克思人口理论中兼具自然属性与社会属性的人口，即是单独的个体又是人口群体，是实实在在存在于现实社会中的人或人口群体，是构成社会主体的"人"。

---

① 吴忠观. 当代人口学学科体系研究 [M]. 成都：西南财经大学出版社，2000：38-41.

第二，人口社会学与人口学和社会学的区别与联系。确定某一学科的研究对象及其所包括的研究内容是其后续研究的基础，人口社会学同样如此，在确定人口社会学研究对象之前，除了对该学科的界定之外，还需要清晰它与社会学和人口学之间的区别与联系。这是因为，人口社会学虽然是隶属人口学的分支学科，但其与传统的人口学研究重点有所不同，同时，人口社会学又需要社会学的理论支撑与分析方法，与社会学无法脱离开来。因而人口社会学也可以进一步说成是介于人口学和社会学之间的一门边缘学科[①]。人口社会学与社会学和人口学的联系就在于，两者之间是相互渗透、相会影响的，具体表现在：社会学是一门极其复杂，涉及面十分广泛的学科，从 19 世纪 30 年代创立至今，无论是西方社会学学派还是马克思主义社会学，从其基本的观点中可以看出，大家都基本承认社会学是研究社会的[②]。而社会是由个人构成，人是社会的主体，一切社会现象、社会问题、社会关系等都源于人或者更广义地说是源于人口群体。人口学则主要以人口结构、人口变动和人口过程为基本的研究内容，探讨人口各现象背后的规律，以期更好地指导人口行为。但是人口发展、人口结构、人口过程等又是在一定的社会环境中运行的，人作为社会的主体，是构成一切社会关系以及其他社会现象的本源之所在，是社会事实的重要组成部分，因而又离不开社会学的研究背景。人口社会学与社会学和人口学既有联系又有区别，区别就在于人口社会学既不是将包罗万象的整个社会作为自己的研究对象去研究，又不是仅限于研究人口结构、人口过程、人口发展等人口问题与人口现象。可以说，人口社会学既有社会学的研究背景，又具备人口学的研究框架。

（二）人口社会学研究对象的理论探讨

人口社会学的研究对象究竟是什么？具体包括哪些方面的内容？通过对人口社会学学科的界定及其与社会学、人口学联系与区别的分析，从社会学与人口学的基本理论和研究对象的分析，探究属于人口社会学特有的研究对象和研究内容。

1. 社会学、人口学基本理论视角与人口社会学研究主体

社会学是将"整个社会"作为研究对象，但就具体而言，可以分为两大类基本的观点，一类是从宏观视角出发研究社会现象、社会事实、社会问题、社会结构与功能等，从而探究社会发展规律，解决社会问题；另一类是从微观视角出

---

① 桂世勋. 人口社会学 ［M］. 济南：山东人民出版社，1986：1.
② 王胜今. 人口社会学 ［M］. 长春：吉林大学出版社，1988：5.

发，探究人的社会行为、社会行动，通过社会行为过程及结果从而对其做出因果解释。从社会学的基本理论视角出发，可以看出微观社会学观点构成了宏观社会学研究对象的基础，无论是社会现象、社会问题、还是社会结构和社会功能等，其微观基础都是人的社会行为，是社会行为的必然结果。作为社会的人，构成了社会的主体，人的行为的发生是其内在的心理和生理的需求，这构成了社会行为的动因；而社会行动和社会行为的结果恰恰是宏观社会学研究社会现象、社会事实的基础。从人口学的研究对象和基本理论出发，人口学强调研究人口发展、人口的结构、人口数量和人口变迁等，并通过这些人口现象来探究背后的人口规律。人口学以人口作为核心的研究对象，探究与人口自身发展相关的一系列问题，包括人口自身以及人口与社会、经济、资源环境等的关系。那么人口社会学作为人口学的一门分支学科，其核心研究的主体应该是人口，这里的人口并非是纯自然的人口，是具有社会性和自然性双重属性的人口，是在社会中不断为满足自身需求而产生不同行为的人口，是不断通过人口行为引发社会现象，引起社会冲突、改变社会结构和功能的人口。

2. 人口行为——人口社会学研究对象的理论构建

通过对社会学和人口学基本理论和研究对象的分析，就可以清楚地认识人口社会学的研究对象。人口社会学应该是研究"人口行为"的一门学科。之所以这样说，其一是因为社会学是以微观社会学视角下人的社会行为作为研究基础，从而构建起了包罗万象的复杂社会整体，这一微观视角所研究的人的社会行为构成了宏观社会学视角所研究的一切。其二是因为人或者是人口构成了社会的主体，是社会行动发生的最基本的单元，无论是人口数量、人口结构、人口发展还是人口变迁以及人口与社会经济和资源环境的关系等，同样都离不开人的行动，是人或者是人口群体行为的必然结果。其三是因为人出于自身本能的生存需求和发展的需求，伴随着这种内在需求的动力，个体的人或者群体的人有了行为的原因。这种行为并非是等同于自然界动物的完全处于本能的行动，是受到一系列社会规范和社会制度制约的行动，是人作为社会主体在社会环境下发生的行为。而行为的结果便是人口数量、质量的变换、人口结构的改变、人口的发展，从而进一步引申到社会便是社会结构的变迁、社会结构功能的变化、社会问题的产生等一系列社会事实的表现。

可见，正是人口行为将人口与社会有机地联系在了一起，人出于本能的需求产生了行为和行动，而作为兼具双重属性且作为社会主体的人的行为和行动的结果必然是两个方面的：一是人口自身一系列特征的改变，如人口数量、结构、质量、分布迁移等；另一方面是引起社会关系、结构、功能、冲突问题等。因此，在基于社会学和人口的理论基础之上，将人口社会学的研究对象定义为"人口行为"，既不违背人口社会学作为人口学的分支学科，将人口作为研究核心的假定，同时还体现了人口社会学作为社会学的分支学科，在社会学中的基础性地位。

3. 马克思主义人口社会学研究对象与"人口行为"的一致性

马克思主义社会学的基本观点虽然在社会学研究对象上赞同西方社会学的两类基本观点，但其核心的指导原则是不同的。马克思主义社会学承认个人是社会的存在物，应当避免把"社会"当作抽象的东西同个人对立起来；反之，社会又是人们交互作用的产物，是个人借以生产的社会关系的总和。因而马克思主义社会学是以社会关系作为最基本的研究对象。而马克思人口原理同样强调人口与社会的关系，强调人口的社会属性，马克思主义人口理论在对人口规律的探讨中，同样承认人口作为社会主体是构成一切社会关系的基础。而无论是马克思主义社会学或是马克思主义人口原理，都突出了人作为社会基本单位的重要性。虽然马克思主义社会学未将"人口行为"作为基本的假设前提，而是以各种社会关系的总和作为社会学的研究对象，在既定的社会关系中研究社会阶级的构成与关系。然而社会关系的产生，无论是经济关系还是和社会关系、政治关系，都离不开人或人口群体作为社会主体的行为，是人或者是人口群体的行为的必然结果。可以说，人口行为是社会关系的原因，各类社会关系是人口行为的结果表现，将"人口行为"作为人口社会学的研究对象实质上并不是对马克思主义社会学及人口原理的否定，而是对马克思主义社会学和人口原理的动态化研究，是将社会关系与产生社会关系的主体"人"置于不断相互影响、相互制约的运动变化的动态过程中进行考察。这既研究了在特定社会关系下人口的行为与活动，又研究了人口行为与活动的变化会对各类社会关系的影响。

二、"人口行为"——人口社会学的研究对象

人口社会学是以"人口行为"为研究对象，那么就有必要对人口行为的概念内涵与本质进行深刻的探讨；而"人口行为"又与人的"社会行为"存在着内在的密不可分的联系，因此在探讨"人口行为"之前，有必要对"社会行为"的概念以及"人口行为"与"社会行为"的联系与区别进行探讨。从而才能进一步深入了解人口社会学的基本研究对象及其研究内容和研究范围。

（一）社会行为

1. 社会行为的概念与内涵

所谓"社会行为"，在社会学研究中对其有明确的界定。马克斯·韦伯在其《社会学的基本概念》一书中就首次明确了社会行为的基本概念。韦伯认为"社会行为"这里的"行为"是表示人的行动（包括外在的和内心的行动，以及不行动或忍受），只要这一行动带有行为者赋予的主观意向就是"行为"。而"社会行为"则表示，根据行为者所赋予的意向而与他人行为有关，并在其过程中针对他人行为的一类行动。韦伯还对"社会行为"这一概念又进行了具体的论述，并且对几种非社会行为进行了说明，他认为：①并非任何方式的行为，甚至外向的行为，都是这里所确定的意义上的"社会行为"。如果一个外在行为仅仅以预期的客观物体变化为取向，它就不是社会行为。内心的行为也只有当它以他人的行动为取向时，才是社会行为。②人与人接触的任何形式，并非都具有社会的性质。只有自己的行为在意向上以别人的举动为取向时，这一行为才具有社会性质。③社会行为既不等同于若干人相同的行为，也不等同于受他人举动影响的行为①。根据韦伯对"社会行为"的论述可以看出"社会行为"突出强调两点：一是"社会行为必须带有人的主观意向，也就是说人是社会行为的主体。二是社会行为必须与他人行为有关系。韦伯虽然将"社会行为"作为社会学的基本研究对象，但并非将其作为社会学研究的全部。韦伯也曾说过："社会学的研究不仅仅与社会行为有关，就我们所研究的特定社会来说，社会行为只构成了它的特定事实，可以说它是成为科学的关键所在。"这也正是以人的"社会行为"为微观视角研究的社会学流派将其作为了社会学研究基础的原因，而以研究社会现象、社会事实、社会关系、社会结构和社会冲突等宏观视角研究社会学的理论都难以脱离人的"社会行为"这一最基本的微观基础。

关于人的"社会行为"的解释，除了韦伯的基本观点外，还有其他的两种基本观点，第一种是：将它理解为与人的个体行为相对应的人的群体生活的行为，即认为人的社会行为是指人要与他人交往，要过群体生活的行为特点。第二种是指由独特的人类社会生活所创造的行为特质。对整个人类来说，它包括了人类文化发展中所创造和积累的各种有意义的行为，包括人类对环境的反应模式，各种符号象征以及行为规范，等等。对个人而言，包括个人后天在社会中习得的各种

---

① 马克斯·韦伯. 社会学的基本概念 [M]. 胡景北，译. 上海：上海人民出版社，2005：28-32.

行为要素。① 关于人的"社会行为"的这两种定义，第一种显然具有局限性，只强调人的行为的群体性，只要是群体动物的行为就是社会行为，显然未能将人的"社会行为"与群体行为区分开来。第二种定义显然要更为广泛和全面，它不仅包括了人的群体行为还包括了人的个人行为。所谓人的个人行为，是指由个人意识所支配、具有内在动机的、有一定目的行为。个人行为的发动者是一个个单个的人。而群体行为则是指出许多人同时表现出来的某种共同的行为，其发动者是一群人，而不是单个的人。无论是个人行为还是群体行为都是人们在后天的社会环境中习得的，都是受一定的社会环境所影响或决定的。因而从其他视角对人的"社会行为"的定义同样可以看出，人的"社会行为"突出的重点是社会环境对行为的影响，无论是个人还是人口群体都离不开社会。

2. 社会行为的基本特征

综合西方社会学与我国学者关于人的"社会行为"的定义，从中可以归纳出人的"社会行为"的基本特点：①具有主观意向，也就是说人的"社会行为"首先是出于人的某种主观需求，类似于人的本能行为。②不能脱离社会而存在，是受到社会环境所制约的行为。也就是说社会环境包括社会规范、法律制度、文化习俗、道德等，会对"社会行为"产生约束。③人的"社会行为"在后天经学习训练而习得的（而不是像动物的模仿式的）——关键的一点是经过主体的思考或释意。④人的"社会行为"发生会产生相应的社会结果，会影响到社会结构、社会功能以及社会关系的变化等。

（二）人口行为

1. 人口行为的概念与内涵

学术界目前还没有关于"人口行为"的确切定义，但是包含于"人口行为"之中的一些概念和范畴却极为常见，比如学术界经常会使用到的"生育行为""婚姻行为""流动迁移行为"等。其原因大概有二：其一，对"人口"一词的理解还不够深入。"人口"一词无论其规定的内容有多么的丰富和复杂，但它本质上是"群体"，只要把握人口的"社会群体"性，研究者就始终不能回避这一群体的行为，即"人口行为"。其二，大多数研究均侧重于对具体的人口行为（如生育行为、早婚行为等）进行描述，因而忽略了对囊括一切具体行为的人口行为的研究。应该说，在对具体的人口行为进行研究之前，对人口行为的含义、

---

① 关信平，袁辛. 多元化的社会行为与人际关系［M］. 北京：工人出版社，1988：11-12.

特征、动机与动因等进行一般性的理论概述，显然是十分必要的。从行为学的角度来看，人的"行为"有两个方面的含义：从狭义上看，行为是人对外部刺激的外显性反应，即当一个人受到外界的某种刺激（如冷热刺激或听到某个消息）时，他会表现出某种机体的变化或有意无意地做出某种相应的动作或表情。这种机体变化、动作或表情就被称为人口行为；从广义上讲，人类行为是指人类种种活动或动作的有意义的组合①。那么在探究"人口行为"的确切定义时就必须要把握"行为""人口"和"社会性"这三个层面。其中，"行为"特别强调行为发生本身所包含的具体内容；"人口"特别强调行为发生的主体是个人或人口群体；而"社会性"则强调人口行为发生的"环境"以及其本质属性是区别于动物界的。只有明确了人口行为这三个方面的规定性才能对"人口行为"做出准确地把握。

作为兼具自然属性和社会属性的人或者是人口群体，其作为社会的主体，无论是何种行为的发生，都离不开人口作为有机生命体最基本的本能要求——即"生存与延续"。生存的本能行为与延续的本能行为是所有人口行为发生的最基础的前提，而基于马克思人口原理的基本论述对人的本能行为的阐释便是人口自身生产的论述。人类自身生产是指人类为了世代延续，即为了自身的增殖或种族的繁衍所进行的生产。它是原有人口生命的生产和新一代人口生命的生产的统一。所谓原有人口生命的生产，是指原有人口把自己劳动获得的生活资料通过消费转化为自己的体力、智力的过程，它包含原有人口生命的延续、体力的增强、智力的发展等。所谓新一代人口生命的生产，是指现有人口通过生育、抚养等方式，使新一代人口诞生和成长②。因此，"人口行为"从基础和根源上来讲就是其出于本能的生存与发展和种族的延续的两种行为：原有人口生命生产和新一代人口生命生产，进而可以称其为"自己生命生产行为"和"他人生命生产行为"。而在这两种人口行为基础上衍生出来的如"消费行为""流动行为""择偶行为""婚姻行为""家庭行为"以及"犯罪与越轨"和"自杀行为"等人口行为都是为了更好地实现和完成这两种基本人口行为而发生一系列其他人口行为。而在行为发生的过程中，由于个人、社会或者其他不确定的因素等，往往会导致人口行为"异化"，从而产生不良的社会后果。从人口社会学的角度，我们认为，人口行为就是指"生活在一定时间、一定的地域、一定的社会生产方式下，具有一定

---

① 关信平，袁辛. 多元化的社会行为与人际关系 [M]. 北京：工人出版社，1988：8-10.
② 刘铮，李竞能. 人口理论教程 [M]. 北京：中国人民大学出版社，1985：23.

数量和质量的人或人口群体"在实现其生命活动和不断社会化过程中，由一定的社会刺激所引起的一系列行为活动。

因此，"人口行为"可以笼统地定义为：个人或人口群体为更好地实现生存与发展，而在社会大环境（包括法律制度、伦理道德、社会风俗等在内的社会规范）制约和约束下发生的与人口特征相关的一系列行为。具体而言，本书定义的"人口行为"是指"自己生命生产行为"与"他人生命生产行为"以及基于这两种人口行为基础上，为更好地实现这两种行为而发生的一系列其他人口行为。如："消费行为""流动行为""择偶行为""婚姻行为""家庭、生育行为""犯罪与越轨"和"自杀行为"等。"人口行为"在不同的领域会表现出不同的形式，如在政治生活中人们表现出政治行为；在经济生活中人们表现出经济行为；在宗教活动中，人们表现出宗教行为；而在家庭、职业、闲暇、学习、交际等活动中，人们也都表现出相应的行为。无论是哪种表现形式的人口行为，都难以脱离人口的最基本本能行为，即"自己生命生产行为"和"他人生命生产行为"，其他"人口行为"都是为了更好地实现这两种"人口行为"而发生的。人口社会学将"人口行为"作为基本的研究对象，必须把握"人口行为"的核心本质，将以"自己生命生产行为"和"他人生命生产行为"以及在此基础上衍生的其他"人口行为"作为人口社会学的研究内容。

2. 人口行为的基本特征

社会适应性：人口与社会之间有着相互制约、相互依赖的关系，人口不可能离开社会而单独存在，而社会是不断发展的社会，根据社会进化论的观点，生活在社会中的人口必须适应社会环境的变化才能不被社会所淘汰，因而人口需根据社会的发展变化不断增进或消除自己的行为；另外，人口是具有主观能动性的个体的组合，人口也通过自己的行为改变着社会。

复杂多样性：首先，社会系统本身就是一个复杂的系统，不同时间、不同地域的社会环境有着不同的特征，生活在其中的人口的行为必然表现出多样性；其次，人口行为的形成是基于生物和社会的双重基础上的，不同人口的遗传基因不同、不同时期出生的人口，有着不同的人生经历、不同的社会化途径，因而，在生物遗传基础上通过社会化过程所习得的人口行为有着多样性。单就人口生产行为来说就是一个复杂的过程，贯穿人口生命的全过程。

长期动态性：人口作为一个群体本身就是动态和静态的统一。人口是由若干个有生命的个体组成的，而这些个体不是固定不变的。从空间上看，由于某种或某些原因，某个个体或某些个体被分离出原先所构成的人口群体，或者相反，某个个体或某些个体被纳入新的结构的人口群体；从时间上看，就某一时间点的人口来说，人口的数量、质量、结构等特征是一定的，而一定时期的人口又是处在不断变化的过程中的。因而，人口行为每时每刻都处在变化中，这种变化既有由于人口素质的提高所引起的变化，也有由于社会大环境的改变所引起的人口行为的变化。

特殊性：一方面，人口行为结果具有特殊性。生产行为的结果是自己生命生产及他人生命生产；移动行为的结果是空间位置的变动或社会位置的变动，尤其是社会位置的变动相对来说具有一定的特殊性；死亡行为的结果是生命的终结。另一方面，人口行为发生的场所具有特殊性，尤其是他人生命生产行为。

指向性：根据社会心理学中对于行为的研究，行为都是在一定刺激的作用下，人为满足特定需要所进行的活动。人口行为也不例外，也是指向一定目标的活动，这种活动有时可能是无意识的。

可塑性：人口行为并不是一经形成就无法改变的，随着人口的不断社会化，人口素质的不断提高，人口的各种行为都处在一个不断完善和改进的过程中，并且一些行为可以通过强化学习、教育培训得到改变，习得预先想获得的行为。

（三）人口行为与社会行为的关系

"人口行为"与"社会行为"之间存在着密不可分的联系，根本的原因是在于行为发生的主体是兼具"社会属性"与"自然属性"的个人或人口群体。无论是"人口行为"还是"社会行为"，都离不开这种行为本身所具备的社会属性。"人口行为"无论是"自己生命生产行为"，还是"他人生命生产行为"，虽然有其本能的需求，但完全不同于动物界对生存与延续的需求。进而可以认为，"人口行为"其本质是"社会行为"，是社会行为的重要组成部分。"人口行为"与"社会行为"之间都是以个人或人口群体为主体，在社会规范和制约下发生的行为，但两者之间仍旧存在一定的区别，主要表现在两个方面：一方面是强调的重点不同：人口行为突出强调的是行为发生的主体是个人或人口群体，突出的是人或人口群体的特征性，是基于人的自身生存与发展的需求，为了更好地实现生存、发展与延续而产生的行为。社会行为虽然同样是人为主体，但其强调的重点是行为本身质的规定性即是社会性的，是区别于动物的行为。社会行为是在一系列社会规范的约束和制约下发生的，必须是与他人行为有关系的行为。另一方面是对行为产生结果的研究视角不同。人口行为的发生，其最终的目的是为了研究其对个人或人口群体"自己生命生产"与"他人生命生产"的影响；而"社会行为"突出的研究重点是这一行为产生的社会现象、社会问题、引起的社会关系的变化以及社会结构的变迁等。

三、人口社会学研究对象的合理性

将"人口行为"作为人口社会学的研究对象，其合理性仍需进一步讨论，本章第二节对目前国内外学者关于人口社会学的研究对象进行了归纳，不同的学者基于不同的出发点对人口社会学的研究对象进行了阐释。而本书将"人口行为"作为人口社会学的研究对象是在结合其他学者基本观点和在社会学和与人口学基本理论分析的基础上对其进行进一步的探讨，因而就其合理性可以从两个视角进行分析。

（一）人口社会学研究对象的评述

以往学者对人口社会学研究对象的定义未能把握人口社会学的基础核心问题，各种不同的定义存在着关系不清晰、对象不明确、内容不具体、内容不全面等问题。具体就本章第二节的六类观点而言：以瓦连捷伊等为代表的第一类观点，将人口再生产的社会学方面作为人口社会学的研究对象，也就是说，人口社会学是研究社会因素如何影响人口过程的学科。这一定义未能清楚地表达社会因素与人口因素之间的具体关系，因为人口和社会之间存在着相互影响、相互制约的关系，而且这种关系具有不可分离性。因而该类观点在研究社会因素对人口过程的影响时，不可避免地会掺杂着人口因素的作用，要想只研究一个方面存在着较大难度。

以我国著名人口学家刘铮为代表的第二类观点和第四类观点分别将"人口发展与社会现象、社会条件相互关系"和"人口过程与社会发展之间的相互影响"作为人口社会学的研究对象存在着研究内容太过宽泛的问题。这两类定义包括了人口过程和社会发展的方方面面，其中人口发展或人口变动、社会现象、社会条件等难免和人口学以及社会学的研究对象有所重复。

以第三类和第五类观点为主，将人口问题、人口过程抑或是人口社会过程作为人口社会学的研究对象，都存在研究过于片面而且研究范围过窄的问题，遗漏了人口社会学作为一门独立学科应该研究的其他方面内容。虽然有学者如胡伟略提出将"人口行为"作为人口社会学的基本研究对象，也对"人口行为"做出了基本的划分。但其并未给出"人口行为"作为人口社会学研究对象的理论依据，也就是说未能从人口学和社会学的基本理论视角出发，对"人口行为"作为人口社会学的研究对象进行理论的论证和合理性的说明。同时未能就"人口行为"的概念、本质属性特点等进行详细的论述。

（二）"人口行为"的合理性解释

本书将"人口行为"作为人口社会学的研究对象，除了对其进行社会学和人口学的理论论证外，其合理性可以体现在以下几个方面：

第一，从人口行为的本质属性来看，其本质是社会性的行为，是社会行为的一个组成部分。社会学家马克斯·韦伯在阐述社会学的研究对象时，指出："'社会行为'是表示根据行为者所赋予的意向而与他人行为有关，并在其过程中针对他人行为的一类行动，社会行为是是有意识、有意义的行为，它区别于纯粹反射性、偶然性的行为。它包括个体性行为和群体性行为。"而人口行为是作为社会生活主体的人口群体，为实现其生命活动和不断社会化过程，在一定社会刺激作用下，所产生的一系列行为。它包括生产行为"自己生命生产"和"他人生命生产"以及在此基础上所产生的其他人口行为（具体内容将在后面的章节介绍）。个体与个体之间不是孤立存在的，必将在其各自的价值观、意识指导下发生这样或那样的互动行为，以人口群体为行为主体的人口也不例外，因而，人口行为同样是社会行为的组成部分。

第二，从"人口行为"过程的本质——"社会化"来看，人口行为是个人或人口群体要从"生物人"演变为"社会人"的必要途径。人是社会中的人，社会又是由人所组成的，离开了人，社会将不复存在，离开了社会，人也将难以生存。那么，人作为社会主体，在社会中的生存与发展就离不开不断社会化的过程。而社会化的内容是多方面的，主要有政治社会化、道德社会化、法律社会化、性别角色社会化等方面。在不同时代、不同民族，社会化的形式、过程、内容及最后的目标各不相同。但是社会化是每一个生活在社会中的人都必须进行的，这种强制性具有从有形到无形性的特点[1]。此外，社会化是一个复杂的、长期的和不断发展变化的过程，人作为社会动物，每个人几乎从一出生就开始了社会化历程，它贯穿于人的整个生命过程。根据人的发展周期具体可分为儿童期、青春期、青年期、成年期与老年期；又分为基本社会化（儿童期）、预期社会化（青春期和青年期）、继续社会化（成年期及老年期）、再社会化、反向社会化。[2]

---

[1]　华红琴. 社会心理学原理和应用［M］. 上海：上海大学出版社，2005：54-62.
[2]　华红琴. 社会心理学原理和应用［M］. 上海：上海大学出版社，2005：54-62.

人的一生，包括自己生命生产和他人生命生产都是在不断地社会化中实现的，因此，可以说人口生产与再生产的本质就是一个不断社会化的过程。而人的社会化是通过一系列的人口行为，如生产行为、移动行为和死亡行为来实现和完成的，人口行为正是社会化这一过程的外在表现及连接形式。因而，人口社会学将人口行为作为研究对象，不仅准确把握人口生产与再生产，自己生命生产和他人生命生产的本质，同时也将人口行为纳入社会中进行考量，最终实现人口与社会的和谐相处的必要条件。

第三，从"人口行为"的功能来看，人口行为是社会系统存在的基础前提。依据社会学家帕森斯的观点，社会这个大系统包括文化系统、社会系统、人格系统和行为有机体四个子系统。在帕森斯看来，文化系统的基本分析单位是"意义"或"符号系统"，文化系统是由社会成员共同拥有的符号系统所构成的，主要关注的是共享价值观，这里所涉及的核心概念是社会化；社会系统的基本分析单位是"角色互动"，社会系统由彼此之间相互联系的众多个体行动者组成，它存在于至少一个自然环境或社会环境中；人格系统的基本单位是个体行动者，所要研究的是个体的需求、动机和态度；行为有机体的基本单位是生物意义上的人。① 在这四个子系统中，人的社会系统是最根本的，因为仅仅有一群有意识的人或者具有一定符号、意义的文化系统，不能称之为社会，社会的存在在于生活在其中的人口群体有着一定的相互关系，即所表现出来的社会行为。换句话说，就是没有社会行为就没有社会。同样，没有人口行为，也将不会有生命的延续、种族的延续，也就没有人口系统的存在，而以正确认识人口与社会之间相互关系、促进人口与社会协调发展为最终目标的人口社会学，将社会行为组成部分的人口行为作为其研究对象，既有别于将社会行为作为研究对象的社会学，又不偏离人口与社会这两个大系统。

综上，人口社会学以"人口行为"作为自己的研究对象有几个优点：一是抓准了人口与社会的结合点，对"人口行为"这个客体的研究，既不同于其他人口学科的研究，也有别于社会学各学科的研究，显示出了人口社会学研究对象的特有本质；二是避免了研究对象的宽泛和笼统，人口行为作为人口社会学的对象，它是一个十分具体的研究客体；三是把人口行为定为研究对象大小适中，宽窄适宜，不会与其他学科重复，也不会漏掉应该研究的相关内容；四是将人口行为作

---

① 鲁思·华莱士，艾莉森·沃尔夫. 当代社会学理论［M］. 刘少杰，等译. 北京：中国人民大学出版社，2008：27-28.

为研究对象，可以通过对人口行为的研究，揭示其原因、性质特征及一般规律，进而阐明"逆人口行为"（人口行为问题）的原因与调控对策，完成人口社会学的根本任务——人口行为现代化与社会进步。

四、人口社会学的研究意义

人口社会学就是将"人口行为"作为具体的研究对象，通过对各种人口行为的研究揭示人口与社会的相互关系，既"相互联系，相互依赖"又"相互影响和制约"的关系。事实上，人口社会学的基本任务就是通过研究各种人口行为及其动因、人口行为模式特征（表现形式）、人口行为矛盾与行为冲突（人口社会问题），及解决矛盾与冲突的对策与措施（社会调控），从而揭示人口与社会之间的相互关系。因此，对人口行为的研究既是为该学科后面的研究做好理论准备，又是人口社会学研究人口与社会相互关系的基本环节和切入点。

将人口行为作为人口社会学的研究对象，以"自己生命生产行为"和"他人生命生产行为"为基本的研究内容，既包含了相关的理论知识部分，也包括了分支学科应有的应用性的知识。人口社会学作为人口学（确切地说是理论人口学）的一门分支学科，它必须建立起自己特有或特殊的理论体系。人口社会学对人口行为的系统研究，即从人口行为的动因、动机到人口行为过程的性质、特点等的研究，产生了内容丰富、性质独特的人口社会学理论，该理论既不同于一般人口学和社会学的理论，也不同于社会心理学、行为学或经济学的理论，它是对特定的研究客体——人口行为进行系统研究后产生的特殊人口社会理论。然后，以人口行为理论为指导，进而研究人口行为问题（逆人口行为），揭示诸问题（如贫困、失业、犯罪、老龄化、妇女人口、少数民族人口等问题）的原因、结果，并探讨调控和解决这些问题的对策，讨论人口行为现代化的思路，达到促进人口发展和社会进步与发展的最终目的。这项研究应该是人口社会学应用性研究的方面。理论性研究和应用性研究所取得的理论知识和应用性知识，在人口社会学这门学科中有机地结合起来，必将促进人口社会学知识体系日益丰富和完善。

第四节　人口社会学的研究内容与基本范畴

人口社会学应以"人口行为"为基本的研究对象，"人口行为"最为基础的两种是"自己生命生产行为"和"他人生命生产行为"，而其他"人口行为"是以这两种本能的行为不断衍生而来。可以说是"自己生命生产行为"与"他人生命生产行为"是其他与之相关的"人口行为"的原始动力，而正是为了更好地实现这两种人口行为，个人或人口群体会不断地进行消费、流动，并产生婚姻、家庭、生育与死亡等与之相关的行为。这些"人口行为"本身以及由这些"人口行为"带来的社会学结果共同构成了人口社会学的基本研究内容。而在所有人口行为中应该首先明确"自己生命生产行为"与"他人生命生产行为"这两种最基本的人口行为。（本节重点是对概念的介绍，具体论述会在后续章节逐步展开）

一、自己生命生产行为

（一）自己生命生产的概念与内涵

自己生命生产就是马克思人口原理人类自身生产中的原有人口的生产。按照两种生产理论中人类自身生命的生产基本表述，其中对自己生命生产的定义为：自己生命生产是指原有人口通过对生活资料的消费，维持自己体力、智力的过程，它包含着原有人口自己生命的延续、体力的增强和智力的发展等。通过对自己生命生产的理论溯源和人类自身生产本质的分析，笔者尝试对自己生命生产的内涵进行扩展，对其进行重新定义，具体有狭义和广义之分。所谓狭义的自己生命生产是指：具有劳动能力并且进入了劳动岗位的人①通过劳动获得和消费生活资料转化为自己的生命力、体力、智力、劳动能力等，以及心理素质、思想道德素质和个性化发展的过程。它包括生命的延续、体力的恢复、智力的增加、才能的养成、心理素质的提升、思想道德素质的完善以及个性化的发展等。所谓广义的自己生命生产则是指：在狭义的自己生命生产基础之上，个体还作为"社会的人"生产与自己生命相关的人际关系、社会地位和社会分层、社会角色、社会认知等社会关系。它包括一个人具有什么样的人际关系，处于什么样的社会地位、扮演什么样的社会角色以及持有什么样的社会认知等。

（二）自己生命生产的内容

从定义上看可以将自己生命生产分为狭义和广义之分，那么自己生命生产的内容就包括狭义和广义之分。具体来说，狭义的自己生命生产包括：①劳动者自己生命的延续。②体力的恢复，体力的增强。③智力的提升、技能的发展。④心理素质和思想道德素质的完善。⑤人生观、世界观和价值观的完善等。⑥个性的

---

① 本书将这一年龄设定为 18 岁，关于这一界定会在第四章进行专门的论述。

发展与完善。根据自己生命生产的这六个方面内容，基本可以分为能力、思想与个性化发展这三大层面。除了狭义的自己生命生产，广义的自己生命生产还包括与个体作为社会的人相关的一系列社会关系的生产。具体可以分为以下几个方面：人际关系、社会角色、社会地位与社会分层、社会认同与社会认知。这些内容并不能囊括所有社会关系，因为社会关系还包括社会变迁，社会运动以及社会结构等更为广泛的内容。在本书看来，社会变迁与社会运动和社会结构等并非单独的个人自己所能推动与改变的，因此并不列入本书重点的研究内容。

（三）自己生命生产的实现途径与方式

个体或人口群体为了更好地实现和完成自己生命生产，必然要产生与之相关的一系列其他"人口行为"，这一系列"人口行为"不仅构成了自己生命生产的实现途径与方式，同时也是他人生命生产所必需的"人口行为"。而消费和移动则是实现自己生命生产为基本的两种形式，在此基础上形成了"人口消费行为"与"人口移动行为"。

1. 自己生命生产的第一种实现方式——消费

关于人类自身生命生产的方式，马克思和恩格斯在其合著的《德意志意识形态》有经典论述，其中明确地使用了"生命的生产"这个概念，并且认为"生命的生产——无论是自己生命生产（通过劳动）或是他人生命生产（通过生育）——立即表现为双重关系：一方面是自然关系，另一方面是社会关系"①。

后来，马克思在《〈政治经济学批判〉导言》中还专门论述了经济学意义上的生产是第一种生产，原来意义上的消费是第二种生产，"在第一种生产中，生产者物化，在第二种生产中，生产者创造物化人"。这里所说的第一、第二种生产，是指物质资料生产和劳动力生产，但劳动力的生产不仅以人口生产为基础，而且是人口生产的主要内容②。

2. 自己生命生产的第二中实现方式——移动

人口的流动与人口迁移两者之间没有严格的区别，如果用一个更为恰当的表述来概括人口的流动和迁移行为，可称之为人口的移动。人口迁移是指人口在两个地区之间的地理流动或者空间流动，但由于我国有户籍制度的因素，通常人口流动是离开了人口常住户口所在地，跨越了一定的行政区范围，这种流动只是指确实改变常住地但户籍所在地没有发生变化，所以在之后的分析中也并不纠结于

---

① 马克思，恩格斯. 马克思恩格斯选集：第1卷［M］. 北京：人民出版社，1972：34.
② 马克思，恩格斯. 马克思恩格斯选集：第1卷［M］. 北京：人民出版社，1972：93.

人口迁移与人口流动两个概念之间的严格区分。相对于人口流动的是社会流动，社会流动是指一个人或者一群人所处的社会状态或社会地位的变化，如一个人的职业变动由工人变为干部的过程就是社会流动。这也就是人口流动所包括的人口横向流动和人口纵向流动。人口流动和社会流动两者之间虽然没有必然的联系，但有时候往往却是相互交织在一起的，如一个人为了获得更好的工作升迁或学习机会而到其他地方谋求机会的过程就会同时伴有人口流动和社会流动的行为。

消费与移动作为自己生命生产的两种途径，并不是严格区分开来的，也就是说自己生命生产是伴随着这两种方式同时进行的，而且这两种方式相互交织在一起，比如人们的发展性型消费过程中教育活动，它既是消费过程本身，同时也会伴随着一个人的移动行为，如为求学而改变常住地和环境、同时他的人际关系也会发生变化等。再比如享受性消费的旅游活动，人们通过旅游达到身心愉悦、放松自己的目的，同时就会伴随着人口的自发性移动。由于人口移动行为的内容极为广泛，既包括横向的流动也包括纵向的流动，所以移动行为将作为单独的一章进行分析。

（四）自己生命生产周期

自己生命生产行为从概念上看，主要是指具有劳动能力并且进入劳动岗位的人，从这一定义来讲是从家庭和个人的角度出发定义的，看其是否脱离家庭的抚养能够独立生存，前文将这一年龄设定为 18 岁。那么自己生命生产的过程，就是从这个人进入劳动岗位开始，到其生命结束及死亡为止，可以看作是自己生命生产的一个周期。所谓自己生命生产周期就是，从个体开始进行自己生命生产到个体死亡结束所经历的时间。同样他人生命生产的周期是指：从个体开始生育下一代到下一代脱离家庭的抚养，独立生存的时间称之为他人生命生产周期。由于自己生命生产行为的本质是个体社会化，那么在自己生命生产的整个过程或自己生命生产的一个周期内就会经历不同的社会化阶段，而在不同的生命历程阶段，社会化也有着各自不同的特点，同时也体现出了自己生命生产周期过程中的不同变化。结合哈维格斯特的社会化六阶段论和埃里克森的自我发展八阶段论，将自己生命生产过程中的社会化历程划分为三个阶段：青年期、成年期和老年期。自己生命生产周期的三个阶段，分别探讨在不同生命生产时期自己生命生产行为所具有的不同特点和突出问题。之所以没有划分婴儿期、儿童期以及少年期是因为这一时期的个人一般没有脱离家庭的抚养，从而不具备独立生存的能力，仍属于他人生命生产的范围，这些特点将会在后面的章节进行论述。

二、他人生命生产行为

（一）他人生命生产的概念与内涵

马克思人口原理在论述人类自身生产时，就强调指出是原有人口生产和新一代人口生命生产的统一，相对于自己生命生产的概念，同样给出他人生命生产的基本概念。所谓他人生命生产是指：现实劳动人口通过孕育、抚养等方式，将自己获得的生活资料提供给未进入劳动岗位的人，即新生人口，以维持和提高其生命力、体力、智力的过程。这里的他人生命生产是指不包括与其自身相关的社会关系的生产，所以是狭义的他人生命生产。同样，如果从广义生命生产的定义来看，他人生命生产也包括与之相关的一系列社会关系的生产，因为这是伴随着个体在生命生产过程中作为社会人，作为个体社会化过程所不可缺失的重要组成部分。从他人生命生产的概念来看，其重点强调的是对新一代也就是新生人口的生产，而关于新生人口的生产即他人生命生产在人口学、人口社会学以及人口经济学和社会学等学科都有不同的论述。所谓生育行为，人口学关注育龄妇女的人数和结构对生育率的影响，人口数量、性别比和年龄结构对初婚率的影响。人口社会学和社会学关注婚姻和家庭组建的形式对生育行为的影响，同时强调生育文化、家庭文化以及制度因素对新生人口的影响。而人口经济学则侧重从经济学视角解释人们生育行为变化的原因等。不同学科围绕他人生命生产从不同的视角展开研究，且侧重点各有不同，但都未能形成关于他人生命生产的完整的理论体系。

（二）他人生命生产的内容与实现形式

传统概念对新生人口的概念理解较为狭义，所谓新生人口生产只突出强调从怀孕到生育这一时间段，且重点是生育即胎生这一生育环节上。从更为广泛的视角来看，他人生命生产不仅包括怀孕和胎生，是从夫妻双方达到合法生育条件到新生人口开始脱离家庭（他人生命生产），进入自己生命生产这一较长的时间段。具体而言，他人生命生产应该包括三个时期的内容：①前生育行为，主要包括择偶和婚姻行为，择偶与恋爱是夫妻双方缔结婚姻关系的前提，而婚姻则同样是合法生育的前提。因此在他人生命生产的过程中，择偶行为与婚姻行为则是与之相伴发生的其他人口行为。②准生育行为，这里的生育行为主要强调的是胎生行为（分娩），具体包括产前护理、孕期保健、围产期保健、分娩、产后护理等行为。这一行为同样是在婚姻行为和夫妻双方组建家庭的基础上实现的。③后生育行为

（抚养行为）。主要强调的是将新生人口抚养成为独立的劳动力的过程，重点是子女的教育、医疗等。而抚养行为的发生主要是以家庭为基本的单元，在子女未脱离家庭成为独立的完成自己生命生产的个体之前，其都属于被抚养的对象。从家庭的角度来讲，这一时期的个体是属于他人生命生产的对象。他人生命生产的基本内容显示了他人生命生产的实现形式是三种人口行为的统一，即择偶行为、婚姻行为和家庭生育行为。这三种人口行为在他人生命生产过程中所处的阶段地位和行使职能虽各有不同，但也有相互交织的部分。这三种人口行为共同构成了他人生命生产的全过程，在研究他人生命生产行为时，很难将其割裂开来。

然而在他人生命生产的各个阶段，由于受到时代潮流和不同文化的影响，出现了诸多与传统家庭生育相违背的现象：如非法生育、单亲家庭、同性恋家庭等，使得他人生命生产行为呈现出复杂性与多样性等特征。

（三）他人生命生产周期

相对于自己生命生产周期而言，他人生命生产同样具有一定的周期性，前文已经对他人生命生产周期给出了基本的界定，这里对其概念进行进一步说明。所谓他人生命生产周期是指：从父母准备生育子女，到子女脱离家庭独立生存（开始自己生命生产）这一时期称为他人生命生产周期，具体包括前生育行为、准生育行为和后生育行为三阶段。他人生命生产行为和他人生命生产周期的概念立足点是从家庭的视角出发，概念的界定是相对而言。因为，对个体而言，从其出生之日起，就已经开始了自己生命生产，个体无时无刻不在维持着自己的生命、补充体力和提升智力等，无时无刻地不在进行社会化。

从动态的即人口再生产的视角考察，在个体完成自己生命生产周期过程中，不可避免地会经历他人生命生产周期，自己生命生产周期的完成，必然会同时完成他人生命生产的周期，同时他人生命生产周期的完成才是下一个自己生命生产周期的开始，只是分别处于不同代际的人口之间和同一人口的不同生命阶段历程。所以自己生命生产周期与他人生命生产周期的关系可以总结为：自己生命生产周期是他人生命生产周期的前提和准备，自己生命生产周期的不同阶段会经历他人生命生产周期的过程。他人生命生产周期的结束则是新一代人自己生命生产周期的开始，他人生命生产周期的长短决定了新一代人自己生命生产周期的长短。

三、自己生命生产与他人生命生产的关系

人类自身生产包括自己人口生命的生产和他人生命生产，这两种生产之间是

相互依存、相互渗透与相互影响的，是统一的整体。如果严格地把自己生命生产与他人生命生产划分为生命生产中独立的两个阶段或是两个过程，是不科学、不合理的。但两者之间又有相互制约与对立的一面，所以自己生命生产与他人生命生产之间是又对立既统一的关系，两者是辩证统一的。

（一）两者之间的相互统一性

第一，自己生命生产与他人生命生产是相互依存的，两者不能孤立地存在和发展，他们互为存在和发展的条件。一方面，自己生命生产是他人生命生产的基础和前提，没有自己生命生产，就不可能有他人生命生产；另一方面，他人生命生产又是自己生命生产的结果和延伸，没有他人生命生产，就不会有人类种族的延续和世代更替。任何新生命及他人生命生产都必须是在原有生命的基础之上，通过生育行为来实现和完成的，脱离了自己生命生产，他人生命生产也就无从谈起。他人生命生产是自己生命生产的结果，人口生命生产出"人"这种特殊的"商品"。这种商品——"他人生命"，不仅仅是对自己生命生物学意义上的延续，同时更多地还体现了一种社会、家庭文化与传统的延续与传承。

第二，自己生命生产与他人生命生产是相互渗透的，自己生命生产的过程本身就孕育和蕴含着他人生命生产的，他人生命生产的过程同时也孕育和蕴含着自己生命生产，两者之间并不能严格地分列开来。首先，就自己生命生产过程来说，择偶、婚姻和家庭都是自己生命生产过程中不可缺少的重要组成部分，但这些行为本身就孕育了他人生命生产。其次，就他人生命生产的过程而言，在生育之后，一旦一个孩子出生，那么在他还没有进入工作之前及没有具备独立生存能力之前，就从家庭的角度来说，他的生命生产依然是属于他人生命生产的过程，因为这是属于抚养阶段。可就其自身而言，从他出生的那一刻起，包括他的吃、穿、住等以及日后的学习，交往等都是自己生命生产的行为。所以说他人生命生产的过程本身就孕育着自己生命生产，两者是同时进行的，是相互渗透的。

第三，自己生命生产与他人生命生产之间是相互影响的，自己生命生产的各方面内容直接决定了他人生命生产的各方面内容，而他人生命生产又会对自己生命生产产生新的影响与改变。一方面，父母的生命水平直接影响着子女的生命水平，比如：身体先天有缺陷的父母生育的子女在遗传作用下大多会有先天的生理或心理不足。父母的思想道德，文化教育背景对子女的生长和发展过程会产生直接的影响。再比如：父母具有什么样的人际关系，处在怎样的社会地位对子女将来的成长也会产生长远的影响。美国社会学家布劳和邓肯通过对美国职业结构的研究提出了"地位实现模型"，他们在对中国职业地位的研究中表明"个人最初的职业对个人的地位实现有着决定性的影响，而在个人最初的职业地位实现过程中，父代的职业和父代的教育以及他们自致性身份的影响是显著的"[①]。另一方面，子女的发展状况还会改变和影响到父母的发展，例如为子女就学而进行的人口迁移。

（二）两者之间的相互对立性

自己生命生产与他人生命生产的对立主要体现在"有限资源的配置"矛盾上，及个体是更加倾向于发展自我还是更加重视子女的发展上。关于这一观点，较多的见于西方人口社会学和人口经济学关于生育率下降的理论当中。主要的代表观点有：

1. 社会毛细管论

法国社会学家和人口学家阿森·杜蒙特认为，"现代社会每个人都有向上发展的欲望和可能，正像油灯里的油由于毛细管作用会顺着燃烧的灯芯不断地往上升，社会个体也会被向上的发展欲望所驱使，往更高的社会阶层上爬。"[②] 同时，他指出国民的收入可以用于四种消费：一是用于个人享受；二是用于扩大生产或实业；三是用于无所事事；四是用于养育子女。由此可以提出命题：前三种消费的增加必然减少第四种消费，尤其是在用于个人享受的费用增加只有在减少生育子女的消费情况下才能够得以实现。因此，自我的发展与他人生命生产成反比，如果个人要想更好地发展自我，提高社会地位，那么就必须减少用于子女的消费。

2. 人口变迁与反响理论

美国人口社会学家戴维斯认为，婴儿和儿童的死亡率的下降提高了孩子的存活率，更多的孩子存活到成年给家庭带来了更大的压力，于是人们开始对这一死亡率下降做出反应。[③] 第一种反应是非人口型的，主要是通过努力工作，如增加工作时间与寻求第二职业提高收入；第二个反应是人口型的，即导致一些家庭成员迁移到别处。这种人口型的反应主要表现在第二代人口上，他们体验到了社会经济变迁的好处，为了避免父辈家庭所经历的问题，他们会选择少生育[④]。

---

① 陈婴婴. 职业结构与流动 ［M］. 北京：东方出版社，1995：119-135.
② 佟新. 人口社会学 ［M］. 北京：北京大学出版社，2010：35.
③ 佟新. 人口社会学 ［M］. 北京：北京大学出版社，2010：37.
④ K. Davis. The Theory of Change and Response in Modern Demographic History ［J］. Population Index，1963，29（4）：346-366.

3. 代际财富流理论

澳大利亚人口学家考德威尔（John Caldwell）认为，所谓的"代际财富流"是指家庭内部、长幼辈之间存在财富的流动关系。在传统社会，财富流动的方向是单向向上的，即幼辈的财富流向长辈；在现代社会，由于社会经济的发展，使得代际财富流出现了逆转，财富流向开始单向向下，这使得生育成了一种不经济的行为。这种观点主要体现了子女对家庭带来的价值考虑①。

4. 微观经济学理论与消费者行为选择理论

美国经济学家、社会学家贝克尔（Gary Stanley Becker）认为，生育孩子的费用由家庭的机会成本来决定（尤其是母亲的机会成本），在对家庭收入和时间一定的限制性假定下，为谋求家庭效用最大化，育龄妇女不得不在生育与就业之间做出选择。家庭收入与生育率逆相关②。

5. 社会网络与社会互动理论

社会互动理论认为，生育率的下降是一个人们相互影响、相互学习的过程。现代社会通过大众传媒传播避孕技术和计划生育的价值观念，推动人们生育观念的转变，也能达到促进生育率下降的效果。

6. 人口转变的现代化理论

现代化具备两个重要的特征，一是社会结构的分化；二是社会关系的理性化，而社会关系理性化的结果是更加注重个人的发展，人们理性的选择生育数量和生育间隔。同时，现代化理论还认为："减少生育是一种理性选择，减少生育对个人来说是有利可图的，社会和经济为减少生育的夫妻带来种种好处"。③ 现代化深入发展使生育率的下降得以维持和稳定，使人口转变得以最终完成。同时，生育率的下降又进一步推动了现代化的发展。人口转变和现代化互为因果、相辅相成。

无论是社会毛细管论还是人口转变的现代化理论，它们解释生育率下降和人口转变的理论，也解释了生育与个人之间的矛盾关系，即子女与父母之间的关系。生育子女是他人生命生产的过程，自我发展是自己生命生产的过程，这两种生命生产始终处于这样一种不断相互"博弈"的过程当中。把更多的资源用于自

　① J. Caldwell. The Mechanisms of Demographic Change in Historical Perspective ［J］. In Population Studies, 1981, Vol. 35, No. 2.

　② 李仲生. 人口经济学 ［M］. 北京：清华大学出版社，2013：84-85.

　③ 佟新. 人口社会学 ［M］. 北京：北京大学出版社，2010：137-140.

我的完善与发展的极端典型是丁克家庭，这深受西方享乐主义消费文化的影响。伴随着社会经济和政治文化的转变，两种生命生产之间的矛盾对立也会表现出不同的形态。

第三章　自己生命生产行为

无论是为了人类自身的繁衍还是社会的延续发展，人口都必须要进行自身生命的生产（简称"人口生产"），同时也要进行物质资料生产来为自身生产奠定物质基础。本章重点探讨人口生产中关于自己生命生产行为及自己生命生产的概念、内涵、本质、内容以及自己生命生产的实现途径与方式，从而进一步阐述马克思两种生产理论中关于人口生产的真正内涵，了解人口生产行为的社会本质。

第一节　自己生命生产行为的理论基础

一、两种生产理论

（一）两种生产理论中关于人口生产的论述

马克思人口原理中的两种生产是指物质资料生产和人类自身生产。所谓物质资料生产，是指人类改造自然、征服自然，创造物质财富的生产活动。人类通过进行物质资料的生产，把自然界中原有物品加工成适合自己需要的产品，为人类生存和发展提供物质基础。所谓人类自身的生产是指人类为了世代延续所进行的生产。它包括两个方面，即原有人口生命的生产和新一代人口生命的生产。原有人口生命的生产，是指原有人口通过对生活资料的消费，维持自己体力、智力的过程。它包含着原有人口自己生命的延续、体力的增强和智力的发展等。新一代人口生命生产又称他人生命生产，是指现有的人口通过生育、抚养等方式，使新一代人口诞生和成长的过程。人类自身生产是原有人口生命的生产和新一代人口生命生产的辩证统一。一方面，原有人口生命生产是新一代人口生命生产的基础和前提，没有原有人口生命生产，就不可能有新一代人口生命的生产。另一方面，新一代人口生命生产又是原有人口生命生产的结果和延伸，没有新一代人口生命的生产，就不会有人类的世代更替。

在人类社会的发展过程中，物质资料的生产和人类自身的生产始终存在着既对立又统一的辩证关系，它们相互依存、相互渗透、相互制约，共同构成人类社会生产不可分割的两个方面。

1. 两种生产相互依存、互为条件

两种生产相互依存是指物质资料生产和人类自身生产都不能离开对方孤立地存在和发展，它们彼此都以对方为自己存在和发展的必要条件。这主要表现在：首先，没有物质资料的生产，就不会有人类自身的生产，人类之所以脱离动物状态，就在于人能够劳动，能够从事物质资料的生产。如果没有物质资料的生产，人类就无法摆脱动物界。同时，如果没有物质资料生产的发展，人类生存所必需的吃、穿、住等生活资料就无法满足，也就谈不上人口的增殖、繁衍，更谈不上人类自身生产的不断进步。其次，没有人类自身的生产，也就没有物质资料的生产。人口是社会生产活动的主体，是劳动力的源泉，没有一定数量和质量的人口，物质资料的生产就无法进行。同时，没有人口的世代更替和人口素质的不断提高，就没有物质资料生产的继续和发展。

2. 两种生产相互渗透

两种生产相互渗透是指物质资料生产中有人的因素，人类自身生产中也有物的因素。这主要表现在：首先，物质资料的生产中渗透着人类自身生产的因素。人类自身生产的成果——劳动力是物质资料生产必不可少的要素。人类自身生产作为劳动力再生产的自然基础，通过源源不断地提供劳动力，逐步渗透到物质资料生产过程的各个环节——生产、交换、分配、消费中去。其次，人类自身生产中也渗透着物质资料生产的因素。物质资料生产的成果——消费品是人类自身生产和再生产所必不可少的，物质资料生产通过不断提供消费品，来满足人们生存和发展的需要，为人类自身生产的发展提供物质基础。

3. 两种生产相互制约

物质资料生产与人类自身生产相互制约，主要表现在：一方面，物质资料的生产制约着人口在数量和质量上的变化。物质资料的生产水平不同，对劳动力需求也不同，从而决定了人类自身生产的数量、质量以及人口再生产的速度和类型也不同。人类自身生产的发展变化，归根到底是物质资料生产发展变化的结果。另一方面，人类自身生产也制约着物质资料的生产——当人类自身生产在数量上和质量上与物质资料生产相适应，就能促进生产的发展；反之，就会阻碍生产的发展。

两种生产相互依存、相互渗透、相互制约的关系，体现了物质资料生产和人类自身生产之间既对立又统一的辩证关系。在这个对立统一体中，物质资料生产处于矛盾的主要方面，起主导作用。人类自身生产处于次要方面，但也起着不可忽视的作用。二者是社会生产中不可分割的两个方面。

（二）对人口生产内涵的解释

马克思、恩格斯在《德意志意识形态》一书中写道："一开始就纳入历史发展过程的第三种关系就是：每日就在重新生产自己生命的人们开始生产另外一些人，即增殖。这就是夫妻之间的关系、父母和子女的关系，也就是家庭。""生命的生产——无论是自己生命生产（通过劳动）或是他人生命生产（通过生育）——立即表现为双重关系：一方面是自然关系，另一方面是社会关系。"①

怎样理解马克思和恩格斯提出的关于"生命生产"及其分为"自己生命生产"和"他人生命生产"以及这两者表现为双重关系：一方面是自然关系，另一方面是社会关系。

首先，这里的生命生产即我们所说的人口生产也是马克思两种生产理论中的人类自身生产。过去曾有些人口学家认为，生命的生产就是恩格斯所说的"直接生活的生产和再生产"，因而自己生命生产就是物质资料的生产。

他人生命生产是指"人类自身的生产"。直到现在，一说到人类自身生产，人们往往想到的也只是人口的繁衍和增殖，这正是由于对"人口生产"这一概念中包括的"自己生命生产"和"他人生命生产"没有全面的把握而造成的。这种对人口生产的片面理解同时表现在了两个方面：

第一，对人口生产的定义缺失与模糊，现在除了沿用马克思两种生产理论中关于人口生产（人类自身的生产）的定义外，没有对人口生产的两个方面给出更为具体的定义。这就使得人口生产的两个方面在具体的内容、内涵、本质以及实现途径上都存在理论的缺失。第二，由于对人口生产把握得不全面，从而对人口再生产的定义也出现了偏离。比如：刘铮、李竞能认为"人口再生产是指人口新一代的出生、成长，老一代的衰老、死亡不断重复的更替过程"②。红如林认为"人口再生产可分为宏观的社会人口再生产和微观的家庭人口再生产，但无论哪种生产都强调人口的世代更替和繁衍，是一种不断的更新与运动"③。可见，无论哪种定义都更为

---

① 马克思，恩格斯. 马克思恩格斯选集：第1卷 [M]. 北京：人民出版社，1979：33-34.

② 刘铮，李竞能. 人口理论教程 [M]. 北京：中国人民大学出版社，1985：55.

③ 红如林. 人口科学 [M]. 北京：高等教育出版社，2003：32.

突出地强调人口的生育行为，即种的繁衍这样一个他人生命生产的过程，几乎没有把自己（个人）生命的生产包括在内。事实上，人类自身生产包括原有人口生命的生产和新一代人口生命的生产两个方面。原有生命的生产就是自己生命生产，而新一代人的生命生产就是他人生命生产。

其次，"这立即表现为两种关系：一方面是自然关系，另一方面是社会关系。"由于人口的二重性使得人口生产无论是"自己生命生产"还是"他人生命生产"都表现出自然关系和社会关系。第一，这种自然关系表现为"自己生命生产"和"他人生命生产"都是以生物学意义上的人的生命的延续为前提的，个人生命的生产是以生物体的人作为单独的个体生命的延续，其中包括基本的身体机能和体力的恢复、技能的增加等。而他人生命生产是建立在男女两性的生物学自然属性的基础之上的，之后的后代的抚养同样具有生物学的特征。第二，这种社会关系则表现在，无论是"自己生命生产"还是"他人生命生产"都离不开社会的规范，要受到社会关系的制约，"自己生命生产"不仅受法律、道德、风俗习惯的制约，而且"自己生命生产"的各种活动都离不开社会而独立存在。"狼孩"就是一个很好的例证，离开了社会的"自己生命生产"就不再是一个社会人。同样"他人生命生产"也要通过一定的社会关系，特别是生育要通过婚姻和家庭这样的社会方式进行。就人口生产的两种关系而言，自然关系是人口生产的自然基础，社会关系则是自然人不断社会内化的过程；使人口生产过程成为不断接收社会文化影响，掌握社会行为规范和自我价值观念的过程；是把一个自然人转化成为被社会所接受的社会人的过程。

二、社会本质理论

（一）社会的本质是社会关系的总和

按照马克思主义的基本观点，社会"是人们交互作用的产物"，是社会关系的总和[1]。这些关系是由"许多人的合作"，人们的交互作用而形成的[2]。马克思说："生产关系总和起来就构成所谓的社会关系，构成所谓的社会，并且是构成一个处于一定历史阶段上的社会，具有独特特征的社会。"[3] 由此可以得到以下两点认识：第一，人是社会的主体，社会是人们之间的相互关系，是通过人们的交

---

[1] 马克思，恩格斯. 马克思恩格斯选集：第四卷［M］. 北京：人民出版社，1972：320.

[2] 马克思，恩格斯. 马克思恩格斯选集：第四卷［M］. 北京：人民出版社，1972：340.

[3] 马克思，恩格斯. 马克思恩格斯选集：第四卷［M］. 北京：人民出版社，1972：363.

互作用而产生的，是人类全部社会关系的总和。第二，社会的基础和本质是生产关系，没有人们之间的交往便没有社会，而人们的交往首先是在实现社会生产和再生产过程中发生的经济交往。因此，人们只有在经济交往的过程中才能发生政治关系和思想沟通，从而在生产关系的基础之上才能发生政治关系和思想关系。所以这些关系总和起来就构成了社会，所以说社会的基础和本质是生产关系。①

（二）人类自身生产是社会生产的一部分

马克思主义认为社会生产直接包括物质资料生产和人类自身生产这两种生产，两者共同构成了社会生产的总和。一方面，人作为社会生活的主体，其本质属性是社会性，那么作为社会生产一个方面的人类自身生产其本质属性也是社会性。也就是说，虽然人类自身生产有其生物学的基础，但人类自身生产关系是一种社会性的生产关系，任何脱离社会的人类自身生产都是无法进行的。另一方面，人类自身生产不仅直接表现为"自己生命生产"和"他人生命生产"，而且，由于人类自身生产的特殊性——生产出"人"这种特殊的"产品"——那么也就不可避免地生产出了除了作为"个体的人"以外，还有作为"社会主体的人"所具有的社会关系及社会关系的生产。

三、社会化理论

（一）社会化及其内涵

社会化是指个体在与社会互动的过程中，逐渐养成独特的个性和人格，从自然人转变为社会人，并通过社会文化的内化和角色知识的学习，逐渐适应社会生活的过程。在此过程中，社会文化得以积累和延续，社会结构得以维持和发展，人的个性得以健全和完善。② 社会化是一个贯穿于个人生命始终的过程，在人的一生中都在进行，是一个终身持续的过程。具体根据人的发展周期可分为儿童期、青春期、青年期、成年期与老年期。那么人作为社会主体，在社会中的生存与发展就离不开不断社会化过程。这就使得无论是"自己生命生产"还是"他人生命生产"都始终被内化在社会活动中，这两种生命的生产行为看似是个人与家庭的独立行为，但无论怎样的生产与生活活动都离不开社会，所以自己生命生产行为的本质是一种个体不断社会化的过程（具体论述将在本章第三节展开）。

① 宋超英，曹孟勤. 社会学原理［M］. 北京：警官教育出版社，1991：30-31.
② 安德列耶娃. 社会心理学［M］. 南开大学社会学系，译. 南开大学社会学系译. 天津：南开大学出版社，1984：32.

　　不同的学者关于社会化做出了不同的解释，西方著名社会心理学家弗洛姆把社会化定义为："社会化诱导社会成员去做那些是社会延续就必须做的事"是"使社会和文化得到延续的手段。"① 莱兹蒙指出："没有任何一个儿童是在完全真空的状态下成长起来的。"从婴儿出生的时候起，他就被各种各样任务和事件所包围，而这些人和事是会塑造他对世界的认知的。个体意识得到他所属的社会的各种价值并把他们都吸收进去的过程，一般就称为社会化②。苏联社会学家安德列耶娃认为，社会化是一个两方面的过程，一方面是通过个体加入社会环境、社会关系，系统掌握社会经验的过程，另一方面是个体对社会关系的积极再建过程③。我国社会心理学家同样提出了自己的看法。有人认为社会化是主客观因素相互作用形成自己个性的过程，是人们能动的参与社会生活中，吸收社会价值文化和发展、丰富自己个性的过程。沈德灿等从个体发展的角度指出，社会化是自然人变为社会人的过程。孙本文为代表，从行为改变的观点来解释社会化，认为社会化有无数的刺激约束个人的反应，使之成为社会所规定的行为，这种作用即称之为个人社会化④。

　　由此观之，笔者认为，社会化就是个人在社会实践中通过获取自己的人格、学习社会文化和参与社会活动等来发展自己的社会性，并履行其社会职责的过程。社会化至少包括三层含义：第一：社会化是个体学习技能、知识、价值、动机以及应该在社会群体中因扮演的角色的过程，他使个体知道社会或群体对他有哪些期待或规定了哪些行为规范。第二：社会化使得个体自觉的以社会或群体的行为规范来指导和约束自己的行为，使自己由自然人成为一个社会人。第三：社会化是使社会结构和文化得以传承的手段。人口的生产，包括"自己生命生产"和"他人生命生产"正是通过个体社会化的社会而不断的完成的⑤。

　　（二）社会化的内容

　　社会化的内容十分广泛，这里本书只从个人与社会的交互作用的基本需求这个层面对社会化的内容作介绍。

　　1. 基本生活技能的社会化

　　基本生活技能包括生活自理技能和劳动技能。基本生活技能是个人发展的基础，从人一出生就开始不断地学习，从咿呀学语到穿衣吃饭，日常生活的各个方

①　E. 弗洛姆. 精神分析个性及其在理解文化中的应用［J］. 文化与个性，1949：1-10.
②　Wrightsman. Social Psychology［M］. Monterey Brooks/cole publishing Company，1977：450.
③　安德列耶娃，社会心理学［M］. 南开大学社会学系，译. 天津：南开大学出版社，1984：32.
④　乐国安. 社会心理学［M］. 广州：广东高等教育出版社，2006：93.
⑤　乐国安. 社会心理学［M］. 广州：广东高等教育出版社，2006：93.

面都在影响着个人，人们就是在这样一个特定的文化背景和环境内不断地塑造社会生活、协调人际关系等，这样才能获得基本的生活技能。劳动谋生技能是一个人参与社会活动的又一项技能，无论在传统社会依靠"师傅教、徒弟学"以及子承父业的家庭传授的方式，还是在现代社会对人才技能和质量的专业化学校教育以及有组织、有计划的社会教育，都是不断培养人的劳动技能的增强。其中包括体力的增强、技能的提高等都是通过这种个人社会化的过程实现的，尤其是在现在知识经济占主导地位的时代，对劳动者个人知识存量和技能水平的要求不断提高，增加人力资本和提高技能水平成了谋生技能社会化的主要趋势。

2. 行为规范的社会化

任何社会都必须有一整套的社会规范来约束人们的行为活动，而这种社会规范就包括法律、道德、风俗习惯等，它们作为全体社会成员的行为准则，不断地约束和调节人的活动，调整个人、团体和社会的关系。其中法律社会化和道德社会化是社会化的两个基本方面。法律社会化是个体形成某一特定社会要求的法律观念和遵守法律的行为的过程，在不同社会制度和阶级中，法律社会化的内容和方向不同。道德社会化是指个体形成某一特定社会的道德标准和与之相符的行为的过程，从而使得人们按照一定的道德标准来规范自己的行为。个人若遵守道德标准，会受到舆论的赞许并感到心安理得，否则会遭到舆论的谴责，内心会感到愧疚。在人们的行为规范上，法律社会化和道德社会化相互作用，互为补充。

3. 心理素质社会化

心理素质社会化就是指使人们用健康的心理指导自己的行为过程，包括5个方面的内容：①发育正常的智力；②稳定而快乐的情绪和高尚的情感；③具有自信、果敢、有恒心、精益求精等优良品质；④健康的性格；⑤健康的人际关系。此外心理素质社会化还包括培养与职业相适应的心理素质，这作为一种与职业相关的社会化因素与个体的劳动技能越来越密切相关。如作为一名职业的运动员，就应该具备与竞技职业相关的劳动技能①。

4. 社会角色社会化

根据美国心理学家米德的解释，角色是一种行为模式，具体地说是一种符号，是一个人的社会地位及权利与义务要求的行为模式。角色是一种社会期望，特定社会总是希望他的社会成员按照他的社会地位形式行事，社会成员总是努力

---

① 孙世近. 社会心理学导论［M］. 上海：复旦大学出版社，2011：45.

地要求自己表现出这种期望的行为来。社会角色社会化可分为三个方面：第一是对社会角色的认知，包括对目前角色的认知和对未来角色的认知，角色认知是否正确，决定了个体能否达到良好的社会适应状态。第二是确定社会角色的期望值，人是社会的人，每个人都在一定的社会关系和社会组织中处于特定的地位，都被赋予了按照这个地位的规定行事的要求和期望，过高或过低地估计这一期望和要求都会引起角色的差距和错乱。第三是培养角色变化的适应能力。由于人与外界的交往广，人员流动性大，再加之人与人之间、人与社会之间关系复杂，使得每个人担任的社会角色的变化越来越大，这就要求人们根据所处的环境不断地调整自己的社会角色①。

当然社会化的内容还有很多方面，比如政治社会化、职业社会化等。总之，社会化是个体通过不断地参加社会活动，通过同他人的交往，受到社会文化的影响，学会掌握社会规范和价值观念的过程；是将个体的自然人不断内化为具有独特人格的社会人的过程。

（三）社会化与个性化

个性化是伴随着社会化的过程同时进行的，在个体社会化形成某一些共同特征的同时，由于每个人的能力、气质、性格以及自我意识等不同以及个人的生活经历不同，这些都会使自己形成不同于社会共同性的独特特质，具体表现在个人的自我意识、人格等方面的不同。正是由于个性化的发展才使得个人有了超越现实和改善现实的独创性和可能性，使得人类社会与文化在社会化的前提下得以传承，在个性化的发展下得以创新。一次个性化发展是个体社会化中所特有的发展过程，也是其密不可分的一个重要部分。

第二节　自己生命生产

一、自己生命生产的本质——个体的社会化

马克思主义人口原理认为：社会生产就包括物质资料生产和人类自身生产，而人类自身生产即生命生产是自己生命生产（原有人口生产）和他人生命生产（新一代人口生命生产）的统一。

人作为社会的主体，其本质属性是社会性，那么作为主体的人无论是参加物

---

① 孙世近. 社会心理学导论［M］. 上海：复旦大学出版社，2011：44.

质资料生产还是人类自身生产都离不开社会。自己生命生产作为生命生产的一个方面也是个体的人在社会中进行的生产活动，无论是自己生命的延续还是体力的恢复、能力的增强抑或是心理素质的提升、思想道德的完善、智力水平的提高等都是个人通过不断地参与社会生产与生活的实践活动来完成的。在这一过程中，个人不断地从社会中学习与模仿，不断地加入社会环境、社会关系、掌握社会经验，用社会的行为准则来规范自己的活动。由于自己生命生产是人生命的延续及生产出"人"这种特殊的产品，那么作为社会主体的人与之相关的人际关系、社会角色、社会阶层、社会地位与社会认知等社会关系也就自然而然被不断生产出来，而且这种社会关系始终处于一种不断被维系与重新构建的过程。由此可见，自己生命生产是个人与社会不断相互作用的过程，在这一过程中两者相互影响，这不仅表现在自然人在一定的社会环境中通过与他人的接触与互动、逐渐地认识自我并且不断地学习和提升来获得合格的社会成员资格的过程，同时自己生命生产还不断影响着社会，使得原有的社会关系得以维系与发展。因而，从自己生命生产的本质来看，其实质是个体在不断社会化的一个过程。

二、自己生命生产的概念

（一）自己生命生产的定义

自己生命生产就是马克思人口原理人类自身生产中的原有人口的生产，按照两种生产理论中人类自身生命的生产对自己生命生产的定义为：自己生命生产是指原有人口通过对生活资料的消费，维持自己体力、智力的过程，它包含着原有人口自己生命的延续、体力的增强和智力的发展等。通过对自己生命生产的理论溯源和人类自身生产本质的分析，笔者尝试对自己生命生产的内涵进行扩展，对其进行重新定义，具体有狭义和广义之分。所谓狭义的自己生命生产是指：具有劳动能力并且进入了劳动岗位的人①，通过劳动获得和消费生活资料并转化为自己的生命力、体力、智力、劳动能力以及心理素质、思想道德素质和个性化发展的过程。

以一个个体是否正式从事有酬劳动及是否进入劳动岗位（当然这里对进入劳动工作岗位的年龄必须以国家相关规定满16周岁为基准）来作为判断是否进行自己生命生产开始的标准，主要基于两个方面的考虑：一方面，是从个体是否开

---

① 首先这里强调的是个体具有独立生存的能力，并且已经开始独立生存。

始了独立的生存与生活来考虑；另一方面，是从家庭和个人不同的角度考虑及个体是否够脱离家庭的抚养。

也可以说只要是具备独立生存与生活能力的人，他就脱离了家庭的抚养关系，从家庭的角度而言是自己独立完成自己生命生产的过程。没有进入劳动岗位的人及没有具备独立的生存与生活能力的人，从家庭角度来讲，是他人生命生产的过程，因为其没有脱离家庭抚养阶段。但是从个人的角度来看，人的一生从其出生到死亡都在进行着自己生命生产，所以我们这里划分自己生命生产与他人生命生产以是否进入劳动岗位为依据是出于分析的需要，并没有严格把它划分为生命生产的两个阶段。（同样，赡养老人以及丧失劳动能力的人这种他人生命生产行为的划分也是以是否独立具备生存与生活能力为依据。）

与此同时，我们之所以没有以统一的时间年龄来作为划分的依据是因为，如果以具体的年龄来划分，那就没有统一的标准。比如：有的人在 16 周岁就开始打工，自己挣钱养活自己，那么对他来说，他就在进行自己生命生产，因为他已经脱离了家庭的抚养；同样，对在校大学生或者研究生来说，他们 23 岁之前大多都在学校，生活来源是家庭抚养，所以对他们而言，他们依然属于他人生命生产的范畴。本书为了分析的便利，暂将这一年龄设定为 18 周岁。

狭义的自己生命生产包括生命的延续、体力的恢复、智力的增加、才能的养成、心理素质的提升、思想道德素质的完善以及个性化的发展等。所谓广义的自己生命生产则是指：在狭义的自己生命生产基础之上，个体还作为"社会的人"生产与自己生命相关的人际关系、社会地位和社会分层、社会角色、社会认知等社会关系。它包括一个人具有什么样的人际关系，处于什么样的社会地位，扮演什么样的社会角色以及具有什么样的社会认知等。

（二）两种定义的区别与联系

1. 两种定义的区别在于立足点不同

之所以区分狭义与广义的自己生命生产是因为立足点与出发点的不同。狭义的自己生命生产突出人作为"个体的人"的生命生产，包括了个体生命的延续、体力、智力、心理素质和思想道德素质以及个性化等方面。虽然自己生命生产的各个方面都离不开社会，更离不开个体社会化的过程，受到社会行为规范的约束，但其最终都内化地表现为个人的生命特征。而广义的自己生命生产则更加强调人的本质属性是社会性即作为"社会的人"这一特征，人作为社会的主体总是处在一定的社会关系当中，所以自己生命生产必然要随着个人生命的延续同样地生产出与之相关的社会关系，这些社会关系就包括人际关系、社会地位、社会角色、社会认知等。

2. 两种定义的联系在于他们都是"动态"的过程

无论狭义还是广义的自己生命生产都是个体不断社会化的过程，在这一过程中自己生命生产不是"日复一日、年复一年"的机械重复过程，而是不断发生变化的，可以说自己生命生产过程是一个能动性和不断发展的过程。这体现在自己生命特征（狭义的自己生命生产）的发展过程和社会关系（广义的生命生产）的不断维系与重新构建过程。比如一个人智力水平的发展过程，是其从学前教育到大学教育，从参加社会工作到职业培训，通过不断地学习科学文化知识和积累社会经验而获得，在这一过程中其智力水平也随之不断提升；再比如，一个人的职业的变动，如升迁就代表着与其原有的人际关系的变动与社会地位的变化；一个人的家庭角色有为人子女和为人父母，在一定的阶段内，这种社会角色就一直表现为为人子女，其原有的社会关系是不变的，这就是自己生命生产过程中与个人相关的社会关系的构建与维系。

当然并不能在严格意义上区分两种自己生命生产的界线，因为自己生命特征生产的过程往往与社会关系相互交织在一起，比如一个人智力水平的提升过程不仅表现为自己生命生产特征的生产，同时也表现为其社会角色、社会地位以及与之相关的人际关系也在不断地被维系与重新构建。

三、自己生命生产的内容

从定义上看可以将自己生命生产分为狭义和广义之分，那么自己生命生产的内容就包括狭义和广义之分。

（一）狭义的自己生命生产

具体来说，狭义的自己生命生产包括：①劳动者自己生命的延续；②体力的恢复与增强；③智力的提升、技能的发展；④心理素质和思想道德素质的完善；⑤人生观、世界观和价值观的完善等；⑥个性的发展与完善。根据自己生命生产的这六个方面基本可以分为三个层面，即能力、思想与个性化发展这三大层面。

首先，能力层面。具体内容包括劳动者自己生命的延续、体力的恢复与增强、技能的提升和能力的发展等。自己生命的延续是自己生命生产的前提，就能力层面包括体力和智力两个方面，所谓体力是生命个体作为合格劳动力有健康的身体，能够正常地从事一般的日常生产活动，也就是说能充当一般的劳动力。智力则更侧重指劳动者的生产技能、管理水平、人力资本存量等方面的内容，是劳动者通过学习与培训所获得的技能与技术，更强调的是区别于一般劳动力所具有的技术和才能。随着现代社会对劳动者质量要求的提高，一般的劳动力已经无法适应现代化生产和管理的要求，社会越来越多的是需要高新技术人才，同时引领未来国际社会发展的主要动力就是一国的科技竞争力，而科技竞争力尤其表现在一国的人力资本上。所以，就自己生命生产的能力层面所表现的两个方面来说，体力上的生产固然重要，因为它是基础，但越来越多的"智力"方面的生产成为决定一个社会发展的主要因素。

其次，思想层面。具体内容就是个体的人生观、价值观以及世界观，这些就体现在了人的心理素质和思想道德素质方面。所谓心理素质是在遗传基础之上，在教育与环境影响下，经过主体实践训练所形成的性格品质与心理能力的综合体现，其中的心理能力包括认知能力、心理适应能力与内在动力，这就包括了个人对社会的认识，体现了自己的人生观与价值观。而且，心理素质作为人的一种内在的素质体现，在一个人的发展过程中所发挥的作用也越来越明显，具备良好的心理素质的人更容易走向成功。所以心理素质同样是自己生命生产不可或缺的一部分。思想道德素质是指人们的道德认识和道德行为水平的综合反映，包含一个人的道德修养和道德情操，体现着一个人的道德水平和道德风貌。思想道德素质同样是个人的人生观、价值观的体现。一个人的思想道德素质的形成深受社会的影响，尤其是一个社会具有怎样的行为规范、风俗习惯对个体的思想道德素质的形成有着至关重要的作用。一个人的心理素质与思想道德素质虽然都离不开社会，但这同时更多地表现在一个人的内在思想上及一个人具有的价值观是什么样的，所以心理素质与思想道德素质作为狭义自己生命生产的重要组成部分。

最后，个性化层面。虽然自己生命生产的各个方面都是在个体不断社会化的过程中形成的，都是个体融入社会生产力与生活的过程，这期间都离不开社会规范和社会行为的约束。但，作为个体的人总是相互有差异的，不论是身体还是心理，人都有其独特的一面；所以，即使自己生命生产离不开个体的社会化，即使社会化过程中的诸多社会行为与规范对自己的生命生产产生了至关重要的影响，可个体的个性并不是随着社会化的过程而完全消失，恰恰相反，伴随着个体社会化的过程其个性化的东西也不断地发展起来。比如：每个人就有不同的气质与性格，正是由于他们独特的个人心理特点，社会生活以及独特的经历和独特的经验而形成个性化，使他们的观念、情感、思维和行为方式在内容和表现方式上都具有了高度的个人色彩①。所以个性化的发展也是自己生命生产过程中在同样的社会化过程中形成的区别于他人的独特形式，同样是自己生命生产中不可缺失的部分。

（二）广义的自己生命生产

广义的自己生命生产包括个体作为社会的人相关的一系列社会关系的生产，具体可以分为以下几个方面：人际关系、社会角色、社会地位与社会分层、社会认同与社会认知等，这些内容并不能囊括所有社会关系，因为社会关系还包括社会变迁、社会运动以及社会结构等广泛的内容，在笔者看来，社会变迁与社会运动和社会结构等并非单独的个人自己所能推动与改变的，虽然这些也是广义的自己生命生产中的内容，但我们不作为研究重点，这里我们着重介绍上面所列的四项内容。

首先，人际关系。社会学将人际关系定义为人们在生产或生活活动过程中所建立的一种社会关系；心理学将人际关系定义为人与人在交往中建立的直接的心理上的联系；中文常指人与人交往关系的总称，也被称为"人际交往"，包括亲属关系、朋友关系、学友（同学）关系、师生关系、雇佣关系、战友关系、同事及领导与被领导关系等。人是社会动物，每个个体均有其独特之思想、背景、个性、行为模式及价值观，所以对人际关系的全面理解可以把它看成是社会关系的一个方面即社会关系的个性方面或心理方面。从根本上讲，人际关系受社会关系的制约，人际关系的状况要取决于社会关系的性质，或者说人际关系是客观社会关系的一种复杂折射。而社会关系正是透过人们之间的直接心理关系，以及人际关系这一中介因素，才能对人们发挥作用。由此可见，人作为社会生活的主体在自己生命生产的过程中，通过不断社会化与社会发生相互作用。在生产和生活过程中人与人之间的交往是不可避免的，所以人际关系自然而然随着个人生命的延续不断产生并且发展。

其次，社会角色。社会角色是指与人们的某种社会地位、身份相一致的一整套权利、义务的规范与行为模式，它是人们对具有特定身份的人的行为期望，它构成社会群体或组织的基础。② 在社会化过程中，个体社会化的结果就社会方面而言，是社会正常运行所必要的规范和准则的习得，即社会角色的习得与扮演。

自己生命生产是在个体不断社会化过程中完成的，而社会化又将一个自然人

① 孙世近. 社会心理学导论［M］. 上海：复旦大学出版社，2011：44.
② 乐国安. 社会心理学［M］. 广州：广东高等教育出版社，2006：146.

转化成了能够掌握社会知识、适应社会文化、参与社会生活与履行一定社会角色的社会人，所以社会角色的习得是伴随着个体生命生产、伴随着社会化的过程才不断得以产生。由此可知社会角色的习得与扮演同样是伴随着个体生命生产不断社会化过程而形成的，它们之间彼此相互依存，共同构成了一个整体。

随着个体本身的成长和发展，每个人在不同的发展阶段都要扮演与其相适应的社会角色，同时，由于社会生活的多元化使得即使在同一生活阶段的个体也要扮演不同的社会角色，履行与他们社会角色相对应的社会权利与义务。

比如一个人一生会经历从生到死的生命历程，那么他就会有婴儿、儿童、青少年、中年和老年等角色，但与此同时，就在他一生的生命历程发展过程中，还会经历子女、夫妻、父母等角色，小学生、中学生、大学生、职工、退休人员等身份。社会角色可以按照不同的标准划分成不同的类别，个体在生命的生产过程中与之相扮演的社会角色也会千差万别，与其社会地位、身份相应的　整套权利、义务也会随之不同。但不论怎样，社会角色是伴随着自己生命生产而产生的，同样会随着自己生命生产得以发展、维系和变化发展。

再次，社会地位与社会分层。社会学所说的社会地位是一个群体或社会所鉴定的社会位置。而社会地位更具体的含义是指：在一个社会等级或分层系统中的等级位置，社会学家通常用社会地位来指社会经济地位，它考虑到个人的教育水平、收入水平以及职业生涯等内容。① 而社会分层是一种根据获得有价值的方式来决定人们的社会位置中的群体等级或类属的一种持久模式。马克思·韦伯确定的社会分层的三个关键维度，其中包括财富（经济地位）、权力（政治地位）、声望（社会地位）。② 由此得出，社会地位与社会分层就是与个体相关的经济、社会和政治地位。

一个人的一生他所具有的社会地位与所属的社会阶层与他们先天所具备的条件与后天的发展密切相关，如出生低收入家庭的人在刚出生之日起就属于社会下层，与其相关的社会经济、政治地位就不会很高。这种状况如贫困阶层，这种先天的社会分层决定了其社会地位和社会角色。但一个人的社会地位与所处的社会层级并不是一成不变的，社会向个人提供了改变社会地位的途径，个人在后天可以习得改变社会地位的能力。如果说个人在自己生命生产的过程中其与生俱来的社会地位与阶层无法改变的话，通过个体生命的发展，后天能力的增强完全有可

---

① 戴维·波普诺. 社会学 [M]. 北京：中国人民大学出版社，1999：239-243.
② 戴维·波普诺. 社会学 [M]. 北京：中国人民大学出版社，1999：239-243.

能改变原有的社会地位与阶层。所以社会地位以社会阶层作为自己生命生产的一部分是伴随着个体生命生产在不断地发生着改变的，而这种改变往往会伴随着"向上"和"向下"两种方向。

最后，社会认同与社会认知。社会认同是个体认识到他属于特定的社会群体，同时也认识到作为群体成员带给他的情感和价值意义。Tajfel 等人提出的社会认同理论，区分了个体认同与社会认同。社会认同是社会成员共同拥有的信仰、价值和行动取向的集中体现，本质上是一种集体观念。社会认知是指人对社会性客体之间的关系，如人际关系、社会群体、自我、社会角色、社会规范等认知，以及对这种认知与人的社会行为之间的关系的理解与推断。由此可以看出社会认同和社会认知都强调个人作为某一特定的社会群体而对自身与社会其他客体之间相互关系的认知与人的思想道德和心理素质的形成不同，思想道德素质和人的心理素质等思想观念的形成虽然也是人们对社会中存在的特定社会规范和法律制度以及人与社会客体关系的认识，但这更多地表现为它们受到社会关系的一种制约与约束，最终内化为自己的特征。社会认知和社会认同则更强调一种人对社会的一系列社会现象和社会关系的外在表述。

四、对人口生产和人口再生产的新认识

由于研究的出发点和着力点的不同，有了对狭义自己生命生产和广义自己生命生产的划分。在现实的社会生产生活中，不仅伴随着自己生命生产的过程中会生产除了自己作为个体的人以外的社会关系，而且他人生命生产过程中同样会使得这种社会关系被生产出来，并且这种社会关系还处于被不断地维系和重新构建的过程当中。那么，对人口生产与再生产的内涵与外延就会有新的不同的认识：①虽然在马克思关于两种生产的论述当中就强调了人类自身生产包括两个方面即自己生命生产（原始人口生命的生产）和他人生命生产（新一代人口生命的生产），但在目前的相关研究中很少涉及自己生命生产。所以，人口生产不能仅仅单方面强调他人生命生产及生育行为，与自己生命特征相关的各方面内容的生产也应该考虑在内。②人口生产过程，不论自己生命生产还是他人生命生产都不能只理解为与个体生命相关的生命特征的各方面的生产，从人作为社会主体与人作为个体不断社会化的角度来讲，与个体生命相关的社会关系的生产也应该被考虑在人口生命生产的过程当中。③人口再生产过程也不能只强调作为总体的人口，随着时间的推移，老一代陆续死亡，新一代不断出生，世代更替，使人口不断地

延续下去这样一个简单的更替过程，同时需要考虑与总体人口相关的社会关系的不断更替与重建的过程，比如社会变迁、社会运动以及社会结构的变化都会随着人口的再生产而发生变化。

五、自己生命生产的实现方式与途径

（一）自己生命生产的第一种实现方式——消费

关于人类自己生命生产的方式，马克思和恩格斯在其合著的《德意志意识形态》里有经典论述，其中明确地使用了"生命的生产"这个概念，并且认为"生命的生产——无论是自己生命生产（通过劳动）或是他人生命生产（通过生育）——立即表现为双重关系：一方面是自然关系，另一方面是社会关系。"

后来，马克思在《〈政治经济学批判〉导言》中还专门论述了经济学意义上的生产是第一种生产，原来意义上的消费是第二种生产，"在第一种生产中，生产者物化，在第二种生产中，生产者创造的物人化"。这里所说的第一、第二种生产，是指物质资料生产和劳动力生产，但劳动力的生产不仅以人口生产为基础，而且是人口生产的主要内容。

对"自己生命生产（通过劳动）"这句话进行进一步的分析就会发现，马克思这里所讲的"通过劳动"是指人们通过劳动创造物质资料的生产也即经济学意义上的第一种生产——物质资料的生产，而原来意义上的消费是第二种生产。我们不能把马克思在《〈政治经济学批判〉导言》关于"经济学意义上的生产是第一种生产，原来意义上的消费是第二种生产"与在《德意志意识形态》中所说的关于"生命的生产——无论是自己生命生产（通过劳动）或是他人生命生产（通过生育）"这两种生产简单地一一对应起来。自己生命生产（通过劳动）是经济学意义上的第一种生产即通过劳动创造物质资料，他人生命生产（通过生育）是第二种生产即消费。这样显然不符合逻辑，因为通过劳动无法达到自己生命的延续。显然，马克思所说的自己生命生产（通过劳动）本身就包括经济学意义上的第一种生产即物质资料生产和第二种生产及消费。这样从根本上来说自己生命生产的确是"通过劳动"，只有通过劳动才能创造物质资料。但要把劳动转化成自己生命生产就需要"消费"，消费劳动所创造的物质资料才能使自己的生命得以延续，自己生命生产才能完成。所以马克思在《德意志意识形态》中所说的关于"生命的生产——无论是自己生命生产（通过劳动）"是毋庸置疑的，也就是说自己生命生产从根本上来说是"通过劳动"，只不过需要通过消费这样的方式和途径才能得以实现。

正如马克思所说："消费直接也是生产，正如自然界中的元素和化学物质的消费是植物的生产一样。例如，吃喝是消费形式之一，人吃喝就是生产自己的身体，这是明显的事实。而对于以这种或那种形式从某一方面来生产人的其他任何消费形式也都可以这样说。"所以通过消费生产者所创造的物人化，通过消费实现人自己生命生产，而这又是他人生命生产的前提。

（二）自己生命生产的第二种方式——移动

人口的流动与人口迁移两者之间没有严格的区别，如果用一个更为恰当的表述来概括人口的流动和迁移行为，可称之为人口的移动。人口迁移是指人口在两个地区之间的地理流动或者空间流动，但由于我国有户籍制度的因素，通常人口流动是指人口离开了常住户口所在地，跨越了一定的行政区范围，这种流动只是指确实改变常住地但户籍所在地没有发生变化，所以在之后的分析中也并不纠结于人口迁移与人口流动两个概念之间的严格区分。相对于人口流动的是社会流动，社会流动是指一个人或者一群人所处的社会状态或社会地位的变化，如一个人的职业变动由工人变为干部的过程就是社会流动。这也就是人口流动所包括的人口横向流动和人口纵向流动。人口流动和社会流动两者之间虽然没有必然的联系，但有时候往往却是相互交织在一起的，如一个人为了获得更好的工作升迁或学习机会而到其他地方谋求机会的过程，就会同时伴有人口流动和社会流动的行为。

1. 人口移动与自己生命生产

之所以说移动行为是自己生命生产的一种方式，主要是因为移动行为的目的和原因。首先，从人口流动的角度来看，人口流动从不同性质可划分为不同的种类，有国内迁移与国际迁移、某生性迁移和非某生性迁移、产业性迁移和非产业性迁移、自发迁移和计划迁移、自愿性迁移和非自愿性迁移等。人口迁移流动中经济原因是主要的，如为摆脱贫困和失业，改善生活，或为发财致富，谋求事业成功等。此外，政治、宗教、文化及战争和灾荒也可能导致迁移。比如非自愿性迁移中由于战争所导致的大量难民被迫迁移，离开他们原来的居住地，这是由于客观的原因导致了其无法在原居住地继续生存，所以其最终目的是为了实现自己生命生产，这种非自愿的迁移就成了一种方式。再比如，由于宗教原因导致的人口迁移，信仰伊斯兰教的人们由于朝觐活动，每年会有大批人流涌向麦加、麦地那以及耶路撒冷这三大伊斯兰教圣地，这看似由宗教活动引起的人口流动过程，其实是宗教信仰者在完成自己生命生产的过程，因为一个人的信仰本身就是其生命中个性化的一部分。而由其经济原因所导致的为摆脱贫困和失业，改善生活，为发财致富，谋求事业成功等进行的人口流动，显而易见是为了更好地实现自己的生命价值。

2. 社会移动与自己生命生产

从社会移动的角度来看，人们的社会移动也是自己生命生产的一部分，而且这种社会的流动更多的是与自己生命相关的社会关系的生产与变动发生关系。社会移动有垂直移动和水平移动，从社会移动的原因来说大致有三大原因，自然原因、人口因素和社会因素，但无论是由哪种原因引起的哪种形式的社会移动都是个人自己生命生产过程的外在表现形式。比如由自然原因引起的社会移动如地震、火山爆发、洪水、干旱以及其他自然灾害等，都会使一定地域内的人口短期内大量外流。由人口因素导致的社会移动，如人口密度超过资源的承载力，势必引起人口的向外流动。再如由社会因素中社会价值观改变所引起的社会流动。被一定的社会价值观肯定的东西如地位、声望、财富等，被人们竞相追求，成为推动人们向上流动的动力。这也会导致一个人的社会地位、人际关系等在人们追求这种价值的过程中发生改变。

消费与移动作为自己生命生产的两种途径，并不是严格区分开来的，也就是说自己生命生产是伴随着这两种方式同时进行的，而且这两种方式相互交织在一起。比如人们的发展性消费过程中的教育活动，它既是消费过程本身，同时也会伴随着一个人的移动行为。如一个人为求学而改变常住地和环境，同时他的人际关系也会发生变化等。再比如享受性消费的旅游活动，人们通过旅游达到身心愉悦、放松自己的目的，同时就会伴随着人口的自发性流动。由于流动行为的内容极为广泛，既包括横向的移动，也包括纵向的移动，所以人口移动行为将作为单独的一章进行分析，本章则重点只作概述性介绍。

第三节 自己生命生产与个体社会化

社会化作为"人"这个个体不断融入社会，由自然人转变为社会人的过程，伴随着人的一生；同时，个体生命特征的延续与发展以及个体与社会的诸多社会关系的产生与发展也正是个体在不断社会化的过程中逐步实现的。作为自己生命生产的诸多内容，它们的延续、发展都离不开个体的社会化，也可以说正是个体在不断社会化的过程中完成了自己生命生产。

一、社会化的主体

自己生命生产是伴随着个体不断社会化的过程而逐步实现的，而个体的社会化过程又离不开社会化的载体，而这些影响个体社会化过程的载体就被称为社会化的主体。主要的社会化主体有家庭、学校、同辈群体和大众传播媒介，他们构成了社会化的环境因素，直接影响着个体有什么样的社会化过程和社会化结果，从而也就决定了自己生命生产的各方面内容。这些主体对个体社会化的作用既相互渗透，又各自有独特的功能。

家庭是人进行社会化的最早的主体。个体从出生起就在家庭中获得一定的地位，家庭在社会化中地位独特，作用突出。童年期是社会化的关键时期，家庭中的亲子关系，家长的言传身教，对儿童的语言、情感、角色、经验、知识、技能与规范方面的习得均起着潜移默化的作用。美国 B. C. 罗林斯等 1979 年研究了父母教育儿童的方法与社会化的关系，发现父母对儿童一般采用诱导训练法和强制训练法两种教育方法，诱导训练法比强制训练法的效果好。早期教育对人的社会化起着极其重要的作用。

学校是有组织、有计划、有目的地向个体系统传授社会规范、价值观念、知识与技能的机构，其特点是地位的正式性和管理的严格性。个人进入学龄期后，学校成为其社会化最重要的场所。学校教育促使学生掌握知识，激发其产生动机，并为学生提供更多的社会互动的机会。学校还具有独特的亚文化、价值标准、礼仪与传统。在早期社会化中，学校是不可替代的社会化载体。

同辈群体是能为个体的态度、行为与自我评价提供比较或参照标准的群体。特点是个人可以不具备这个群体的成员资格，但这个群体却能为个人提供行为空间。参照群体的作用是规范和比较，前者向个人提供指导行为的参照框架，后者则向个体提供自我判断的标准。

大众传播媒介是现代社会一个独立的具有社会化职能的系统。在现代社会中大众传媒是十分重要的社会化手段。影视、音像、广播、报纸、杂志，特别是国际互联网迅速向人们提供各种大量信息，使人广开视野，学到新的知识与规范。从心理学的角度来分析，电视和电影既包括视觉学习又包括听觉学习，广播只是一种听觉学习，报纸、杂志、书籍都只是视觉学习，所以电视、电影的作用大于其他大众传播工具。互联网的应用使得人们可以更迅速、更方便地交流，共享信息，以其独特的方式和丰富的内容为人们提供了一种全新的认识事物的环境，体现了更强的社会渗透力。总之，大众传媒的社会化作用与日俱增，现代社会心理学十分重视传媒对个体社会化的影响。

二、社会化的影响因素

（一）遗传因素

社会化是人类独有的，这是因为人类有社会化的基础，其中生物遗传是我们能成为社会人的基本前提。遗传是父母的生理、心理特征遗传给子女的一种生理变化的过程，正是因为具备了人的素质、人的生理结构、人的神经系统尤其是人脑，这是人之所以成为人的一个基本条件，没有这些条件，无论什么样的环境也培养不出一个真正的社会人、文化人。20 世纪 30 年代，克拉克夫妇使一只七个半月大的黑猩猩和九个月大的婴儿共同生活在一起，两者的生活环境和照料完全相同，历时半个月之后，一岁半的孩子已经学会了 20 多个单词，可黑猩猩只能听懂命令并做出简单动作。相对于动物而言，人类有较强的学习能力、逻辑推理能力和语言能力，这使得人类的文化可传承和创新。毋庸置疑，遗传因素是人社会化的潜在基础和自然前提。

（二）社会环境因素

在对人社会化的研究中，即使基因完全相同的同卵双生子之间也存在差异，可见文化和环境因素对个体行为的影响也是毋庸置疑的。无数的社会学家、人类学家证明了社会环境和文化因素对个人成长和发展的不可或缺性。这些因素具体有：①社会文化。不同的社会文化中的许多内容带有普遍性的同时也具有自己的独特之处，正是这些独特之处对个体的社会化进而对不同民族成员的共同人格与社会行为起着决定性作用。②家庭。家庭影响社会化的因素很多，其中家庭的教养方式、态度和家庭氛围由于具有明显的奠基性、针对性和感染性、长期性和社会性等特点，对儿童的成长起着关键作用。③学校。④同辈群体。⑤大众传媒。他们既作为人社会化的主体又作为影响社会化的因素，多个体的社会化同时起着不可替代的作用。

三、自己生命生产过程中的社会化

狭义的自己生命生产，是生产出作为独立个体意义上的个人生命特征，包括的能力层面、思想层面以及个性化的层面的特征。而无论哪个层面特征的生产，都是个体在借助社会化主体、受社会文化和社会环境影响下完成的。

（一）能力层面

能力层面包括体能和智能，体能的恢复、增强及生命的延续，是个体消费获取的生活资料转化为自己体能的过程。个体通过消费生活资料，而生活资料本身就是无数个个体创造性劳动所创造的物质资料，所以这一过程就可以看作生产与消费的过程。这本来就是个人参加社会生产活动与社会互动的过程，在这一过程中个体不仅使得自己的生命得以延续，体力得以恢复而且还习得了生产技能，掌握了个人的基本生活技能，并把其内化为一种个人所具有的本领和能力。同样，智力能力更多地强调一个人的智力水平，人力资本等内容，而这些能力的获得永远离不开家庭和学校的教育以及社会的实践和积累，家庭和学校作为社会化的主体承担了不同阶段个体社会化的不同内容，社会则更多的是个人智力能力的一个检验与强化的载体。家庭通过其父母的文化水平、家养方式、家庭氛围等在不同的方式下潜移默化地影响着孩子社会化的过程，而且家庭生活构成了人的一生，会在不同的阶段对人产生重要影响。学校是社会规定的负责年轻人社会化，学习特定的本领和价值标准的机构，所以学校对个体社会化的作用不是单方面的。当然，其中学习知识、提高智力水平、增加科学文化素质是主要的方面，但与此同时学校还在个人的道德观、价值观的形成等方面起着不可替代的作用。然而智能的提升并不止停留在学校这个阶段，个人参加社会活动的过程同样是一个不断学习、不断自我完善的过程。正是在这一过程中自己的社会生活基本技能得以社会化，自己生命生产过程才能继续进行。

由此可见，个体的社会生活基本技能培养首先是从家庭与学校教育开始，然后在工作实践中使专业技能素质不断得到锻炼和提升。也就是说，社会基本生活技能，即人的能力是在社会化过程中逐渐形成、锻炼和提升的。离开了人的社会化，个体所具有知识和能力就不可能真正存在，而且有些知识和能力是只能在不断地社会化过程中获取或习得的。这些知识和能力是蕴藏在人体之中，只有通过不断地社会化过程，才能使其所拥有的知识和能力得以体现出来，并且使知识和能力得到提升和锻炼。如果离开了社会化，没有实践的场所、人的知识和能力就仅仅是、永远是一种潜质和可能。因此，个人只有在社会化中才能体现和锻炼其所具备的知识和技能。

（二）思想层面

自己生命生产不仅仅表现在个体的能力上，同样表现在一个人的思想上，而且有时候一个人的思想道德水平如何，他的个人心理素质如何，他对其他人或事物的看法如何往往决定了一个人的行为准则，进而决定了他所采取什么样的行动。在自己生命生产过程中，一个人的思想形成过程可以说是极为缓慢且不断变化的，除了基本的家庭和学校在这一过程中扮演着重要的角色以外，个体更多的是要融入社会，在社会生产与生活中往往就会受到多方面的影响。

首先，法律的约束和规范对个人思想具有硬性的约束，可以说这种约束是强制性的，不同的国家有不同的法律制度，这就会使得人们要按照法律制度来调节自己的思想和行动，而这一过程就是一个不断社会化的过程。

其次，社会道德和风俗习惯以及伦理人常等作为一种"软的制度"来规范着人们的行动，其中人们对道德行为准则的认识形式包含着特殊的道德论证。一些行为之所以应当完成，是因为它们反映着特定社会中人和人之间应有的道德关系，只有大家都能在类似的情境中采取同样的行为才能维护这种关系，并且保证社会活动的顺利进行，以便满足大家的共同利益。由此可见，道德观念不是从现象和行为的本身，而是从它们的品格、价值的观点来考察现象和行为的。对社会现象和行为的这种评价态度是道德观念最重要的特点。这个特点表明，道德观念的形成不仅意味着人要了解社会上公认的道德行为准则是什么，而且更意味着人对它们的承认，即切实体会到了它们的正确性，把它们内化为自己的道德需要。这一内化的过程就是个体的思想在社会化过程中不断形成与发展的过程。同样，一个人的心理素质包括个人的个性品格和心理能力，而心理能力又包括认知能力、心理适应能力与内在动力，对心理素质的培养就是用健康的心理素质来指导自己的行为，这一过程也是心理素质社会化的过程。在自己生命生产的过程中，一个人的心理素质的好坏有时候往往会决定一件事情的成败。自己生命生产过程正是要人们不断地掌握这种良好的道德素质与培养良好的心理素质的过程，而这一过程恰恰又是个体不断社会化的过程，所以自己生命生产中思想过程的生产仍然是个体不断社会化的过程。在这一过程中，个体通过认识、学习、内化、指导到重新认识、再次学习、再次内化，重新指导这样一个不断发展的过程来完成自己思想认知的完善与发展。

最后，自己生命生产过程中思想的发展与形成越来越多地受到大众传媒的影响，大众传媒通过新闻报道、舆论宣传、知识教育、生活娱乐等方式，为人们宣传社会所倡导的价值观念、奋斗目标、社会规范和行为准则等。在现代社会，大众传媒对人们社会化的影响也越来越明显，这种影响表现在形式上的多样性，内容上的丰富性和受众的广泛性上，然而我们在接受主流价值观影响的同时，这种大众性的传媒也产生了一些不良的负面诱导，而这些往往会对人们思想的形成产生负面的影响。

（三）个性化发展层面

个性化是个体在实现社会化过程中，同时形成个人心理和行为倾向的过程。个性化的发展是伴随着个体社会化过程同时进行的，两者是不可分割、辩证统一的。个体的社会化一方面形成某些共同的心理特征，另一方面，社会化还使得个体作为独立个人具备了自己的某些独立特征，而这种独特性通常是通过带有个人色彩的思维方式和行为方式，通过稳定而特殊的个人能力、气质与性格等特点来体现的。个体的社会化发展过程与社会化是同步实现的，同时进行的，这种个性化的发展使得个人可能具有超越现实而又改变现实的独特能力和创造性，所以自己生命生产过程不可忽视的一个方面就是个性化的发展，而且个性化的培养不仅对个人的发展而且对社会的作用也是不可小觑的。所以一个理想的人应该既可以很好地适应社会、又能有充分的个人风格与独创性，具有促进社会积极变化的潜力。个性化就是个体在不断地追求自我发展与自我价值实现的过程，而这一过程同样内生与社会化之中却又表现出与之不同的特征。

自己生命生产过程本质上来讲是个体不断社会化的过程，在这一社会化的过程中，自己生命的各方面特征得以被"生产"和"发展"，完成了自己生命不断延续的同时，使得自己生命的各个方面进一步完善，与此同时还发展了个性化的一面。在自己生命生产的这一过程中，实现了社会化的三个基本内涵：第一，社会化是个体学习技能、知识，了解价值、动机以及其应该在社会群体中应扮演的角色的过程，他使个体知道社会或群体对他有哪些期待或规定了哪些行为规范。第二，社会化使得个体自觉地以社会或群体的行为规范来指导和约束自己的行为，使自己由自然人成为一个社会人。第三，社会化是使社会结构和文化得以传承的手段。伴随着个体社会化过程，同时进行的个性化发展还给这三个方面带来了新的活力。

与此同时，应该注意到，社会化的过程不仅是个体单方面地按社会正规的行为规范、符合现在的法律制度与社会所认可的伦理道德与风俗习惯等方向发展；个体在完成自己生命生产这一社会化过程中，还可能走向另一个方面，我们称之为自己生命生产的"异化"或"社会化的失败"。也就是说，个人社会化方向的确有两种：一种是和现行社会价值、文化、规范一致；另外一种是与其相反（包括腐朽没落的与意味着新的社会变化方向的两类）。许多社会学著作常常只是肯定个人与第一种方向一致的社会化，而否定第二种方向的社会化，并将其称作"社会化的失败"或自己生命生产的"异化"。这样的看法是不全面的，这或多或少是用既有社会道德和价值的观点而不是用社会学的观点看待问题，是一种否定"反社会行为"的看法。

第四节　自己生命生产与消费

消费，是指满足人们某种需要的行为，一般可以分为生产消费和生活消费，而生产消费大多是经济学研究的范畴，同样，生活消费也通过人们的消费意愿与实际消费行为等影响经济，也涉及经济学研究的范畴。但，这里所研究消费的重点既不是经济学意义上的作为理性微观主体的消费者如何进行消费决策的问题，也不是宏观经济中与生产、分配、交换相互作用的社会消费过程。这里研究的重点是作为微观个人，他们在生活消费的过程中，在他能够获得各种消费资料的前提假设下，研究这种消费与自己生命生产之间的关系，即消费是如何影响自己生命生产这一过程的。当然，在研究具体的消费过程中就不可能避开社会所具有的消费水平、消费结构以及社会总体所表现出的消费方式与消费观念等方面的影响。

一、人口生产与消费的关系

在本章第二节已经论述了消费是实现自己生命生产的一种方式，也可以说是一种最为基本的方式，因为只有通过消费人的生命才能延续，这是自己生命生产的基本前提。马克思人口理论认为："人本身就是生产者与消费者的统一"。作为生产者的人在创造物质资料，作为消费者的人通过消费物质资料使得生产得以继续。这里的物质资料有生产资料和消费资料之分，人通过消费生产资料使得物质产品这种生产得以继续，通过消费生活资料使得人的生命生产这种生产活动得以继续，正如马克思所说："消费是生产者所创造的物人化"，这里指的消费就是对生活资料的消费。可见，人口是消费的主体，离开了人口也就没有消费。反之，没有消费，人口也不能存在。

西方经济学界关于生产与消费的理论研究颇为丰富，无论是微观经济研究，还是宏观经济研究，对生产与消费之间的关系侧重点是物质资料生产与人口的消费之间的关系。具体包括古典经济学代表萨伊，鼓励生产与不该鼓励消费的观点；现代宏观经济学代表凯恩斯的边际消费倾向递减来解释有效需求不足等理论。虽然都论及人的消费问题，也论及生产问题，但他们都把人的消费问题（无论是微观个体、家庭，还是宏观的社会总人口）与物质资料生产及经济增长联系在一起，很少论及消费与作为个体的人他们自己生命生产之间的关系。关于自己生命生产与消费关系的理论还散见于人口再生产和人口转变的相关理论，主要涉及关于生育行为与自我发展之间的关系。比如阿森·杜蒙特的"社会毛细管论"，他认为"现代社会，人人都有向上发展的欲望和可能，正像油灯的油，由于毛细管作用会顺着燃烧的灯芯不断地往上升，社会个体也会被向上的发展欲望所驱使，往更高的社会阶层上爬。[①] 当个体在个人发展和生育子女之间产生冲突时，这就要求减少生育的数量，把更多的消费资料用于自我的发展"。这其中就论述了消费与自己生命生产和生育（他人生命生产）之间的关系，就是一种消费观念的转变，由于这涉及自己生命生产与他人生命生产两个方面，在第二节已经具体论述。

消费是指人们通过对各种劳动产品或劳务的使用，满足自己需要的行为和过程。消费有广义和狭义之分，广义的消费包括生产资料和生活资料，狭义的消费通常指对生活资料的消费。反映消费的指标有很多，有消费水平、消费结构、消费方式以及消费观念等，在不同的社会和不同的经济发展水平下，由于人们的消费水平、消费结构、消费方式以及消费观念的不同，都会对自己生命生产的各个方面产生不同的影响，只有探讨这些不同消费模式的特征才能更好地了解自己生命生产与消费之间的关系，才能了解消费作为自己生命生产基本的方式是如何影响自己生命生产的诸多方面的。而这里探讨的消费更多的是指个人的消费，包括个人具有的消费水平、对消费结构的选择、采取的消费方式以及所拥有的消费观念，当然消费活动是处在社会大环境当中进行的，不可能不受到社会总体消费背景的制约，包括消费水平、消费结构与消费观念等都受到社会的影响。可是作为自己生命生产的基本方式，个人消费更为直接地作用于自己生命生产，而社会所具有的消费环境更多的是通过对个人消费特征的影响进而影响到自身的消费。

---

① 佟新. 人口社会学 [M]. 北京：北京大学出版社，2010：34-35.

二、消费水平与自己生命生产

（一）消费水平

消费水平可以从宏观和微观两个角度来说明，前者是一定时期内整个社会用于生活消费和服务的规模和水平；后者指一家一户，甚至单位个人的消费水平，是消费者及其家庭在某一时期所获得的消费对象的数量与质量，或某一消费者及其家庭某个时期的生活消费需要获得满足的程度。[①] 虽然宏观的消费水平也影响自己生命生产，但是微观的家庭或个体的消费水平更直接地决定了自己生命生产的各方面。关于消费水平的内涵，从不同的角度有不同的理解："①从物质文明和精神文明相统一的观点来看，除物质生活的内容与丰度外，消费水平还应包括精神生活的内容与丰度；②从消费内容与效果统一的观点来看，除物质与精神生活的内容与丰度外，还应包括物质与精神消费的最终结果——消费者的全面发展的程度，如消费者的健康状况、寿命长短、获得文化教育的程度、劳动力的科学技术素质提高的程度、自由支配时间的多少、从事文娱旅游活动的多少等等。"[②]

（二）反映消费水平的指标

衡量消费水平高低的指标由消费水平的定义所决定，不同的定义有不同的衡量标准，一般来说具体的衡量指标有以下几种：

（1）以物质形态存在的消费品的消费量，即实物消费量。比如每个人每年吃了多少粮食、多少副食品；消费多少布匹、衣服以及各种耐用消费品的高低，通常情况下，实物消费量越大，消费水平也越高。

（2）以服务形式存在的消费品的消费量，即服务消费量。它是指直接服务的消费，比如每年人均的餐饮服务、旅游服务以及医疗服务的消费量是多少，随着第三产业的发展与人们消费观念的转变，为服务性消费水平的提高创造了条件。

（3）消费支出的多少。用价格水平表示支出的物质消费品与劳务消费品，以便于统计分析，对比不同家庭、地区的消费水平。

（4）闲暇时间的多少。闲暇时间是指消费者除了从事职业性的生产活动、其他活动以及必要的家务劳动和睡眠时间以外，可以在休息娱乐等方面自由发挥的时间。随着人们生活水平的提高，闲暇时间越来越多地成为衡量一个人消费水平高低的重要指标。

---

① 姜彩芬，余国扬，等. 消费经济学 [M]. 北京：中国经济出版社，2009：88.
② 姜彩芬，余国扬，等. 消费经济学 [M]. 北京：中国经济出版社，2009：88.

（5）消费质量的高低。它是指对消费者生活的方便和舒适程度，以及他所获得的满足程度进行评价的一种标准。

（三）消费水平与自己生命生产的关系

1. 消费水平对自己生命生产的影响

消费水平的高低直接反映了一个消费者所能自由支配的物质资料、发展资料和享受资料以及可以自由支配的闲暇时间。消费水平对自己生命生产主要表现在两个方面：第一，消费水平的高低直接决定了自己生命生产的水平，消费水平的变化同时也影响到自己生命生产的变化。比如，对自己生命生产的能力层面的影响。如果一个人的消费水平低，这直接决定了他用于自己食物消费的产品数量和质量都会有所下降，对个人身体健康、体力恢复等发展产生不利影响。与此同时，他没有更多的资金用来发展自己的职业培训和教育水平的提高，又影响到他智力能力的提高。再如，对一个人的思想道德方面的影响。如果对于一个消费水平极为低下的人来说，他可能会进行盗窃、犯罪等与社会法律相违背的活动，使得个体思想水平不但难以提高，反而走向消极、阴暗的一面。不仅如此，消费水平对自己生命生产的社会关系方面也有重要影响。因为，一个人的消费水平通常会代表了一个人身份地位，富人一般与穷人在消费水平上会有明显的差异。所以消费水平的不同还会影响到个人平时接触的不同的人际关系，同时还有他扮演的社会角色、所处社会地位、社会阶层的不同等。第二，消费水平的变化影响着自己生命生产各方面的改变，如果一个人的消费水平提高或下降，那么与他自己生命生产相对应的各个方面都会发生变化。首先，不用说其生活水平的下降会影响到他的日常生活的各个方面，包括健康、医疗、教育等，与他相关的社会关系也会发生更大的影响。如受到经济危机冲击的美国中产阶级，其收入水平下降对其自身发展带来的诸多不利影响就明显地反映了消费水平对自己生命生产的具体影响。由此可见，个人或家庭的消费水平对自己生命生产的影响是广泛和深远的。

2. 自己生命生产对消费水平的影响

反过来自己生命生产也会对人们消费水平产生很大的影响。在一个人自我生存与发展的过程中，随着人们改变自己的能力与体力，通过提升人力资本与技能的学习，进而改变原有的职业，改变原有的社会地位等来提高自己的消费水平来促进自己生命生产更好地发展。所以自己生命生产与消费水平是相互影响、相互作用的过程，两者之间相互渗透。

三、消费结构与自己生命生产

（一）消费结构

消费结构的改变与自己生命生产的关系表现在：随着消费结构的改变，自己生命生产的各个方面的比重也在发生变化。消费结构影响产业结构进而影响到自己生命生产的社会关系，同时，自己生命生产通过改变各方面的关系也在改变着消费结构。所谓消费结构是指：人们在消费过程中所消费的各种消费资料（包括劳务）的组合和比例关系。①

划分消费结构的指标有很多，按照不同的标准可以划分不同的消费结构。比如，按照经典的消费需求层次来划分，就可以分为形成生存需求、享受需求和发展需求；再比如，按消费品能够提供的消费形态可以划分为实物消费和劳务消费等。除此之外，根据社会宏观经济的发展还可以划分为粗放型、简朴型、集约型和舒展型消费结构等。但不论是哪种消费结构的划分，都是社会在一定阶段的经济发展水平的反映，合理的社会消费结构不仅能够促进社会经济的健康发展，对个人的发展也有极为重要的影响。

（二）消费结构与自己生命生产的关系

1. 消费结构对自己生命生产的影响

消费结构的变化直接影响到自己生命生产的各个方面，伴随着经济的发展、社会的进步，消费结构一般是会向着优化的结构发展。比如，生存资料在消费支出中的比重下降，而享受和发展资料在消费支出中的比重上升。比如，反映食品支出在家庭消费支出比重的恩格尔系数也会下降；再比如购买中、高档消费品的比重会上升，而低档品的比重会下降。就一个社会而言，伴随着产业结构比重由第一、二向第三产业的转移，人们的消费重心也会随之发生改变。这一系列的变化都会促进人们吃、穿、住、用，生存资料、享受资料、发展资料，实物消费以及劳务消费等趋势的变化，都会朝着有利于合理的消费结构的方向发展。而这种消费结构的变化趋势对自己生命生产的影响表现在：消费结构的合理优化有助于更好地实现自己生命生产，反之亦然。自己生命生产的内容包括很多方面，除了基本的生活之外还有更高的发展和追求，如果一个社会的消费结构只停留在基本的满足生存需要的水平下，即生存资料所占的比重占很大部分，那么很难为个体

---

①　尹志宏. 消费经济学［M］. 北京：机械工业出版社，1995：217.

的智力、思想以及个性化的发展提供广阔的空间，这些都严重地限制了自我追求向更高层次的发展，阻碍了自己生命生产向更高的水平进步。同时，如果一个社会消费结构不合理，那么还可能会导致贫富差距扩大，赤贫区的出现以及更为严重的违法犯罪活动等，这些都会对自己生命生产产生不利影响。如果消费结构合理优化，那么就能够更好地满足人们多层次的发展需要，保证人的体力、智力得到充分而自由的发挥，同时为个人自我的发展提供更多的自由空间。

2. 自己生命生产对消费结构的影响

自己生命生产产生了对消费结构的影响。自己生命生产不仅仅是一个维持自己生命特征的过程，它还是一个不断发展的过程，包括追求更高的生活质量、更好的发展机会以及人们要改变现有的人际关系、社会角色、社会阶层等，这些需求的产生就对消费结构的改变产生了内在的动力。追求高质量的生活水平、更好的发展机会、自我道德的完善、自我价值的实现促进了个人享受与发展的行业的兴起，因为单纯地靠满足基本生存的消费已经无法满足人们进一步发展的需求。谋求全新的职业，改变自己现有的社会经济地位，建立更新的，更为良好的人际关系使得人们必须有与之相适应的发展空间，而这一切都产生了消费需求——使得消费结构的转变能够更好地适应个体发展的需求。

四、消费方式与自己生命生产

(一) 消费方式

消费方式是指人们消耗生活资料和享受的方法和方式，[①] 也有人指在一定的社会生产力水平和生产关系下，消费者与消费资料的结合方式。[②] 但无论是哪种关于消费方式的定义，都有两个方面的内涵：消费的自然形式与消费的社会形式。消费的自然形式反映了消费者与消费资料的关系，具体来说就是消费的技术方式或消费方法，比如交通工具从马车、自行车、汽车到飞机的改变就是一种消费方法的改变。消费的社会形式主要是指"消费需求通过什么样的途径来满足和实现"，比如，消费需求是通过家庭内部的个人消费实现，还是在社会的范围内实现。就消费的社会实现方式来说，具体包括两个方面的内容：一是消费的社会实现范围，分为个人消费、集体消费和公共消费；二是消费的社会实现途径，分为自给性消费、半自给性消费和商品消费。

---

① 姜彩芬，余国扬，等. 消费经济学 [M]. 北京：中国经济出版社，2009：141-142.
② 杨家栋. 消费经济学 [M]. 北京：中国商业出版社，2008：196.

消费方式作为生活方式的重要内容与个人的社会生活密切相关,因而它对个人生命的生产也有直接的作用。就消费的方式而言,对自己生命生产真正有决定性影响的是消费的社会方式,而社会方式中个人消费方式与公共消费方式共同作用于自己生命生产。

（二）消费方式与自己生命生产的关系

1. 消费方式对自己生命生产的影响

消费方式对自己生命生产的影响主要是通过个人消费方式和公共消费方式两个方面表现出来的:一方面是个人消费方式,在长期以家庭为单位的社会消费过程中,个人消费是人们消费的主导形式。在一个人的消费过程中,人们完成基本的衣、食、住、行等消费活动,这是自己生命生产的基本前提。个人采取什么样的消费方式会对自己生命生产产生不同的影响。一个人如果只重视物质资料的消费与享受,那么,他的个人能力层面,尤其是智能层面以及在思想水平上就很难有较大的提高。同样,如果一个人更倾向于发展自我,实现自我价值和社会价值,那么他在个性化发展方面以及思想层面就会有较大的提升。在个人的社会关系方面,追求往上流社会消费群体爬升的人或具有攀比消费方式与习惯的人,往往会改变原有的人际关系、社会角色以及他对社会的认知等。另一方面是公共消费方式,随着社会经济发展水平的不断提高,公共消费所占的比重也越来越大,特别是人们需求层次的提高。公共消费的目的是为了满足人们的共同需要,其目的是提供良好的公共服务,营造良好的社会氛围,当这种公共消费形成主导社会消费方式的主流,就会影响到个人的消费方式选择。比如,在公共消费选择上对社会文化和教育的提倡会相应地促进社会科教文卫事业的发展,从总体上有助于人们提高自身的科学文化素质;再比如,提倡理性消费与适度消费可以防止享乐主义消费和攀比消费的滋生,从而营造了健康、有序的社会消费环境,有利于自己生命生产向更高的方面发展。总之,公共消费方式会通过形成一种社会习惯与风气,通过这种群体性的消费来影响个体的消费,对个人消费方式选择产生影响的同时也直接倡导了一种消费模式,两者的相互作用共同影响着自己生命生产的各个方面。

2. 自己生命生产对消费方式的影响

同样,自己生命生产的不断发展也会对个人与社会的消费方式产生影响,尤其是自己生命生产各方面特征的变化会直接导致消费方式的不断变化。从个人消费方式来讲:自己生命生产过程中,人们为了追求更高的社会经济地位,更为广阔的人际关系，扮演重要的社会角色等，会通过不断地提高自己的技能与知识水平等来实现，那么，个人在具体对物质资料的消费选择上就会做出不同的决定，用于发展自我、能力提升和教育的消费就会增加，而相对于其他消费就会减少。从社会消费方式来讲：人们在追求自我发展与个性化的过程中，在提高闲暇和享受来获得精神放松的过程中，公共消费方式的选择上就会更倾向于满足社会上这些人的共同需求。公共消费在这些方面的比重就会增加，同时伴随着社会的发展，公共消费所占比重会呈现上升的趋势。

五、消费观念与自己生命生产

（一）消费观念

消费观念是指人们对消费品价值的追求取向，是人们在消费过程中对消费方式、消费对象以及消费过程的总体判断和评价。消费观念的形成是与一定的社会经济发展水平相适应的，从根本上受到生产力水平的制约，同时受到一个地区的传统文化与习俗的影响。作为自己生命生产，主要途径的消费无疑不受到个体自身消费观念的影响，当然，社会主流的消费观念也对自己生命生产的各个方面产生影响，对个人的消费观念产生的影响最直接，而社会主流的消费观念会通过影响个人消费观念进而影响到自己生命生产。个人的消费观念一方面受到个人自身因素的影响，如收入、年龄、性别、籍贯、学历等，其中学历对个人消费观念的影响最为明显，因为一般学历较高的人他们的收入也相对较高，同时他们的思想较为开放，容易接受新的消费观念。另一方面，个人的消费观念受到社会主流消费观念的影响，社会倡导一种怎样的消费观念就会产生什么样的消费行为，比如中国长期以来形成的"保守的消费观念"并没有受西方享受消费主义影响而改变，形成了不同于西方的那种"超前的消费观念"。

（二）消费观念与自己生命生产的关系

个体具有怎样的观念直接对其消费行为产生影响，进而影响到自己生命生产的诸多方面，消费观念与自己生命生产的关系主要表现在消费观念的改变对自己生命生产的影响。消费观念的转变主要表现在两个方面：首先，从重视物质资料消费到追求精神消费与发展消费的转变。随着人们收入和生活水平的提高，消费的重点逐渐从传统的满足基本衣食住行的消费品向满足更高层次身心健康需求的消费品转移，这不仅包括简单的物质需求，更有深层次的精神需求。这种消费观念的改变直接对个体的消费方式与消费结构产生了影响，从而使得个体在自己生命生产过程中更加会注重自我能力的提升，享受闲暇时光来放松。同时，伴随着新的消费观，人们对社会会产生一些新的认识与看法，这对转变人们原有的价值观与人生观有影响。不仅如此，伴随着消费观念的转变，个人接触的消费群体也会有所不同，那么他接触的人，所处的社会地位也会发生转变。其次，个体从注重子女消费到自我消费的转变说明，人们是愿意把更多的消费资料用于生育子女还是自我发展上。由人们生育观念的转变所导致的低生育率的到来，一方面说明了生育成本的上升，另一方面也从侧面反映了人们消费观念的改变。

第四章　人口移动行为

第一节　人口移动概论

一般来说，人口移动包括人口地理位置移动和人口社会位置移动。人口地理位置移动是指人口在一定地域空间上的移动，又可以称为人口的机械变动，其移动呈水平方向。人口社会位置移动，是指人口在社会关系空间中的移动，也即是人们从一种社会地位到另一种社会地位、从一种职业到另一种职业的改变，其移动方向包括水平移动和垂直移动。人口地理位置移动和人口社会位置移动交织在一起，互相影响，互相制约就构成了人口移动行为。

一、空间位置移动

人口地理位置移动是人口在地域空间上发生改变的一种现象，也是人口移动研究中最基本的切入点。由于我国实行特殊的户籍管理制度，所以在发生人口地理位置移动时，通常依据改变常住居住地的同时是否改变户口所在地，把人口地理位置移动划分为人口流动和人口迁移。在人口地理位置移动过程中，改变常住居住地同时改变户口所在地的，称为人口迁移，否则称为人口流动。

（一）人口流动

简单来讲，人口流动是指在发生人口地理位置移动时，不改变户口所在地的一种人口移动行为。随着社会经济的发展，交通日益便利，使得人口的流动性大大加大。人口流动不再局限于依靠传统的人力、马匹、船只，而是靠更加快速方便的现代化运输工具来完成，大大缩短了人口流动完成的时间。

随着我国经济的快速发展，人口数量的增多，人口流动现象愈演愈烈，也使得人口流动成为人口研究中不可回避的重要话题。在现实生活中，从人口流动的类型看，具体可分为以下两种：

1. 社会型人口流动

社会型人口流动是指，由于婚姻迁移、随迁家属、投亲靠友和退休离职等原因而产生的人口流动行为。这些行为不直接或间接与经济因素挂钩，是社会原因导致的流动行为。在改革开放以前，我国经济发展比较落后，社会流动性比较缓慢，人口的流动主要是社会型的人口流动。1987 年，社会型流动人口在总流动人口中占 56.3%，而务工经商等经济型流动人口则居于从属地位。

2. 经济型人口流动

经济型人口流动是指，由于工作调动、分配录用、务工经商、学习培训等原因而产生的人口流动行为。这些行为直接与经济挂钩因而被称为经济型人口流动。随着我国经济的快速发展，交通、信息化等因素大大提高了人口的流动性。我国流动人口中因经济原因产生流动的行为占绝大多数，因此，我国现在主要是以经济型人口流动为主。数据显示，到 1990 年，务工经商者占全部流动人口的比例迅速提高到 50.16%，各类经济型原因合计所占比例更是提高到了 60.2%。进入 21 世纪以后，流动人口中经济型人口流动已经占有绝对主导的地位。

(二) 人口迁移

与出生和死亡相比，人口迁移是一个相对含糊的概念。作为具有生物属性的出生和死亡，其界定相对简单。而一个人要在空间上移动多长距离，延续多长的时间才算是迁移，目前尚没有一个令人满意的定义。此外，迁移还是一种内容十分复杂的社会现象，它有着多种不同的动因、决策机制、制约因素和表现形式，从而使得迁移研究比较困难。

虽然给人口迁移下一个精确的定义比较困难，但目前学术界普遍把居住地的变更视为发生迁移行为的必要条件。因此，一般来说，人口迁移是指人口出于某种动机和目的，离开原来的居住地到另外一个地方去居住的移动。由于我国实行严格的户籍制度，因此，在我国，人口迁移特指那些在改变居住地的同时还改变户籍所在地的移动。换言之，人口迁移是指人口离开原居住地，越过一定的行政边界，到另一个地方居住，并改变其户籍登记的移动。从不同的视角出发，人口迁移的类型则可分为不同的类型：

1. 从迁移原因来看

一是边疆垦殖迁移，指因地区间经济发展不平衡，资源枯竭，地区人口相对过剩发生的人口迁移，伴随新土地的开发而产生。近代美国西部、苏联西伯利亚和中国东北等地的开发，都吸引了相当规模的移民并持续了一段时间。

二是高等学校搬迁、招生和分配的人口迁移。例如现阶段颇为流行的高考移民，此外还有高校招生与分配引起的迁移活动。

三是兴修水利和水库库区移民而引起的人口迁移。例如，世界水利史上亘古未有的三峡移民工程。根据规划，三峡蓄水至 175 米水位时，最终移民将达 120 万人。这相当于一个欧洲中等国家的人口，是此前世界最大的水利工程伊泰普电站移民的 28 倍。10 年来，三峡库区已搬迁、安置移民 72 万多人①。

四是支援新开发工业基地建设的人口迁移。例如修建酒泉卫星发射基地之初，大量工程人员投入到基地建设中，并在卫星基地安家落户。此外，额济纳旗的 1 000 多名牧民也为基地建设做了迁徙的巨大牺牲。

2. 从迁移方向来看

一是乡村人口向城市迁移。这也是现代国内迁移中最为普遍和显著的一种。农村人口向城市迁移，其实质是农业人口转变成非农业人口。这一进程与工业聚集、商品经济的发展有着密切联系。历史上，18 世纪工业革命之后，欧美的城市地区成为工业所在地，吸引了大量乡村人口涌入城市。第二次世界大战后，向城市迁移的浪潮遍及全球。现在世界城市人口已占总人口的 40%以上，某些发达国家甚至达 80%以上。根据最新发布的数据，2013 年中国城镇化率达 53.73%。②

二是从内地省份、自治区向沿海城市的迁移。历史的发展轨迹证明，在经济发展过程中必然伴随着相应规模的移民迁徙活动。自 1978 年改革开放以来，我国人口迁移活动日趋活跃，迁移人口数量大幅度增加。在国家"先富带动后富"的政策下，东部地区的经济发展水平远远优于中西部地区，吸引了大批内陆地区人口迁往东部沿海地区。这种迁移活动大多属于自发性的迁移。

二、社会位置移动

社会流动是指一个社会成员或社会群体从一个社会阶级或阶层转到另一个社会阶级或阶层，从一种社会地位向另一种社会地位，从一种职业向另一种职业的转变的过程。它是个人或群体在社会分层结构中位置的变化，即社会地位高低的变化。这种变化行为可以是上下垂直移动，也可以是水平移动。它是社会结构自

---

① 谷胜利，刘小伟. 换得移民不思蜀 [J]. 中国边防警察，2009（8）：16-19.
② http：//news. dichan. sina. cn/2014/01/20/1020089. html.

我调节的机制之一，是衡量一个国家或地区社会发展和现代化程度高低的重要指标，也是判断一个国家或地区社会开放程度和社会公平的重要标准。

人口社会位置移动是社会作用的产物，具有社会性的一般特质。我们在研究人口社会位置移动时往往更多地研究移动的过程，因此人口社会位置移动也被称为人口社会流动。无论是社会结构的变迁，还是社会功能的变化，都会通过人口的社会位置移动在社会结构上得到体现。在人类社会发展过程中，社会流动现象呈现频发的趋势。在传统的农业社会，社会的阶级阶层体系是封闭或半封闭的，表现为界限清晰的等级制，社会流动较少。而在现代社会里，社会分层体系呈开放态势，社会流动比较普遍。因此，从一定意义上讲，现代社会之所以称为开放型社会，正是因为在这类社会中存在着相对大量的社会流动。

社会流动的种类多种多样，可以从不同的角度划分为三大类。

第一，根据流动的方向不同，可分为水平流动和垂直流动。水平流动是指人们在相同层次的阶层或群体之间的流动，流动过程中不伴随地位的升降，是一种横向社会流动。水平流动一般情况下源于个人因素，但社会发展、社会变迁引起的社会职业的结构性变化也会对此产生强烈影响，科学技术的进步往往会促成大规模的水平流动。比如工业革命前，大多数劳动力都是以个体形式生产产品，随着工业革命的发生，科学技术大大提高了社会生产力，大量劳动力流向工厂，这种人口社会流动仅仅改变了生产的方式，但没有改变劳动力人口的社会地位。垂直流动是指在不同阶层之间的流动，流动过程中会发生地位的升降变化，从较低地位向较高地位的流动称之为向上流动，从较高地位流向较低地位则称为向下流动。对社会学研究而言，垂直流动较之水平流动更具有研究价值，更能反映一个社会的封闭与开放程度。如果一个社会没有或很少有垂直流动，表明它的阶层固化现象越严重。如果一个社会有经常性的、多渠道的、通畅的上下流动，表明它的分层体系和这个社会都是开放和充满生机活力的。

第二，根据流动的原因不同，可以分为个人流动和结构性流动。个人流动又称自由流动或非结构性流动，它是指因个人因素引发的流动，这种流动在任何一个社会和任何时候都在不断地发生着，在我们的生活中也可以经常看到。不同的只是流动的方式、速度和规模等存在差异。结构性流动是指由外在原因造成的，因社会的政治、经济、科技等方面的变化，改变了原有的社会结构而带来的人们社会地位的变化。如由一场阶级之间的斗争引发的统治集团的更替；一次大的科技革命导致的产业结构内部人员的大调整；工业化的进程带来的农村人口的减少与城市人口的增加。

第三，根据流动的参照不同，可以分为代内流动和代际流动。代内流动又称同代流动，是指一个人在一生中地位的升降变化。例如，一个人刚就业时可能是一个很普通的职员，中年时成了上层主管；一个士兵后来成了将军；有的人可能一辈子都没有什么升迁；有的人可能"少年得志"或"大器晚成"，情况各不一样。代际流动又称异代流动，是指一个人相对于其父辈的地位变化情况，它的参照系是上一代人的社会地位，个人流动参照的是个人已有的情况，二者的参照系不一样。若一个人的父亲一生中一直从事一种社会声望较低的职业，而他自己则从事一种收入及社会声望较高的工作，这表明两代人之间在职业上发生了代际上的向上流动，否则，即是水平流动或向下流动。代内流动是代际流动的基础，没有良好的代内流动，代际流动的质量也不会太高，差异也不会太大，特别是代际向上流动的机会不会太多，二者是一种相互依存的关系。但代内流动和代际流动均从一个侧面反映了社会的变化，特别是代际流动，更能反映出社会变迁的速率和社会系统的开放水平。

三、两者的关系

虽然人口空间位置移动与社会位置移动二者有很大的差别，人口空间位置移动指人口在空间或地域位置上的变化，社会位置移动指的是个人社会地位的变更。但是二者又密切相关，人口空间位置的移动在一定程度上决定着社会位置移动的存在、发展、方向及程度。

例如，长期以来，我国二元社会结构，以户籍制度为基础的城乡壁垒，人为地将城乡居民分成了两种不同社会地位的群体，并且在社会发展成果、资源、权益等方面存在较大的差异。而农村人口空间位置移动不仅解决了农村剩余劳动力问题，改善了农村人口的贫困面貌，而且推动了城市化的发展。在经济社会发展过程中，伴随着人口流动与迁移，大批农民变为工人、市民等，这一过程不仅改变了人们的空间位置，而且改变了人们的社会地位。农民进城当工人，这些人口空间位置移动本身就是社会位置移动。

第二节　人口空间位置移动

在人口社会学的研究领域内，涉及人口空间位置移动的最为经典理论莫过于人口迁移理论。除此之外，在人口学、社会学和经济学的不断发展过程中，还衍生出了如社区理论以及城市化理论等涉及人口空间位置移动的相关理论。

一、人口迁移理论

雷文斯坦的"人口迁移法则（Law of Migration）"是公认的最早的人口迁移理论，此后，西方学者从人口地理学、政治经济学、发展经济学等诸多学科视角出发，提出了一系列人口迁移理论。此处列举几个较为典型的人口迁移理论。

（一）"推力-拉力"理论

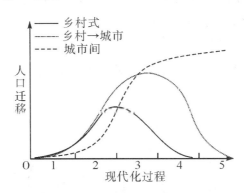

图4-1　现代化不同阶段的人口迁移模式

"推力-拉力"理论最早可以追溯到英国地理学家雷文斯坦（E. G. Ravenstein）在《人口迁移之规律》一文中提到的"迁移定律"。他认为人们迁移的主要目的是为了改善自己的经济状况。然而，第一个对推拉理论进行系统总结，并正式提出的学者则是赫伯拉（Her. ber. la）。1938年他在《乡村城市迁移的原因》中提出，迁移是由一系列力量引起的，这些力量是促使一个人离开一个地方的推力和吸引他到另一个地方的拉力。简而言之，人口迁移是由于迁出地的推力或排斥力和迁入地的拉力或吸引力共同作用的结果。从迁移者个体的行为决策过程来看，推拉理论包含两个基本假设：一是人们的迁移行为是一种个人理性选择，二是迁移者充分了解迁出地和迁入地的信息。只有这样他才能根据两地之间的推力和拉力，从比较利益的角度出发做出相应的选择。此后，学者们在此基础上进行了进一步地研究。

（二）新古典经济学理论（Neoclassical Theory）[①]

新古典经济学家将经济学中供给与需求关系引入人口迁移的研究中，他们认

---

① 赵敏. 国际人口迁移理论评述［J］. 上海社会科学院学术季刊，1997（4）：127-135.

为人口迁移是由劳动力供给与需求的区域差异所引起的调整。根据舒尔茨的人力资本理论,迁移是一种人力资本上的投资,而投资的目的则是增强自身的经济效益从而提高生活水平。因此,迁移行为是理性主体选择的结果,是一种个人自发、自愿的行为。个人通过对迁移与否的成本和收益进行比较,在权衡各种利弊的基础上进行选择。倘若迁移的预期收入高于成本则最终选择迁移。新古典经济学基于一个基本的假设——个体是迁移行为的决策者。而在现实生活中,是否发生迁移行为往往与家庭有很大的关联。从而在新古典经济学理论的基础上产生了新家庭迁移理论。该理论的主要观点认为是否发生迁移行为是家庭成员共同的决定。家庭基于经济利益最大化和风险最小化的考虑,最终决定是否发生迁移行为。因此,人的迁移行为不仅受个人预期收入的影响,更重要的还会受到家庭因素的影响。该理论对家庭观念较重的东南亚国家和中国,具有更广泛的普适性。如图 4-2 所示:

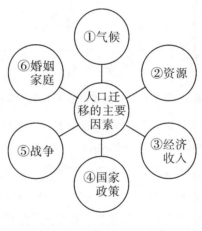

图 4-2

(三)双重劳动力市场理论[1]

这种理论认为在城市发达地区中存在着两种不同的劳动力市场。一是正规部门的主要劳动力市场。这种市场对雇员教育水平和技术能力要求较高,并且能够提供较好的工资待遇和较高的福利。二是非正规部门的次要劳动力市场。这种劳动力市场的工资待遇较低,工作环境差,并且缺乏良好的发展前景。通常情况下,主要劳动力市场都被人力资本、社会资本相对较高的城市当地居民所占据。而从落后农村地区迁入城市的人口则只能在次要劳动力市场上谋生,来填补次要

---

[1] 韩玉梅. 新生代农民工市民化问题研究 [M]. 哈尔滨:哈尔滨工业大学,2013:165.

劳动力市场的空缺。有研究表明，农村人口迁移到城市之后，虽然收入增加了，但是大多仍然从事工作环境较差、需求量大、比较危险的"3D"行业（Difficult, Demanding, Dangerous）。

（四）年龄–迁移率模型①

美国人口学家 Rogers（1978，1984）利用瑞典等国的人口普查资料，提出了年龄–迁移率理论模型。该理论从年龄考察迁移概率，一般情况下在幼儿阶段迁移率较高，到初等义务教育阶段下降较快，但该阶段结束后又迅速上升，到 20~30 岁达到顶峰，之后又缓慢下降，到 50~60 岁退休年龄阶段，又形成一个小的迁移高峰。典型的罗杰斯曲线，由前劳动力成分（0~14 岁）、劳动力成分（15~64 岁）、后劳动力成分（>64 岁）和不受年龄影响的常数成分等 4 个相对独立的部分组成。这种理论基于这样一个假设，年龄越小、教育水平较高的人群往往更倾向于迁移。

二、社区理论

（一）社区的内涵

社区一词源于拉丁语，意思是共同的东西和亲密伙伴的关系。最先将"社区"（Community）一词用于社会学研究的是德国社会学家滕尼斯（Ferdinand Tönnies），他在 1887 年出版的《社区与社会》（Community and Society）中提出了社区的概念，认为社区表示一种由具有共同习俗和价值观念的同质人口所组成的关系密切、守望相助、存在一种富有人情味的社会关系的社会团体。人们加入这一团体，并不是根据自己意愿的选择，而是因为生长在这一团体里。与社区相比，社会则是由具有不同价值观念的异质人口所组成，人们加入这一团体是根据自己的意愿进行选择的结果，在这一团体中，人们之间的关系是靠分工和契约连接的，重理性而轻人情。

社会发展的趋势是由富有人情味的社区向缺乏感情的社会转化的过程。腾尼斯在提出"社区"概念时并没有特别强调地域性。后来随着美国经验社会学的兴起，不少社会学家发现，要具体研究城市和各类居民的共同体，必须从地域共同体着手，因而在使用社区一词时，赋予其更多的"地域"含义。20 世纪 30 年代，我国社会学者在翻译英文社会学文献时，将英语"Community"译成社区，

---

① 韩玉梅. 新生代农民工市民化问题研究 [D]. 哈尔滨：哈尔滨工业大学，2013：165.

赋予其在一定地域内共同生活的社会群体的含义，并延续使用至今。因此，我们认为，所谓社区就是指由于聚居在一定地域而结成的相互依赖、相互影响，共同生存与发展的社会共同体。具体地说，居住于一定地区、具有共同联系并彼此交往的人们就构成一个社区。例如，村庄、集镇、街道、城市的一个市区或一个郊区，甚至整个城市等等，都是在规模上大小不一的社区。社区就是地方性社会或地域群体。

（二）社区的构成要素

作为一个社会实体的社区，通常必须具备下列基本要素：

1. 以一定的社会关系为基础而组织起来的、进行共同生活的人群

社区具有社会性，其实质是一群相互联系、相互作用的人。如果没有一定的人口，任何社区的存在都是不可能的，所以一定数量和质量的人群就成为社区存在的第一个前提。但是作为构成社区基本要素的人并不是孤立的、没有联系的个人的集合体，而是要彼此结成各种各样的社会关系，共同进行社会活动。这些关系密切的人群是社区生活及其物质基础的创造者，是社区中社会关系的承担者。至于一个社区到底需要多少人口，并无固定的标准，一般以能完成社区内部的分工协作关系为基本要求。

2. 有一定的地域空间

社区总要占有一定的地域空间，地域空间为人们提供活动的场所，是人们共同生活的基础，否则人们的一切活动将失去依托而无法进行。从这个意义上说，社区是人与自然环境的统一体。某一社区的自然条件、生态环境不仅影响该社区人们活动的性质和特点，而且会在很大程度上制约和影响该社区的发展。确定社区的地理边界是一个较复杂的问题。一般地说，一个社区居民的主要活动场所大都集中在某一特定的地域里，这个特定的地域就是社区的地理界限，确定的客观标志是社区中心的服务范围。当今一个完整的农村社区，其地域范围通常是以一个小城镇为中心，加上它服务和影响所及的周围若干个乡村。而一个完整的城市社区则通常是以其市区为中心，延伸至它服务和影响所及的远近郊区作为其社区界限的。

3. 有一套相对完备的生活服务机构和设施

居住在某一社区的人们要进行各种生活和活动，就要有保证人们生存的必要手段，以满足人们的物质生活和精神生活的需要。例如，社区要有商店、学校、工厂（作坊）、政府机关、医疗单位、群众团体等等。社区正是通过各种相对完

备的机构与设施的服务活动来推动各种制度的运行，使社区成员在本社区内得以维持其日常生活。社区生活服务机构与设施的数量和质量如何是衡量一个社区发达水平的指标之一。

4. 有自己特有的文化

文化是人类在社会历史发展过程中创造的物质财富与精神财富的总和，社区文化理所当然是指社区范围内的人群在社区发展过程中所创造的物质财富与精神财富的总和。由于每一个社区自然条件、社会条件不同，各个社区便形成了自身特有的文化，区别于其他社区甚至邻近社区。社区文化包括当地人们的信仰、价值观、规范、制度、传统、风俗习惯、生活方式以及展示当地特点的方言和象征等。社区文化既满足了社区居民的需要，也为他们之间的共同活动提供了规则和约束。社区的共同文化指导并控制着社区的行动，促使社区构成一个整体。

5. 社区居民的归属感和认同感

人们在特定的社区里长期共同生活，从而会对自己所属的社区产生一种认同心理，即"我是某一个地方的人"的观念。特别在传统社会里，人们与土地有极其密切的关系，祖祖辈辈生活在一个固定的地方，这种乡土观念也就更为浓厚。同时，人们对自己长期生活的社区会产生一种特殊的感情，为自己社区所取得的成就感到自豪，为自己社区的落后感到耻辱，希望自己的社区繁荣昌盛，希望能在本社区长期生活下去。这种特殊的情感就是社区的归属感。社区居民这种共同的社区意识，使其在心灵上相通，从而成为互相依赖、协调共生的群体。随着现代化的发展，传统的认同感和"落叶归根"的归属感，已经发生了很大的变化。但强调社区意识、塑造社区精神对于社区的维持与发展具有重要的意义。

上述五个构成要素是相互联系、相互影响的，它们共同构成社区这一有机整体。由于人类社会的发展，特别是由于现代城市的兴起，使得社区在结构上显得纷繁复杂，在类型上显现出千姿百态，在地域上变得大小不一。但是，不管怎样，构成一个社区必须具备这些基本要素。

（三）社区的结构

所谓社区结构，就是指社区内部各种要素的排列顺序和组合方式，它可以表示社区各组成要素所具有的特定的内在关系及相互作用，也决定着社区的性质和发展。

1. 社区的生态环境结构

每个社区乃至每个家庭，都要与社区内部或周围的环境发生关系，人们往往根据生态环境结构的具体状况，经过长期的适应和变革，逐步形成不同类型的社区。例如，在森林茂密的地区建立林业社区；在地下资源丰富的地区建立石油工业社区或煤矿社区；在交通发达、水陆交界、地处要冲的地区建立城市社区等。社区生态环境结构的自然排列、组合、分布状况，社区地理环境、资源和交通状况，直接影响该社区中人们活动的主要内容、生存的具体方式以及对服务的各种需求。

2. 社区的人口结构

社区人口构成了社区的主体，不同历史时期的不同类型的社区，其人口数量不同、人口质量不同，人口结构也不相同。如农业社会中，只有几十人就可以形成一个相对独立的小社区，而在现代社会，特别在大城市，一个大社区中可以拥有几十万、几百万，甚至上千万人口。一个社区中人口的性别年龄构成、职业构成状况，对社区生活有很大的影响。例如，在老龄人口比重很大的情况下，社区为老人而开支的经济负担就要加重一些，社会的风气也易于保守一些，为老年人服务的医疗保健机构和文化福利设施也要相应增加一些。

3. 社区的经济结构

社区的经济，包括作为社区营生基础的物质生产和为社区提供日常生活消费的商业与服务。经济生活是社区全部生活的基础，合理的经济结构为社区人们的共同生活提供了物质保障，是社区发展的必要条件。一般说来，农村社区经济结构比较简单，城市社区经济结构比较复杂。比如，在一个大的城市社区中，必须使农、轻、重几个大的经济部门协调一致，根据实际情况确定合理的比例，来规划第一产业、第二产业、第三产业的发展规模，使社区的经济合乎自然规律和社会规律。即使在一个小城镇社区或农村社区，也要根据自然条件和各种社会因素，选择安排适当的经济活动，使之有利于社区经济发展。社区经济发达与否，对整个社区的生活具有根本性的意义。

4. 社区的区位结构

社区的区位结构指社区所处的地理位置以及它的各个部分在空间位置上的排列、组合、分布状况。不同的社区有不同的区位结构，相对来说，城市社区比农村社区的区位结构要复杂得多。它要根据人们的生产、生活以及各种活动需要，对社区的各个部分在空间位置上进行划分。比如在一个城市社区中，要划分出工业区、金融商业区、政治行政管理与社会事业区，文教科研区、住宅区、生活服务区、娱乐区等。这些部分如何合理地划分、布局，如何合理地排列、组合，对社区的发展至关重要。目前在我国一些社区中，由于没有进行合理的社区区位规划，出现了许多麻烦与问题，以致影响到了社区的正常发展。

（四）社区与人口迁移、人口流动

社区与人口迁移紧密相关，伴随着人口的大规模迁入可能形成一个新的社区。相应地，人口的大规模迁出也有可能导致某一社区的衰败。现阶段伴随着城市化的进程，我国农村人口大量迁入城市，致使许多农村社区消亡。调查显示，2000 年到 2010 年，中国有 90 万个自然村庄消失了，平均每天有将近 250 个自然村落消失。由此可见人口迁移对社区存亡的影响之大。

人口流动对社区也产生着至关重要的影响。一方面人口的适度流动可以增强社区的活力，为社区发展注入新的力量。同时，也有助于加强社区之间的相互交流，互通有无。此外，人口的流动也可促进社区之间的均衡发展。另一方面，人口的过度流动也会给社区发展带来一系列的问题。例如，人口流动性的增强会导致社区不安定因素的增多，为社区治安保障带来一系列麻烦。

三、城市化理论

（一）城市化与新型城镇化

城镇是指以非农业人口为主，具有一定工商业规模的居民点。在我国县级、县以上机关所在地，或者常住人口在 2 000 人以上 10 万人以下，且非农业人口占 50% 以上的居民点都是城镇。城镇化（城市化）（Urbanization）一般指人类的生产和生活方式由农耕文明转向工业文明、从乡村转向城市的必然过程。具体来说是生产方式从农业转向第二、第三产业，农村人口转为城镇人口，同时伴随着城镇人口数量的大幅度增加和城镇规模的不断扩大。传统城镇化是人口城镇化、经济城镇化、社会城镇化、产业结构城镇化和城市建设、生活城镇化。而随着经济结构的变化，传统的城镇化存在市民化进程滞后，建设用地粗放低效、"城市病"等突出矛盾和问题，已经不能满足现代化社会发展的需求，从而产生了新型城镇化。

新型城镇化是以城乡统筹、城乡一体、节约集约、生态宜居、和谐发展为基本特征的城镇化。其核心在于保护农业和粮食、生态和环境，实现城乡基础设施一体化和公共服务均等化，促进城乡经济社会发展实现共同富裕。总而言之，新型城镇化是大中小城市、小城镇、新型农村社区协调发展、互促共进，最终实现经济社会和谐发展和城乡规划一体化。

新型城镇化与传统城镇化的最大不同，在于新型城镇化是以人为核心的城镇化，不是简单的城市人口比例增加和城市规模扩张，而是强调在产业支撑、人居环境、社会保障、生活方式等方面实现由"乡"到"城"的转变，实现城乡统筹和可持续发展。

（二）新型城镇化建设基本要求

1. 新型城镇化的关键是提高城镇化质量

新型城镇化建设实行过程中，必须提高城镇化建设质量、重视经济社会协调发展、提高城乡一体化进程。科学规划、合理布局使城镇规划在城市建设、发展和管理中始终处于"龙头"地位，从而解决城市建设混乱、小城镇建设散乱差、城市化落后于工业化等问题。社科院一项调查显示，中国城镇化率约为51%，工业化率为47%，而国际上发达国家城镇化率约是工业化率的2至3倍，城镇化滞后于工业化严重，就近就业率低。

2. 新型城镇化的目的是造福百姓[①]

推进新型城镇化进程中，要重视经济社会的协调发展，推进农村工业化和城镇化和谐共生。要把工业化、农业现代化和现代服务业结合在一起，从而增加城镇化支撑点，实现新型城镇化与工业化、信息化、农业现代化的互动。实现这一目标，需要在推进城镇化时注重城镇产业经济的培育，重视二、三产业的转型升级。逐步形成大中小城市和小城镇、城市和农村合理分工，特色突出、功能互补的产业发展格局。

3. 新型城镇化的核心是人的城镇化

推进新型城镇化的进程就是将农民发展权置于首位，实现城乡居民待遇均等化。让农民在城镇化中进得来，留得下，有尊严。统筹推进城乡社会保障体系建设，全面建成覆盖城乡居民的社会保障体系。同时，改革征地制度，提高农民在土地增值收益中的分配比例。推进新型城镇化就是要着力于保障农民的主体地位，提高农民在总收益中的分配比例，解除农民的后顾之忧。所以，新型城镇化建设的一切都应当围绕人来展开，树立牢固的人本思想，创造良好的人本环境，形成良好的人本气氛，产生良好的为人服务的功能。要使城镇具有人情味，促进人的自由而全面的发展。

---

① 曹新. 农民变市民：新型城镇化的核心［J］. 理论学习，2013（9）：15-17.

第三节　人口社会位置移动

人口的移动既涉及人口空间位置变动，又涉及人口的社会位置移动，而这两种移动行为往往是相互交织在一起的。人口空间位置的移动会影响、改变人口的社会位置，反之亦然。因此在研究人口移动行为中，尤其是将人作为社会主体的"社会人"来研究其行为时，更不可回避人口的社会移动。涉及人口社会位置移动的相关理论，长期以来都是社会学研究的焦点，在人口社会学的研究过程中，同样可以借鉴社会学的基本理论来分析问题。

一、社会分层概述与基本理论

（一）社会分层概述

所谓社会分层，是指按照一定的标准将社会成员区分为高低不同的等级序列和层次的过程，是社会群体的层化现象。也就是根据个人的职业、财富、威望、权力等的不同标准对其社会地位进行划分的排列，从而确定各社会成员在社会结构中的位置。其中，职业是社会地位的代表性指标。没有哪一个社会是完全没有社会分层现象的，因此社会分层是社会结构中最主要的现象，也是社会学研究中最重要的传统领域之一。同一社会阶层的人，他们在社会上拥有同等或相近的社会资源，如财富、权力、声望等。

在社会生活中，人与人、人与群体之间由于社会资源占有不同，导致个体、群体之间存在社会差异，形成了"社会分层"这一重要的社会现象。社会成员被区分为高低不同的等级层次，反映了人们社会地位的差别和不平等。造成这种差别和不平等最原始的原因是社会分工。在原始社会，虽然不同性别、不同地区的人们的劳动范围有所不同，但这只是自然分工，还未达到劳动本身的分化，未形成不同个体的固定职能，因此不存在现代意义上的社会分层。当人类经历了三次社会大分工之后，社会劳动意味着劳动本身的分化以及人们相应财富分配的分化。于是，人们社会地位之间的差别就逐渐出现并日益明显，建立在这种差别基础上的不平等也随之形成。阶级产生以后，这种不平等被逐渐制度化。社会主义社会虽然消灭了阶级剥削和压迫，但社会分工依然存在，由此带来的收入差别和社会地位差别也将长期存在，因此，社会分层现象也就不可避免。

在谈及社会分层的同时，我们有必要了解社会分化。彼得·布劳在《不平等与异质性》中指出："社会分化就是社会位置的数量变动的过程。在横坐标上，社会的不平等加剧，人们的地位高低更加不同。社会分化在一定时期可能表现为社会在横坐标上的扩展，有时表现为纵坐标上的层次增加。"因此，社会分化也即是社会专门化和社会成员的相互分离，使得社会中的个人或群体从同质走向异质，社会地位从相同走向差异，于是形成不同阶层与阶级。

阶层与阶级概念密切相关，二者作为一种特定的社会分化，所反映的都是人们在社会资源、社会声望或社会地位方面的不平等，体现的是等级制的地位结构。在西方许多社会学家眼里，这两个概念相同。但按照马克思主义观点，这两者是完全不相同的概念。马克思主义认为，阶级是指社会上占有不同经济地位的对抗性群体，它们在根本利益上是完全对立的。而阶层则是指在同一阶级中，由于经济地位的不同而分成的若干层次。因此，这里的阶级与阶层是一种隶属关系。与阶层分层相比，阶级分层有四个主要特征：①阶级制度具有流动性；②阶级地位在部分程度上是后天成就性的，而非先赋性的；③阶级是以经济为基础的；④阶级制度是大范围和非个人性的。

（二）社会分层的理论解释

西方社会分层理论主要有卡尔·马克思的阶级理论和马克斯·韦伯的社会分层理论这两个最基本的理论模式与分析框架。马克思从社会不平等出发，以两个阶级为结构；韦伯从社会冲突出发，用"三位一体"模式，即财富、权力、声望，来分析个人所处的社会地位。除此之外，还有新韦伯分层理论，受韦伯影响用收入、职业、教育、技术、种族、性别、宗教信仰等作为社会分层的标准。帕累托的精英理论则将社会中生活的人分为两个阶层：一是低级阶层，包括下层和普通群众；二是高级阶层，包括上层和精英阶层。

1. 卡尔·马克思的社会分层理论

马克思的阶级理论对社会分层研究有重要影响。马克思认为，阶级结构是最基本的社会结构，阶级不平等是最主要的社会不平等。阶级关系作为一个历史范畴，受生产方式所决定。或者说，阶级关系是以生产关系为基础的。因此，马克思提出，阶级就是一些利益集团，其主要特征表现在经济和政治两方面。"既然数百万家庭的经济条件使他们的生活方式、利益和教育程度与其他阶级的生活方式、利益和教育程度各不相同并互相敌对，所以他们就形成一个阶级"。[①] 同时马

---

① 马克思，恩格斯. 马克思恩格斯选集：第 1 卷 [M]. 北京：人民出版社，1972：693.

克思还提出，阶级不同于普遍的社会群体，它是具有明确的自我意识的特殊群体。

马克思指出，每一个社会中都有一个占有主导地位的阶级，由于它拥有最主要的社会生产资料，因而在政治和经济及社会生活上都控制着其他阶级。例如，在资本主义社会中，占主导地位的就是资产阶级，受压迫受剥削的是无产阶级。他认为这是一切阶级社会的共性。除了两个阶级的模式，马克思主义阶级理论对资本主义的社会阶级结构描述还有两种模式：一种是三个阶级的模式，在《资本论》第三卷第 52 章中，马克思说："单纯劳动力的所有者、资本的所有者和土地的所有者——他们各自的收入源泉是工资、利润和地租——也就是说，雇佣工人、资本家和土地所有者，形成建立在资本主义生产方式的基础上的现代社会的三大阶级。"工人阶级和资产阶级则是资本主义社会特征性的两大对立阶级。另外一种是多阶级的模式，在《1848 年至 1850 年的法兰西阶级斗争》中，马克思列举了六个阶级：金融资产阶级、工业资产阶级、小资产阶级、农民阶级、无产阶级和游民无产阶级。这也是对当时社会阶级结构的细化。

马克思认为，阶级冲突是最基本的社会冲突，而阶级冲突的根源是经济利益。因为人与生产资料占有之间的关系，即人获得稀有资源和权力的不同决定着他们所处的社会地位。所以，马克思提出，一切社会的历史都是阶级斗争的历史；阶级斗争是阶级社会发展的直接动力。

马克思的阶级、阶层结构划分都是建立在资本主义社会生产方式基础之上的阶级模型，从经济关系的角度考察社会结构更能清晰展现人们在社会不同位置的实际状况，揭示资本主义社会剥削、压迫现象的根本原因，即社会结构性因素。所以马克思始终将阶级结构视为社会结构的核心部分，这种观点对后来的社会结构研究，尤其是西方社会分层研究影响很大。

2. 马克斯·韦伯的社会分层理论

与马克思主义阶级分层理论把生产资料占有状况作为划分阶级的基础不同，韦伯提出社会分层的要素有三个：财产、权力和声望。他认为，财产的差异产生了阶级；权力的差异产生了政党；而声望的差异产生了地位群体或阶层。

韦伯的阶级概念跟马克思的理论很相近。他提出，阶级是指这样一群人，他们：①有共同的生活命运；②这些共同的生活命运体现在他们所拥有的财产和收入等经济利益方面；③而且还体现在商品和劳动市场条件之下。因此，韦伯强调阶级存在的市场条件，认为市场情形是决定个人生活机会的基本条件。

　　韦伯也重视权力的作用，认为权力是保证群体目标实现的手段，而体现权力差异的是政治团体、政党或是由同一阶级组成，或是由同一地位群体所组成。

　　韦伯关于社会分层的独特概念是地位群体。他所说的地位是从生活方式的角度界定的。提出地位群体具有下列一些特性：①相同地位群体的人，有其独特的生活方式；②限制性和排外性；③传统的民主社会也会造成地位群体；④地位或荣誉常常是建立在强占基础上的。韦伯认为，跟阶级的划分一样，任何社会均可根据生活方式和世界观的差异而划分出不同的地位群体或阶层，地位群体之间也有冲突。由此可见，韦伯对社会分层的分析，比马克思的分析更为具体和明确，他不是只强调经济利益关系，还提出了社会群体因素的作用，故为多元分层论。

　　3. 帕累托的精英理论

　　意大利社会学家帕累托是开创西方社会学分层理论研究的另一个重要先驱。他的精英理论为解释社会不平等现象做出重要贡献，因此帕累托也成为西方社会学界的重要代表人物。

　　在帕累托看来，社会的分层主要是由个人的自然差异和社会差异决定的。自然差异是先赋性的，具有随机性。比如在古代，王位的继承者往往是国王的长子，这种生理上决定阶层具有先赋性，个人无从干预。帕累托认为社会差异主要是个人的能力与才干，这是后天形成的，具有很强的变异性和不稳定性。在农业经济时代，个人的阶层主要是由自然差异决定的，其往往表现在世袭上。然而工业革命的到来，使得生产方式大大改变。以前的稳定世袭制被打破，需要靠竞争来确定自己的阶层属性，稳定性的不平等被暂时性的不平等所代替。

　　帕累托用精英循环概念说明了社会系统——尤其是政治系统的平衡机制，利用自然差异和社会差异的不同，共同维持社会的平衡。（见图4-3）

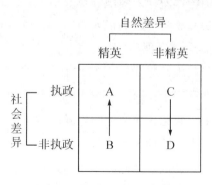

图4-3　精英循环系统示意图

图中 A 代表执政精英，B 代表非执政精英，C 代表执政的庸才，D 代表非执政的庸才。在一个政治体系中，执政者往往被看成是精英，而执政者之所以执政有两种可能，第一种是依靠世袭得来，比如 C；第二种是依靠自身的才干与能力努力得来，比如 A。政治体系的平衡，往往是执政者群体才干与能力的平均值高于非执政者群体的才干与能力的平均值，否则政治体系将陷入不稳定状态。图中 B 属于非执政的精英，可以通过自身的才干与能力向上流动，成为执政精英。而非精英的执政者 C 最终会被淘汰下来，成为与 D 相同的阶层。如果这道循环体系不流畅，必然会导致大多数执政者位置被非精英所占据，大多数精英处于下层位置，这将导致精英阶层发动革命，进而取代非精英阶层执政。

帕累托的精英循环理论很好地解释了社会分层的现象，为社会不平等提供了另类的视角研究点。尽管其理论存在严重缺陷，将社会分层看得过于简单，但仍有值得借鉴之处。

4. 对社会不平等的解释

为什么社会成员在权力、财富、声望等方面会存在如此的不同？为什么社会分层会普遍存在？西方社会学家对此做出了种种理论解释，探讨社会不平等现象的根源，由此形成了几种基本观点。

（1）功能论。功能论的主要观点是：社会成员地位不平等是社会运行与发展所必需的，社会的分化造就的不平等是社会发展与前行的内在动力。在任何社会都有这样一些地位，它们比其他地位具有更加重要的功能；在这些地位上完成规定的角色，需要一些特殊的知识和技能。而要掌握这些特殊的知识和技能，需要一定的能力，而具有这种能力的人无论在哪个社会都是有限的；并且，使能力向知识技能转化需要经过一定时期的训练，而接受训练者需要付出某些代价，为使有能力的人甘愿付出这些代价，需要确保他们在将来达到的地位上一定能得到比其他人更多的报酬（包括收入、权力、声望等）。这样，各种地位的人们之间报酬分配不平等，就出现了分层的现象，社会的不平等逐渐制度化。因此，不平等的社会分层体系不仅是社会不可缺少的，也是不可避免的。

功能论在美国曾经很流行，但它也受到很多学者的批评。有的人认为所有的结构要素不是社会结构的必要组成部分，很难说明某些工作就比其他工作有更重要的功能；也有的人认为功能论强调了社会不平等的积极功能，而忽视了它的消极功能，等等。在这些质疑声中，产生了另一种理论解释，即冲突论。

（2）冲突论。冲突论的学者对功能论的缺陷提出了质疑，比如，在一个现代化工业社会里，各种工作都是互相依赖的，如何判定有些工作怎么就比其他工作有更高的价值？虽然清洁工人的工作也十分重要，但一个普通清洁工人的收入与声望和医生相比确实相差甚远。于是他们开始思考，一旦一个人获得高级职位，随之而来的便是大量的财富、声望和权力，是因为这些职位确实对社会十分重要，还是由于他们已经垄断了有限的资源并能够防止这些资源更广泛地扩散？

资源的稀缺性导致社会成员或群体之间的角逐，冲突成为社会的发展常态。占有稀有资源的一方成为处于较高的社会阶级或阶层，无法占有稀有资源的一方处于较低的社会阶层。

冲突论以马克思的观点为基础，认为社会不平等并不是社会运转的必要部分。相反，它把社会的理想事物看成是有限的，各个集团为之展开竞争，是权力来决定谁将得到这些理想事物。对冲突论者来说，苛待无权集团的结果，是强权者决定什么人干什么工作，谁将要受到奖励，谁又该受到惩罚。冲突论者认为，如果没有这样一个权力不均衡现象，重要的社会职位人选的确定将是人们自己的自然兴趣的结果。由分工体系产生的不平等并不是社会运转所要求的，既不是鼓励人们工作的必需，也不是有效发挥社会功能的必需。

除上述两种对立的观点外，还有一些社会学家持一种调和的观点。他们认为，冲突论和功能论都包含一些合理因素，但须将两者结合起来形成一个完整的理论体系。

二、社会分层与社会移动的关系

权力、地位、声望是社会分层的重要标准，而衡量权力、地位、声望的因素往往是职业与收入。职业与收入也是人口社会流动的主要内容，社会成员从一种社会集团或社会地位向另一种社会集团或社会地位的转变，会带来职业收入等要素的变化。在我们的现代社会中，随着家庭、共同体的结构和功能的变迁，生产组织日益成为个体最主要的活动场所。与之相对应的，作为个人在生产组织中的身份和地位的标志的职业也就成为个体最主要的社会地位标志。职业群体所构成的社会阶级在社会结构中显得日益重要，在工业社会、都市社会中尤为如此。[①]因此，这里探讨一下职业结构与社会流动。

（一）人口职业结构的含义与类型

人口职业结构是指社会中人口职业的分布状况，依据不同的标准可有不同的

①　张桂蓉. 人口社会学［M］. 武汉：武汉大学出版社，2009：233.

分类。现代社会，人们通过参加社会劳动，获得社会地位和经济收入已成为劳动适龄人口必然的和必需的基本生存和生活方式。

1. 以就业状况分类，可分在业人口和不在业人口

在业人口是指 16 周岁及 16 周岁以上的从事一定社会劳动并取得劳动报酬或经营收入的人口。1990 年中国在业人口有 61 060.26 万人，占劳动适龄人口的94.34%，在业人口的平均年龄为 33.74 岁。不在业人口是指没有从事社会劳动的劳动适龄人口，它的范围很广，包括在校学生、料理家务的人口、待升学待就业人口、失业人口、离退休人口和丧失劳动能力的人口。

失业人口是不在业人口中的重要的经济概念和人口概念，它是指城镇劳动适龄人口具有劳动能力，要求有报酬的工作而尚未获得工作职位的人口。农村的类失业状况称为不充分就业。由于经济背景的差异，各国的失业统计不甚一致。美国以月为标准进行失业率的统计。失业率是失业人口占劳动力人口的百分比，它是受到各国政府关注的重要社会经济指标。失业率的高低反映着一个国家的经济发展状况和社会安定程度。经济制度和结构因素对失业率的高低有着深刻影响，人口因素也在一定程度上影响就业状况和失业状况。人口数量的增长、年龄构成、性别构成以及教育构成状况等都影响失业率。失业可分为摩擦性失业、季节性失业、循环性失业、结构性失业和长期性失业等类型。

2. 以产业部门分布，分为三种人口产业结构

第一产业为农业，第二产业为工业，第三产业为各种服务业。人口的产业结构受到社会生产力发展水平的影响。英国经济学家克拉克在 1940 年提出的"配弟—克拉克定理"认为，随着社会经济的发展，一个国家的劳动力构成会逐渐由第一产业占优势而逐渐向第二产业和第三产业占优势的方向发展。一般来说，社会经济发展水平较低的国家或地区，职业结构中从事农业劳动的人口比重较高；社会经济发展水平较高的国家或地区，从事工业和服务行业劳动的人口所占比重较高。从整个世界发展趋势看，人口产业结构存在着以下几个特点：①农业劳动力所占比例不断减少。发达国家的工业和服务业吸纳了大量的劳动力，农业劳动力不到 10%。②在工业和服务行业中体力劳动不断向专业性、技术性、行政性、管理性和事务性的劳动转变，白领工作者所占比率显著上升。③第三产业（服务业）的从业人口不断增长，一些发达国家在业人口中从事第三产业的人口比重占到了三分之二。

中国人口产业结构有以下特点：①第一产业劳动力占首位，农业劳动力几乎

占世界农业劳动力总数的三分之一，占中国劳动力总数的一半以上。②第一产业劳动力所占比例不断减少。40 年来，农业劳动力所占比重不断下降，下降率为38.37%。③第二产业和第三产业劳动力所占比重不断上升，40 年来，第二产业上升率为 278.3%，第三产业的上升率为 290.5%。第三产业劳动力增长的比率较快。中国人口产业结构的合理化和现代化还需要漫长的调整过程。

3. 依据各种产业部门的劳动分工，可分为更加具体化的职业结构

以中国为例，人口普查把职业分为八大类，即专业技术人员；国家机关、党群组织企事业单位负责人；办事人员和有关人员；商业工作人员；服务性工作人员；商业、服务业人员；农、林、牧、渔、水利业生产人员；生产、运输设备操作人员及有关人员和不便分类的其他劳动者。这八大类既有社会分层的意义，也具有职业结构分类的意义。

中国职业结构的特点是：①劳动力的技术构成相对较低，农林牧渔劳动者和生产工人占了全部就业人口的 85.74%。②职业结构存在着性别分化。虽然就业人口的性别比男性略多于女性，但服务行业女性多于男性。国家机关和办事人员的性别比明显偏高。

（二）人口的职业流动

人口的职业流动包括两方面的内容，一是劳动者从最初职业到最终职业之间的变动状况，包括职业类型、行业类型和社会经济地位的变化；二是劳动者地理位置的变动。前者反映了劳动者身份地位变化的很多方面，如从私有企业到国有企业的企业类型的变化；从农业到工业等产业结构变化；从工人到技术人员、管理人员的身份变化等；也包括了个人与父代之间的变化。通过一个人一生职业地位的变化以及其代际间的职业地位变化，可以深入解释哪些因素决定了个人在社会资源分配体系中的位置，了解一个社会中社会资源分配的规则和社会结构的开放程度。

美国社会学家布劳和邓肯通过对美国职业结构的研究提出了"地位实现模型"，他们用继承和流动总量分析的方法，将注意力转向个人生命周期中的一些特殊事件上。他们把代际流动和代内流动视为一个整体，二者共同构成了个人自出生至实现某种社会地位的过程。个人生命周期中的事件是一条有时间顺序的因果链，这一因果链反映了个人地位的实现过程，可以使用路径分析加以模型化。布劳和邓肯认为，本人目前职业（个人地位）与父亲的教育、父亲的职业、本人的教育和本人的最初职业有关。在美国，对个人目前职业地位影响最大的变量是

本人最初的职业和本人的教育，且教育的作用更大；而父亲的教育对儿子的最初职业及目前职业并没有直接的影响。父亲职业对儿子地位的影响包括了直接影响和间接影响，间接影响表现为通过对儿子教育的影响来实现。而在日本做的相关研究表明，最初职业对个人的职业地位影响最大，而教育的直接效果小于美国。对中国职业地位的研究表明，个人最初的职业对于个人的地位实现有着决定性的影响，在个人最初的职业地位实现过程中，我们看到父代的职业、父代的教育和本人的教育都没有产生很大的影响，他身份的影响依然存在，就业时的社会经济结构、社会分配政策等对职业地位的影响更为重要。[①]

人口社会流动主要是指个人社会地位的变化，它并不能从根本上改变社会分层体系的整体结构。但是，人口社会流动对社会结构有一种"微调"作用，会引起社会结构的变化。同时，社会流动可以看作是社会变迁的指示器，大多数社会成员流动的趋向和频次反映着社会变迁的方向。一个社会能够为它的成员提供更多的向上流动的机会，是社会进步的象征。

三、社会变迁与人口社会移动

改革开放后，在全国范围内掀起的城镇化运动，打破了原有的城乡二元格局，从二元走向一元，一方面大批农村人口涌入城市，另一方面城乡差异不断缩小，促进城乡一体化。从某种意义上说，这有利于社会公平的实现，因为农业劳动者阶层原是代际继承性最强并且上升流动机会最少的较低阶层，加上不合理的城乡二元结构，又在一定程度上剥夺了农业劳动者向上流动的机会和渠道，让他们变成了一个只进不出、具有高度稳定性的阶层。而城市化让农村人口能有机会进入城市，虽然还存在一些制度性的障碍阻碍农业劳动者。

（一）农民工市民化

农民工市民化是指进入城市从事非农产业的农民，他们的身份地位、工作方式、生活方式和价值观念等向市民转化的社会过程。它包括四个层面的含义：一是职业由农民工转变为非农产业工人；二是社会身份由农民转变为市民；三是个体素质的进一步提高；四是农民工意识形态、生活方式和行为方式的城市化。概括来讲就是指农民工融入现代城市文明的过程。实现农民工市民化已经成为中国城市发展不可逆转的趋势，也是社会稳定、公平和持续发展等诸多目标实现过程

---

① 陈婴婴. 职业结构与流动 [M]. 北京：东方出版社，1995：119-135.

中不可忽视的一环。

（二）农民工市民化的意义

农民工市民化的实现不仅有利于增加农民工个人及其家庭的收入，增强其资本积累能力，改变其经济地位，维护其社会权益，而且客观上促进了农业、农村和城市社会经济的发展。

其一，农民工市民化有利于城市社会经济的发展。农民工市民化进程推动城市经济的发展，促进城市国民生产总值的增长。大规模的进城农民工在市场自由配置资源的作用下，与城市各种经济、社会资本相结合，形成了巨大的生产力，推动了我国经济的快速增长。[①] 农民工市民化的实现可以有力地推动城市化水平的提高。

其二，农民工市民化有利于形成统一的劳动力市场。我国二元对立的城乡经济体制和户籍制度，使得劳动力市场呈现二元分割状态。一种是正规部门的主要劳动力市场，这种劳动力市场提供较好的工资待遇和较高的福利水平。另一种是非正规部门的次要劳动力市场，这种劳动力市场工资待遇低，工作环境危险。[②]现阶段，处于弱势地位的农民工主要从事于次要劳动力市场，而农民工市民化的实现则有利于形成统一的劳动力市场。

其三，农民工市民化有利于"三农问题"的解决。农民工市民化进程反映了工业反哺农业、城市带动农村实现城乡统筹的必然发展规律。农民工市民化的推进不仅有利于农业实现适度规模经营，提高农业的现代化水平和劳动生产率，而且有利于农民收入增长，促进农村经济和社会发展。农民工市民化减轻了人口对耕地的压力，为农业生产率的提高和农业生产经营方式的变革创造了条件。

（三）农民工市民化面临的问题

农民工在市民化的实现过程中面临着极大的阻碍，一方面，我国依然保持着城乡二元户籍制度。这使得农民工虽然在城市中生活工作却得不到与城市居民相等的社会待遇。另一方面，受到收入水平的限制，农民工子女的受教育问题、居住环境恶劣等问题在短时间内无法彻底解决。推进农民工市民化进程必须解决面临的这一系列问题。

其一，城乡户籍制度的限制。"移民是政策的产物"，政策导向与制度设置对农民工市民化的影响十分重要。我国现存的城乡二元户籍制度，人为地阻碍农民

---

① 刘传江. 农民工生存状态的边缘化与市民化 [J]. 人口与计划生育，2004（1）：44-47.
② 宋林，姚树洁. 我国农民工城市化问题阐析 [J]. 西安交通大学学报，2011（31）：68-73.

工不能转化为稳定的产业工人和城市市民，也阻碍了农民工市民化的进程。如今随着社会主义市场经济体制的确立，作为一种屏蔽性的户籍制度已经丧失其正面意义。它使得进城务工的农民工承担了巨大的务工成本，是农民工市民化进程中最大的障碍物。① 近几年中国进行了户籍改革，放宽了城市准入的门槛，但是并没有向农民工敞开大门。对现行户籍制度进行改革是促进农民工市民化的重要举措。

其二，农民工权益保障问题。由于农民工户籍不在城市，加之处在不规范的次要劳动力市场上，以及在其他各种因素的相互作用下，农民工没有被城市完全接纳。他们的权益也往往更容易受到侵害。国家统计局 2010 年发布的农民工监测调查报告显示，2009 年全国外出农民工 1.45 亿人，月平均工资为仅为 1 417 元。调查指出，农民工劳动时间偏长，平均每周工作时间 6.5 天，每天平均 10 小时，远远高于城镇职工的平均劳动时间。此外，近六成农民工没有签订劳动合同，同时参加社会保险的水平总体较低，雇主或单位为农民工缴纳养老保险、工伤保险、医疗保险、失业保险的比例偏低。这一系列的权益保障问题得不到妥善解决，大大增加了农民工市民化的成本。

其三，农民工子女受教育问题。农民工子女受教育问题，成为现时中国义务教育新的难点和薄弱环节。中国进城农民工数量已经超过了 2 亿人，在这 2 亿人的背后，有 7 000 多万他们的孩子，其中 1 400 多万是随迁子女。国务院发展研究中心数据显示，20%农民工子女无法就读全日制公办中小学校。这些孩子的入学问题时刻牵动着人们的心。地方政府基于自身利益的考虑，在城市发展规划中并未考虑农民工子女就学问题，另外，对农民工随迁子女的教育，多数地方财政并没有安排有关经费，投入不足。农民工子女受教育难这一问题，无形中加重了农民工市民化的成本。

其四，农民工居住环境问题。现阶段，受收入水平的限制，农民工居住房屋总体质量较差、居住环境恶劣。甚至部分农民工居住地拥挤不堪，缺乏必要的卫生设施，有的连基本的通风条件都没有。农民工永远只是城市的过客，找不到该有的归属感和存在感。这种心理上的失落感影响了农民工融入城市的进程。

---

① 高季乔，姜国俊. 农民工融入城市面临的主要障碍分析［J］. 经济与管理评论，2012（6）：46-52.

第四节　人口移动行为与社会发展

一、空间位置移动与社会发展

1. 人口迁移有利于劳动力的合理分布

人口迁移最直接的社会功能是有利于劳动力的合理分布，在人口迁移过程中，人口是以劳动力的身份进行地域转移的。人口迁移完成了劳动力从一个地区向另一个地区的转移。大多数人口迁移行为都是由于迁出地劳动力产生剩余而向迁入地迁移的。这种迁移使得剩余劳动力向紧缺劳动力的地区进行填补，使劳动力得到合理分布。

2. 人口迁移促进地区的发展

地区的发展是以人类创造物质财富为前提的，只有物质财富积累后，才会促进其他各方面的发展。人口迁移会使得迁入地的劳动力数量增多，如果再加上迁入的劳动力人口中高素质劳动力比重更大，则会大大提高劳动力的质量，进而促进一个地区的发展。比如深圳被设为经济特区后，大量劳动力涌入深圳地区，促使深圳在短时间内跃居全国四大一线城市之一。

3. 人口迁移有利于文化交流和传播

人类的精神财富随着人口迁移也会得到广泛传播，人口迁移不仅给迁入地带去了经济的发展，同时也带去了不同文化的发展与传播。在美洲新大陆被发现之前，他们的文化主要是土著文化。但美洲新大陆被发现以后，经过几百年的人口迁移，美国呈现出多元文化发展的现状。

4. 人口迁移有利于社会整合

构成社会的各个要素协调、统一，会促进社会的良性运行。人口的迁移在本质上是生产要素在不同地区之间进行重新分配，进而影响不同地区之间社会各要素之间的构成。一般来讲，人口迁移说明社会各个要素调整的必要性。在不均衡的情况下，人口迁移会解决此类问题，力求社会各要素均衡发展，促进社会整合。

另外，除了以上功能外，人口迁移也有很多社会负功能。比如人口迁移对土地过度开发，带来环境问题；不加制止的人口迁移导致地区之间的畸形发展，严重扩大贫富差距等等。

二、社会位置移动与社会发展

第一，使社会充满生机活力，激发人们的积极性和开拓进取精神。古人言"流水不腐，户枢不蠹"，意即流动着的水不会腐臭，经常转动的门轴不会被蛀蚀。社会发展也是如此，只有在质上和量上保持一个合理、科学地流动，这个社会才会充满生机和活力。城市化的发展需要流动，产业结构的调整需要流动，平衡地区之间的发展差异需要流动，个人接受教育需要流动。如果没有流动，就没有整个社会的发展，一个封闭的、无流动的社会必然会走向僵化和衰落。

第二，促进社会开放，提升文明水平。社会的流动性显示其开放性，在开放的环境中流动，通过流动进一步促进这个社会的开放程度，提升这个社会的文明水平。在流动过程中，人们不断制定和完善有利于大多数人利益的规章与制度（被少数人控制的社会，毕竟成为社会发展的阻碍），从而提升社会的文明水平。

第三，拓宽和加深各阶层、各群体之间的接触，加强彼此间的联系与融合，提高社会的整合度。任何社会总会存在或多或少的歧视，尤其是阶层歧视和群体歧视经常发生。一般情况下，社会越封闭，群体间交流机会越少，相互间的歧视越严重，情绪上的对立越厉害。久而久之，必然会影响整个社会的稳定。而弱化阶层歧视的一个最有效的方法是加强社会流动。通过流动，使每一个人都有机会跃升到更高的阶层，使他们有实现自我的通道，使他们都有通过的努力改变自己命运的机会。整个社会也因此形成一个积极向上的朝气蓬勃的气氛，一个有利于人才脱颖而出的环境，一个择优汰劣的良好机制。只有加强这种交流和沟通、才能消除隔阂，减少歧视，从而大大提高社会的整合程度和公正、公平水平。

第五章　自己生命生产周期

　　基于人口生产中自己生命生产理论，本章重点探讨自己生命生产的周期，以及自己生命生产周期的阶段性特征。在分析完整自己生命生产周期的基础上，分别对不同生命周期的阶段特征、主要内容以及面临的主要问题做出进一步讨论，从而更深入地了解自己生命生产的本质和全过程。本章以自己生命生产周期以及其阶段性为分析框架，是对自己生命生产行为理论的深化和发展。

第一节　自己生命生产周期理论基础

一、自己生命生产行为理论

（一）自己生命生产的本质

　　自己生命生产行为作为人口生产的一种基本形式，是指具有劳动能力并且进入了劳动岗位的人通过劳动把获得和消费的生活资料转化为自己的生命力、体力、智力、劳动能力以及心理素质、思想道德素质和个性化发展的过程。其本质表现为个体生命的社会化过程，即自己生命生产从开始到结束，实质是个体在不断社会化的过程。由于个体一生会经历不同的生命历程阶段，而不同的生命历程阶段都在不断地进行社会化，同时在这一社会化过程中完成着自己生命生产。按照 R. 哈维格斯特的社会化理论："强调人的社会化持续人的一生，他把人的一生分为幼儿期、儿童期、青年期、成年期、中年期和老年期六个阶段，而且这六个阶段社会化的任务是不同的。"也就是说，虽然个人在自己生命生产行为中不断地进行社会化，可是由于人的不同生命历程阶段，社会化的内容以及自生命生产的内容也会呈现出不同特点。比如，人青年期和老年期的生命生产特征就会表现出明显的差异，青年期是自我人格、社会角色等不断形成的时期，面对自己生命生产的主要任务也不同，比如学习、工作等。而老年期的自我人格与意识已经定位，不容易发生变动，社会关系、社会角色等变动也不会太大，基本上处于稳定时期，而其面对的主要问题是老龄化带来的一系列如养老、老年的健康问题等。所以，在自己生命生产的过程中，虽然其本质是个体的社会化，但基于生命历程的这种阶段性差异，只有具体了解自己生命生产的周期性，才能更好地把握自己生命生产的总体特征。

（二）自己生命生产的过程

自己生命生产行为从主体上来说是具有劳动能力并且进入劳动岗位的人，从这一定义看，是从家庭和个人双重视角的角度出发定义的，看其是否脱离家庭的抚养且能够独立生存。这一定义规定了自己生命生产行为主体的时间性特征，即年龄阶段特征，关于这一定义已在第三章第二节进行了详细的论述，这里不做赘述。那么，从这一定义可以认为自己生命生产的过程，就可以看成是从这个进入劳动岗位的人独立生存开始到其生命的结束即死亡为止，是自己生命生产的一个完整过程，同样也可以看作是自己生命生产的一个周期。基于此，这里先初步给出自己生命生产周期的定义，所谓自己生命生产周期是指：从个体开始进行自己生命生产到个体死亡结束自己生命所经历的时间段。同样，他人生命生产的周期是指：从个体开始准备生育下一代到下一代脱离家庭的抚养、独立生存的时间段，这就包括生育前行为、生育行为和生育后行为。

由于自己生命生产行为的本质是个体社会化，那么在自己生命生产的整个过程或自己生命生产的一个周期内就会经历不同的社会化阶段。而这不同的生命历程社会化阶段有着各自不同的特点，也体现出了自己生命生产周期过程中的不同变化。本书这里结合 R. 哈维格斯特的社会化六阶段论和埃里克·埃里克森的自我发展阶段论将自己生命生产过程中的社会化历程划分为三个阶段：青年期、成年期和老年期，也即自己生命生产周期的三个阶段，分别探讨在不同生命生产时期，自己生命生产行为所具的有不同特点和突出问题。这里之所以没有划分婴儿期、儿童期以及少年期是因为这一时期的个人一般没有脱离家庭的抚养，从而不具备独立生存的能力，仍属于他人生命生产的范围，这些特点将会在后面的章节进行论述。

二、家庭生命周期理论

（一）家庭生命周期

所谓家庭生命周期是指："从家庭的产生到这一家庭的结束所经历的时间称

为家庭生命周期。即从夫妻组织家庭开始到夫妻双方都死亡为止的时间。"① 家庭的生命周期有着明显的阶段性，被普遍接受的是将其划分为六个阶段：①新家庭的形成阶段，从夫妇结婚之日起到第一个孩子出生之前。②扩展阶段，从第一个孩子出生起到最后一个孩子出生时止。③稳定阶段：从最后一个孩子出生开始，到第一个孩子离开父母亲为止。④收缩阶段：从第一个孩子离开父母开始，到最后一个孩子离开父母结束。⑤空巢阶段，父母单独居住生活。⑥解体，配偶死亡到本人死亡阶段，即家庭的结束。家庭生命周期的六个阶段的划分反映了一个家庭从产生到结束的不同时间特征，这是单从一个家庭的生命周期来看。如果从一个人的一生来看，也就是一个人的整个生命历程来看，他/她所处的家庭并非这样，现实社会中家庭的生命周期往往会叠加在一起。对于个人来说，并不是一个家庭结束之后新的家庭才会产生，而是当他处于一个家庭的某一阶段时，新的家庭就会产生。个人作为家庭中不可分割的成员其生命生产行为必然与家庭有着密切的联系。

（二）自己生命生产行为与家庭生命周期

当同时考虑两代人的家庭生命周期时，从自己生命生产与他人生命生产的概念和家庭生命周期的阶段划分就可以看出：对于第一代人来说，他们都在完成自己生命生产的过程，同时他们也进行着他人生命生产。而对于第二代人来说，在家庭生命周期的第一、第二个阶段，对个人来说他是处于被抚养的阶段，从家庭的角度来讲是他人生命生产的阶段。在家庭生命周期的第三个阶段，这一阶段是对自己生命生产行为的开始阶段，其中个体可能会因为不同的原因导致自己生命生产行为的开始年龄不一样，比如有些人因为就学而无法进入工作，他就仍属于他人生命生产。从家庭角度来讲是他人生命生产的结束阶段。那么从家庭生命周期的第四、五、六各阶段来看，这两代人基本上都在完成自己生命生产，然而第二代人同时也进入了他人生命生产的过程，完成着第三代人的生命生产。所以自己生命生产行为、他人生命生产行为与家庭生命周期之间有着内在的不可分割的联系。在一个家庭生命周期的不同阶段，对于不同代际之间的人来说自己生命生产的行为始终在进行，而对于一个人来说，他在经历着他人生命生产也同时完成着自己生命生产。

---

① 刘铮. 人口理论 [M]. 北京：中国人民大学出版社，1985：319.

三、人口再生产理论

（一）人口再生产

所谓人口再生产，是指人口不断更新、世代不断更替、人类自身不断延续和发展的过程。人口再生产可以从家庭（微观）和社会（宏观）两个角度观察。家庭人口再生产是指家庭人口的世代更替和不断延续的过程，一个家庭的全部成员由于新的生命的诞生而增加，由于原有人口的死亡而减少。社会人口再生产则是指社会的总人口不断更替、世代不断更新，人类自身不断延续和发展的过程。而家庭是人口再生产的基本单位，社会人口再生产只有通过家庭人口再生产才能实现。

（二）自己生命生产行为与人口再生产

不论是家庭人口再生产还是社会人口再生产，都应该包括自己生命生产和他人生命生产，在微观家庭人口再生产中，个人作为家庭成员的微观个体，在完成着自己生命生产的同时也进行着他人生命生产。在家庭中两种生命生产是相互交织、相互渗透在一起的，而家庭人口再生产也正是自己生命生产周期和他人生命生产周期两者之间不断相互推进的一个过程。这一过程的现实表现是：第一代人在通过物质生产劳动来维持和发展自己的生命的过程中，形成和发展着潜在的生育力。两性的生育力通过一定的生育关系（婚姻家庭关系）下的结合，孕育、诞生和抚育第二代人。第二代人的孕育、诞生、发育过程，是第一代人的潜在的生育力转变为现实的生育力的过程，又是第一代人的自己生命生产和他人生命生产结合进行的过程。第二代人进入劳动岗位，便脱离第一代人的他人生命生产过程，进入自己生命生产过程，同时又形成和发展着潜在的生育力，直到进入婚育年龄后，通过一定的婚育关系下的结合，孕育、诞生和抚育自己的下一代，在进行自己生命生产的同时，进行他人生命生产。当下一代进入自己生命生产后，上一代才开始进入单纯的自己生命生产过程。这样一代接续一代，循环往复，形成了人类自身的再生产运动过程，使人类的发展推至无穷。此过程具体我们可以用一个循环图来表示（见图5-1）。

上述生产过程的现实表现从一个家庭进行考察的微观人口再生产过程来看是十分简单和明白的，对于从全社会范围进行考察的宏观人口再生产过程来看，情形就显得比较复杂一些。家庭人口再生产表现为社会人口再生产的细胞，无数家庭人口的参差不齐的再生产过程，汇聚成为社会总人口再生产过程的川流不息、

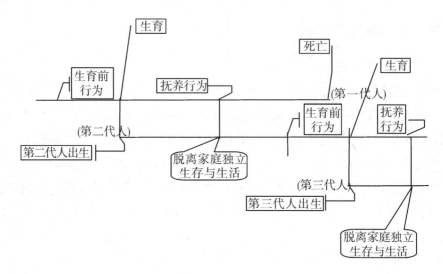

图 5-1　人类再生产运动过程图

纷繁庞杂的历史巨流。从个体进入自己生命生产到生命结束这个周期作为家庭人口再生产过程中不可分割的一部分，也可表现为是在人口再生产过程中的必不可少的环节。

　　自己生命生产作为人类自身生命生产及人口生产中的一个方面与他人生命生产共同构成了人口生产与再生产的全部过程，自己生命生产从其本质到内容到实现形式在不同的生命历程阶段都表现出不同的特征，与家庭、社会都有着密切的联系。所以讨论自己生命生产行为，不仅要从总体上把握自己生命生产的本质、内涵、内容与方式等，同时更要看到个人在开始自己生命生产到生命结束这个周期内在不同的生命历程阶段上的不同特征。

第二节　自己生命生产周期

一、自己生命生产周期的概念

　　自己生命生产周期从个人角度来讲，实质是个体从生命开始到生命结束的一个完整过程，是个体生命在不断社会化，作为社会人经历不同的人生阶段的过程。从家庭的角度来讲，是个体生命同时进行两种生命生产的周期过程。一方面进行自己生命生产，属于自己生命生产周期；另一方面进行着他人生命生产，属于他人生命生产周期。基于上节给出的自己生命生产周期的初步定义，所谓自己生命生产周期是指：从个体开始进行自己生命生产起，其经历不同生命阶段直到生命结束的过程。在这一过程中，同时完成了他人生命生产周期。这与人口生产的两种行为密不可分，自己生命生产周期之所以具有这样的双重性，源于自己生命生产行为与他人生命生产行为的关系。

二、自己生命生产周期的特征

自己生命生产周期是伴随着自己生命生产行为发生的，同样可以认为，在自己生命生产行为开始到自己生命生产行为结束，完成了自己生命生产的一个周期。由于在个体自己生命生产的过程中，源于社会化这一本质规定性，自己生命生产行为的不同阶段表现出不同的个人特征与社会特征。与此同时，自己生命生产与他人生命生产行为之间有着相互渗透，相互影响的关系，这使得自己生命生产周期也具有不同的特征。

（一）自己生命生产周期的双重性

这里所讲自己生命生产周期的双重性是指：自己生命生产周期同时包括他人生命生产周期。从个人的角度出发，自己生命生产周期是从个体开始进行自己生命开始，其经历不同生命阶段直到生命结束的过程。在这一过程中，个体必然会进行他人生命生产，即每个个体都会生育下一代（这里只讨论绝大多数人），经历前生育行为、准生育行为和抚养行为，直到下一代开始自己生命生产行为。那么，从准备生育下一代人到下一代人开始自己生命生产行为之前，这一段时间虽然从个人的角度来讲仍然在进行着自己生命生产，是自己生命生产周期的一个阶段性特征，可是从家庭的角度来讲，这一时间段却属于他人生命生产周期的范围，因为这属于他人生命生产行为。由此可见，自己生命生产周期之所以具备这种双重性的特征，源于人类自身生产及人口生产本身就包括自己生命生产与他人生命生产。

（二）自己生命生产周期的时间性

自己生命生产周期时间的长短具有不确定性，从自己生命生产周期的定义可以看出，自己生命生产周期的时间取决于自己生命生产的两端，即个体进入自己生命生产的开始时间和结束自己生命生产的时间。一方面，个体只有开始进行自己生命生产才能进入自己生命生产周期，从自己生命生产行为的定义来看，只有具有劳动能力并且进入了劳动岗位的人（全书将这一时间段设定为 18 岁只是做简化处理）通过获得和消费生活资料才开始进行自己生命生产。那么个人在哪个年龄段才开始具有劳动能力并且进入了劳动岗位，这具有很大的不确定性。比如，即使国家规定年满16周岁的人可以算作劳动力，具有劳动能力的人。但是，个体何时进入劳动岗位则因人而异，对于很早辍学的人和继续上学的人来说，他们进入自己生命生产的时间是不一样的，也可能相差很长时间。另一方面，自己生命生产周期的长短还取决于个体寿命的长短，这与自己生命生产行为的结束有着直接的关系。毋庸置疑，个体的寿命越长，自己生命生产的时间就越长，自己生命生产的周期就越长。对于自己生命生产周期的老年阶段，虽然仍属于自己生命生产行为，可有绝大多数老年人丧失了劳动能力和独立生活的能力，需要其他人的照料。还有一些人提前退出自己生命生产周期，比如因意外事故而丧失劳动能力的人，或先天性疾病导致生活不能自理的人等这里不做详细介绍。

（三）自己生命生产周期的阶段性特征

自己生命生产周期同家庭生命周期一样，也有阶段性特征，这一阶段性特征与自己生命生产的本质即个体的社会化密不可分，社会化伴随着个人的一生，也伴随着自己生命生产的全过程。自己生命生产不仅生产与个体作为"单个人"相关的生命特征，即个体的生命、体力、智力、劳动能力以及心理素质、思想道德素质和个性化发展等，同时还生产与个体作为"社会人"相关的人际关系、社会地位和社会分层、社会角色、社会认知等社会关系。然而，自己生命生产行为在不同的社会化阶段，个体的生命特征和社会特征都表现出不同的特点，这使得自己生命生产的周期就表现出不同的阶段性特征。根据个体社会化的不同阶段和自己生命生产行为的阶段性特征，结合R. 哈维格斯特的社会化理论，将自己生命生产周期划分为以下四个阶段（严格的是三阶段，第一节已论述，这里只做理论探讨）。

1. 少年期（12~18岁）

这一阶段虽然有一小部分人开始进行自己生命生产，进入自己生命生产的周期，但绝大多数人处于他人生命生产的阶段，处于被抚养阶段，虽然这是自己生命生产周期的第一阶段，但对绝大多数人来说，其并未进入真正意义上的自己生命生产。所以，这一自己生命生产的阶段性周期在本书中并不单独作为重点来讨论。

2. 青年期（18~35岁）

青少年期是自己生命生产周期的第二阶段，也成为自己生命生产的初期。这一阶段一般是绝大多数人自己生命生产周期的开始阶段。因为，在这一时期，绝大多数人都具备独立劳动的能力，并且已经开始逐步进入劳动岗位，进行自己生命生产，同时也表现出不同的生理、心理和社会特征。青年期虽然不是个体社会化的开始阶段，但却是绝大多数人开始进行自己生命生产的时期，也是自己生命生产周期的第一个阶段。在青年时期，个体的生理发展已经成熟并呈现出稳定的状态。在心理发展上，感知、记忆、想象能力均达到成熟水平，其认知能力，尤其是思维能力也得到较大发展。个体在社会性发展上，不仅表现为人生观、友谊和爱情、心理适应的发展，同时还表现在价值观、道德观和社会观的发展和成熟上。

同时青年时期也面临着诸多个人问题与社会问题，比如个体也面临工作上的压力与歧视，婚姻家庭的调试，为人父母等，同时社会关系也面临角色的转变与冲突，人际关系的建立，社会地位的转变等一系列问题。

3. 中年期（35~60岁）

中年期是自己生命生产周期的第二个阶段，也称为自己生命生产周期的中期。在这一阶段，绝大多数人不仅进行着自己生命生产，同时还进行着他人生命生产，肩负着生育和抚养子女的责任。这也是自己生命生产周期较为特殊的一个阶段，也是生活结构最复杂的时期，是自己生命生产周期"双重性"集中表现时期。这一阶段，个体不仅要关注自我的发展，更重要的还要肩负下一代人发展的任务和照顾、赡养上一代人的责任。在中年时期，个体在生理发展上会经历更年期导致情绪波动、性格改变、烦躁易怒、消沉抑郁等一系列行为问题。在心理发展上，个体的固定智力继续上升，流动智力缓慢下降，智力技巧保持相对稳定，实用智力不断增长，与此同时，个人的情感趋于深沉稳定，性格也完全定型，意志成熟坚毅，情感控制能力加强，道德感和理智感上升。在社会性发展上中年人开始真正承担公民的责任和义务，并体现出符合其身份的社会行为，在这一阶段，工作养家、教育子女成为重要的责任，同时与朋友、亲戚、同事维持和谐关系。主要表现在：人际关系、社会角色基本稳定，社会地位处于定性时期。

4. 老年期（60岁以上）

老年期是自己生命生产周期的最后一个阶段，也称为自己生命生产的结束期，同时也是较为稳定的阶段，但却表现出一系列与老年相关的问题。在这一阶段，个体在生理发展上，由于各项生理功能在进入老年期后都发生较大退化，各种老年疾病开始出现，身体逐渐依赖他人。在心理发展上，老年人的思维呈衰退趋势，思维的速度、灵活程度等衰退得较快，而与知识、文化、经济相联系的学习能力比较差。在社会性发展上，老年人会经历退休、儿女离家、丧偶、丧亲等重大人生事件，他们原来较为活跃的社会角色会逐渐消退，原有的人际关系会由稳定到减少的状态转变，社会地位也会随之逐步下降。不仅如此，与老年人相关的社会问题也会不断突显，尤为严重的是养老问题，老年人自我发展问题等。

虽然自己生命生产的周期是一个人从开始进入自己生命生产到自己生命生产结束为止，这样一个完整的周期，但是由于自己生命生产在不同阶段的不同特征使得自己生命生产周期也呈现出不同的阶段性特征。从青少年期，一直到老年期，都伴随着自己生命生产过程中个体的社会化，在不同的阶段呈现出与不同社会化阶段相适应的特点。自己生命生产周期的每个阶段，不仅表现出与个人相关的个性发展，同时也有与社会相关的社会性特征。

三、自己生命生产周期与他人生命生产周期的关系

个体在完成自己生命生产周期过程中，不可避免地会经历他人生命生产周期，而从人口再生产的角度来看，自己生命生产周期与他人生命生产周期同样相互制约、相互联系的，两者都无法独立存在。一般情况下，从个人和家庭的角度来讲，自己生命生产周期的完成，必然会同时完成他人生命生产的周期，同时他人生命生产周期的完成才是进入下一个自己生命生产周期的开始。所以自己生命生产周期与他人生命生产周期的关系可以总结为：自己生命生产周期是他人生命生产周期的前提和准备，自己生命生产周期的不同阶段会经历他人生命生产的过程。他人生命生产周期的结束则是新一代人自己生命生产周期的开始，他人生命生产周期的长短决定了新一代人自己生命生产周期的长短。

四、自己生命生产周期与家庭生命周期的关系

家庭作为基本的社会单位，不仅是生育的前提和基础，也是每个个体在社会生存的基本载体，所以，自己生命生产行为离不开家庭而独立存在。个体不论是脱离原有的家庭还是组建新的家庭，都是以家庭这种基本的形式在社会生存与发展，不论是单身家庭还是复合家庭。家庭有其产生到消失的生命周期，自己生命生产也有开始到结束的周期，而自己生命生产的周期与家庭生命周期存在着既相互重合又有相互分离的关系。

自己生命生产周期与家庭生命周期的重合就表现在：从代际关系上来看，自己生命生产周期始终都与家庭生命周期重合，自己生命生产周期伴随着家庭生命

周期，可能个人完成自己生命生产周期的过程中会经历几个不同的家庭生命周期，也有可能一个人在完成自己生命生产周期的过程中同时经历着几个家庭生命周期。自己生命生产周期与家庭生命周期的分离则表现在：从一代人的关系来看，从个体组建新的家庭开始，其脱离原有家庭，或者原有家庭生命周期结束，而自己生命生产周期还在进行。总之，自己生命生产周期与家庭生命生产周期是无法完全分离的，因为自己生命生产行为不论在何时都会以家庭这种基本的社会形式来完成。

第三节　自己生命生产周期的初期——青年期

一、自己生命生产周期初期的阶段性特征

自己生命生产周期初期是指个体刚刚结束他人生命生产，开始进行自己生命生产的这一阶段。在这一阶段，个体虽然在开始进行自己生命生产的时间不一致，但是，经历的人生阶段和面临的问题基本上是相似的。因为，这一阶段基本上是人生的青年时期，个体要经历由家庭抚养到个人生活的转变，随之而来的如自我认知的调整、思想的成熟、道德水平的提升、人生观、价值观转变、人际关系调整以及工作、婚姻等一系列问题。这些问题不仅是个体在青年期面临的共同问题，也是个体在开始进行自己生命生产，完成自己生命生产周期初期阶段所必须经历的问题。这一系列新变化就使得自己生命生产初期这一阶段具有了过渡性、迷惘性、不稳定性等特征。

（一）过渡性

这里所谓的过渡性是指个体在由他人生命生产周期结束到自己生命生产周期开始这一阶段的适应性，而这种过渡性正是由于这两种生命生产周期的转换产生的。这种过渡性包括自我过渡性和社会过渡性，其中自我过渡性是个体在青年期进入自己生命生产周期开始对自我认知的适应，当个体开始进行自己生命生产时，这意味着脱离家庭的抚养。那么，个体首先会对自我产生新的认识，他们经常会考虑自己是怎么样一个人，通过别人对自己的评价和自己扮演的社会角色认识自己，这包括了自我的发展、亲密感以及与价值观和性及性别化的发展。这种对自我的重新认识需要区别于以往，有一个逐步适应与过渡的阶段，在这一阶段，自我的人生观、价值观会发生转变；思想道德素质会不断完善；个性化发展也会日益凸显。其次，个体还会对社会产生新的认识，包括获得新亲密感，即人

与人之间的亲密关系，如友情和爱情等人际关系。再比如对自己扮演社会角色的新认识，如要结婚和生育子女，承担工作等一系列具有社会性质的行为。这种对自我的新认知和对社会的新认知是一个不断过渡的过程，这种转变不可能一蹴而就，所以在自己生命生产周期的初期阶段对个体而言具有过渡性的特征。

（二）迷惘性

迷惘性是指个体在开始进行自己生命生产的初期阶段，对各种新认知以及原有认知转变表现出来的迷茫。这一时期，个人会对自我人格、对未来的发展方向感到缺乏准确的定位，会因一时的打击或者某些与原有认知发生冲突的事物而感到失落、沮丧甚至恐惧。这一系列新的情况会对个人在将来决定自我发展上产生影响，使得个体会对现实或将来产生一种迷茫或不确定。如果这时没有正确的人生观和价值观引导，那么个体就会更容易走向反社会化的一面，自己生命生产过程中的异化现象就更容易发生。比如在青少年发展心理学中将青少年的心理社会问题分为药物乱用（如吸烟、饮酒等行为）、外部失调（如反社会行为）、内部失调（如抑郁、自杀等），并从家庭因素、环境因素、个性特征等几个方面影响青年的成长于发展。① 我们经常看到的犯罪、越轨行为以及其他在青年时期容易触发的负面社会现象，有很大一部分与这一时期个体未能清楚地认识自我与社会有关。

（三）不稳定性

不稳定性主要强调的是个体在自己生命生产周期初期所具有社会特征的不稳定性，比如人际关系、社会角色、社会地位以及社会认知等社会特征。因为在这一阶段是个体处于拼搏和挑战的时期，个体在进行自己生命生产的过程中，为了获得更好的发展，学习新的知识与技能，追求个性化的发展，经常会发生迁移与流动。这既包括地理位置的改变，同样也包括社会位置的变动，这就使得原有建立起来的人际关系、社会角色等会经常发生变动。同样正是这种不稳定性的发生使得自己生命生产初期成为决定个体未来发展的重要阶段，对个体在将来的成败起着至关重要的作用。

二、自己生命生产周期初期的主要内容

自己生命生产既包括个体作为单个人自我生命特征的生产，同时也包括个人

---

① 张文新. 青少年发展心理学［M］. 济南：山东人民出版社，2002：468.

作为社会人社会特征的生产。在自己生命生产的整个周期，不同的阶段虽然都是个体在进行社会化，完成自己生命生产。然而，不同阶段个体社会化的任务不同，促使个体在完成自己生命生产过程中各个阶段的主要任务也不同。无论是自己生命生产周期的任何阶段，自己生命生产都始终围绕着个体作为单个人与社会人两种属性，生产与之相适应的自我生命特征和社会特征，个体的自我特征主要集中表现在生理发展和心理发展上，而社会特征就要集中体现在社会发展上。

（一）青年期的自我发展

在自己生命生产周期的这一阶段，个体在自我发展上摒弃了儿童和少年时期那种被动的接收与模仿，更多的是自我学习的过程。个体在生理发展和心理发展上基本处于逐步成熟并不断完善的时期。

1. 生理发展

在生理发展上，个体的各项生理机能基本上处于成熟或趋于稳定状态。从生物学的角度来讲，青年期在生理上主要呈现以下六种特点[①]：①骨骼肌肉系统，骨骼肌肉迅速增长，出现"第二次生长高峰"并趋于成人状态。②心血管系统，心血管生长发育、心率逐渐减慢，血压随之升高。③呼吸系统、呼吸频率减慢，而呼吸深度相对增大，肺活量增大。④消化系统及物质代谢，消化和吸收功能增强，满足基本的代谢需要。⑤生殖系统成熟发育完成。⑥神经系统，神经系统各个功能发育完善，并且对各个器官系统起进一步的调节作用，表现为个体的基本生命特征，如身高、体形以及其他一些生理功能等成熟与完善。

2. 心理发展

在心理发展上，这一阶段是个体心理发展的关键期，具体包括以下三个方面：首先，知识技能的继续学习与获取，智力的不断发展。青年时期是人吸收和学习知识与掌握技能的黄金时期，维克斯勒就智力测验的标准化问题对 7~60 岁的调查对象进行了调查，查明了智力发育的过程。这一结果与琼斯和康拉德的研究结果大致相似，结果表明：人在 22 岁为智力发育的顶点，之后出现衰退。[②] 而青年期的智力发育与知识技能的掌握主要集中在记忆力、思考能力和创造性思维能力这三方面。琼斯和康德拉同样经过实验证明：20 岁到 25 岁的人的逻辑记忆能力达到了最高，随后便趋于下降。在自己生命生产的这一阶段，不仅从学校取得知识得以应用和实践，在具体的工作过程中继续教育和继续学习使得知识与技

---

① 车文博. 青年心理学 [M] 长春：吉林教育出版社，1987：19-30.

② 关中文. 青年心理学 [M]. 王永丽，周浙平，译. 哈尔滨：黑龙江人民出版社，1982：137.

能不断固化，思维不断开拓，能力不断增强。其次，道德判断的形成、人生观价值观的确立阶段不同于儿童时期，在这一时期个体具备了独立生存与生活的能力，从家庭和学校走向社会，接触新的事物。随着个体思维的不断完善和社会经验的增加，已经具备了独立判断和思考问题的能力，所以在道德判断上也有了新的变化，他们会更多地考虑人际期望和人际关系。个体对社会的责任以及社会秩序的维持等在青年的道德判断中所占的比重越来越大。在人生观价值观的确立上，如何对待公私关系，处理集体与个人之间的关系，确立何种价值取向都对其今后的发展有着重大的影响。最后，人格和个性的发展。在青年期是塑造人格，彰显个性的时期，如何能够正确地认识自我，发展自我是自己生命生产周期这一阶段的突出特点，这主要表现在自我同一性的实现。自我同一性的形成，不仅对独立感的获得至关重要，而且也是把自己和父母区别开来的重要方面，这使得个体能够形成对自我的角色认同，也是个性化发展的前提。随着个性的发展不断继续，个体在能力、气质和性格等方面表现出与别人不同的一面。

(二) 青年期的社会发展

在社会发展上青年时期的个体处于一个转型与过渡时期，这一阶段个体在人际关系的建立，社会角色的转变、社会地位的过渡、社会认知发展等方面都会有新的变化。

在人际关系的建立上，并不是说之前个体没有人际关系，因为人作为社会人，生存与发展都离不开社会群体，所以必然会建立各种人际关系。在青年期人际关系的建立主要是"亲密感"。亲密感是指人与人之间的一种感情依恋，其外在表现是人与人之间建立起了亲密的关系。按照爱克里森在其人格发展的阶段理论中指出，获得亲密感、避免孤独感是青年早期个体心理发展的主要任务。虽然儿童之间也有友谊，但这时的友谊关系主要以共同游戏和玩耍活动为指向，他们对朋友的理解仅仅表现为玩伴，还谈不上感情的亲密性。以感情、坦诚、守信为特征的真正亲密关系只有在青年期才会出现，并成为青年期个体社会心理发展的一个重要主题。[1] 青年的亲密感发展与这一时期青年生理的、认知的和社会性发展息息相关（Berndt, 1982；Savin—Williams & Berndt, 1990）[2]。青年时期个体的社会关系、社会角色发生了重大的变化，有了更多单独交往的机会，这也为同伴之间建立这种亲密交流提供了机会。在整个青年期，青少年的亲密关系不仅仅

---

① 张文新. 青少年发展心理学 [M]. 济南：山东人民出版社，2002：21.
② 张文新. 青少年发展心理学 [M]. 济南：山东人民出版社，2002：21.

反映了一段感情经历的发展，而且也为今后各种人际关系的建立奠定了基础。

社会角色的调整，个体在遇到一些新的社会关系，来到一个新的社会环境中就会遇到角色的重新确定。不同于儿童期的"角色借用"，青年期的个体可以重新定义角色或创造角色。青年期绝大多数个体会到达新的环境也就是逐步脱离家庭步入社会，在面对新的社会关系面前，个体的社会角色必然会发生调整。从父母抚养到独立生活使得之前在家庭的孩子会在今后体会父母角色范围内的权利和义务。与此同时，个体在青年期更多的是认知和扮演各种社会角色，履行这些角色下相应的权利和义务，用社会的行为来规范自己。而这些社会角色不同于个体在家庭阶段处于被抚养的时期，在进行自己生命生产过程中要逐步重新学习和认识男性与女性的社会角色；从父母和其他成人那里独立地体验情绪；实现经济的独立；准备择偶和婚姻，组建家庭；准备择业选择；发展作为一个社会公民的必要知识与态度等。在自己生命生产的整个周期中，这一系列新的社会角色都是个体在青年期学习、适应并完成的。

同样，在社会地位过渡上，这种社会地位既包括法律予以的地位，同时还有社会约定俗成及社会在不同时期赋予角色的地位。我国宪法规定法定结婚年龄，就赋予了个体婚姻的权利和地位。更为重要的是当个体脱离家庭之后，附着在新的独立个体之上的相应的社会地位。而这样的社会地位更显示出个体在脱离家庭抚养及他人生命生产周期完成之后的一种独立性。

社会认知的发展是青年期个体认识自我与社会的一个重要领域，也是自己生命生产过程中个体作为社会人所必不可少的社会特征的表现。虽然不同的学科对社会认知的定义和理解不同，但社会心理学家则认为：社会认知代表着一种观点，即认知过程的理解是认识人的复杂的社会行为的关键（Isen & Hastof, 1984）。皮亚杰认为，个体对自我——他人关系认知发展的基本趋势是从自我中心主义逐步过渡到能够采择他人的观点。幼儿社会认知是以自我中心主义为特点的，随着年龄的增长，在社会互动的作用下，儿童的自我中心主义逐步减少，相应地，其观点采择能力或人际理解能力逐步增强。而到青年阶段，个体在人际认知中又会表现出一种新形式的自我中心主义。[①] 这种新的自我中心主义实际上是指青少年的高度自我意识，这种高度自我意识是随着个体身体发育的成熟，社会人际关系的扩大以及认知能力的发展而产生的。所以在青年期，是社会认知不断

---

① 张文新. 青少年发展心理学 [M]. 济南：山东人民出版社，2002：264-265.

发展并且逐步脱离独立自我与社会关系更为紧密的时期。这一阶段，个体还对权威、社会规则以及道德社会习俗和政治等都会产生新的认识，更多的是自己独立地判断这些问题。

三、自己生命生产周期初期的主要问题

在青年期，随着个体逐步进入社会，开始接收社会上新的事物，各种社会潮流、社会文化、价值观以及青年群体的影响，再加之当今社会的复杂性，都使得这一时期的个体会面临诸多社会问题。在个体未能正确地认识和处理这些社会问题与自身问题的时候，就会出现一系列与这一特殊时期相"匹配"的不良社会现象。这些社会问题主要表现在三个方面：药物乱用、内部失调以及外部失调。所谓药物乱用主要是指过度地服用药物，例如酒精、尼古丁等合法药物，大麻、可卡因和 LSD 等违法药物以及兴奋剂、镇静剂等处方药物。内部失调是指那些趋向于内部的问题，具体表现为情绪或认识上的烦恼、压力，如抑郁、焦虑和恐惧等。外部失调是指那些趋向于外部的问题，表现行为的方面，如青少年犯罪，社会的攻击行为或离家出走等。

（一）药物使用和滥用

关于药物的使用方面，社会传递给青少年的信息是非常混乱的。一方面，有关媒体鼓励青少年在引诱面前说"不"；另一方面，各种电视节目和广告向青少年传递吸烟饮酒的信息。在青少年中最为普遍和危险的药物使用就是吸烟和饮酒，因为烟草酒精具有与生俱来的危险性。同时，吸烟饮酒也称为其他药乱用的"门槛"和"入口"。

1. 吸烟与饮酒行为

世界卫生组织的公报指出，目前世界上有 11 亿烟民，占 15 岁以上人口的 1/3。如果不采取有力措施，那么 20 到 30 年后吸烟行为将杀害 1 000 万人口，成为疾病中的头号杀手。目前，研究发现，青少年已经成为当今社会中迅速增长的香烟消费群体，青少年的吸烟行为还直接关系到成年期及以后的吸烟行为。同样，饮酒也成为青少年面临的另一大问题。来自美国的数据表明，约有 90% 的青少年喝过酒，大约 60% 的青少年经常饮酒。而青少年的吸烟与饮酒行为与其个人的家庭背景、同伴因素与自身都有很大的关系。如果青少年不能正确地处理这些关系，那么必将给自身及今后的发展带来严重影响。

2. 药物滥用

个体对药物的使用有两个易受期，第一个是对化学药物的依赖期，一般开始于 12 到 21 岁，18 到 25 岁达到高峰时期。另一个易受期是中年晚期，这时候人们更容易把其作为一种缓解生活压力、身体不适的对策。在面对社会生活的各种压力以及社会的各种诱惑面前，在青年期个体极容易滥用药物，出现吸毒以及其他等危害自身与社会的事情。所以这也是青年期个体会面临的重要问题之一。

（二）反社会行为和其他外部问题

尽管社会学家以及社会心理学家对青少年反社会行为的界定、起因以及对策等意见不一，但他们一致认为，违法行为在青少年存在的普遍性远远超过其他年龄段的个体。青少年犯罪是青少年反社会行为的集中表现，青少年犯罪还呈现出一定的年龄特征。来自美国的有关青少年暴力侵犯的调查表明：暴力侵犯始于青春期。而青少年犯罪的成因却与社会化的过程有着密切的关系，在社会存在不同的、混乱的价值观的冲突和长期社会规范的干扰下，没有正确的价值观指导是致使青少年在这一时期走向犯罪的主要原因。不仅如此，青少年犯罪还与家庭的管教方式，同伴的支持以及社会经济环境等都有密不可分的关系，这些都是个体在社会化过程中对完成自己生命生产及其重要作用的因素。青少年犯罪成为社会关注的重要问题，给个人以及家庭带来的危害十分严重。所以，及时预防青少年犯罪以及其他反社会行为成为保护青少年以及关注其未来健康发展的重要任务。为了降低"持续一生的反社会行为"的发生频率，首先应该加强早期来自家庭方面的管理。再者，通过在后期营造可以降低反社会行为和鼓励亲社会行为的大环境来减少青少年犯罪行为。

（三）抑郁、自杀和其他内部问题

在青少年时期，由于在生理和心理上的一些过渡，会有一部分人产生情绪以及自我同一性方面的失调，再加之刚刚步入社会面对各种压力与打击，在某些情况下就会感到绝望、苦恼，对未来持悲观态度，极容易产生内部心理问题。这种内部心理问题以抑郁、自杀以及逆反心理等表现最为突出。

1. 抑郁

临床抑郁症是一种最为常见的心理障碍。研究发现，人一生中至少一次患抑郁症的比例是 10%。在青年期，由于压力增大，抑郁情绪、抑郁症状和抑郁性失调等症状在青年中普遍增多。不仅如此，抑郁还表现出性别的差异。一项研究表明：女性患抑郁症的比例是男性的两倍。① 在面对压力时，女孩更容易把感觉朝内部转移，例如，沉思于某些事并感到失望。男孩更可能通过转移注意力或把感觉往外部转移，利用攻击行为或药物滥用以及酒精等表达出来（Nolen, Hoeksema & Girgus, 1994）。而青少年抑郁的成因主要是由环境条件和预先决定的个体因素交互作用的结果，研究者认为与青少年抑郁有关的压力成分和环境条件主要表现在家庭中的矛盾和冲突增多，不受同伴欢迎或与同伴关系不良，自身一贯的压力这三个方面。

2. 自杀

在现代社会，由于生活压力的增大，人们面临另一种严重的威胁——紧张和适应不良。自杀就是这种严重威胁导致的后果之一。在大多数西方国家，自杀是十大死因之一，而在青少年与青年中，自杀也是排在第二、三位的死亡原因。根据沃尔科（C. E. Wallker）1987 年的资料显示，自杀是 15~24 岁青少年中最重要的死因。在我国，自杀者中 15~24 岁的青少年占 50%~75%，自杀的平均年龄仅为 22.5 岁（王登峰，1999）。自杀不仅在青少年中的比例迅速上升，而且自杀还是成人更为普遍的死亡原因。人们对自杀的成因进行了不同的解释，并且形成了一定的观点，有社会文化论、精神分析论等。青少年自杀的危险因素经过系统的研究被归为以下四点：患有精神方面疾病，特别是抑郁和药物滥用；家族成员自杀史；经常处于压力状态下，特别是在成就和个性方面；经受过父母的拒绝、家庭破裂和家庭冲突（Wagner, 1997）。

不仅以上方面成为青年期的个体面临的主要问题；而且伴随着现代社会的复杂性，个体在青年期这个作为自己生命生产周期开始的特殊时期还表现出一些新的自我特征和社会特征，出现了一系列新的社会现象。比如青年中出现的月光族、啃老族，蜗居、网瘾族、蚁族、宅男宅女，北漂族、富二代、官二代等都是这一时期个体的代名词。再如出现的一些青年学生群体、白领青年群体、农民工青年群体、社区闲散青少年群体都与这一时期整个群体的特征有关。青少年和青年时期作为自己生命生产周期的初期，表现出了不同的特点，作为有他人生命生产周期向自己生命生产周期的过渡阶段，所面临的问题同样值得关注。青少年期与青年期各方面的特征与发展直接决定着个体在今后的发展状况。所以对于自己生命生产的整个周期来说，这一时期对每个个体都是至关重要的。

① 张文新. 青少年发展心理学［M］. 济南：山东人民出版社，2002：497.

第四节 自己生命生产周期的中期——中年期

一、自己生命生产周期中期的阶段性特征

中年期是人生中相当长的一段岁月，人生的许多重要任务都是在这一时期完成的，无论是在个人完善上，还是在社会发展上基本上都是在这一年龄阶段实现的。在这一时期，个体生理和心理上的特征基本上处于稳定状态，在社会发展上担负多种责任、扮演着多重角色。中年期个体面临家庭、工作和社会的压力，他们一方面要不断地完善自己，以求个体人生目标的实现；另一方面要承担着教育子女、赡养父母、照顾伴侣、完成工作等多方面的责任。不少研究者认为，在多种角色和责任的压力之下，中年人存在中年危机现象，即这个时期个体将经历身心疲惫、主观感受痛苦的阶段。同时，莱文森还指出中年期的个体会经历中年转换期。在中年转换期，个体开始评价自己的生活，如果发现在自己的希望无法实现时，便会对工作、婚姻、信仰和理想进行修正，以获得自我与现实之间的平衡。由于重新选择，有时会使个体的生活结构产生变化，有些选择（如离婚、变换工作等）会对个人产生重大影响。这些都是个体在中年期遇到的共同问题，所以自己生命生产周期的这一阶段会呈现出稳定性与复杂性的双重特点。

（一）稳定性

所谓稳定性是指在这一阶段，个体在自我发展和社会性发展上基本处于稳定状态，不同于青少年时期，由儿童到成年的各种生理特征和心理特征的变化。在自我发展方面，智力发展到最佳状态、能独立自主地进行观察和思维，组织自己的生活，决定并调整一生的目标和道路、自我意识明确，有"自知之明"，了解自己的才能和所处社会地位以及人格特质相对保持稳定等。这里的稳定性同样指个体在社会性发展上，个体无论是在人际关系、社会角色和社会地位等较青年期来说变化相对较小。比如在人际关系上，个体伴随着生活状态的固定，人际关系基本上确定下来，在职业上也基本稳定，没有了青年时期为事业而四处打拼、奔波的激情，在社会角色的扮演上也基本上固定了作为市民的社会责任。

（二）复杂性

复杂性是指随着个体在中年期人生阅历的增加、社会经验的增长以及社会责任的增加，使得个体在这一时期往往会扮演多重社会角色，承担多种社会责任，从而在社会性发展上变得更加复杂。例如在社会角色的扮演上，他们既是孩子，

又是父母。在 20 世纪 80 年代和 90 年代进行的调查显示：中年人同时卷入诸如父母的赡养者、孩子的家长和赚钱的工人等多个角色（Brody，1990）。不仅如此，随着个体的社会经验增加，为人处世日趋圆滑，心理防御机制日趋成熟，处理多重关系再没有青年时期的简单、直接，而是考虑多方面的关系。

二、自己生命生产周期中期的主要内容

中年期是人生发展的最为关键的时期，个体在自己生命生产周期的这一阶段能否取得成功直接决定了其一生的"命运"。在 Erikson 的理论中，中年人面临创造感与停滞感（generativity versus stagnation）的两难境地（Erikson，1963）。创造感是一个广泛的概念，包括拥有父母的身份（包括生育和教育孩子）以及大多数我们认为富有创造力的事情。一个人创造出产品（努力并高效率地工作）和想出新点子（富于创造性），无论是作为父母、工人、配偶、市民、网球选手，还是蔬菜工人，人们都希望尽可能地把自己的事情做好。如果一个人不能"创造"，就会产生 Erikson 所谓的否定性停滞感。①

（一）中年期的自我发展

中年期的自我发展在生理上表现出生理功能由盛到衰、在不知不觉中下降的特点，而在心理上表现出自我成熟与完善的特征，甚至于表现出惊人的创造力。但是，随着个体由中年期向老年期的过渡，无论是生理发展还是心理发展，最终都会出现衰退，尤其是在接近和进入老年期之后，这种表现会更加明显。

1. 生理发展

在生理发展上，个体的各项生理技能在青年期成熟并达到稳定之后，在中年期开始处于逐步下降的过程。人在 20 ~ 25 岁时，生理功能达到一生中的全盛时期。经过短暂的稳定，大约从 30 岁始，人体各器官系统功能开始缓慢衰减，每年约递减 1%。随着这一过程的发展，个体的生理发展在中年期还表现出特殊性，比如男女在中年期会经历更年期。个体在中年期的生理发展表现为以下几个方面：①骨骼肌肉系统，个体在中年期肌肉开始萎缩、弹性降低、收缩力减弱；骨骼出现脱钙过程，致使骨质密度降低。②心血管系统，中年人血管壁弹性因动脉逐渐硬化而降低，血管运动功能和血压调节能力减弱。血液胆固醇浓度也随年龄增长而增高，心脏冠状动脉和脑动脉可因而发生硬化，容易引发心血管疾病。

① K. W. 夏埃，S. L. 威里斯. 成人发展与老龄化 [M]. 上海：华东师范大学出版社，2003：46.

③呼吸系统，呼吸功能也逐年下降，肺泡和毛细血管的直径随年龄增长而扩大，肺组织弹性逐渐减小，肺的扩张与收缩能力随之下降，肺活量因而变小。④消化系统、消化功能下降，最明显的是胃液分泌量逐渐减少，机体功能减退，新陈代谢变慢，基础代谢率逐年缓慢下降，需要的营养也相应减少。伴随着中年期人体生理器官功能的下降，人体的免疫能力开始下降，这也成为中年期人容易得病的主要原因。

个体在中年期在生理发展上的另一个比较典型的特点是"更年期"，无论是男性还是女性，更年期是个体在中年阶段都会经历的阶段。更年期是人生进入衰老过程的起点，同时又称为第二个"青春期"。女性和男性在更年期个体表现各不相同。女性更年期的特征是：女性的第二性征逐渐退化；出现植物性神经系统紊乱的一些症状，往往表现为"妇女更年期综合征"，其症状多种多样。男性更年期的主要表现特征是：性功能降低，伴有植物神经性循环机能障碍，精神状态和情绪时常变化。

2. 心理发展

个体在中年期的心理发展上处于继续向上发展的时期，这不仅与社会环境有关，更重要的是自身的主观努力。中年期处在人生的一个重要阶段，这一阶段大多数人会勤于实践、积极主动地接触社会、接触新生事物、不断扩展生活领域、不断更新知识、勇于探索和创造。首先，在智力与知识技能的发展上，个体在中年期智力发展达到最佳状态，然而这种状态在进入中年晚期向老年期过渡的时候会随着年龄的增加，身体机能的衰退而下降。而在知识与技能的掌握上，随着个人积累、社会经验的增加，知识与技能也达到了较高水平，能够运用逻辑思维做出理智的判断，具备了独立解决问题的能力。其次，中年人的人生观、价值观基本稳定，不再容易受到他人和社会上其他观点和潮流的影响。随着个人阅历的增加、知识和经验的增长，中年人在人生观和价值观的取向上一般能够摒弃低俗和世俗观念的影响。这体现在个人所具有的信念和信仰上，成为其日后处事的行为规范和行为准则。最后，人格和个性化依然在不断发展。在中年期，个体虽然已经发展起了自我的形象，在个性上也表现出一些与其他人不同的特质，这既包括真实的，也包括理想的，但个人的人格还没有完全定型。中年期的人格特征具有相对稳定和成熟的特性，表现在：个体内心日趋明显、心理防御机制日趋成熟、为人处世日趋圆滑。事实上，不断出现的新证据表明，他们的人格在继续成长并在整个中年期都在变化（布里和卡根，1980）。[1]

（二）中年期的社会发展

创造与责任成为中年期的显著特征，而这种特点源于中年人在社会与家庭所扮演的社会角色、所处的社会地位和所具有的人际关系。在人际关系上，个体在中年期的人际关系具有结构稳定、层次复杂的特点。由于人在中年期其家庭、职业、居住环境和社会地位等基本上已经处于稳定状态，所以在人际范围和人际关系基本上会随着个体的生活工作稳定下来，这不同于在青年期处于人际关系发展的初期。另一方面随着个体在事业发展，家庭生活上以及其他社交活动的发展等，人际交往越密切，人际关系的层次也越来越复杂。比如，一个人在企业中，不仅会与平级的同事交流、还会与领导上司沟通，同样还会与其他同类企业员工交流，并且这种人际关系网络与人际关系层次会随着个人的发展或不断扩大，变得越复杂。中年期处于每个人事业发展的顶峰时期，这种成功和跃升使得个人创造力不断增加，但同时也使得自己的责任不断增加。

在社会角色上，中年期个体的社会角色往往是多重的。从家庭来讲，中年人是处于中间的一代，扮演着抚养子女与赡养老人的双重角色，面临着如何处理与他们未能独立生存的子女和不断衰老的父母之间的关系。对于抚养子女，在幼年与儿童时期，父母喜欢压制孩子自我的某些方面，而当孩子成熟以后，抚养的重要性则被认为减弱了，父母则更多地关注孩子自身的发展。在照顾父母方面，中年人不仅要给予物质上的帮助，更多的是情感上的支持与日常生活的照料，这样多重的社会角色使得中年人的生活压力和责任比任何一个时期都要大。从社会角度来讲上，以中年知识分子为代表的一代中年人，在社会经济的建设和发展上，从事着各种行业的劳动、扮演着不同的职业和行业角色。中年人同时肩负个人、家庭与社会发展的多重责任，在不同的环境下扮演着不同的社会角色。

在社会地位上，中年期随着事业的发展，家庭的成立，无论是在经济地位还是在社会地位上都处于整个生命周期的最高峰。随着社会地位的上升，依着在社会地位上的权利、责任和声望也会随之上升。为了获取更高的生活水平并维持这种生活水平和已有的社会地位，中年时期个体会对事业成就抱有较高的期望，从而劳心劳力，尽职尽责，长期持续承受高强度的精神紧张压力，这也是中年人这种社会地位带来的负面压力。中年人的社会地位与个人经济基础密切联系，而经

---

① 戴维·波普诺. 社会学［M］. 李强，等译. 北京：中国人民大学出版社，2004：337.

济基础与个人的从事的职业和行业有关，当个体从中年期过渡到老年期的时候，由于经济地位的下降会影响其社会地位，所以个体在中年晚期还会经历社会地位由高到低的一个变化过程。

个体在整个中年期都经历着人生最为重要和复杂的阶段，在这一时期，个体成功地扮演了诸多的社会角色，和许多年龄阶段的人进行互动，其中包括父母、孩子、配偶、朋友、同事以及其他人。同时，必须要面临家庭关系和诸多的工作变动等，使得中年期的个体无论在生活还是工作上都会面临更多的压力，长期处于紧张的状态。正是这种个体对自我要求和社会对个体要求的双重压力下，中年人面临的问题也日益严重。

三、自己生命生产周期中期的主要问题

在中年期个体遇到的问题不仅可以说是复杂的而且是较难处理的，这源于个人内在的变化、社会的压力以及个人的价值观、性别、态度倾向等方面，追求事业的成功、家庭的幸福、履行更多的作为公民的责任和义务等。这些都外在地表现为所处的社会与家庭地位重要性，所扮演的社会角色多样性和人际关系的复杂性。个体在中年期所面临的问题不仅关系着自己的生存与发展，而且还会影响到下一代人和上一代人的生存与发展。中年期所遇到的主要问题，一方面是个人在生理和健康方面的，如男女性会经历更年期及更年期所经历的一系列反映；并且，中年期由于个体随着身体机能的下降，也是疾病容易发生的集中时期。另一方面则是在社会家庭方面，主要表现为婚姻和家庭问题、工作和事业等。

（一）婚姻和家庭

中年期是个体婚姻容易起伏不稳定的一个阶段，即使对一对幸福的夫妇来说，他们的婚姻仍然存在危机。按照 Figley 的婚姻满意度理论来看，最常见的婚姻满意度理论是 U 型曲线，这一曲线表示，夫妻的婚姻满意度在第一个孩子出生后开始下降，然后在最小的孩子离家后开始回升，并最终回升到和新婚时差不多的满意度。① 这说明在中年期的婚姻位于 U 型曲线的底端，也就是说这一阶段夫妻的婚姻满意度处于低谷时期，也是中年期婚姻面临危机的主要阶段。这种婚姻的不稳定和危机的出现会导致的结果就是离婚和再婚，大约八分之一第一次结婚的女性在 40 岁以后会离婚（Uhlenberg, Cooney, 1990 & Stewart et al, 1997）。

---

① 罗伯特·费尔德曼. 发展心理学——人的毕生发展 [M]. 苏彦捷，译. 北京：世界图书出版公司北京公司. 2007：617.

1. 离婚和再婚

离婚不仅会对个人产生重大影响，同时还会对子女带来危害。因为许多分离不是双方愿意的，分离是一种令人非常难受的经历，尤其是对被抛弃的一方而言。同时，离婚的压力会对一些人有相当大的影响，他们会被严重的精神和身体疾病所压垮（McLanahan & Casper，1995；Simon & Marcussen，1999），对子女则会产生"连带"影响。大量的研究表明离婚可能会对孩子产生长久的影响，这些孩子的心理健康水平低于那些父母未离婚的同龄孩子。再婚也是个体在中年期面临的一个婚姻问题，大约75%~80%的离婚者最终会在2~5年内再婚。对中年人来说，再婚不仅意味着新的感情的开始，同时也面对着新的问题，比如对感情的态度、对工作及子女的顾及、亲友的舆论压力等，这都是再婚者面对的问题。尽管在第二次婚姻中，夫妇双方会更加成熟，但能否全身心地投入婚姻的亲密关系中，保持较高的婚姻满意度还不确定。再婚者也存在性别差异，中年期的女性再婚率相对男性而言要低，这可能是因为社会规范促使男性会选择比自己更年轻、体格更矮小、社会地位更低的女性，结果就是女性年龄越大，被社会认可的可供选择的男性就越少，因为与她同一年龄阶段的男性可能会去寻找更年轻的女性。

2. 复杂的家庭

对于很多中年人来说，这一时期要经历家庭由大到小的转变。这一时期主要的转变是由照顾、教育孩子成人到孩子由于上大学、结婚、入伍或者是在离家很远的地方工作而与孩子分离，也正是家庭逐步由"稳定期"向"空巢期"过渡的一个阶段。在中年初期，绝大多数中年人都是处于父母与子女的中间一代。一是要照顾年迈的父母，在某种情况下，这种照料可能是只提供经济上的帮助，但在更多的情况下还有精神的慰藉以及帮助做日常的家务等，更为极端的情况可能要与父母共同居住。而在抚养子女方面，在中年早期与中年晚期也要扮演不同的角色，个体在中年早期，父母主要是帮助子女发展独立的心理、寻找自我的身份认同等，而在中年晚期，个体对子女主要是在事业、成就、婚姻上的照料。不仅如此，个体在中年晚期父母必须要适应孩子离开所带来的心理上不开心、担心、孤独与忧郁的状况。这一痛苦的过程被称为"空巢期综合征"。① 这一系列问题使得中年期的个体会在家庭上承担更多的责任，在个人发展与家庭成员发展上要承受更多的压力，正是这种复杂的家庭关系也让家庭问题成为困扰中年人发展的

---

① 罗伯特·费尔德曼. 发展心理学——人的毕生发展［M］. 苏彦捷，译. 北京：世界图书出版公司北京公司. 2007：619.

一个制约因素。

（二）工作与事业

青年人在职业发展上是基于他们的价值观在编织梦想，而中年人则更关注的是事业的稳定和成功。在中年期随着来自家庭和社会各方面的压力的增大，使得事业成败成为个体在这一阶段被关注的焦点，而由工作压力带来的紧张与不满也使得闲暇成为中年期个体追求的生活目标。很多人由于工作的压力很少有闲暇的时间，更有人在中年时期面临职业的转变与失业，这对他们来说无疑是一次重大的打击，这种灾难性的经历会影响到他们的世界观以及将来对工作的态度，增加工作不满情绪。这些都使得职业与事业发展在中年期对个体来说显得尤为重要。

1. 职业转换

很多人会在中年时期面临职业的转变，这源于在中年期，工作变得更为重要的内部特征之一是自主性，这种工作自主性以创新思维和允许广泛的决策自由度为特征。个体会对自己的职业进行重新评估，在社会中确定一个适合自己的职业。另一方面，并非所有的人在中年期都会对自己的职业持有较高的满意度，对于某些人来说由于对工作性质、工作条件和工作环境的不满的长期积累，结果会导致工作倦怠，从而更换职业。这种内部和外部的因素交织在一起，职业转换成为很多中年人面临的一个两难抉择，在理想事业成功与现实安定生活的矛盾中徘徊。在考虑职业转换失败的风险、面临的后果和维持现有工作、社会高度压力之下，一旦失败，后果很难想象。这也是中年人长期处于工作紧张状态的重要原因。

2. 失业

失业对中年人来说可能是"毁灭性"的，这不仅意味着他们梦想的破灭，他们可能再也找不到工作了。对于那些被解雇、因公司裁员而下岗或因技术落后而被迫离开工作的员工来说，失业可能导致心理上甚至生理上的破坏性（Sharf，1992）。失业是很难接受的现实，它可能使人感到焦虑、抑郁或易怒，而且这些问题还可能会持续较长的时间。中年人失业后找不到工作的时间可能比年轻人持续更长，而且当他们逐渐变老的时候找到工作的机会就更少了。然而中年人自身由于掌握的各方面技术和能力已经无法适应现代生产的进步和要求，或者是由于新一代年轻人对工作岗位的冲击，在这种就业大环境的压力下，中年人失业也成为越来越普遍的事情。所以在中年期，失业也成了个体面临的主要问题。

3. 闲暇生活

中年期代表了更多休闲活动的开始，随着孩子离开家，父母有大量的时间可以参加户外活动，可大多数人还是报告说自己的生活节奏似乎并没有放慢。在同时面临失业压力和职业转换的危险情况下，出于家庭、生活、社会多方面的压力，闲暇时间对中年人来说变得遥不可及。这种对闲暇时间的渴望使得很多中年人会想到提前退休，也正是缺乏更多的闲暇时间，让中年人更容易出现希望健康与忽视疾病的矛盾。中年人随着身体各项机能的下降，虽然希望自己能够身心健康、精力充沛，但繁忙的工作和高度的压力，往往使中年人对健康状况疏忽不顾，时间紧迫而无暇体检，疾病的早期征兆往往被忽视。适当地调整自己生活和工作时间，关注生理和心理保健，增加户外运动，参加锻炼，适当地放松，这样才能达到身心和谐平衡，避免中年期的生理和心理疾病的发生。

第五节　自己生命生产周期的晚期——老年期

一、自己生命生产周期晚期的阶段性特征

老年期是自己生命生产周期的最后一个阶段，也是人生命历程过程的最后阶段。在这一阶段，由于个体生理上开始出现较为明显的衰老与退化，身体的各项机能开始减退，同时绝大多数人都开始从工作岗位上退休，这一切都使得个体在这一时期不再扮演众多社会角色、承受更多社会压力，但个体也必须接收衰老这一事实，与之相适应的则是与老化相关的一系列生理、心理与社会性问题。对于绝大多数老人来说，衰老变化在 40 岁左右逐渐发展，60 岁左右开始显著。因此，从医学、生物学的角度，规定 60 岁或 65 岁以后为老年期，其中 80 岁以后属高龄，90 岁以后为长寿期。[①] 所以就个体在自己生命生产周期的晚期即老年期这一时期，不同的年龄阶段所面临的问题也各有不同，主要区别在于低龄老年阶段和高龄老年阶段。个体的老化与衰老看似是个体生命生产的一个必经阶段，当社会上的一代人同时进入老年阶段时，这一过程就演变成了更为突出的社会现象——"老龄化"，同时与个体老年阶段相关的一系列问题也随之演变为社会性的问题。但无论如何，个体在自己生命生产周期的晚期会呈现出退行性、阶段性、依附性等特点。

---

① 毕可生，李晟. 老年学基础 [M]. 兰州：甘肃人民出版社，1991：3-4.

（一）退行性

退行性是老年期个体所面临的共同特征，个体在老年期由于老化过程的不断加速，退行性不仅表现在生理机能上，如呼吸系统的效率降低、肌肉骨骼系统老化容易骨质疏松、消化能力减弱以及视觉、听觉、味觉、嗅觉等减弱。更为突出的还表现在个体在社会发展上也出现隐退，比如由于经济地位的下降而导致社会地位的下降、人际关系范围开始减小、容易受到歧视等问题。在面对由衰老带来的一系列问题时，如何能够正确地认识自己在心理、生理与社会转变，适应老化所带来的一系列问题成为个体在这一阶段能否顺利度过的关键。

（二）阶段性

所谓阶段性是指由于个体在这一时期虽然经历衰老，但由于衰老的程度不同，又分为低龄老年和高龄老年这两个阶段。然而个体在老年的这两个阶段所表现出的特点和所面临的问题有很大的区别。在低龄老年阶段，其生活自理能力和经济独立能力较强。绝大多数个体在日常生活、娱乐、养老等方面都能照料自己。与之不同的是高龄老年阶段，这一阶段个体一般都需要他人的照顾才能完成自己生命生产。所以阶段性是由于个体在老年阶段的不同衰老程度所造成的，关注不同时期老年人生命发展的不同特点，不仅是个体顺利完成自己生命生产周期最后阶段需要关注的问题，同时对于社会而言也是关注老龄化所带来的问题值得重视的领域。

（三）依附性

对于处在自己生命生产周期晚期的绝大多数个体来说，不能独立完成自己生命生产是普遍面临的问题，这也就是在这一阶段个体自己生命生产的依附性即不独立性。对于绝大多数老年人来说，不管是低龄阶段还是处在高龄阶段，从生理机能开始下降导致日常生活开始需要依附子女和其他机构的帮助，到开始退休后经济无法独立以及其他一系列社会发展上需要依附外界的帮助，个体在整个老年阶段对他人和社会的依附性开始增大。这种依附性并不表现为完全的依附，而是具有相对的独立性，只有那些完全丧失自理能力的老人才会在他人的帮助下完成自己生命生产周期的最后过程。在受孝文化影响较小的国外，个体在晚年生活的独立性相对要强。

二、自己生命生产周期晚期的主要内容

个体在自己生命生产周期的最后阶段，其主要伴随着的是一系列的衰退和丧失，这种衰退和丧失既有来自身体上的即生物学意义上的，同时也有来自社会层

面的。各项身体机能和器官的衰退使得"两鬓斑白""满脸皱纹"等词汇成了他们的代名词。不仅如此，他们还往往变得孤僻、倔强、顽固，甚至被说成是"反应迟钝"等，而这一切都与"老"有关。作为生物个体的人面对衰老是不可避免的，当然我们并不注重关心与衰老相关的诸多理论，如遗传预程理论、磨损理论、疏离学说以及适应学说等，恰恰我们更为关注的是衰老在生命周期晚期会给个体带来哪些生理、心理和社会发展上的变化。

（一）老年期的自我发展

老年期的自我发展无论是在生理上还是在心理上，都表现出与之前个体生命周期阶段显著的不同，而这种区别皆由身体机能下降所导致，进而影响到心理及其他功能的变化。这种变化不仅表现在个体的外观形态上、还表现在人体内部的细胞、组织和器官上。而伴随着生理机能的变化，老年期个体会在心理发展上同样产生变化，其中具有代表性的是基于个体生理功能衰退而产生的老年丧失期观点。

1. 生理发展

自己生命生产晚期个体在生理上即表现为外部迹象衰老和内部衰老。衰老的外部迹象最明显的是头发的变化，大多数人的头发会变白、变灰，还可能变得稀薄，脸部和身体其他部位的皮肤也会失去弹性和胶原蛋白，从而出现皱纹。① 而内部衰老则主要是身体各个器官的功能在下降，脑内血液流量的减少、呼吸系统的效率降低、消化系统消化食物的能力下降。感知系统的一系列功能也在随之下降，比如：①视觉减退表现为视觉敏锐度下降、视野缩小、聚焦能力减弱。②听觉减退表现为对高音的听力减弱更明显。③ 味觉、嗅觉和触觉迟钝等。个体生命晚期生理功能的下降是导致生命周期晚期疾病多发的主要原因。身体机能下降和器官衰退导致抵抗力下降使得老年期成为疾病最为频发的一个生命周期阶段。这也恰恰成为困扰老年期自己生命生产顺利完成的一个主要因素。

2. 心理发展

老年期个体在心理发展除了具有代表性的丧失期观点，即该观点主要强调随着老年期个体在身体健康、经济基础、社会角色等方面的丧失。在心理发展上，进入老年期的个体只有衰退而没有进步，个体这一时期的心理发展则表现为一生所得的丧失。同时还有毕生发展观，该观点认为心理发展是上升和衰退的统一，在任何时期心理发展都有上升的可能，老年期也是如此。其他方面，一是在智力

---

① 罗伯特·费尔德曼. 发展心理学——人的毕生发展［M］. 苏彦捷，译. 北京：世界图书出版公司北京公司. 2007：642.

和学习技能上，虽然有些智力能力会在老年期下降，但仍然有些能力会保持相对稳定。美国心理学家纱伊等的研究结论表明：随着年龄的增加，流体智力（处理问题和新情境的能力）会下降，晶体智力（对获得信息、技能和策略储存）则保持稳定，在某些情况下还回上升（Baltcs&Schaic，1974；Schaic，1993）。该研究还表明：可以通过适当的刺激、练习和激励让老年人保持他们的智力。而在技能的学习上，由于老年期个体记忆能力的下降和反应的迟缓，在学习技能上的能力已经远远不如青年时期和中年时期，这往往也是老年人退出劳动力市场的主要原因。另一方面在人格发展上，一般来说老年期的人格延续青年期和中年期的基本特征，在人格发展上表现出相对稳定性，但由于受到生理和心理上衰老的变化以及社会环境变化的影响，如老人退出社会、社会疏远老人等，老年期的人格特征也会发生一定的变化，但总体来说稳定要大于变化。人格变化在老年期一般表现为：不安全感、孤独感、适应性差、拘泥刻板、趋于保守和回忆往事等特征。

（二）老年期的社会发展

退出与丧失是个体在老年期永恒的话题，在诸多研究老年人与社会关系的理论当中，不论是微观层面上的脱离理论、活动理论、角色理论；还是宏观层面的年龄分层理论和现代化理论，都从不同的角度和侧面反映了个体在老年期各种社会角色的转变和原有社会角色的丧失，以及老年人生活地位的下降。因此老年期个体生命生产在社会性发展上总体是表现较为消极的。首先，在人际关系上，老年期个体的社会人际关系在逐渐弱化，而家庭人际关系在强化。这是因为对于绝大多数老年人来说，退休是在所难免的，伴随着退休，这就意味老年人的主要人际关系网由社会退居到以家庭为主，而家庭当中会因为家庭角色的变化会新增一定的人际关系，比如说从父母变成了祖父母和外祖父母等，但相对于和会所接触的人际关系来说这显然是缩小了。其次，在社会角色方面，老年期的社会角色突出特点角色中断和次一级角色转变，主要是因为个体与社会互动关系弱化，标志事件如退休、朋友减少和生活方式改变等。老年期的社会角色转变主要表现为由劳动角色转变为被供养角色、决策角色变为平民角色等，同时，如上所述在家庭关系中也会出现新的变化。老年期个体社会角色虽然存在着向次一级转变，但最终是社会角色的逐步丧失，从而凸显出社会角色的简单化。最后，在社会地位上往往则表现为社会地位的下降，这种社会地位的下降实际上是伴随着社会角色责任和尊严的下降而下降的。老年期即是社会角色的转变时期也是社会地位的转变时期，而老年人社会地位的下降则突出表现在四个方面：一是制度上要强制退休；二是在经济上收入明显下降；三是在社会上无视老年人的合法权益；四是思想上忽视老年人的价值。

三、自己生命生产周期晚期的主要问题

伴随着生物学方面和生理方面的衰退，社会角色向次级化转变和社会地位的下降，老年期所面临的问题不仅仅有身体上和心理上的，更重要的是老年人所面对的诸如社会参与、社会保障、遭受歧视以及权益保护等社会性问题。再加之我国老龄化社会的到来，使得与老年人相关的问题更成为社会问题集中的焦点，而与老年期相关的问题绝大多数往往需要家庭和社会更多的支持。抛开社会层面由老龄化带来的社会问题，就个人生命生产周期而言，老年期所面临的问题则集中表现在健康（身体健康、就医看病）、婚姻家庭（再婚、性、空巢家庭）、养老（养老保障、日常照料、临终关怀）、个人发展（社会参与、再就业、老年人歧视和权益保护）以及其他方面等。

（一）老年期个人健康

健康问题是老年期个体最为关注的问题，由于衰老这一众所周知的事实而使得人们将老年人容易看成是虚弱的、多病的、老朽的和接近死亡的。其实，绝大多数老人在大部分时间内身体是良好的，只是随着人体功能的下降，老年人在患病的概率上会增加。[①] 相对个人生命周期的其他阶段而言，慢性病是困扰和影响个体老年期身体健康的主要疾病。由疾病带来的诸如住院、医疗和日常照料等其他问题已经严重影响到了老年期个体生命生产的顺利进行，这就使得老年期个体在完成自己生命生产过程中对家庭和社会产生了更大的依附性。影响老年人健康和疾病的因素有很多，如日常锻炼、营养、药物、精神压力、卫生保健和环境等。通过增强锻炼、调节心理、改变环境压力和合理搭配营养等可以改变老年期病弱无力的身体状况。

（二）婚姻和家庭

1. 老年与婚姻

这里所讲的老年婚姻并非指可能产生的婚姻状况，而是已经形成的婚姻状况。老年人的婚姻状况自然是已婚者占了老年人的绝大多数，这其中就包括原配夫妻、离婚再婚、丧偶再婚等情况。由于男女平均预期寿命的差异，夫妻很难同

---

① 里查得·C. 克伦塔尔. 老年学 [M]. 毕可生，郭连珊，等译. 兰州：甘肃人民出版社，1986：148.

时去世，所以随着年龄的增加，老年群体中老年女性的比例会不断增加，再加之妇女本身就处于相对弱势地位，这极度容易造成老年女性贫困、丧偶等一系列问题。不仅如此，随着社会不断手工业化和城市化的影响，传统的婚恋观对人们的束缚越来越小，社会上出现了不少老夫少妻的现象。在这种婚姻形式下婚姻的稳定性和婚姻的本质再次受到人们的质疑，影响着传统社会上婚姻市场的性别比相对平衡以及婚姻状况。

2. 老年与性

"性"这个话题在我国向来就比较保守，尤其是在老年期谈及性的相关问题更让人们感觉"于理不通"。对于老年期的个体来说，性——使用它还是放弃它？有两个因素决定了老年人是否参与性活动（Masters，Jnhntnn & Koladny，1982），一是良好的生理健康和心理健康，二是对性要有积极的态度。老年期的个体由于身体因素等原因，性活动频率逐年减少，可长期的性压抑同样会给老年人带来不利的影响，诸如手淫、老年卖淫等活动，这些会严重影响到老年人的身体健康特别是心理健康。

3. 空巢家庭

按照家庭生命周期理论，空巢期是每个家庭必然经历的阶段。无论是哪类的家庭类型，由于我们少子化的不断加剧以及社会经济发展人口流动的频繁，空巢家庭已经不为罕见。而家庭作为老年人生活栖息、安度晚年的功能也在逐步下降，尤其是家庭的养老功能随着家庭子女数的减少而逐步降低。家庭不光是老年人生活的场所，更是心灵的归宿。和谐美满、温馨愉快的家庭能够提高老年人生活的幸福感，更有利于生命晚期的个人发展。[1] 个体生命晚期不仅仅要面对空巢家庭的风险，同时还会面临家庭地位的下降、家庭人际关系的转变等问题。

（三）老年与养老

1. 养老保障

养老问题既是晚年期最为突出的一个问题，同时也是最能反映自己生命生产周期在晚期特征的一个问题。老有所养、老有所依，人到老年期逐渐丧失劳动能力和自理能力，需要受人赡养和侍奉，这种现象自人类社会之初就存在。然而，面对家庭养老模式弱化、机构养老模式发展不足、社会养老模式不完善的情况，寻求一种更为恰当的养老模式迫在眉睫。在家庭养老功能弱化的情况下，我国目

---

① 　毕可生，李晟. 老年学基础［M］. 兰州：甘肃人民出版社，1991：151.

前社会养老保障制度又面临覆盖面小、办法单一；债务与义务由国家承包不利于消费；养金管理不严；隐形债务等问题，很难满足我国不同地区老年人对养老的需求。① 同时，由养老问题引发的退休年龄制度变革也将会对老年期个体生命产生新的影响。

2. 死亡和临终关怀

死亡和临终是每个人必然经历的两件事，但比起其他年龄阶段的人来说老年人首当其冲，他们不仅自己随时面临这两件事，同时还要不断地接收朋友和亲人逐渐离开人世的过程。② 死亡从人体生物学的角度来说是极为正常的，可是人们对待死亡的态度却受到社会文化等多方面因素的影响。人们从小接受着人老了就会"消耗殆尽"，老年人的死亡可以说是消极的，甚至是痛苦不堪的。然而，正确地面对死亡和纠正对死亡的态度，对晚年期个体保持积极健康的态度有至关重要的作用。当然与老年人死亡相关的另一个议题就是临终关怀，目前我国关于老年人临终关怀的研究还相对较少，几乎没有专门负责老年人临终关怀的相关机构。临终关怀的宗旨应该是为临终的病人提供充足的社会支持和温暖。他们的工作重点并不是延长人们的寿命，而是使病人最后的日子变得愉快而有意义。一般来说接受临终关怀的病人将不再接受痛苦的治疗，也没有额外的多种多样的手段来延长他们的生命。临终关怀的宗旨是使病人的生活过得尽可能充实而舒适，而不是用尽一切办法挤出更多的生命。③

（四）老年期个人发展

1. 老年社会参与与再就业

老年社会参与也称"老有所为"，是充分利用老年人的智力资源与劳动资源，为社会做出贡献。老年社会参与有广义和狭义之分，所谓狭义老年社会参与是指：老年人通过各种形式参与社会活动，而广义则包括自己作为家庭成员参与的劳动。④ 老年社会参与是个体在生命晚期实现再社会化的重要途径，有人也称这一阶段为社会化的"第二个春天"。而老年人再就业则属于老年社会参与的一项重要内容。老年人再就业会影响到老年人自身经济状况、社会地位，影响到生活

---

① 魏太星，邱国宝，吕维善. 现代老年学 [M]. 郑州：郑州大学出版社，2001：114.

② 里查得·C. 克伦塔尔. 老年学 [M]. 毕可生，郭连珊等，译. 兰州：甘肃人民出版社，1986：201.

③ 罗伯特·费尔德曼. 发展心理学——人的毕生发展 [M]. 苏彦捷，译. 北京：世界图书出版公司北京公司. 2007：724.

④ 魏太星，邱国宝，吕维善. 现代老年学 [M]. 郑州：郑州大学出版社，2001：71.

乐趣，同时也会给劳动力市场以及社会带来诸如挤占劳动力市场就业机会、劳动力结构难于更新等社会问题。而我国由于城乡二元经济体制问题的长期存在，老年人就业还带有明显的城乡差异，往往在农村，老年人仍然在从事着农业活动。

2. 老年人歧视与权益保护

老年人歧视是一定社会文化的产物，而社会学中的"年龄歧视"常常作为老年人歧视的代名词。这种歧视在权利关系、人际关系、家庭关系和社会交往中均有所体现。随着现代化的社会变革，老年人的威望正在日益衰落，人们表现出对老年人是社会的负担、家庭的负担等观念的趋同性。老年人歧视的根源在于年龄不再像传统社会中那样能与知识、威信成正比了。[①] 而老年人歧视却恰恰反映出了现代社会的基本生活契约遭到了破坏，也就是说原本属于老年人的基本权利没有得到保护。个体在生命晚期就应该得到社会和家庭的照顾抚养这种基本的权利被当成了一种推诿的责任。加大对老年人权益的保护不仅要从立法的角度出发，而且是社会和家庭要承担原本的责任，呼唤社会的关注。

---

① 刘同昌. 老年歧视与社会责任 [J]. 人口与经济, 2001 (1)：58-60.

第六章　死亡行为

死亡是人类生命的自然归宿，自然界一切有生命的个体，不论生存时间长短，均避免不了死亡。人类从出生后即有生命存在，其间的经历与其他生物个体发展的过程一样，都要经过生长、发育、衰老和死亡。死亡在各种文化中都充斥着神秘色彩，人们总是试图用各种语言来诠释它，用各种方法来征服它。印度哲人奥修（1931—1990）说过，死亡透过很多形式一直都在靠近你，从出生的那刻起死亡就已经向你走来。在奥修看来，生命里最大的奥秘并不是生命本身，而是死亡，死亡才是生命的顶点。

从人口社会学的角度，我们认为，人口行为就是指生活在一定时间、一定地域、一定社会生产方式下，具有一定数量和质量的人所组成的社会群体，在实现其生命活动和不断社会化过程中，由一定的社会刺激所引起的一系列行为活动。而死亡行为正是各人口群体在一定死亡价值观的指导之下，由一系列的态度倾向所推动的客观的人口行为，是以生物学规律为基础的社会行为过程。尽管死亡总体而言是自然现象或是自然过程，然而它往往烙上了社会的印记，它必然受到主导社会因素的影响和制约。因此，从这个意义上讲，人口死亡是一种社会现象和社会过程，是人口行为概念中的重要组成部分。

第一节　死亡行为的相关理论

一、死亡行为的内涵

根据我们通常的认识，死亡就是一个人没有了气息，没有了生命，而离开他所生活的社会和身边的人，当我们面对自己或他人的死亡时会有恐惧、悲伤、不愿意。从生物学、医学、人口学、社会学、宗教、哲学这些不同的角度去认识和解读死亡，可以发现死亡既是一个结点性的现象，也是一个连续性的现象，同时也是对社会发展整体状况的一个评价标准。一个人的"死"，也就是我们通常所认为的"断气"，是很短暂的，是生命有与无的转折点，但从社会大环境的来说，一个人在死亡前后对死者本身和与死者相关的人所产生的影响会延续很久，这种影响波及的范围也会很广。前者是从医学、生物学角度对"死亡事件"的认识，而后者是渗透了更多的文化和情感的因素，同时也是经过不断的思考和探讨后构建了完整的"死亡意识"。

（一）死亡的医学解说

医学上对死亡的认识是有一个过程的，最初以是否停止呼吸为标准，随着医学技术的进步，在一段时间里人们把心脏停止跳动、停止自主呼吸、血压为零当作死亡的标准，现在国际上将脑死亡确定为死亡的标准。与前两个标准相比，脑死亡更为科学和可靠，国家卫生部确定的脑死亡标准是：包括脑干在内的全脑机能丧失的不可逆转的状态，并且在确诊后，观察十二小时无变化才可确认为脑死亡。医学上对于确定死亡的标准不断科学化和标准化，一方面是因为医疗技术的不断发展和改进为挽救人的生命提供了更多的机会，另一方面的原因也涉及了社会、经济、政治和伦理等多层面隐含的价值，体现了人们对生命的珍视和尊重。

医学和生物学对死亡的解读作为人们判断死亡的不同标准，体现了死亡的自然属性，而对于社会来说死亡是一种结点现象。一方面，这样的标准只是在于界定具有生物性的人从有生命向没有生命的过渡，仅仅是从生到死的过渡和转折点；另一方面，死亡的自然属性是针对单个个人的生命状态和生命周期来说的，意在解释散落在社会当中每一个单独的个人属性，并没有将每一个有机体联系在一起。

（二）死亡的生物学解说

生物学上所说的死亡是指"机体生命活动的终止，从而导致个体作为独立生命系统的死亡，并伴随着蛋白质和生物聚合物等生命最重要的物质基础的分解……"[①]。高等动物和人的死亡可分为自然死亡和病理死亡，并且是一个生物体的发展变化过程，在生命漫长的过程中死亡一直都存在，卵子的受精、胎儿的出生、儿童的成长、青年的发展、再到年老时身体机能的退化，细胞和身体各器官的损坏及死亡一直都存在。

① A·Ⅱ·拉夫林. 直面死亡［M］. 呼和浩特：内蒙古人民出版社，1997：152.

　　具体而言，自然死亡是伴随着生命自然终止的"老死"。根据比较生物学的研究，人类自然寿命大约是 100~175 岁左右。^① 然而现实中存活如此久的人只是极少数，由于遗传、环境、生活水平、生活方式等因素，促使了人们疾病的发生和衰老的提前到来，所以人类绝大部分都死于疾病。在生物学意义上，死亡是生命过程中一直持续渐进的过程，卵子的形成到胎儿流产、生长过程中肌体细胞的死亡以及医学意义上死亡后尸体的冷却、僵化、青紫、腐烂、矿化等，都是死亡的体现。在医学宣布人的死亡之后，生物学上的死亡过程还在继续。J. 吕菲耶在《性与死亡》一书中是这样描述死后的死亡过程的："在缺氧几分钟之后，神经细胞、肝细胞、肾细胞及腺细胞相继死亡，上皮细胞却要坚持 2 到 3 天。尸体散架一般需要 4 到 5 年，到最终通过雨水脱钙与溶解至完全消失可能在几年到几个世纪间不等，牙齿是最后消失的，它们能够存在好几千年。从生命的产生到身体化解回归到大自然的氧、碳、氮和磷的无限循环才实现了生命的整个轮回过程。^②

　　（三）死亡的社会学解说

　　社会学意义上的死亡是指处在植物人或植物状态的人，又称为去皮质状态，是一种特殊表现的意识障碍。^③ 植物人或植物状态人虽然在医学和生物学上没有死亡，且具有生命的体征；但是无法与他人进行沟通交流、无法从事生产活动，对社会和家庭都毫无意义，因此生命存在没有生命价值、更没有生命质量。植物人看似清醒，眼睑开闭自如，眼球能活动，但不能随光或物体的移动而转动；患者无任何有意识活动，呼之不应，不言、不语、不理、不动。这是由于大脑皮质功能弥散或受到广泛的严重损害，而脑干某些功能尚保留所致。随着现代医疗技术的发展，植物人在专业人员和技术的监护下生存期不断延长，使突发状况的人不会马上离开人世，对于亲人来说给了一些慰藉。但当代医疗技术无法实现植物人的康复，使得众多的植物人躺在床上，他们牵动着亲人们感情的同时对社会财富的消耗着也很大，无形中又形成了精神和经济上的压力。因此，如何对待植物人，已成为一个急待解决的问题。

　　（四）死亡的宗教学解说

　　恩格斯在谈到宗教的起源和发展时，指出："宗教是人的不死的观念，确切

---

①　白柯. 人类自然寿命到底是多少 [J]. 今日南国, 2007 (12)：76-77.
②　转引自路易·托马斯. 死亡 [M]. 潘慧芳, 译, 北京：商务印书馆, 2001：23-24.
③　周天来. 孑遗植物的风姿绰绰 [J]. 生物学教学, 2004 (5).

地说，是人的灵魂不死的观念。"① 可以说，死亡问题或人的不死问题是所有宗教产生和发展的基础，没有死亡问题或人的不死问题，任何重大宗教现象都不可能做出合理说明。

基督教承认灵魂的存在，死亡就是"救赎"，是人生从此岸到彼岸的过程。基督教义中认为死亡有两种：一是人肉体的死亡，即灵与肉体的分开；二是灵魂的死亡，即人死后灵魂不能进入天国，而要受审判进地狱接受炼狱的折磨。佛教中的死亡就是"解脱"，亦称为生命的轮回。佛教中所谓的"三世"把人的一生划分为过去世（前世）、现在世（现世）和未来世（来世）三个部分。道教是我国的本土宗教，其死亡观具有鲜明的民族特色，即肉体的"长生不老"而不是灵魂的救赎和永生。道教所关心的死亡观念中并没有强调"灵魂"这一概念，不是人死后如何改善自己的生活，而是怎样度过今世生活；不是灵魂的不朽，而是保证身体的"长生"。由此看来，"死亡"在各个宗教中的诠释都是其先民出于对死亡现象的敬畏和追求"永生"的探索。在不断探索死亡这一神秘行为时产生的情感寄托，便形成了具有玄化色彩的宗教死亡观。

（五）死亡的哲学解说

哲学同宗教有类似之处，都是对人们人生观、世界观、价值观的解释框架，同样，死亡问题的探讨和思考也是哲学的发端。老子宣布"人之所教，我亦教之：'强梁者，不得其死。'吾将以为教父"（《老子·德经》四十二章），把培养死亡观当作哲学教育的要旨；柏拉图更是定义"哲学是死亡的联系"。②

生物学、医学上所讲的死亡问题是作为人生最后阶段的"死亡事件"问题，而哲学上所探讨的是"死亡意识"问题。从诞生到衰老和死亡这是人作为自然界的一员必然要经历的。正如黑格尔所说，是自然对人所执行的、必然的、无法逃避的"绝对的规律"。但死亡并不是人生的一个完全消极的或完全否定的阶段，从人类历史发展的长远来看，具有特殊意义的"成长"和"升华"阶段。在经历死亡这一阶段后，才能毫无偏见地反思人生和世界，窥探人生和世界的"终极实现"，才能深刻地体会人生的真谛，更好地延续整个人类的发展和传承人类文明。③ 而死亡哲学便是对死亡这一事实与现象进行总体、全面、形而上的考察，

① 中共中央马克思恩格斯列宁斯大林著作编译局. 恩格斯论宗教［M］. 北京：人民出版社，2001：58.

② 杨维中. 佛教的生死观与命运观［J］. 世界宗教文化，2007（2）：43-45.

③ 段德智. 西方死亡哲学［M］. 北京：北京大学出版社，2006：8-16.

就是以理论思维的方式表现和探讨有关死亡的形而上的问题的科学。具体来说，包括两个重要层面：其一，死亡具有人生观和价值观意义，是人生哲学的深化或延续；其二，死亡哲学也是一种世界观和本体论，因为对死亡问题的哲学思考是我们达到哲学本体认识的重要工具或契机，及中国哲学所讲的"原始反终，故知死生之说"（《易传·系辞上传》）。①

二、死亡行为的过程

根据国情、社会环境和医疗状况的不同，各国把治疗已无意义、估计只能存活 2~6 个月内的病人称为处于临死（终）阶段。② 不管人是病死、老死，还是意外死亡；也不管是老年，还是青年和儿童，在死亡之前常有一段弥留期。弥留期短的有几秒钟、几小时，长的几天甚至达数周。

大多数人在弥留之际，神志是清醒的。即便有的人在意识不清的情况下，也会出现短暂的"回光返照"，出现意识清楚的情况。③ 这时临终者预感到即将与世长辞，在这生与死之日，临终者反应不一：有的沉默寡言，有的暗自饮泣，有的镇静安详，有的绝望挣扎，也有的视死如归。而大多数濒死者在知道死亡不可避免时，都往往希望见到亲友，与之道别，或抓紧这个时期给亲属留下遗言或遗嘱，或带着遗憾离开人间。对于绝大多数由于疾病而死亡的人来讲，从垂死到死亡之间在心理上一般要经历几个阶段才能最终接受死亡这一事实。美国著名精神病医生伊丽莎白·库勒勒·罗斯（Elizabeth Kubler Rose）通过对患慢性病的垂死病人心理特点的临床研究，提出了极有影响的死亡过程五阶段论。④

（一）否认和隔离阶段

当病人知道自己可能会死时，大吃一惊，但同时又认为这消息不是真的。多数病人最初的心理是："不，不会的，这绝对不可能。"竭力否认这种不幸的事件会降临到自己头上。一些人甚至认为医生诊断错了，或者是把别人的诊断结果误用上了自己的姓名，要求亲属认真进行查询。个别病人可能再到其他医院检查，力图证明医院诊断有误。从心理学角度来看，临终病人对病情的否认反应，是一

① 段德智. 西方死亡哲学 [M]. 北京：北京大学出版社，2006：8-16.
② 肖云昌. 关于宜黄县重振合作医疗的思考 [J]. 中国乡村医药，1997（10）：45-46.
③ 雷蒙德·穆迪. 死后的世界生命不息 [M]. 林宏涛，译. 北京：世界图书出版社，2014：12-14.
④ 查尔斯·科尔，克莱德·内比. 死亡课——关于死亡、临终和丧亲之痛 [M]. 榕励，译. 北京：中国人民大学出版社，2011：51.

种很自然的心理防卫机制，目的是为了逃避内心的痛苦。[①] 在这个阶段，病人还会把自己与周围隔离开来，保持自己的孤立，甚至不愿听到任何有关病情的消息。

（二）愤怒阶段

当病情被证实后，有些病人的心理是"不，不是我！""为什么是我？""为什么我这么倒霉！"表现出气愤、抱怨和妒忌。这是临终病人第二阶段的典型反应。除怒迁于物之外，有的病人还怒迁于人。常常抱怨、训斥亲友或医生，对别人的好意也不领情，而且还不配合治疗，以此来发泄愤怒情感。从心理学角度来看，临终病人的这种心理防卫方式是一种转移机制。[②] 在此阶段中一般很难与病人沟通思想，病人也不容易接受临终关怀措施。

（三）讨价还价阶段

病人经过否认、气愤一段时间后，逐渐意识到这对自己身体没有益处，于是便设法阻止死亡到来，延长生存时间。在罗斯看来，这是病人在与心目中的神灵进行讨价还价，对神灵许愿；希望神灵保佑，使自己死里逃生；企求上帝宽恕自己，并承诺去做好事不做坏事，以此作为延长生命的条件。他们除与神灵讨价还价外，还与医生、护士讨价还价，只要能治好病，愿意不惜一切代价治疗。他们也希望与亲友交往的时间多一些，自由活动的时间多一些，故有人将这一阶段称为"协议要求"阶段或企求阶段。不难看出，这一阶段是人的生命本能与生存欲望的反应。[③] 病人在这个阶段都比较平静，对人往往很随和，自己则试图从各个方面寻找慰藉，内心则仍然渴望恢复健康，愿意配合治疗，也容易接受他人的关怀。

（四）抑郁阶段

临终病人在讨价还价一番后，自知病情不能否认，其心理则由"不，不是我"变为"是的，是我"。这时不能因接受许多令其难以忍受的治疗措施，或想到死亡的恐惧，病人便产生沮丧、麻木、抑郁情绪。在此阶段，有的病人表现为不愿多说话，不愿意和任何人交谈。有的除了特别亲密的人外，拒绝会见任何探视者，有的怕家人难过而佯装平静，有的甚至不肯接受他人的帮助，竭力表现出"自己还行"的意愿，其实病人内心是十分痛苦的。还有更极端的表现出自杀行

①　章蓓蕾. 浅谈临终病人的心理变化历程及护理措施［J］. 科技资讯，2011（4）：225-225.
②　章蓓蕾. 浅谈临终病人的心理变化历程及护理措施［J］. 科技资讯，2011（4）：225-225.
③　章蓓蕾. 浅谈临终病人的心理变化历程及护理措施［J］. 科技资讯，2011（4）：225-225.

为。从心理学角度来看，这种抑郁机制是一种消极的逃避行为，不能从根本上排解不良情绪，相反会增加病情，削弱与疾病做斗争的信心和勇气。

（五）接受阶段

这是最后一个阶段，即接受死亡，接纳不可避免的命运。在此阶段，临终病人不会感到痛苦，不会心灰意冷，更不会抱怨命运，反而感觉良好，似有超凡脱俗之感。有的表现很平静，不要求治疗与照料，希望一个人悄悄地离开这个世界。大多数人不想看到任何亲友，只希望静静地躺在床上，有一个最知心的人陪伴他，从而使心里感到安慰和满足；有的则抓紧人生不多的时间拼命做未完成的事情；还有的沉浸在回忆之中，品味失去的朋友和往事，或对过去完成了的事感到欣慰，或修改遗嘱。但是，也有的在绝望心理驱使下，不是正面对待死亡，而是考虑在死亡前怎样享受人生，或如何把死神提前请来，甚至演出透支生命的悲剧。

以上即为罗斯提出的临终病人死亡过程的五个阶段，虽然对其划分方法有些异议，但仍被广泛地认为是临终死亡过程分析的经典模式，对了解临终阶段的病人的心理有重要参考价值。从发生规律来看，这些心理变化可能同时发生，也可能重复发生，或停留在某一阶段。[①] 而且也只能适用于有充足时间去直面生死过程的晚期清醒病人。这也是对死亡行为过程的心理从生物学规律角度进行了分析，是对濒死前死者心理状态的展现，但死亡行为也是透着文化和情感的因素，本章节后面关于死亡制度的内容是人死后生者死亡行为的展现，从传统文化和生者对于死者的情感这一层面进一步分析了"由生向死""由死向生"的死亡行为过程。

第二节 死亡行为的分类、特征及影响因素

一、死亡行为的分类

死亡原因研究是死亡问题研究的一个重要领域，死因分析可以揭示死亡水平变化的内部结构，有助于认识造成不同死亡率的原因，还可以为卫生保健计划和死亡率控制措施提供科学的依据。根据人类死亡的原因是否遵循"生、老、病、死"的自然规律，人类的死亡行为大致可以分成两大类：自然性死亡与非自然性死亡。

---

① 秦茵. 义工在晚期癌症患者服务中的作用 [J]. 癌症康复，2009 (4)：122-124.

（一）自然性死亡

自然性死亡主要是由人体内在因素引起的死亡，包括病理死亡和老死，即退行性死亡。从生物遗传学的角度看，遗传基因是决定人死亡的根本。人类肌体中的生物基因结构决定了逐渐降低细胞效率和皮质代换，最终使我们逐渐老化直到病死。[①] 这种死亡行为遵循自然规律，是由于生病或人体器官退化而导致的死亡，与人体自身之外的因素无关。

（二）非自然性死亡

非自然性死亡一般是指悖逆自然规律而由外部作用导致的死亡。包括火灾、地震、海啸等自然灾难导致的死亡，工伤、医疗事故、交通事故、环境污染、疾病等意外事故导致的死亡；还包括他人暴力性的伤害等人为事故导致的死亡；也包括非常特殊的自愿性死亡，如自杀和安乐死。自杀和安乐死区别于其他的死亡方式，是人们自愿选择的死亡。这两种死亡方式较之其他的死亡方式有着更深层次的原因和影响因素，在后面的内容中进行更加详尽的说明。

依据不同标准可以对死亡原因从不同的学科视角进行分类。具体可以从医学界和社会科学两个视角进行划分。

1. 医学意义上的死因分类

现在流行的医学意义上的死因分类是经历了一个多世纪的讨论和实践后逐渐形成的。早在 1853 年国际统计会议上，委托 W. 法尔和 M. 伊斯潘两位医生编制了一套适合国际上使用的死因分类系统，经过多次修改于 1968 年最终生效的国际疾病分类（ICD—9）方法将死因分为 17 个大类：①传染病和寄生虫病；②肿瘤；③内分泌、营养性和代谢疾病；④血液及造血器官病；⑤精神疾病；⑥神经系统和感觉器官病；⑦循环系统疾病；⑧呼吸系统疾病；⑨消化系统疾病；⑩泌尿生殖系统疾病；⑪妊娠、分娩和产褥期的并发症；⑫皮肤和皮下组织疾病；⑬肌肉骨骼系统和结缔组织疾病；⑭先天异常；⑮起源于围产期的若干情况（新生儿病）；⑯症状、体征和不明确的情况；⑰损伤和中毒。

2. 社会学角度的死因分类

从社会学角度对死亡行为的分类强调死因分布的社会内涵和由此反映的社会卫生、健康、预防疾病的状况。人口社会学多采用下面五种死因分类：

（1）传染性疾病引起的死亡，也叫外源性死因，是指由各种病毒和细菌的感

---

① 刘自觉. 解析死亡——走入神秘幽暗的世界［M］. 北京：中国国际广播出版社，2004：76.

染而引起的死亡，是单因单果的疾病，包括各种传染病、寄生虫病、呼吸系统和消化系统的疾病。传染性疾病引发的死亡如果在社会中占有较高的比重的话，则说明社会卫生状况较差。回顾历史，传染性疾病曾经是人类主要的死因。通过蚊子传染的疟疾，以病毒方式传染的麻疹、结核、鼠疫及"黑死病"等曾一度是最重要的威胁人类生命的疾病。时至今日，传染性疾病仍是发展中国家引发人口死亡的主要原因。同时，艾滋病（AIDS）成为威胁人类生命的一大恶魔。

（2）退行性疾病引发的死亡，也叫内源性死因，是指人体的某种生理退化，如心脏病、癌症、糖尿病、脑血管病等，一般是由一组致病因素导致死亡。退行性疾病引发的死亡比例较高说明一个社会向着人类正常死亡的方向发展。

（3）妇婴疾病引发的死亡是指由于妊娠、分娩和新生儿病等而引发的死亡。它从生殖健康的角度说明着社会的卫生状况。

（4）外因死亡也叫非正常死亡，是因意外事故而引起的死亡，如火灾、水灾、交通事故、战争、自杀等。当今世界正在越来越成为一个风险社会，各种社会原因引发的死亡日益增加，正成为现代主要的社会问题之一。

（5）其他，如地震、海啸等引发的死亡。

发达国家和发展中国家的死因分布存在差异。1962—1964年，世界卫生组织对发达国家和发展中国家的死因分布的研究结果表明，发达国家的主要死因中79%是退行性疾病引发的死亡，居于首位的是心脏病，占全部死亡人数的1/3；第二位是恶性肿瘤，占19%；第三位是影响中枢神经系统的血管损害，占13%。而发展中国家则不同，前六位死因分别为肠胃炎（10%）、心脏病（8%）、流行性感冒和肺炎（7%）、恶性肿瘤（7%）和事故损害（5%），发展中国家的传染性疾病致死率较高，死因分布具有分散性，说明发展中国家的卫生水平和预防疾病能力较低。

二、死亡行为的特征

（一）主观性与客观性

死亡行为具有主观性和客观性。一方面人类无法抗拒死亡，死亡是每个人在生命过程中必须面对的，它不以个人意志为转移。个体的死亡行为不会对人类社会的发展带来太大的影响，人类社会的发展也不会因为某个个体的死亡而停止其稳定持续的前进节奏。但是另一方面，人类社会是由一个个鲜活的生命个体组成，个体的死亡行为正是一个生命的终结，生命周而复始的繁衍，生生不息才能构成生机勃勃的人类社会。

（二）自然性与社会性

死亡行为是不可避免的，最主要是其受到自然规律的制约，没有人可以阻止死亡的降临，人人都会经历出生、成长、衰老、死亡的过程，这是人类生存繁衍的客观规律。但是同时，人类的死亡行为又会受到社会经济因素的影响，使得其具备社会性。一个人的死亡不仅是其自身的生命行为，也是牵动其周围环境的社会行为，由此看来，死亡行为是自然性和社会性的结合。

（三）区域性与差异性

个体的死亡行为并不是由相同的死亡过程复制而来的，死亡行为具有区域性和差异性。不同的地区有着不同的自然条件、地理环境和经济发展水平，不同的个体又有着不同的遗传因素、家庭环境、行为方式和心理特征。所以，个体的死亡行为因区域的不同而不同，因个体的不同而具有差异。

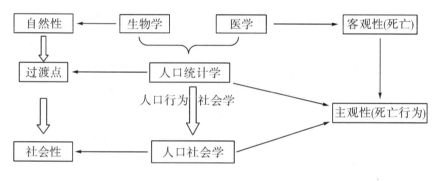

图6-1　死亡行为的特征关系图

三、死亡行为的影响因素分析

死亡是人类生命的自然归宿，自然界一切有生命的个体，不论生存时间长短，均避免不了死亡。而死亡行为便是指人口群体在一定死亡价值观的指导之下，共同面对死亡的系列活动，是在主观的态度倾向推动下所形成的客观人口行为，并且是以生物学规律为基础的社会行为过程。因此，死亡行为受到生物学因素、人口学因素及社会经济因素的影响。

（一）生物学因素

人作为生物，有其自身遗传和变异以及出生、成长、死亡的过程。影响人口死亡的主要生物学因素包括年龄、性别两个方面，除此之外还有遗传和种族方面的影响。

1. 年龄

影响死亡的最大生物学因素是年龄。随着年龄的增长，人的身体逐渐完成了从发育生长到衰老的全过程，因此除了在低年龄组外，年龄越大，死亡率越高。对于低龄组人口，由于他们发育尚未完成，身体抵抗力差，极易受到外界因素的影响，因而死亡水平高。

2. 性别

性别也是影响人口死亡水平的重要因素。一般来说，女性的死亡率低于同龄男性死亡率，女性的平均预期寿命高于男性。造成男女两性死亡水平差异的生物学因素主要表现在两个方面：一是男女的性染色体不同的结果，女性由遗传而获得的一对性染色体为两条一样的 X 染色体，男性的一对性染色体中，只有一条是 X 染色体，另一条为 Y 染色体。由于这种差异，使男性比女性更容易得遗传性疾病。目前已知的遗传病中，男性易患的疾病占 75%，女性易患的只占 25%。二是男女两性的激素不同，女性的雌激素和孕激素具有保护心血管系统的作用，可抑制或减缓心血管疾病的发生。男性的雄性激素则相反，可增加心血管疾病的发病率。男性在 40 岁后，心脏病发病率增加，女性则在绝经后，心脏病发病率才开始增加，较男性推迟约 10 年。由此造成男性因心血管病的死亡率要高于女性。[1] 虽然女性较男性更具有生存优势，但是在一些发展中国家，由于妇女生育率高，因此在怀孕和分娩时遇到生命危险的机会多，又加上医疗卫生水平低，因此造成产妇死亡率高，导致在育龄高峰期妇女的死亡率高于男性。

3. 遗传因素

某些遗传因素对死亡率的影响是客观存在的。一个典型的例子就是血友病。血友病是一种遗传病，患者的血液中缺少一种凝血因子，所以受伤流血时，血液不易凝结，在过去血友病患者常常因微小的伤口而引起死亡，现在虽然患者的前景并不暗淡，但是仍需处处小心。类似这种情况的还有几种其他疾病，这些先天性疾病患者有较高的死亡率。

4. 种族

研究表明，一些疾病对不同的民族有着不同的影响。比较典型的例子是镰形血球贫血症。这种病患者由于缺少健康的红细胞，病人很容易感染疾病，心肾功能衰退，以至休克。许多人在童年时就死了，但是如果他们活到成年，发病的次

---

① 宗立. 人口死亡水平的差异分析 [J]. 江西教育学院学报，2003（1）：39-42.

数和严重性往往会缩减，这种病只在黑人中传播。

（二）人口因素

从人口学的角度来说，死亡率水平主要受人口性别年龄构成的影响，如果人口年龄构成年轻化，特别是5~49岁年龄段人口所占比重增加，则在其他条件不变的情况下，在一定时期里总死亡率通常会下降；相反的，如果人口年龄构成老化，60岁及以上年龄段人口比重大幅度上升，在其他条件不变的情况下，总死亡率通常也会升高。此外，人口身体素质特别是免疫和代谢功能的强弱，对死亡水平也有直接或间接的影响。人口身体素质强，就能增强对疾病的抵抗力，相应地人口的发病率和死亡率就会比较低；反之，如果人口身体素质因素比较弱，人口的发病率和死亡率就会比较高。

（三）社会经济因素

经济、教育、医疗、婚姻等社会经济因素对人口死亡水平的影响是非常大的，随着社会的发展，这些因素在降低人口死亡水平、延长寿命方面起着越来越重要的作用。①

1. 经济因素

经济因素对人口死亡水平的影响是非常明显的。经济的发展会促使人口死亡率的下降，人均收入水平和死亡率水平通常是反向关系，人均收入水平低则死亡率水平高；反之，人均收入水平高则死亡率水平低。经济因素对人口死亡率的影响首先表现在不同的社会阶层上，处于社会上层的人由于其经济地位、生活水平和文化水平都比较高，营养和医疗条件比较好，因此其死亡率相对较低。而处于社会底层的人由于其经济地位低，生活贫困，营养不良，文化水平低，卫生知识少，加之劳动和住宅条件恶劣，极易得病，而又缺医少药，往往由于得不到必要的治疗而死亡，所以其死亡率较高。这种因处于不同社会阶层而使其死亡水平相异的情况，可以从法国人口学家索维曾经列出的巴黎的死亡率来加以说明。如表6-1所示。

---

① 宗立. 人口死亡水平的差异分析 ［J］. 江西教育学院学报，2003（1）：39-42.

表 6-1 1891、1936、1946 年法国巴黎及各区死亡率

死亡率 区域	总死亡率（‰）			儿童死亡率（‰）			
	1891 年	1936 年	1946 年	1891 年	1936 年	1951 年	1956 年
富区	16.8	9.6	9.5	91.9	47.2	24.1	20.2
中等区	22.6	12.5	11.3	135.3	61.7	36.5	28.2
贫区	23.9	13.7	12.0	157.2	72.2	33.2	28.9

资料来源：阿尔弗雷·索维，人口通论 [M]. 北京：商务印书馆，1978：87-88.

上述资料表明，贫区死亡率特别是儿童死亡率各年都比富区高。虽然二者的差距已经逐渐缩小，但是始终存在，1956 年贫区儿童死亡率仍比富区高出近一半。类似的历史经验都已证明：经济地位及生活水平的高低，通常和死亡率水平的高低呈反向关系；而且随社会经济总体水平的提高，不同经济地位和生活水平的人口死亡率的差距趋于缩小。

经济因素对死亡率的影响，还可以从不同职业人口死亡率的差异得到验证。从事脑力劳动并且收入高的职业的人口，如自由职业者、经理人员、工程师，通常其死亡率较低；相反的，从事体力劳动并且收入低的职业的人口，如壮工、农业雇工，其死亡率较高。

2. 城乡因素

城乡人口死亡率的差别，也反映了经济因素对死亡率的影响。由于城市化的发展通常伴随着工业化、市场化和现代化的发展。因此它被看作是经济发展的重要标志。历史经验证明：城市化水平和死亡率水平也是反向关系，城市化水平较高的地方往往死亡率水平较低；反之，城市化水平较低的地方往往死亡率水平较高。

3. 受教育程度

人口的受教育程度与死亡率和平均预期寿命有着密切的联系。受教育程度高的人群的死亡率比相对受教育程度低的人群要低，受教育程度高的人群的平均寿命比相对受教育程度低的人群要高。一般来说，受教育程度高的人群能获得较好的职业，经济条件较好，同时比较了解营养、卫生、防病、体育与身体素质的关系，能按照科学的方法生活、工作和锻炼，积极地消除不利因素的影响，增加生存机会。[①] 如表 6-2 所示：

---

① 宗立. 人口死亡水平的差异分析 [J]. 江西教育学院学报，2003（1）：39-42.

表6-2 中国1990年15岁以上分文化程度、分性别人口的标准化粗死亡率

（单位：‰）

文化程度 性别	文盲	小学	初中	高中	大专以上
男	11.77	7.46	5.61	4.51	3.41
女	7.89	4.76	3.93	3.09	2.53
合计	8.92	6.96	5.50	4.36	3.41

资料来源：佟新. 人口社会学 ［M］. 北京：北京大学出版社，2010：115.

4. 医疗卫生水平

医疗卫生水平是与人口死亡水平关系更为直接的社会因素。在人类死亡史上，传染病曾经是第一位的死亡原因，随着医学的进步，一些烈性传染病如霍乱、天花等已经得到有效控制，使人口死亡率大幅度下降。20世纪50年代初，发展中国家人口平均寿命只有42岁，到90年代中期达到63岁，增加了21岁，这得益于第二次世界大战后，发展中国家医疗卫生事业的发展。1949年以前，我国人口死亡率高达25‰~33‰，到1949年仍维持在20‰左右的较高水平，但到1957年，人口死亡率就大幅度下降至10.8‰，短期内的巨大变化同医疗卫生事业的发展及许多恶性传染病的被遏制直接相关。目前发展中国家的人口平均寿命与发达国家仍有10岁以上的差距，这同样有医疗卫生条件差异的原因。根据20世纪80年代中期的统计，发展中国家的死亡人口中有45%是死于包括腹泻、结核、急性呼吸道感染、疟疾、血吸虫等传染性、寄生虫疾病，而在发达国家这一比例只有4.7%。因此，改善发展中国家的医疗卫生状况，可以有效地降低人口死亡水平，缩小与发达国家的死亡水平的差距。[①]

5. 婚姻状况

人口的婚姻状况也是影响死亡水平的重要社会因素。婚姻分为未婚、有配偶、丧偶和离婚四种状况。国内外已有的研究表明，在这四种状况中，有配偶人口的死亡率无论男女均明显低于其他三种婚姻状况人口的死亡率。一般说来，未婚、丧偶和离婚对人们的心理、生活和生理都会产生不利影响，有损于身体健康，从而导致死亡率偏高。稳定的婚姻关系、和睦的婚姻生活可促进夫妇心理、生理的健康，减少患病的机会，死亡率亦会降低。如表6-3所示：

---

① 宗立. 人口死亡水平的差异分析 ［J］. 江西教育学院学报，2003（1）：39-42.

表6-3　　　中国1982年20~60岁人口的婚姻状况标准化粗死亡率（‰）

性别	未婚	有配偶	丧偶	离婚
男性	14.31	7.39	18.27	12.96
女性	16.99	5.36	14.87	8.48
合计	14.80	6.62	15.86	11.92

资料来源：刘铮.婚姻状况、教育程度、职业状况和死亡率的关系 [J]. 人口研究，1986：5.

此外，还有其他社会因素，如战争、政治等社会因素影响的范围虽然是局部性的，但在短期内可使人口死亡水平发生很大的波动。

死亡是人类生命的自然归宿，自然界一切有生命的个体，不论生存时间长短，均避免不了死亡。但是在不同地区和国家文化的影响下，死亡在各种文化中充斥着神秘色彩，人们总是试图用各种语言来诠释它，用各种方法来征服它，对其赋予超乎自然属性的内涵。从根本上来讲，死亡的自然属性和生物属性是其本质、基础和客观的，社会属性是在社会制度和文化传承方面的衍生，是人们根据自我经验的假定。没有生物学意义上死亡现象的存在，死亡的一切社会将不复存在。

第三节　死亡行为价值观

死亡价值观是指个体对死亡所持的评价性的、较稳定的内部心理倾向。死亡价值观直接影响个体的处事方式和生活质量。正确的死亡价值观造就乐观积极的人生，而不正确的死亡价值观会导致悲观消极的人生。

有学者将死亡价值观大致归纳为三种：第一种是蔑视和轻薄死亡，认为死亡这个主题根本没有意义；第二种是极力使自己相信，死亡只是人对肉体束缚的摆脱，是人对生之苦恼的放弃，死亡是使灵魂进入到美好的境界中得到永生，而非意味着人最终的完全的消亡；第三种是清楚地认识到生命的短暂以及死亡的真正含义，时刻提醒自己死亡可能随时降临，在思想上和行动上都做好死的准备。[①]还有的学者认为死亡态度可划分为乐观开朗型、寻求解脱型、顺从接受型、悲观恐惧型和加快享受型。[②] 尽管学者们对死亡态度的内涵理解不同，但大体上，死

[①]　沈毅. 人对死亡的态度及其意义 [J]. 浙江学刊，1995（5）：126-129.
[②]　周德新. 死亡态度论 [J]. 湖南文理学院学报，2008（2）：21-23.

亡价值观包含死亡恐惧、死亡排斥、死亡接受这几个方面。其中，"接受"是正向的死亡态度，"恐惧"和"排斥"是负面的死亡态度。①

一、演变历史

随着社会的进步和现代科学技术的发展，人类对死亡的价值观也在不断发生变化。人类对待死亡的态度，反映了人们的死亡观。生与死的现象是人类自我意识触及得最早、最广泛、最深刻且最复杂的现象。人类死亡观念，一般地说经历了三个时期的发展，即原始死亡观、宗教死亡观和现代死亡观。

（一）原始死亡观

原始的死亡观，其特征是听便死亡，甚至欢迎拥护死亡。在原始社会，人类既要同外在的自然灾害抗衡，又要同自身的瘟疫、疾病等做斗争。但是由于生产力低下，人类在自然面前常常无能为力。人类为了生存与发展，除大量生殖繁衍后代外，便是对生命个体的淘汰，听便、欢迎、拥护死亡就是其具体的表现。原始部落在迁徙、战争过程中，为行动便利而丢弃老人和不健康的儿童、不救治重病伤员以及为了不拖累群体而令重伤员自杀，是常有的事。

在研究者看来，原始死亡观是人类发展早期保种的需要，具有显著的社会意义。如果人类一开始就背上老、弱、病、残的包袱，那么人类的生存就会受到威胁，社会的发展就会受到妨碍。那时人类无法做到情感与理性双全，听便、欢迎和拥护死亡是合理而必然的。

（二）宗教死亡观

宗教死亡观是人类生产力水平提高的产物，是社会进步的表现。宗教死亡观的特征是主张生命绝对神圣。随着人类定居生活的开始，人类认识到抛弃老、弱、病、残是粗暴、野蛮干预人类生命的行为，同人类具有的起码的同情心是不相适应的。因此，这种死亡观反对一切干预人类生命过程的行为，出现了生命绝对神圣的观念，并且主张灵魂不死、因果报应。

在信仰佛教的人看来，"绝不杀生"，甚至动物也不准杀害。基督教和伊斯兰教反对自杀和他杀。佛教主张珍惜生命，宣扬普度众生，寻求超脱，脱离苦海，把涅槃视为最佳的死亡状态和境界。

---

① 刘丹萍，刘朝杰，等. 城市劳动适龄人口死亡态度的影响因素分析 [J]. 人口学刊，2012（3）：12-22.

（三）现代死亡观

现代死亡观的特征是重视生活价值和生命质量。这是现代生产力高度发展的结果。现代人类从更高的角度去思考人类的生存、发展与未来。人类理性地认识到不但改造自然是重要的，而且改造人类自身更为重要。人类必须从整体利益上，从道德、法律的角度上，全方位地、多视角地、理智地对自身的发展加以控制，其中包括生死干预与控制。显然，这与原始社会时丢弃老、弱、病、残，听便死亡是有根本区别的，也与宗教的生命绝对神圣论是有区别的。

总之，人类对待死亡的态度经历了一个不断发展的过程，即从"原始理性"到"宗教情感"，再到"现代理性"的过程。现代死亡观主张生命是一个自然过程，个体生命总是有限的，而整个人类生存是无限的。只有把有限的个体生命融入整个人类无限的生存中，才会生命不死、价值永存；人类应当珍惜生命，重视生命的价值与质量。

二、死亡权利

随着历经原始死亡观、宗教死亡观和现代死亡观的更替，人们越来越注意选择死亡的方式和赋予死亡的含义，死亡权利运动近年来也有所发展。这种运动重新引起关于死亡权利或安乐死的讨论。人们是否有选择死亡的权利，是否有帮助别人死亡的权利，以及在什么条件下有这种权利，在历史上一直是争论不休的。但是，关于安乐死引起的复杂的哲学、社会和法律问题的争论，近年来由于医学的发展而激化。

这些问题围绕着三种不同类型的病人：自己已经意识到疾病到了晚期的病人；不可逆转的昏迷病人；大脑受到损伤或严重衰退有机会活下去但生活自理能力很低的病人（例如老年痴呆症病人）。现代医疗技术的发展已经可以使许多患者在人工呼吸机等维持生命设备的帮助下，仍然可以维持多年的生命。虽然生命可以这样维持下去，但所需的费用也是非常惊人的。那么，在患者病情不可能好转的情况下，这种维持需要持续多久？什么时候应该停止维持这种植物人状态？谁又有权能替病人做出停止这种靠机器维持生命的决定？如果不想这样维持下去，需要关掉相关设备，谁又能够来执行这一决定？

在这样的背景下，从 20 世纪 60 年代末期开始，以争取有尊严的死亡为目标的"死亡权利"运动使得关于死的权利和安乐死的讨论在美国等国重新出现。讨论的焦点最初是围绕着脑死亡问题：在部分大脑失去功能的情况下，使用人工呼吸机等仍可以使病人继续存活，那么人们是否有权终止这种延长生命的方法？在什么条件下可以有这种权利？

1976年，美国加利福尼亚州通过了《加州自然死亡法案》，这是世界上第一部在法律上赋予"死的权利"的法律，规定病人或他们的家属在病人患有不可治愈的疾病的临终阶段，有权拒绝进一步的治疗，终止使用维持生命的机器。此后，美国已有36个州和华盛顿哥伦比亚特区相继通过了类似的法律。1991年12月，美国正式开始实施《病人自决法案》，这项法律要求医院、护理院和其他保健机构在收治病人时要先向病人说明病人有接受或拒绝治疗的权利。根据这项法律，病人应当被告知：病人有权预先决定当他们的病没有治愈可能时，是否希望继续进行维持生命的治疗，医护人员应当记录并按照病人的愿望去做。在一般情况下，住院病人可以签署一份名为"不必用人工方法勉强延长生命的书面声明"，在疾病不可救药时撤掉维持生命的各种设备。

死亡的权利运动在以美国为代表的西方社会里迅速发展起来，越来越多的病人坚持要了解自己的病情以便做出决定，越来越多的人认为病人有"了解病情的权利"和"死亡的权利"。死亡的权利运动的基本主张就是个人在死亡之前有权享有正常人的各项基本权利，这些权利包括保留生活方式的权利、参与医护方案制订的权利、保守秘密与隐私的权利、满足欲望的权利、死亡选择的权利、殡葬的权利和生命遗嘱权利等。即人们必须充分尊重和保护临终病人的生活权、认识权、保密权、自主权和自我决定权。[①]

三、安乐死

安乐死源于希腊文 Euthanasia，意为"好死"，是指无痛苦的死亡、快乐的死亡或有尊严的死亡。

作为一种特殊的死亡形式，现代意义上的安乐死至今尚无一个统一完整的定义。但大概一致的观点是：在当时医疗条件下，经确诊病人医治无望，并且承受着极端的病痛和折磨，病人产生"生不如死"的想法时，在病人意志清醒、表达自由的情况下，病人或病人授权于家属或其他人，向医护人员主动提出终止生命的请求，经过医生和有关人员的认可，并且经过一系列法律程序，医护人员应请求而采取一定的行为，用人为的方法，尽量以一种无痛苦的方式加速病人的死亡

① 汤新和，等. 晚期癌症病人临终的家庭护理指导 [J]. 宜春医专学报，2000（1）：51-51.

过程，甚至直接致死。其目的是通过人工调节和控制，主动终止生命，使死亡呈现出一种良好的状态，以避免病人精神和肉体上的痛苦折磨。

（一）安乐死的发展历程

安乐死早在史前时代就已有实践，一些游牧部落在迁移时，常常把病人、老人留下来，用原始的办法加速他们的死亡。古希腊罗马时期，允许病人自我结束生命，并且可请旁人助死。① 古时日本，曾有这样的习俗，老人一旦丧失工作能力，生活不能自理，就会被亲人背往山顶，弃之"天堂"，束手待毙。在古代印度，进入风烛残年的老人，可以被人用恒河的泥土封住嘴巴和鼻子，然后扔到河里去。② 在古代，一些民族中流传着一种叫瓦罐坟的风俗，即孝子要把年满 60 岁的父亲安置在村外的预先建好的瓦罐坟中，每天送一次饭并加上一块砖，待 360天后用砖把坟的窗口堵死就算安葬了父亲。在他们看来，人到了一定的岁数就要离开人群自愿去死。我国的早期安乐死思想在敦煌榆林窟中唐时期的壁画上有所体现，有一幅叫"自行诣冢"的壁画，画上是一位银发飘逸的老人，端坐在坟茔，家属亲友与其道别，老伴以袖拂面，面带悲伤之情，而老人却神态安详，拉着老伴的手嘱托后事。

中世纪由于基督教盛行，禁止人为结束生命。而在 1516 年，英国人莫尔出版的《乌托邦》一书中，却劝导痛苦而无望的人自杀或"接受神的意志"致死。到 17 世纪社会对安乐死的态度有所改变，人们开始将安乐死视为医学领域中让病人死亡或加速死亡的一项技术。现代意义上的安乐死，一般认为是从 19 世纪开始的，当时已将安乐死看作一种减轻患者不幸的特殊医护措施。

20 世纪 20~30 年代，安乐死在欧美各国日渐流行。1936 年英国首先成立了"自愿安乐死协会"，1938 年美国成立了"无痛苦致死学会"，1944 年澳大利亚和南非也成立了类似的组织。③ 二次大战时期，由于德国纳粹实施的所谓"安乐死计划"（Euthanasia Program）杀害了数百万无辜的人，致使"安乐死"一词声名狼藉招人反感，世界上关于安乐死的相关活动稍以平息。20 世纪 60~70 年代开始，由于医学科学和生物医学工程技术的进步和发展，传统的生命价值观念受到很大冲击，安乐死又重新成为人们的热门话题，也引起了各国政府和公众的广泛

---

① 方素娟，黄祥凌. 安乐死在我国施行的可能性有多大 [J]. 中华医学实践杂志，2005（8）：863-864.
② 李春泰. 对死亡问题的解读 [J]. 理论探讨，2002（4）：101-101.
③ 严领蓉. 关于安乐死立法的思考 [J]. 海南大学学报（人文社会科学版），2004（4）：323-326.

关注。①

（二）安乐死在我国的情况

我国关于安乐死的事件首次引起全国关注，是发生在陕西的王明成对其母亲实施安乐死事件。1986 年，王明成的母亲夏素文因肝硬化而病危，疼痛难忍、喊叫想死。王明成询问主治医生蒲连升得知母亲治疗已无望，因此不愿母亲再受病痛的折磨，向院方要求对其母亲施行安乐死，最终注入药物让母亲安乐死。1987年，陕西汉中市检察院以故意杀人罪将王明成和主治医生蒲连升刑事拘留，历时6 年案件经过漫长的审理，最高人民法院于 1992 年批示，安乐死的定性问题有待立法解决，就本案的具体情节，对蒲、王行为不做犯罪处理。② 2003 年 6 月，王明成被诊断为胃癌晚期，提出对自己进行安乐死以减少痛苦和不必要的负担，但被西安交大第二医院以我国尚未立法为由拒绝了。

随着国外安乐死立法的不断完善和发展，我国安乐死立法在人大会议上也在不断被提出。最早在全国人大提出安乐死议案的是严仁英和胡亚美，两人分别是中国妇产科和儿科专业的泰斗。严仁英在 1988 年七届人大议案中写下这么短短几句话："生老病死是自然规律，但与其让一些绝症病人痛苦地受折磨，还不如让他们合法地安宁地结束他们的生命。"1994 年全国两会期间，广东 32 名人大代表联名提出"要求结合中国国情尽快制定'安乐死'立法"议案。1995 年八届人大三次会议上，有 170 位人大代表递交了 4 份有关安乐死立法的议案。1996年，上海市人大代表再次提出相关议案，呼吁国家在上海首先进行安乐死立法尝试。在随后，于 1997 年首次举行的全国性"安乐死"学术讨论会上，多数代表拥护安乐死立法，个别代表认为立法迫在眉睫。

全国政协十届四次会议中，安乐死立法问题再度引起了委员们的普遍关注。全国政协委员、中国社会科学院研究员赵功民在大会发言中表示，有关部门曾对北京、上海、河北、广东等地进行调查，民间测评赞成安乐死的比率很高，上海对 200 名老人问卷中，赞成安乐死占 73%，北京有 85% 以上的人认为安乐死是符合人道主义的，80% 的人认为目前国内可以实施安乐死。

中国社科院法学所胡云腾认为：安乐死立法和怎么实施是密切联系的，实施安乐死影响到能否制定这个法律。目前看来，我国无论在医疗技术、医生的职业道德各方面的条件都不具备。全国人大代表、广州市人大法制工作委员会主任李

① 方素娟，黄祥凌. 安乐死在我国施行的可能性有多大 [J]. 中华医学实践杂志，2005（8）：863-864.
② 胡佩诚. 生命与安乐死 [M]. 北京：世界图书出版公司，1993：93-97.

力认为：目前，脑死亡都还是个争论不休的话题，如果要提到立法的层面，这些前提必须搞清楚。从我国的现状来看，安乐死立法是不现实的。全国政协委员、广东省人民医院心外科吴若彬主任也指出，在医学专家们都在呼吁的"器官移植法"和"脑死亡法"两部法律出台之后，再来谈安乐死的立法更有意义。

现阶段从各方面来讲，虽然在民间的各种调查中，人们普遍赞成安乐死，以减少临死之人的病痛和不必要的家庭经济负担，但是我国安乐死立法的条件还不充分，实施安乐死存在许多问题，这在其他国家也不同程度地存在。大多数国家对此持慎重态度，尽管有的国家，例如荷兰、瑞士制定了相关的法律并实施安乐死，但为数很少，并且在实际执行过程中存在较大的弊端和隐患。所以，需要在国家经济、法制、医疗保障和公民观念达到一定水准的基础上，在各项条件比较完备和发达后，制定相应的法律法规，建立严密的监管体系，才能有效保障安乐死的实施。为推进安乐死的尽快合法化，需要我们对安乐死问题进行更加深入的研究，同时，在社会上加强宣传教育，为安乐死立法创造条件。[1]

（三）关于安乐死的争论

安乐死自产生之日起就引起人们的普遍关注，支持和反对者为此展开了大辩论。争论双方辩论的问题事实上早已超过安乐死本身。

反对者认为，第一，如果允许安乐死合法化，就会引起大量的遗弃行为，使有些医护人员及其病人家属因此放弃对病人采取应有的治疗，至少是为这种不道德的举动找到可开脱的根据。第二，科学总是在不断进步，今天治疗不了的疾病，或许在病人死之前就发现了新的有效的治疗方法。如果我们让病人早早地死去，不仅对病人是不公平的，而且也使医疗机构失去研究新疗法的积极性和必要条件。第三，选择死亡使医学失去了存在的理由和基础。以往的医学理论都是建立在救死扶伤而不是结束生命之上的，如果我们允许医生实行安乐死，那对医生的信心是个打击，而且，医生和病人之间的彼此信任关系也会改变。因为按以往的医患关系，到医院是为了治病而不是寻找死亡，如果是那样的话，还用得着医院和医生吗？第四，违反理性原则。提出安乐死的病人多是在疼痛难忍的时候才决定要死的，倘若你把他此时的要求当真来执行，是违反理性原则的。我们应该在病人理智清醒的时候再来征求他们的意见，那时他们也许大都已改变了原来的主意。因为在人们看来，活着总比死了好，除非现实中没有他生存的条件。第

① 赵雪莲. 中国实施安乐死的不可行性分析 [J]. 中国医学伦理，2006（3）：66.

五，有失公正。要求别人杀死自己，对自己来说是个解脱，但对实施杀人的人，特别是你的亲人或医生，他们或许终身都会背着沉重的精神包袱，医生也会因自己未尽到责任而感到很沮丧。况且，要求别人杀死自己，这个要求本身就是要求别人犯罪，就有失理性和公平。所以，安乐死尤其被宗教界的人士反对。波兰的皮耶罗内克主教说："这是人类企图纠正上帝。人类的生命并不掌握在我们手中，因为我们不是生命的赋予者"。①

　　安乐死也有悖于"人权""平等"等基本法理。17 世纪，资产阶级启蒙思想家提出了"天赋人权"的口号，后来的学者由此衍生出人的一些基本权利，如生命权、健康权、自由权、追求幸福权等，他们认为这些都是与生俱来、不可转让的，即使是权利所有者本人也无权转让与放弃，这也是"安乐死"制度在大多数国家受到抵制的原因。一些伦理学者和法学专家认为，对安乐死的争论源于对人的两种基本权利——生与死的价值取向差异，这正是法律上很难界定、伦理上很难统一的地方。

　　支持安乐死的人认为，一个人有生的权力，也应该有死的权力，对于现代医学无法挽救的病人，只要他愿意就可以让他有尊严地死亡。安乐死结束了一个病痛不堪的晚期病人的生命，却维护了他的尊严。这样既可以缩短他自己痛苦的期限，也可以减轻家庭不必要的经济负担。对于明知是病入膏肓的人你让他在痛苦中强撑着，以满足活着的希望，这难道就公平？让全家人倾家荡产在医院维持个"活死人"，这对活着的人难道就公平吗？至于说如何预防由此带来的一些负面影响，支持者认为，只要制定相应的法律保护措施，是可以防范这些问题的。当然，我们不可能做到万无一失，但我们不能因为个别的人为因素就使安乐死的理念夭折，如果安乐死真的是有利于结束病人的痛苦，那我们又何乐而不为呢？

　　人们为什么对安乐死如此关注，主要还是出于对安乐死的矛盾心态。一方面希望借此提高自己生命的品质，在尊严、体面的情况下，快快乐乐地死去。另一方面，人们又对安乐死充满忧虑，因为到目前为止，有关安乐死所涉及的问题都没有很好地解决。这是一个综合性的问题。首先，在生和死的问题上，我们现在的文化坚持人有追求"优生"的权力，但反过来说，安乐死是要求人追求"优死"，这与现代文化的价值理念是有冲突的。第二，现代科学日益介入到人的生命存在之中，它既能人为地延长生命的存在、又能人为地毁灭生命的存在，而对

①　朱萍. 荷兰：欧洲的另类堡垒［J］. 新闻周刊，2003（34）：60-61.

人的死亡的诊断靠的是医疗技术。我们不禁要问，医疗技术就那么确定吗？难道医疗技术就不出错吗？这里不是出错率大小问题，而是出不出错的问题。如果它不是完美的，我们有什么理由把自己的死亡交给它来判断、处置呢？这是人对科学技术的疑虑。第三，人对人的疑虑。安乐死之所以在法律上难以通过，是因为法律上很难把安乐死与谋杀加以区分。在二者还没有明确的界限以前，就匆忙地将安乐死合法化，也会助长谋杀行为。第四，人们主张安乐死，的确还有一个很现实的考虑，那就是要为活着的人考虑。由于经济上的原因，为了维持绝症患者的生存，需要花费大量的资金，直到使家属倾家荡产、债台高筑，这恐怕也不是死者本人的愿望。最后，安乐死还与我们现行的医疗理念，以及宗教的、哲学的理论存在很大的冲突。在这诸多问题中，人们顾虑最大的还是对执行安乐死的人的动机有极大的怀疑。珍惜生命就意味着在任何情况下，都要有坚强的意志，要积极地同生命进程中的一切挫折做斗争。对一个生命来说，活下来就有希望。如果一遇到病痛和挫折就想到死，这是对责任和使命的一种逃避，如果是这样的话，我们人的生命不是显得太软弱了吗？人有别于动物的地方就是他的顽强的意志和精神，安乐死的流行，对人的生存意志是一种冲击。生命在本能上是"趋乐避苦"的，然而正是苦难才显出生命的凝重和价值。

第四节　死亡行为的制度安排

一、临终关怀

临终关怀（Hospice），是指为临终的病人及家属提供全方位的身心照顾与支持，希望病人在死前的短时间内减轻肉体痛苦及心理恐惧，提高病人的生活质量，维护临终病人的尊严，让临终病人在有限的时间内，安详、舒适并有尊严而无遗憾地度过人生旅程的最后一站。[①]

英文 Hospice 一词源于中世纪时代，原意为旅游者途中疲惫时提供休息的地方，尤指教会办的游客招待所。医学上用此词的意义是指临终病人的生命遭到生理和情感上的痛苦时，在临终关怀护理院里得到关怀，控制症状，减轻痛苦，使病人获得人生满足，使其在生命的最后一段过程中得以平静并有尊严地死去。[②]

---

① 苗娟，杨占清，肖杰传. 临终关怀的研究概况 [J]. 中国肿瘤临床与康复，1995（2）：43-44.
② 刘桂英. 关于临终关怀工作的国外见闻及国内实践体会 [J]. 现代护理，2001（11）：61-61.

（一）临终关怀的由来与发展

临终关怀萌芽于 17 世纪，早在 1600 年法国教士文森特·迪帕尔就在巴黎成立了慈善修女会，开设院舍，照顾和操办贫病交加者的临终事宜。以后相继在德国、英国、日本等出现了临终机构。[①] 但它得到较大的发展是在 20 世纪，在许多国家都有一些民间机构为临终病人提供照料，减轻病人的痛苦，其中较为著名的是 1967 年 7 月由英国西希里·桑德丝夫人经过 19 年的筹划准备后创立的圣克里斯多福临终关怀护理院。桑德丝夫人原是一名护士，在长期的护理工作中她看到许多病人在濒死阶段时的痛苦，对许多老年患者在自知生命无望、又被拒于医疗之外时的悲伤欲绝的心理，她感到心情十分沉重，于是立志改善这些病人在这个阶段中的生命质量。桑德丝决心为临终者创造一种安宁、舒适的氛围，对死者进行善前善后的良好服务，让临终者坦然地回归自然。经过多年努力，她终于获得成功，创立了圣克里斯多弗临终关怀院，它的使命是减轻病人的痛苦，伴随临终病人走向死亡。

1974 年，西希里·桑德丝夫人和罗伯特·卡斯藤鲍姆（Robert Kastenbaum）等人领导的死亡与濒死工作国际委员会制定了第一个临终关怀照料标准。临终关怀院在美国、加拿大等国逐渐增多。在圣克里斯多弗临终关怀院成立以后的 30 多年里，临终关怀作为一种运动，已经在全球 40 多个国家和地区开展起来。临终关怀机构如雨后春笋般遍及五大洲，仅英国就有临终关怀院 273 所，美国有 2 000 余所，它的志愿人员有 8 万人之多，每年接受临终关怀服务的患者和家属达 14 万人。[②]

（二）临终关怀在我国的发展情况

我国的临终关怀事业起步较晚，但是发展很快。1988 年 7 月 18 日，在美国俄克拉荷马大学美籍华人黄天中博士的资助下，天津医学院建立了第一个"临终关怀研究中心"。[③] 当时进行的工作主要是组织翻译"临终关怀"的有关著作和论文，调查不同阶层、不同地区人群对死亡的态度等问题及临床个案研究。1990 年 10 月，天津医学院附属医院在崔以泰教授的主持下建立了全国第一个临终关怀病房。同年，上海也诞生了"临终关怀医院"——南汇护理院，1992 年北京成立了我国第一所民办临终关怀医院——松堂医院；随后在西安、沈阳、南京、

---

① 龚实愚. 临终关怀的社会价值及在我国的模式探讨 [D]. 成都：西南财经大学，2007.

② 冯书铭. 老年群体临终关怀的社会保障与支持 [D]. 沈阳：沈阳师范大学，2009.

③ 尚巧玲. 我国临终关怀事业现状及对策研究 [J]. 现代商贸工业，2011（3）：65-66.

义乌、成都等地相继展开，至 1997 年，全国已有一百余个"临终关怀"服务机构，从业人员达几千人。①

从我国现有的临终关怀院或病房看，都没有直接使用"临终关怀"这一名称。上海南汇护理院在起名时几经周折，最终也没有叫临终关怀院，一些临终关怀院在选址阶段就遇到了附近居民的反对，说明人们的死亡观念还有待改变。

（三）临终关怀的内容

临终关怀作为对待生命终末期的具体表现，其涉及内容十分广泛，包括医学、心理学、社会层面等方面的内容。②

1. 医学内容

主要是对临终者实施治疗和护理，目的是使其病痛得到减轻，症状得到抑制，身体状况得到适当的改善，增加其舒适感。③

2. 心理学内容

主要是控制临终者的情绪，尊重病人的权利，理解病人的临终要求，宽容病人的行为，减轻病人的焦虑和抑郁，使其从复杂的心理定式中解脱出来，从而提高最后的生命质量。

3. 社会层面的内容

临终关怀的社会学内容，是指让垂危病人的人格受到尊重，让他们在平和的氛围中安详地告别人生。在即将死亡的过程中，维系并加强病人同亲戚朋友之间的关系，共同对抗病魔、相互慰藉。同时，也要正确处理好与社会及社会团体的关系。在对抗死亡的过程中担负社会责任，与医院和社会慈善机构等进行有效沟通、寻求帮助。④

4. 伦理道德内容

多数临终者意识清楚，了解自己的病情，可以说是在痛苦的煎熬中等待死亡的到来。但临终者的求生欲望和心理，同身体疾病一样复杂，他们不仅要忍受躯体的疼痛，而且要和抑郁情绪抗争。了解、满足临终者最后的要求，尊重临终者力不从心的意志，是伦理道德中不可回避的问题。

① 龚实愚. 临终关怀的社会价值及在我国的模式探讨 [D]. 成都：西南财经大学，2007.
② 黄继红. 开展临终关怀护理的体会 [J]. 中国校医，2001（4）：307-307.
③ 秦小华. 做好临终关怀的护理 [J]. 实用护理杂志，2002（6）：75-76.
④ 查尔斯·科尔，克莱德·内比. 死亡课——关于死亡、临终和丧亲之痛 [M]. 榕励，译. 北京：中国人民大学出版社，2011：55.

5. 对临终者家属的关怀

死亡对临终者来说是痛苦的结束，但对家属来讲却是悲哀的顶峰。他们不能直面亲人死亡的现实，情绪反应强烈。有的回顾往事感到对不起死者；有的对医务人员的治疗抱有疑问或存有幻想。从临终者家属的症状表现来看，大多为心率增快、心动过速、血压增高、手足抽动、心律失常、晕厥、呕吐等，甚至出现心肌梗死及猝死。在对临终者家属的关怀中，医务人员应当给予同情、方便和帮助，给予必要的安抚和鼓励。在临终阶段可指导家属参与护理。通过参与护理，家属对病人既是一种心理支持，也是一种情感交流。家属不但了解病人的心情，而且对病情转化或在临终阶段出现的变化，有较充分的心理准备；也能使自己在亲人离世前充分尽到义务或孝道，在心理上得到慰藉，不致因亲人死亡而造成极人悲痛。[①]

二、丧葬制度

死亡问题是每个民族、社会、文化都要面临和处理的个人和社会事件，存在着一套行为体系和观念信仰，这些体系已经制度化，并具有稳定性。[②] 在资源有限和选择的多样性面前，一个社会的死亡方式不可避免地带有社会和个人选择的意义，那么个人和社会的诸种选择及其这种选择的规定性就构成了所谓的死亡制度，其核心就是所谓的丧葬制度。[③] 而丧葬制度就体现在民间的各种丧葬仪式当中。各地的丧葬习俗更是其政治、文化、经济、宗教的集中反映。

（一）丧葬仪式

丧葬仪式是建立在人的灵肉关系的基础上，这是一种原始的观念。那时人们相信人是由灵魂和肉体组成的。人死了，只是他的肉体的消亡，其灵魂是永远存在的，[④] 只是存在的形式不同而已。这"魂"象征着人的生命的精髓。当它附着在人体上的时候，我们就叫它"灵魂"，当它离开人体的时候，就叫"鬼魂"。人不怕灵魂，而怕鬼魂。因为如果鬼魂不到阴间去，它就可能离开尸体，在阳间游荡，一旦它附着在其他人身上，就会使其有生命的危险或灾难。如果附着在其他动物身上，动物的死伤倒不重要，但对活着的亲人来说，总是觉得没尽到义

---

① 刘芳，付丽，李义庭. 临终关怀的本质与道德原则［J］. 锦州医学院学报（社会科学版），2004（1）：12-15.

② 申鹏. 基于中国人口实践的制度人口学研究内容探析［J］. 西北人口，2010（2）：1-6.

③ 申鹏. 基于中国人口实践的制度人口学研究内容探析［J］. 西北人口，2010（2）：1-6.

④ 梁丽芳. 基督教生态伦理思想探析［D］. 长沙：长沙理工大学，2011.

务。亲人们轮流值班"守灵",就是要把死者的魂守住,以防在安葬前到处飘游。

人死之后,如何安置灵魂寄居的躯壳,亦即以何种方式处理死者的尸体,构成了整个丧葬制度的中心问题。不同地区、不同民族究竟以何种方式处理死者的尸体,最为常见的是土葬,其次是现在政府提倡的火葬,天葬、水葬、海葬、鸟葬、裸葬、沙葬、楼葬、崖葬、树葬等在少数民族地区较常见。① 各地各民族的丧葬方式尽管有很大的区别,但都表达了人们对死者的态度和对死亡的理解和认识,同时也是当地独特地理环境和文化宗教的体现。

西方人的丧葬仪式大体上由四部分组成:一是守灵,二是宗教仪式,三是下葬仪式,四是葬后的家中聚会和悼念活动。中国人的丧葬仪式比较复杂,《周礼》中关于丧葬礼仪的要求是要达到三年的丧服期满,从确定死后的招魂仪式开始,要依次经过初终、大殓、殡葬、葬后近百余道程序。

(二) 丧葬礼仪的社会意义

除去灵与肉的原始观念,丧葬礼仪是人类社会发展过程中所形成的意识形态的体现,具有其独特的社会作用和意义。②

1. 抚慰功能

丧葬礼仪具有抚慰生者的功能,是对丧亲者悲伤和失落情绪的抚慰。在较长的丧葬礼仪期限内使丧亲者的情绪得到宣泄,表达对死者的思念并调整好迎接新生活的状态。③

2. 生命伦理功能

丧葬礼仪在传统宗教的道德教化作用下,体现了人们相互关怀的生命互助伦理,即将死亡作为生命存有的临界点,显示出"以生教死"的伦理功能。这主要体现在以下三个方面:其一,在仪式活动中继承亡者的精神和祖业,从而将其功业和德行传播开来,虽然死者已逝但精神永存。对善行进行正面教育,对恶行进行内在反省,使后代在经验教训中实现有意义的生命。其二,实现仪式的人伦教化作用,在仪式中表达对死者的悲思之情和敬仰之情,体现不忘祖的孝子之情,传承爱的传统美德,通过仪式来提升后代生命的质量及人际关系状况。其三,可以帮助生者经过死亡的考验,在发泄情绪和远离悲伤之后坚定对生活的追求,更

---

① 余仕麟. 藏族传统社会天葬习俗的缘由辨析 [J]. 西南民族大学学报 (人文社会科学版), 2010 (12): 18-23.

② 徐吉军. 中国丧葬史 [M]. 武汉: 武汉大学出版社, 2012: 2-5.

③ 郑志明. 中国丧葬礼仪学新论 [M]. 北京: 东方出版社, 2010: 286-289.

加坦然地面对生活的生离死别，更加坚强。①

3. 文化功能

"从周代以来丧葬礼仪的制度化和民俗化，成为传统社会最为重要的生命礼仪活动，从先秦延续到当代仍保有一脉相传的基本文化模式，显示出丧葬礼仪互动的行为规范与伦理法则，是集体经验的积累和与情感的实践，共同的对待与处理生命死亡的课题。"② 由于丧葬礼仪其集体形式的外在性，随着时间的推移传承了稳定的深层文化结构，渗透着同文化圈内成员的信仰、道德观、价值观，同时具体的表现形态也会在不同的地区因人、因时而有所不同。但总的来说是对文化的积淀，内在礼仪的重振和进行伦理规范的生命教育。③

三、死亡行为中的银色产业

（一）临终护理事业

随着世界各国人口老龄化和人们对死亡观念的转化及卫生服务的发展，人们对临终关怀的需求日益增加，同时也成为近几年医学界的热门话题。临终护理是帮助临终者，尤其是老年临终者进行一种立体化、社会化的服务，是临终护理工作人员与其他医护人员或社区中的巡回医护组织相互配合，以减少和缓解其痛苦，维护其有尊严的死亡。同时增强积极对抗病痛的心理和生理的准备，帮助他们安详地走完生命的最后旅程，并对临终者的家属进行期间的生理、心理关怀。④ 临终护理的直接对象是临终者，也是最主要的服务对象，其次包括对临终者的家属和亲人的心理辅导和安慰。临终护理工作者是近距离地接触临终者，直接面对死亡，对临终者从生理和心理上进行关怀和照料，并对其家属进行抚慰、排解悲伤情绪的人员。由于这一系列工作要承受很多心理上的冲击，这就对其自身的心理素质和伦理道德提出了更高的要求。一方面，临终关怀工作者应该要掌握医学、心理学、社会学等各个领域的基础知识或者是这些领域的工作者共同参与完成；另一方面，工作者本身要对死亡问题和濒死问题有一定的认识，能够正视该问题，要知道如何通过合理的方式缓解自身心理压力和负性情绪，维护心理健康。⑤

我国临终护理的模式主要包括独立的临终关怀医院、综合医院的临终关怀病

---

① 郑志明. 中国丧葬礼仪学新论 [M]. 北京：东方出版社，2010：354-356.
② 郑志明. 中国丧葬礼仪学新论 [M]. 北京：东方出版社，2010：87.
③ 郑志明. 中国丧葬礼仪学新论 [M]. 北京：东方出版社，2010：87-88.
④ 韩云彪，万甲峰. "临终关怀"与"安乐死" [J]. 中国医院管理杂志，1997，13（7）：438-440.
⑤ 王文婷，桑青松. 从心理学角度看我国临终关怀现状 [J]. 中国校医，2009（3）：362-363.

房、家庭临终照料（照护）病房三种。由于资金需求较大、患者少、病房空置等原因，第一种模式的医院较少，主要在北京、上海等经济发达地区。综合医院设有临终护理病房的较多，但由于临终护理与综合医院的服务宗旨和原则上有很大区别，所以在实施过程中后者更容易注重对躯体疾病的治疗，而忽视对病人的舒适护理，并没有突出临终护理的初衷。在我国，由于医务人员短缺，社会工作者很少，因此家庭临终病房开展较少。值得注意的是，成都锦欣医疗投资管理集团有限公司立足于成都市锦江区某社区，正在开展类似的工作，每月定期对辖区内老年人进行健康管理、心理慰藉，提供家政服务，在设有的病房内应老人的需要进行特殊照料。这种模式再加以深入和推广便可涵盖临终护理的工作，对老年人做到更全面的照料。[①]

目前我国的临终关怀机构只有100多家，并且规模都比较小，临终关怀床位数远远不能满足老龄化背景下日益增长的临终关怀服务需求，使全国临终关怀事业面临着严峻挑战。而且，我国临终护理医院存在以下的问题：第一，较国外大多能得到慈善捐款和政府的支持，我国临终护理机构资金匮乏，患者负担较大，第二，并没有体现临终护理的宗旨，病房医疗设备陈旧，患者共用卫生设施，体现临终护理的设施设备缺乏且病房单人间少，心理护理服务内容少。第三，机构工作人员配备不足、专业素质不高，造成临终护理服务水平和服务质量不高。

（二）殡葬服务产业

在我国传统文化的影响下，殡葬服务业的暴利现象十分严重，一方面大家在惊呼墓地价格过高"死不起"，另一方面又接二连三地掷重金购买品质高价格昂贵的墓地、骨灰盒、棺材等。以北京市为例，2007年，北京市经民政部门批准的合法公墓有33处，还有26处公益性公墓。同时北京市民政局和发改委对墓地价格都有明确的定价标准。其中，墓穴租赁费（20年租期）为城近郊区1 500元/平方米，远郊区县1 000元/平方米，墓穴管理费严格规定为墓造价的5%。[②] 而墓穴的均价已经超过一万元，最便宜的2 000元、3 000元，也有几十万、上百万的豪华墓地。北京某合资墓地价格区间甚至在3万元至60万元之间，不少经营性墓地在销售墓地的同时还一次性收取20年的墓地管理费（每年在200元到600元左右）。一名业内人士透露，陵园墓地开发的利润，远远超过房地产业。并且，殡仪馆的服务项目五花八门，医院太平间的公开收费卡上，殡仪服务费多达10

---

① 李玲. 我国临终护理发展现状与前进展望［J］. 国外医学（护理学分册），2005（8）：408-412.
② 咏慷. 中国殡葬报告［J］. 北京文学，2013（4）：4-30.

余项，其中看遗体要每次收取 10 元，净身 300 元，剪脚指甲 100 元，剪手指甲 50 元，穿衣 150 元，还有一项笼统的服务费每次 20 元，告别每场 600 元，举办一场告别仪式至少得花费 3 000 元。① 骨灰格位价格也在 5 000 元至 10 000 元。同样，骨灰盒的价格利润也很高，市场零售价约为进价的 10 倍，而八宝山殡仪馆又将这个价格翻了两倍多。② 这其中有消费者盲目消费的原因，也有商家伺机炒作的因素。针对这一现象，政府需从社会治理的角度出发，规范和完善殡葬礼仪制度和殡葬管理办法，制定切实可行的殡葬服务行业法规，为人们创造良好的殡葬消费环境；而消费者自身也要改变传统的死亡观念，树立科学文明的殡葬消费观，避免不必要的浪费。

传统文化影响下的丧葬产业和现代科学理念下的临终护理事业在经济高速发展的过程中收益却各不相同。从理性的角度来看，殡葬服务产业的暴利存在很大的不合理性，对亡者进行无谓的装饰和过度消费，造成资源严重浪费，环境影响严重；而临终护理事业主要侧重于临终者的人性关怀，让临终者安然地离开人世，生者更好地活在世上，但人们对临终护理尚缺乏认识，其发展有待引起政府的重视，加强该方面的支持和宣传。

第五节 死亡行为模式

死亡模式是指不同历史时期和不同社会经济文化条件下具有明显差异的死亡类型。从人类的发展历史看，人类的死亡模式发生了很大的改变，死亡率从集中于低龄人口向高龄人口转变，从传染性疾病所致的高死亡率向退行性疾病所致的低死亡率转变。特别是进入 20 世纪后，人口死亡率持续降低，人类预期寿命不断延长。

一、死亡统计

从地区和国家宏观发展的层面来说，个人的死亡显得十分渺小，通过普查和统计死亡人数才能从整体上反映社会现实状况，对地区和国家的发展形成总体的描述。这也是从单个个体死亡的角度提升到整体和社会的层面，是一种社会聚合的体现。比较常用的死亡统计指标有死亡人数统计、粗死亡率、婴儿死亡率和新

---

① 张洪河，李舒. 殡葬也疯狂 [J]. 现代经济信息，2007（6）：30-31.
② 张洪河，李舒. 殡葬也疯狂 [J]. 现代经济信息，2007（6）：30-31.

生儿死亡率、标准化死亡率、生命表和平均预期寿命。

死亡人数统计就是获取准确的死亡资料，在此基础上对死亡人数的加总，主要是依赖于行政地区管辖范围内或常住地及户籍所在地内对死亡人数的死亡申报制度。[①] 粗死亡率也就是总死亡率，指一定地区在特定时期（一般在一年内）死亡人数在每1 000人口中所占的比重。死亡人数统计是单一的数量汇总，没有同其他人口方面的统计值进行比较，而粗死亡率是死亡人数与地区人口数量间的比值，结果更能说明地区人口的增长和减少情况。婴儿的死亡情况是反映地区经济社会发展水平和医疗卫生条件的重要指标，因此特别强调婴儿和新生儿的死亡率。婴儿死亡率是指一定地区在某年内未满周岁的婴儿与活产婴儿数的比率，新生儿死亡率是一定地区在一定时间（通常是一年）内出生后28天以内或一个月以内的死亡婴儿数占同期出生婴儿总数的比例，二者均以千分数表示。[②] 标准化死亡率也称按年龄调整的死亡率，是用同一标准年龄构成作为权数来计算不同地区、不同时期的人口死亡率，进一步考虑了不同年龄段的死亡率情况。生命表和平均预期寿命是对人们死亡情况、寿命的预测和估计。生命表通过一系列相关的指标构成统计表，根据一定时期的分年龄死亡率反映出的同期出生的一批人自出生后陆续死亡的全部过程，平均预期寿命表示同批人出生后平均每人一生可存活的年数。基于这样的预测，政府可以根据不同时期人口数量的变化提前计划相关的政策和基础设施建设；也正是根据这些统计方法对人类历史上的人口死亡数量进行汇总和归类，划分出不同类型的死亡行为模式。

二、死亡行为模式

在不同的社会经济文化条件下，社会整体的死亡率和死亡原因会呈现出不同的特点。在人类历史上主要经历了传统农业社会的死亡模式、工业社会的死亡模式、现代社会的死亡模式三个阶段，人类的死亡模式总的变化趋势是，从高死亡率向低死亡率转变。死亡率从集中于低龄人口向高龄人口转变，从传染性疾病所致的高死亡率向退行性疾病所致的低死亡率转变。

（一）传统农业社会及其以前的死亡模式

传统农业社会是泛指工业革命之前的整个历史时期，是人类依靠自然的赋予和农业劳动生存和发展的时期。人类学和考古学的研究表明，人类在恶劣条件下

---

① 佟新. 人口社会学［M］. 北京：北京大学出版社，2010：75.
② 李永胜. 人口统计学.［M］. 成都：西南财经大学出版社，2002：159–160.

的生存面临各种各样的风险,死亡模式表现在三个方面:

(1)新生儿和婴儿死亡率非常高,新生婴儿能活到成年的比例不足一半。据罗马时期的墓碑分析表明,当时婴儿死亡率很高,估计1岁内的婴儿死亡率达150‰~200‰,总死亡率在30‰以上。

(2)过高的婴幼儿死亡率导致了极低的预期寿命。人口预期寿命多在20~30岁左右,平均为22岁。随着农业生产的发展,营养状况的改善提高了人们的生存概率,到中世纪人口的预期寿命大约能达到30岁。但到18世纪中叶前,世界各地的人口平均预期寿命一般不超过35岁,死亡率仍在30‰以上。

(3)死亡率变化很大。国泰民安、风调雨顺时人口死亡率较低;一遇饥荒、战争瘟疫等天灾人祸,死亡率会迅速上升。传统农业社会的死亡模式呈现出由自然力控制的高婴幼儿死亡率、低的预期寿命和死亡率的大幅波动的特征。

(二)工业社会的死亡模式

18世纪中叶后,随着工业革命的成果逐渐的普及,欧美资本主义国家的死亡率陆续下降。特别是19世纪中叶后,死亡率的下降更为明显。有学者认为,这是改善住房、营养和卫生条件的结果。在19世纪早期,欧美国家的预期寿命达到了40岁。传染病对人类的威胁虽然仍然存在,但其杀伤力有所降低。到19世纪下半叶,许多欧洲国家如瑞士、瑞典、英国、法国等,死亡率水平已降到17‰左右,平均预期寿命已在45岁左右。而在发展中地区,死亡率在1900年以前,仍高达36‰~38‰。在这一时期,世界人口的死亡率都趋于下降,只是发展中地区在后期死亡率才开始下降。

(三)现代社会的死亡模式

在这一时期,总的来看,世界人口的死亡率是绝对下降的。到20世纪50年代,现代工业发达国家的死亡率水平已降至10‰左右,平均预期寿命已提高到65~70岁左右,已经实现了由高死亡率模式向低死亡率模式的转变。而发展中国家直到20世纪20年代的平均预期寿命还只有41岁,死亡率高达24‰以上,到了20世纪50年代,发展中国家才真正出现死亡率的显著降低,且其下降速度远远快于发达国家早期死亡率的下降速度。世界人口平均死亡率,也由50年代上半叶的19.7‰下降至60年代后半叶的14.5‰和90年代初的10‰左右。同时,婴幼儿死亡率大幅度下降,但发达国家与发展中国家的差距仍较大,发达国家的婴儿死亡率都很低,其平均婴儿死亡率1970年为20‰,1991年仅为8‰;发展中国家的婴儿死亡率一般都比较高,其平均婴儿死亡率(中国和印度除外)1970

年为 136‰，1991 年仍高达 91‰，非洲国家大多在 100‰。而从死亡人口年龄构成来看，0~4 岁婴幼儿死亡人口在总死亡人口中所占比重由高变低，由占一半以上降低到不足 1/7；而 50 岁及以上死亡人口所占比重则由低变高，由占不足 1/3 升到 2/3 以上。

总之，现代社会已经进入了低死亡率型的死亡模式，其主要特征是：总死亡率水平和婴儿死亡率水平低，0~4 岁死亡人口所占比重低，50 岁及以上死亡人口所占比重高，死亡人口年龄构成属于年老型，人口平均预期寿命比较长，分年龄死亡率分布曲线呈明显的 J 型。

三、中国人口的死亡模式

长期以来，中国一直属于典型的传统农业社会，有着长期的农业文明，传统农业社会的死亡模式同样在中国大地上演绎着，并一直持续到新中国的建立。在传统农业社会当中，中国人口死亡模式主要有以下的特点：

第一，1949 年以前，中国是个高死亡率的国家，婴儿死亡率高达 275‰，每年有四分之一的婴儿死去。1936 年，我国农村人口死亡率为 27.1‰，婴儿死亡率高达 179.4‰，1 岁死亡率为 101.4‰，2 岁为 81.8‰，从 5 岁起到 54 岁，分年龄组死亡率都在 20‰以下，55 岁后的死亡率陡然上升，分年龄死亡率分布曲线为明显的 U 型。第二，人口预期寿命低。1949 年前，人口的预期寿命大约为 35 岁。[①] 第三，死亡率的高低直接与社会政治动荡高度相关。以改朝换代为主的任何一次社会动荡都会带来人口锐减。这种人口随着朝代更替而波浪式增减的状况成为多年中国社会发展史上的一大特征。第四，死亡率深受自然灾害的影响。饥荒、水灾、旱灾等自然灾害是人口减少的直接原因。

1949 年以后，中国人口死亡率变动大致分几个阶段。第一阶段是 1949—1957 年，死亡率直线下降，到 1957 年，死亡率已经降到 10.80‰。这与当时社会比较安定，经济发展迅速，以及卫生医疗事业迅速发展有关。第二阶段是 1958—1965 年，死亡率先急剧上升后呈下降趋势。1960 年死亡率达到 25.43‰，是新中国成立后死亡率最高的年份，甚至接近 20 世纪 30 年代水平，这与三年困难时期粮食不足、疾病增多有直接关系。第三阶段是 1966—1976 年 "文化大革命" 期间，死亡率保持在 7‰~9‰以内，死亡率水平也不算高。第四阶段是 1977 年以

① 姜卫平. 中国人口发展趋势 [J]. 人口与计划生育，2010 (8)：9-10.

后至今，死亡率一直保持在 6.0‰多一点的很低水平上。目前中国的死亡率已经居世界最低之列，预计这种低死亡水平今后还会持续相当长时间。可以说，中国已基本完成了死亡率由高向低的转变。

第七章 自己生命生产中的特殊人口行为

　　人口社会学以人口行为为研究对象，而自己生命生产与他人生命生产作为人类最基本和本能的两种行为，贯穿着整个人类发展的全过程。无论是自己生命生产还是他人生命生产，终归是在一定的社会形态下完成的，是个体作为"社会人"，作为社会的主体在不断地社会化的过程中实现的，其核心的本质是个体不断社会化的过程。既然个体的生命生产，无论是自己生命生产还是他人生命生产都是个体社会化的过程，那么，个人社会化方向的确定不外乎有两种：一方面是和现行社会价值文化、规范一致，另一方面是与现行文化相反，包括腐朽没落的、不与现行社会行为规范相一致的行为。许多社会学著作常常只是肯定个人与第一种方向一致的社会化，而否定第二种方向的社会化，并将其称作"社会化的失败"。这多少是用既有社会道德和价值的观点而不是用社会学的观点看待问题。本章将重点探讨几种在自己生命生产和他人生命生产过程中出现的与现有社会规范、价值标准、法律制度、伦理道德和风俗习惯等相违背的人口行为。本章具体研究越轨行为、犯罪行为、吸毒行为、同性恋行为、同居行为、自杀行为等特殊人口行为。

第一节 越轨与犯罪行为

一、越轨的含义及类型

（一）越轨的含义

　　在我们周围，常常会看到这样一些现象：闯红灯、赌博、偷窃、婚外恋、身着奇装异服等等，它是完整的社会图像的一部分。这些行为都是越轨行为。

　　所谓越轨就是对公认的社会规范的违反和背离。社会规范的功能是制约社会行为，调节社会关系和规定社会行动的空间，具有阶级性和历史性。由于人们社会行为的复杂性、社会成员自身素质及社会地位的区别，在实际社会生活中，越轨行为是很常见的，任何社会都不可能完全避免，任何人在一生中都或多或少地有过越轨之举。

越轨并不是绝对的，而是相对的，这可以从两个层面来理解。首先，从根本上看，一个行为是否越轨并非这个行为本身所固有的，而是人们赋予的。例如杀人，在日常生活中毫无疑问属于越轨行为，而在战争中则并非如此。其次，从具体的情况看，由于越轨是对社会规范的背离，而社会规范在不同地区、不同时期也会有所不同，因此，对越轨行为的判定是受到时间、地点、所在群体、所属文化类型等条件的限制。此外，越轨行为的判定还和情境因素和当事人的社会地位有关。

（二）越轨的类型

依据违反社会规范的性质或程度，越轨可以分为如下几种类型：一是违规行为，是指一切不按常规办事的行为，这是最常见的一种越轨行为；二是违警行为，是指违反有关维护社会治安和公共秩序的规则、规定、条例的行为；三是违法行为，是指违反法律但尚未触及刑律的行为；四是犯罪行为，是指触犯刑律而应受到刑法处罚的行为，这是一种最为严重的越轨行为，我们将在后文详细介绍。

二、越轨的原因

对于越轨的原因很多人进行过探讨，目前为止没有哪一种理论能够解释所有的越轨行为。大多数人是从特定学科角度提出的特殊看法，主要集中在生物学、心理学和社会学三个层面。

（一）生物学的解释

19世纪的意大利学者塞赛尔·龙勃罗梭把越轨归因于遗传，遗传的核心是双亲把自己的生物特征通过基因转移给下一代，由此形成物种之间的延续。他早期的著作认为犯罪是可以通过基因转移给下一代的，因此存在天生犯罪人。龙勃罗梭的天生犯罪人理论包括四个方面的主要内容：第一，犯罪者通过许多体格和心理的异常现象区别于非犯罪人。第二，犯罪人是人的变种，一种人类学类型，一种退化现象。第三，犯罪人是一种返祖现象，是蜕变到低级的原始人类型。第四，犯罪行为有遗传性，它从犯罪天赋中产生。龙勃罗梭的天生犯罪人理论一经传播，马上遭到来自各方面的抨击。

20 世纪 60 年代后期，英国科学家在研究中发现，暴力犯罪中男性占绝大多数，继而发现雄性激素与人的攻击性有着直接的相关性，于是把目光对准了与男性相关的生物因素方面。科学家发现出现过 XYY 染色体的男性，也就是说这个男性比其他人多一个 Y 染色体。如果多了一个决定男性性格的 Y 染色体，那这个人就可以被称为超男性，也就是说这个男人有可能比别的男性更具有攻击性。但也有学者指出，并不能由此证明 XYY 携带者比正常人更有暴力倾向，但却可以证明前者比后者更可能具有反社会人格。

（二）心理学的解释

弗洛伊德的理论。弗洛伊德是精神分析学派的创始人，他认为人的精神活动的能量来源于两类本能：一类是生的本能，包括性欲本能与个体生存本能；另一类是死亡本能或攻击本能。在此基础上，弗洛伊德认为人格由本我、自我、超我三部分组成。本我、自我、超我三者相互联系、相互作用，以动态的形式相互结合。一般而言，三者之间能够相互协调，然而，如果自我和超我对本我的监管出现疏漏，本我冲动迸发，就可能产生越轨行为。

挫折-攻击理论。挫折-攻击理论认为，攻击行为常常由挫折引起，当人们的某一需求未能得到满足，就可能会遭受挫折，遭受挫折的总量取决于需求、冲动和欲望受到妨碍的强度；反过来，受攻击的程度与人们如何受挫有关。美国心理学家索尔·罗森茨韦克认为，在遭受挫折的情况下，由于引起挫折的障碍因素不同，个人会有三种不同的反应：一是外罚性反应，即把挫折引起的愤怒情绪向外界发泄，对外界的人或物进行语言、身体的攻击行为。二是内罚性反应，即把挫折引起的愤怒情绪向自己发泄，对自己进行谴责、虐待。三是无罚行为，即在产生挫折后没有惩罚性反应，将挫折局限于最小限度或者完全忽略它。

学习理论。艾森克认为，人社会化的主要内容之一就是学习社会规范，建立道德行为方面的条件反射，而没有完成这个过程即社会化失败的人就容易犯罪。反社会人格者在素质上缺乏对恐惧和焦虑的感受，因此他们不必学着克制自己不受他人欢迎的行为。阿尔伯特·班杜拉认为，人的攻击行为不是与生俱来的，是通过观察学习得来的，主要是通过家庭影响、亚文化的影响和符号的示范得来的。儿童从自己所处的环境中习得各种行为，一个在充满攻击、无视法律和道德的环境中长大的孩子很容易形成反社会人格。

（三）社会学的解释

生物学和心理学的解释强调越轨的个人特性，社会学对越轨的研究则集中于外在环境对越轨行为的影响，主要有以下几种理论解释：

结构功能主义理论。结构功能主义的基本观点是将社会看作一个有机整体，认为社会整体的和谐表现为社会秩序，维持社会秩序就需要促进社会整合。涂尔干提出维护社会秩序的重要法则就是要加强社会的团结，消除社会"失范"现象。默顿把"失范"看成是"规范的缺席"，即人们对现存的社会规范缺乏广泛的认同，从而使社会规范丧失了控制人们行为的权威和效力。科恩则对越轨的功能进行了分析，阐述了越轨的正功能和负功能。

社会解组论。社会解组理论也是从社会结构角度来解释社会越轨的典型代表。其基本观点是：人的冲动必须为社会规范所制约，否则会做出越轨行为，而稳定、密切的社会关系是社会规范发挥效力的保证。人的越轨行为是社会控制弱化的结果。社会解组的程度越高，社会规范对人们的控制力就越弱，越轨行为就越多。社会解组论认为造成社会解组的根本原因是社会变迁，其中最强有力的变量是工业化、城市化、移民、科技的发展等。

差异交往理论。社会学家克利福特·肖和亨利·麦凯研究发现，如果越轨行为在某一群体中已经作为一种文化模式而存在，它就很可能被传播给其他人。但是，为什么在同一社会环境下有些人选择了越轨，而另一些人却没有呢？差异交往理论认为人们采取哪种行为受到下列因素的影响：与他人接触的强度、发生接触时的年龄、与越轨行为者接触和与遵从者接触的频率等。与教唆越轨的人联系越密切，接触的次数越多、越频繁，且接触时的年龄越小，当事人变成越轨者的可能性越大。可见，差异交往理论着重研究与什么人交往和如何习得越轨行为这些事实上，认为越轨行为是学习得来的，其学习的过程既包括对越轨态度的学习也包括对越轨技术的学习，并进而使学习者产生了对越轨文化价值观念的认同。

标签理论。标签理论最重要的特征是强调越轨的相对性。埃德文·L. A. 莱默特认为，在社会生活中并不存在本质上就是越轨的社会行为，社会中之所以会有越轨行为，是由于社会中的某些权力集团对某些社会成员及其行为贴上越轨的标签。因此，所谓越轨行为只是某些权力集团的主观认定，而不是它的本质属性，社会往往通过创造新的行为准则而创造越轨行为。霍华德·贝克尔认为，越轨既不是与生俱来的品质，也不是后天教化的产物，而是社会反应，是他人界定的结果。越轨是高度相对的，任何行为和有此行为的人只有当被别人标志为"越轨"时，才成为越轨行为和越轨者。

三、犯罪的含义

犯罪存在于当代许多国家，无论是经济发达国家，还是发展中国家都存在犯罪。犯罪对社会、经济、文化都造成危害，使社会正常的生产和生活秩序受到破坏，使社会和个人的生命、财产、人身安全受到损失。

犯罪有广义和狭义之分。广义地讲，即从社会学意义上讲的犯罪，也是犯罪学意义上讲的犯罪，可以把犯罪定义为一切侵害社会共同生活的安宁与利益的反社会行为都是犯罪。狭义地讲，即从刑事法学意义上讲的犯罪，狭义的犯罪仅指一切依法应受刑罚惩罚的危害社会的行为。广义的犯罪显然比狭义的犯罪要宽，不仅包括犯罪行为，还包括违法行为、不良行为（不道德行为、危险行为的信号）等等。这是因为从社会学、犯罪学来研究犯罪和刑事法学造成的不同，刑事法学主要研究追究犯罪的刑事责任。社会学、犯罪学主要研究犯罪发生的原因、后果、发展变化的规律，预防、治理的措施等。所以对犯罪这个概念的运用就有广义和狭义的不同，因此我们必须严格区分两个概念的含义和使用的场合。人口社会学研究的犯罪是广义的，但是应以狭义的犯罪为出发点、为重点，但不局限于狭义犯罪。例如我国刑法规定，未成年的犯法行为不构成犯罪，但我们就不能不研究未成年人的犯法问题。

四、犯罪产生的原因

西方社会学、犯罪学以及犯罪心理学等，对犯罪原因有各种不同的解释，因而形成了不同的学派。这里重点介绍生物因素决定论、社会因素决定论和犯罪原因层次论。

（一）生物因素决定论

生物因素决定论，这一派别的学者认为某些生物学特性是产生犯罪的主要原因。因此他们把生物因素提高到导致犯罪的决定性因素的高度。其中有：①体型决定论，认为犯罪与体型有关。如美国学者威廉·谢尔登（William Sheldon）主张，体型可能有与犯罪有关，他将肌肉发达、筋骨健壮的身体结构称之为斗士体型，在他研究的罪犯中这类体型的人占很大比重。②"染色体异常论"。20世纪60年代后期，在美国有两位科学家的报告指出，人们发现许多男性暴力犯罪者多了一个雄性染色体，其性染色体的构造为XYY，因为多了一个Y染色体，染色体结构不正常，具有攻击性，易犯暴力性犯罪。③"内分泌论"。在20世纪70年代，一些美国学者提出，攻击行为，包括攻击型的暴力犯罪，很可能受体内男性荷尔蒙激素水平的影响，是男性荷尔蒙激素过多的一种反映。

用生物学因素来解释犯罪，遭到了不少社会学家的激烈反对。美国社会学家弗·斯卡皮蒂（Frank R·Searpitti）写道："这些探索是根据一个基本信念，罪犯是行为变态者，他们的心灵或身体具有某种一般人所没有的古怪的东西。然而，对犯罪行为的心理学理论已经证明这种信念是不充分的，从重量上来探索犯罪行为的原因甚至更无成效。某些大脑肿瘤可能引起暴力和挑衅行为，但是这种情形十分罕见，并不能真正解释犯罪行为。"

（二）社会因素决定论

社会因素决定论这一派的学者认为社会因素是导致犯罪的决定性因素，主张这种见解的学者很多，学说也很多，现介绍几种：

1. 社会结构说（又称无规范说 Anomie Theory）

法国著名社会学家迪尔凯姆提出了一个概念"无规范"（anomie），即"没有规范"，意思是指由于社会结构的急剧变化而导致的混乱。后来，美国社会学家默顿（R. W. Merton）于 1938 年加以发展。这种理论认为，社会一般人不得接受一个共同的社会规范（Social Norms），但是也分享一个共同的文化价值（Cultual Value）。文化价值给社会树立一个发展抱负的目标，同时社会结构也提供一个制度化的合法手段以实现文化所界定的目标。如果人们不接受文化价值所树立的目标或社会未提供实现文化价值的合法机会，在这种形态下，就会产生无规范的混乱状态。犯罪就是由于文化所界定的抱负目标与社会制度化的合法手段，二者不相协调的结果。

2. 亚文化说（又称次文化说 Subculture Theory）

美国社会学家柯恩（Albert K·Cohen）于 1995 年提出了这种学说，他认为所谓文化，即某社会集团所固有的行为及思考模式（包括知识、信念、价值观、规范等）。一个社会是由若干个等级的社会集团所组成，各不同等级集团都有自己的文化。因此，上、中、下各社会阶层都有自己对应等级集团的文化。次级文化（Sub-Culture）即违纪少年集团或与违纪少年集团有相同背景的群体所特有的文化，这是一种下层社会集团的文化。柯恩认为，现代社会是以中产阶级的价值体系和道德观念为中心的社会。下层阶级因各方面条件都差，其言行往往无法符合一般社会标准，因而其社会上的身份、地位很低，造成心理上的挫折，于是他们在自己所属阶级集团中形成自己的价值体系，即次级文化。次级文化出自下层阶级的居住区，这种文化易形成对社会的反抗和越轨行为，甚至导致犯罪。

3. 社交差异说（不同接触论）

美国学者埃德温·萨瑟兰德在 1939 年出版的《犯罪学原理》（第三版）中阐述了这个理论。他强调文化环境对个人的影响，尤其是家庭和社会环境对个人的影响。他认为人类行为是与社会环境的接触习染而成，犯罪行为亦然。在一个社会中，同时存在维护社会秩序与破坏社会秩序这样两种文化力量，组成遵守社会秩序与违反社会秩序两种社会集团。遵守社会秩序集团的各份子的行为多为反犯罪的，而违反社会秩序集团中的份子则多发生犯罪行为。任何个人处在这个集团中，皆可发生"异质接触"（Differential Association）。这是与所处的反社会集团及其犯罪行为相接触，与守法行为相隔离，因而促使人陷于犯罪。他说："若住在犯罪率低的地区，生长于无犯罪及无不良行为的家庭，生计无虑者，不论以何种方法处理，以后极少再犯罪，他们如同得了轻病，自己会痊愈。陷于再犯者，恒为生长在极颓废地区，或以贫穷、不道德、犯罪为常态之家庭，或处于与地域社会之建设性守法的诸团体隔绝的状态中者。"①

4. 标签说（Label Theory）

美国社会学家埃德文·雷梅特（Edwin Lemert）是最先提出标签说的学者。他区分了两种越轨：初级越轨（Primary Deviance），即偶尔违反社会规范的行为，并未对个人的心理形象和社会角色扮演发生持续的影响；二级越轨（Secondary Deviance），卷入违反社会规范的行为，并被其他人标签为"越轨"，而且越轨者本人也接受了。在二级越轨中，越轨者必须围绕越轨者的角色来认知他们的行为和自我观念。他们可能以某种方式穿戴，使用一种特殊的、只有他们自己人才知道的俚语。他们越清楚地将自己界定为越轨者，他们就越可能被其他人当作越轨者。霍华德·S. 贝克尔（Howard S Becker）发展了雷梅特的学说。认为越轨（或犯罪）不是一个人的行为品质，而是社会处理犯法者方式的结果。换句话说，我们社会对罪犯的处理决定了犯罪行为的性质和内涵。总之，标签说认为一个人之所以成为罪犯，往往是由于家中父母、警察机关、司法机关、犯罪矫治机构，在处理个人之偏差或违法行为时，对行为人加上了坏的标签，如坏孩子、败家子、问题学生、不良少年，且社会亦对其予以不良的评价（如歧视、排斥等），这往往使偏差行为者陷入更严重的偏差行为，最后越陷越深。

---

① 张甘妹. 犯罪学原理［M］. 台北：汉林出版社，1976.

（三）犯罪原因层次论

犯罪，是以人的社会活动为基础的，一般来讲，犯罪是阶级社会特有的现象。在资本主义社会，产生犯罪的根源第一个层次是基于财富集中在少数人手里的剥削制度和由此产生的阶级对抗和其他社会矛盾。财富和权势是孪生兄弟，它的对立面就是失业、贫困、文盲、被剥削。矛盾的双方都潜藏着可能导致犯罪的各种因素，贪污、霸占、逼奸、走私、贩毒、买卖人口、凶杀、抢劫、偷盗、诈骗等罪恶行径都由此伴生。马克思曾经指出："社会的这一部分或那一部分国民犯罪行为的平均数与其说决定于该国的特殊政治制度，不如说决定于整个现代资产阶级社会所特有的基本条件。"由此可知，剥削制度是产生犯罪现象的社会根源，这是犯罪原因的第一个层次。

第二个层次属于行为人个人方面。发生犯罪行为，出现犯罪事件的原因（不是根源），不外乎是内外两重因素，即思想品德和外界刺激因素。发生犯罪的原因，就犯罪事件和犯罪当事人来讲，犯罪发生的原因是外来刺激因素（包括引诱、指使、协迫）同个人需求与个体户这种主观的思想因素、心理因素相结合而产生。一种犯罪的冲动（没有受到必要的控制）驱使着他的行为。这种冲动，就是犯罪的原动力。就犯罪事件本身而论，行为人个人思想品德恶化，不良心理因素膨胀，欲求亢进，冲动失控，乃是犯罪发生的直接原因。

第三个层次是影响犯罪的条件。许多西方犯罪学家和社会学家的错误就在于把犯罪的条件当作犯罪的原因。条件有别于原因，客观物质环境、教育环境，以及行为人自身的生理素质和心理素质，都可能成为引起犯罪或助长犯罪、促成犯罪、便利犯罪的条件。例如，地理位置和环境，闹市容易滋生扒窃、斗殴、诈骗；深宅大院、背街僻巷、山林旷野容易出现奸情；农村单家独户容易出现抢劫、杀人、强奸等等。

第二节　同性恋与同居行为

一、同性恋行为

（一）同性恋的概念

"同性恋"作为一种独特的亚文化现象，古而有之，虽然同性恋者的比例不高，但是总量不少，对其进行研究是很有意义的。

同性恋（Homosexuality）一词是德国医生贝克·瑞（Benkert）于 1869 年发

明的，这个词描述的是，对异性人士不能做出性反应，却被自己同性别的人所吸引。Walker 在《牛津法律指南》中把同性恋解释为"一个人和另一个同性别人产生的性吸引，并导致身体接触和性快感"。《现代汉语词典》中把同性恋解释为"男子和男子或女子和女子之间发生的恋爱关系，是一种心理变态"。

另外需要提及的是"双性恋"一词。"双性"（Bisexual）这个词本是植物学家用来描述那些同时具有雄性与雌性生殖器官的植物。后来人们把它运用到人类的性倾向上，于是就出现了"双性恋"一词。在人类的性取向中，对两种性别的人都会产生性吸引或性冲动的取向被称为双性恋。双性恋对两种性别的被吸引力并不一定是相等的，一个双性恋者可能同时保持与两种性别的性爱关系，也可能与其中一种性别保持单一性爱关系，或偏爱于一种性别。

（二）同性恋的历史演变

同性恋现象自古存在，在各文化当中皆有同性恋现象的文字记载。古埃及和古印度人把男性之间的性爱行为看作神圣的事情；古希腊人一度把"同性恋"视为高等教育的一部分；古巴比伦甚至有教会监管男妓；古代玛雅人认为成人之间的同性恋是天性使然；罗马时代的女同性恋风气甚至比希腊时代还盛行；封建时代的日本，一直存在一种肛交传统；路易十四时代的法国社会上层形成了一个男同性恋团体；20 世纪初的德国，在最高层有个同性恋集团，并形成了第二政府；在北美的原始部落、澳洲的西部和南部、北非的斯旺人中、马来西亚的土著民中、西伯利亚的部落里等很多地方皆有同性恋的身影，几乎找不到没有同性恋现象的社会。

中国古代的同性恋现象也不少见。据考证，我国商代就有"比顽童""美男破产，美女破居"的说法，春秋"余桃"，战国"龙阳君""安陵君"，汉代的"断袖"等历史故事和人物的记载就是有关同性恋的。唐宋元明清关于同性恋的记载也不少，清代的"男风"或"南风"等称谓更成为近代对同性恋风气称呼的代名词。

（三）同性恋的现状、特征与趋势

同性恋者究竟占多大的比例一直有争论，目前并没有统一的权威数据。《金西报告》的数据指出绝对同性恋男性比例为 4%，女性比例为 3%；德国的施奈贝尔博士在 20 世纪 70 年代提出的看法是"同性恋者占全体居民的 3%~4%"；潘绥铭教授 1995 年的调查认为比例为 4.2%；李银河 1998 年的调查认为比例为 3%~4%；吴春生的调查则认为比例为 6%。还有很多其他人的调查，总体来讲数据显示该比例基本在 2%~6% 之间。

　　鉴于无法得知权威的比例数据，目前我们无法真正得知目前世界上究竟有多少同性恋者，但是，以众多数据的下限 2%~3% 为参考，我们还是可以大致估算出最低数目。按这个比例，目前世界上同性恋人数至少高达 1.5 亿左右，中国的同性恋人数也应该至少有 3 000 万人左右。2006 年 11 月 30 日，中国卫生部门首次公布了中国男性同性恋者的估算数据为 500 万至 1 000 万。而据张北川教授的估计，目前，我国 15 岁至 60 岁的同性恋人数约为 3 000 万，其中男同性恋和双性恋 2 000 万，女同性恋为 1 000 万。这些数据由于标准不同可能反映的情况不一定真实，但是无论如何，同性恋现象的大量存在却是不容忽视的事实。

　　从发展趋势上看，由于现代世界的多元性已经得到大家认可，人权观念逐步深入人心，社会对少数群体的关注也日益重视，大家对同性恋的接受度大大提高。目前，同性恋被认为只是一种性取向而非疾病的观点已经被广泛接受。由于社会竞争的加剧，现代生活节奏加快，压力加大，有些时候追求新奇的生活方式成了排解压力和引起社会重视的手段，这一切使得同性恋现象逐步公开化。同时，中国同性恋的低龄化以及社群的组织化也是同性恋发展的趋势。但是，同性恋要得到整个社会的完全接受，仍有漫长的路要走。

（四）同性恋婚姻

　　同性婚姻（或称为"同性恋婚姻""同性别婚姻"）是指生理性别或性别认同相同的两人之间的婚姻关系。在同性婚姻的支持者中，其也被称为"婚姻平等"或"平等婚姻权"。他们认为同性婚姻是对传统婚姻模式的一种创新，体现了现代婚姻多元化的发展趋势，满足了选择同性婚姻的人士的需求。

　　在中国，由于传统伦理道德观念的限制，同性恋这一现象本身还未得到人们理解。病态、变态、犯罪依然是同性恋的代名词。社会上广泛存在着逃避、歧视、打击同性恋的行为。因此，同性恋婚姻合法化在中国实现的道路将更加漫长而艰辛。一些保守社会团体或宗教组织认为，同性婚姻由于是男男或女女的结合，本身无法生育子女，如果他们领养孩子，将会教导孩子同性恋和异性恋是平等的。某些组织甚至认为，这些儿童在同性恋家庭中成长，如果本来是异性恋者，有可能会被培养成同性恋者。反对者所提出的另一项议题是无人有权将心智尚未成熟至足以判断与选择的幼儿安置在一个异常的家庭中，此举可能已经侵害到该儿童的人权，比如考虑到该儿童在成长期很有可能受到来自同龄人的歧视。因此有许多赞成同性婚姻的人士却反对同性恋家庭领养儿童。

（五）同性恋行为面临的问题及社会控制

同性恋的大量存在是不可回避的事实，但是由于社会并没有完全接受同性恋，同性恋群体仍然受着身体和精神的折磨。同性恋群体主要面临三大问题：一是因社会因素导致的问题，如社会公众的"同性恋恐惧"，即社会公众对同性恋的一种非理性的反感态度，让同性恋群体面临巨大的压力。二是同性恋自身因素而导致的问题，如"内化的同性恋恐惧"，即一些同性恋者对自己的性取向没有形成强烈的自我认同感，而是感到自我厌恶，并产生消极情绪。三是同性恋群体的权利是否应当得到法律的认可和保护，即立法上如何对同性恋群体快速发展和大量存在的事实做出恰当的反应。这些问题给同性恋者带来的压力主要体现在：公众对同性恋者的误解，把同性恋者看成是行为反常的人、性变态者、流氓、道德败坏者、精神有问题的人等等，并因此对同性恋者产生歧视和排斥。

面对同性恋问题，不同学者提出了许多不同的建议。我们认为，解决同性恋问题必须考虑同性恋的成因，考虑社会心理承受力和现实的可能性。为此，提出以下两方面的建议：

第一，尽快研究制定保障同性恋者权利的办法。荷兰是第一个允许同性恋结婚的国家，2000年12月通过法律允许同性伴侣结婚并领养小孩。美国马萨诸塞州2003年通过法案允许同性伴侣缔结婚姻，并于2015年全美实现同性恋合法化。同性恋婚姻合法化需要慎重考虑，鉴于我国的传统和婚姻的本质，我们认为同性恋婚姻合法化并不适宜我国。同性恋者自愿生活在一起，法律不承认他们具有婚姻关系，但也不予干涉，在目前是种非常明智的选择。

第二，加强各级机构和社会大众对同性恋的认识，在性教育、心理和行为咨询等方面为同性恋者提供必要的服务，同时对同性恋者的社会交往进行引导。同性恋者的自卑大多来自社会对他们的歧视，整个社会如果能正常地看待同性恋行为，必将减少同性恋者的这种自卑。同时，性教育的欠缺和心理疾病等也是导致同性恋产生和同性恋问题产生的重要原因。其中特别与性病的传播和不健康的性行为有很大关系，要减少同性恋者中艾滋病的发生，必须加强这方面的引导，减少不健康性行为带来的后果。

二、同居行为

《辞海》对于同居的解释：①居住一处，共有家业者；②夫妻共同生活，也指男女双方未经结婚而共同生活。《现代汉语词典》给"同居"作了三重解释：

第一，指共同生活，居住在一起；第二，指夫妇共同生活在一起；第三，指独身男女双方没有结婚而居住在一起。

《辞海》与《现代汉语词典》中的第一种含义都是从字面上对同居最广泛的解释。广义的同居指的是累世同居，是"大家庭"的代名词，即大家庭成员同居共享财产，同居合食。甚至在古代与父母妻儿兄弟共居是孝贤志士的评断标准之一，累世同居的是人类生育的客观形势必要，也是过去小农经济形式下所能采取的一种最优模式：人类的繁衍不仅仅是简单的人口繁殖——生，还包括文化的保存和文明的延续——育。所以累世同居必然成为"家庭"的外在表现形式，如在我国先秦时代的文学中就出现以"同居"的字眼来代表"家庭"。

现代社会学上所研究的同居则是狭义层面的同居，即《辞海》与《现代汉语词典》中后两种含义，指的是一对男女（或夫妻）之间的共同生产、生活。根据同居的主体身份的不同可以将同居划分为婚前同居、婚内同居与婚外同居。

（一）婚前同居

婚前同居又称为"非婚同居""未婚同居"或"不婚同居"，指均无配偶的单身男女，在不违反法律禁止性规定的前提下自愿不进行结婚登记，而长期生活在一起的共同生活方式。由此得出婚前同居的实质是：非基于婚姻关系而同居的当事人，在不违反法律禁止性规定的前提下，在感情、经济和性等方面形成的相互依赖的生活共同体。我国现有法律对此没有明确的规定，尤其是新婚姻法剔除了有关"事实婚姻"的规定，从这一个方面来讲我国法律似乎表达出了对婚前同居现象的承认。

1. 婚前同居产生的原因

（1）文化因素，主要指推动婚前同居的各种社会运动、社会思潮以及新兴观念。在西方国家，早在19世纪末20世纪初就开始在理论上探讨各种男女共处模式，婚前同居理论得以产生并发展。在技术革命、政治革命的推动下，西方国家在性领域也掀起了"性革命"运动。中国真正具有现代含义的性观念的兴起和传播开始于"五四"时期。改革开放之后，随着我国经济的快速发展，加上西方文化的冲击和影响，社会多元的价值观逐渐形成。对于婚前性行为、同居行为，社会的规范环境宽松了许多，更多的人倾向于按照自己认可的方式去行事，婚前同居也早已司空见惯。

（2）从法律角度进行分析，促使婚前同居的因素主要有以下几方面：首先，法定结婚年龄偏高促使同居。我国婚姻法规定，结婚年龄，男性不得低于22周岁，女性不得低于 20 周岁。我国为了人口控制而提倡的晚婚晚育更是将生育的年龄推迟到了女 23、男 25 岁。随着物质生活水平的提高，男子一般在十八九岁，女子一般在十六七岁就基本发育成熟，而他们达不到结婚年龄，便只好选择同居。其次，法律意识淡薄容易发生同居行为。再次，离婚产生的法律责任促使同居行为的发生。当然许多人选择同居，却是因为法律意识较强，害怕离婚法律上带来的不良后果。离婚除了会给自己的名誉造成损失，特别是会因为离婚带来财产分割、子女抚养等法律问题，给自己带来一系列的烦恼和后患，不如选择同居来避免法律上的纠纷。

（3）经济学因素分析。依照经济学家贝克尔的婚姻行为理论[①]，男女之所以有结婚的需要，是因为他们有相互依赖的效用函数，即结婚能给双方带来更大的效用，譬如说安全的感受、购买力的扩大、居住面积的增加等。当个体充分实现经济独立后，对婚姻的需要将会有所消退。随着社会经济的快速发展，妇女在经济上的日趋独立，传统家庭承担的物质生产和抚养等职能逐渐削弱，个人对婚姻的经济依赖减弱。其次，出于共同生活的经济成本的考虑，目前很多中国人因为住房、户口等问题延迟婚期而选择婚前同居。

2. 婚前同居的利弊分析

赞成婚前同居生活方式的人们，基于婚前同居存在并盛行的上述种种原因，强调它对当事人有利的诸多方面。赞同者认为，婚前同居意味着独立、自由和个人获得充分发展及自我实现的机会；婚前同居关系中的性和爱同样是神圣而美丽的，它比充斥着利益交易的婚姻关系更为纯粹；婚前同居可以避免结婚离婚的繁琐程序、心理压力和社会影响，它可以避免痛苦的凑合或痛苦的分离；婚前同居作为婚姻的先导，可以使双方更多地了解对方、全面地体验实际生活，从而为美满的婚姻做好准备。

但反对者强调同居有些负面作用不容忽视。首先，对婚姻、家庭的冲击。大卫·波彭诺（David Pompano）和巴巴拉·D. 怀特赫德（Barbara Dafoe Whitehead），他们对婚前同居关系做了长期的研究，他们在研究报告中指出：有婚前同居经历的年轻人比未经同居最后结婚的比例要高 46%。其主要原因是：婚前同居者之间倾向避免长久的承诺，双方追求独立自主，所以不愿受婚姻的约束。[②] 费孝通先生说：

---

① 加里·斯坦利·贝克尔. 家庭论 [M]. 王献生，王宇，译. 北京：商务印书馆，1998：343.
② 同居关系会替代婚姻吗？——美国的最新研究报告 [J]. 陈一筠，编译. 国外社会科学，1999（4）：63-69.

"为了这双亲抚育，我们不得不能敬服人类在文化上所费的一番苦心了。"① 婚姻制度及其建立之上的一系列道德、规范，是为了维护人类自身的社会根本利益。如果一个社会这一系列规范受到了根本冲击，其负向作用无疑是巨大的。其次，同居引发的妇女、儿童权利保障的问题。同居既具有婚姻的许多本质内容，但同时缺乏法律对同居双方权利的法律保护，容易导致一方的权益受到损失，尤其是常常处于弱势地位的女性。此外还有一些同居情况，由于一方带有自己的先前婚姻出生的孩子而同居，对子女的侵害的案例也很多。

（二）婚外同居

婚外同居是指有配偶者与婚外异性，不以夫妻名义，持续、稳定地共同居住。近年来，婚外同居作为一种比较突出的社会现象，越来越受到社会学家的关注。作为一种社会现象，婚外同居可谓源远流长，从古罗马时期的"姘合"制度，到现代西方国家法律对婚外同居现象的调整已由单一调整非婚生子女的法律地位转向全面调整这一社会关系上来。在我国，民国时期婚外同居情况在当时相当普遍。广为人知的如：陈独秀与高君曼、郁达夫与王映霞、张学良与赵一荻，均属此种情况，其中鲁迅与许广平尤为典型。自改革开放至今，随着经济的日益发展与社会环境人们思想的进一步开放，婚外同居的现象也越来越多。

1. 婚外同居产生的原因

（1）随着经济的发展，社会文化发生了很大的变化。传统伦理的逐渐淡化，尊重个人，鼓励个人追求的社会文化使得婚外同居已经不是一个禁忌。而女性社会地位的提升，促使女性敢于走出家庭和婚姻之外。再加上社会转型期当中，流动加剧，人口的地理位置的流动和社会地位的变迁都很多，这样引起夫妻分离，夫妻地位不匹配，也是婚外同居产生的常见原因。

（2）家庭功能萎缩也是婚外同居的原因。传统家庭是经济、情感的基本单位，是人的基本归属。从血缘上看，一个人从各个方面都属于家庭和家族。但是，随着家庭职能转变，家庭的经济功能增强，情感功能减弱，家庭已经不是心理-文化共同体。大工业社会的来临意味着男女平等，但是人们显然没有从心理文化适应这一平等。一方面，传统婚姻观的维持，促使很多人结婚；另一方面，现代人对亲密关系当中心理契合的要求，强迫的婚姻难以为继。由于社会经济水平发展不够，家庭的经济功能往往难以得到满足。不堪重负的家庭，容易走向婚

---

① 费孝通. 生育制度 [M]. 北京：商务印书馆，2008：79.

姻死亡，导致婚外同居产生。

2. 婚外同居的利弊分析

婚姻往往由于家庭的负担和压力，双方的激情褪去等原因，慢慢失去了吸引力。婚姻是现实的，因而最终是有缺陷的。很多以爱情开始的婚姻，最终仍以悲剧收场，原因就在这里。支持婚外同居的人认为，婚外同居带来的激情和感情上的补偿，婚外情有精神上的丰富性和超脱性，两者都是人们所需要的社会生活。婚外同居体现了对性自由与幸福的追求。

中国文化历来有重实际求稳定、以家庭为本位、日常伦理偏重于理性的一面。在中国，婚外同居不仅仅涉及恋爱和婚姻中的人，还涉及父母、子女、亲友等等。个人有责任和义务保持家庭的荣誉，不应该让婚外同居这种事情破坏家庭的荣誉。长久以来婚外同居所要面对的问题之一就是要受到道德上的谴责，同时，婚外同居破坏了无过错方的幸福生活。婚外同居与婚前同居同样对婚姻、家庭带来了致命冲击，破坏了家庭的稳定，损害了婚姻的功能，甚至会伤害家庭中的所有人，包括父母和孩子。婚外同居的弊端难以一言以蔽之，与婚姻相比，婚外同居确实存在种种弊端。

第三节 吸毒行为

一、吸毒的概念及特征

（一）吸毒的概念

吸毒指采取各种方式，反复大量地使用一些具有依赖性潜力的物质，这种使用与医疗目的无关，其结果是滥用者对该物质产生依赖状态，使他们无止境地追求使用，由此造成健康损害并带来严重的社会、经济甚至政治问题。

我国"吸毒"一词起源于百余年前，当时的毒品主要是鸦片，俗称大烟。使用的方式主要是放在特制烟枪上吸食，因此就有了"吸毒"一词。但是现在"吸毒"一词的内涵已大大扩展了。首先是毒品外延的扩展，1990年12月28日颁布的全国人大常委会《关于禁毒的决定》中，根据当时的情况将毒品定义为"鸦片、海洛因、吗啡、大麻、可卡因以及国务院规定管制的其他能够使人形成瘾癖的麻醉药品和精神药品"。1997年《中华人民共和国刑法》（以下简称《刑法》）第357条规定："毒品是指鸦片、海洛因、甲基苯丙胺（冰毒）、吗啡、大麻、可卡因以及国家规定管制的其他能够使人形成瘾癖的麻醉药品和精神药品。"与 1990 年相比较，毒品的种类又新增加了冰毒。

（二）吸毒的特征

我国许多专家学者也在不同的地区进行了相关调查，根据实证研究的结果可以总结出吸毒的特征。

第一，人口学特征。性别上，吸毒者绝大多数都是男性，虽然近几十年来吸毒女性的数量也迅速增加，但始终还是没有超过男性。年龄上，吸毒者呈现低龄化。职业上，吸毒者中无固定工作的占多数，大多是社会地位较低和社会保障中的弱势群体。区域分布上，涉毒地区主要集中在西南、西北和经济发达地区。

第二，文化特征。吸毒的文化特征是一种颓废的文化。17 世纪鸦片传入中国后，还没有毒品这一说法，鸦片只是作为一种药品存在。渐渐开始有人用鸦片取乐。20 世纪 60 年代，美国吸毒情况相当严重，这与美国当时嬉皮颓废派运动密切相关，在短短四五年内，这个运动就迅速蔓延到整个欧洲、大洋洲、日本、东南亚、非洲和南美洲。50 年来，我国在逐步改革开放之中，不仅仅受到西方经济思想的影响，同时也不可避免地会受到西方文化思想的影响。从我国近 50 年来的吸毒人数从无到有，且有增不减越来越猖狂的形势可以看出，吸毒随着市场经济的发展死灰复燃。

第三，生物特征可以分为生理特征和心理特征两个方面。吸毒的生理特征包括以下内容：吸毒对人体的各个系统均有不同程度的影响，常常精神萎靡、无精打采、面黄肌瘦、体弱多病。停药后出现一系列的生理紊乱现象，如海洛因依赖者的戒断症状：全身倦怠、四肢无力、烦躁不安、心悸、食欲不振、流泪、怕冷、恶心、呕吐、腹痛、腹泻、失眠、打哈欠、流涕、流涎、出汗、肌肉或四肢及胸、腹部有蚁走感等。吸毒者心理特征主要表现有几个方面：①缺乏自尊心、自信心。②情绪忧郁，喜怒无常。③对外界议论敏感、多疑、多猜忌，心胸狭窄，报复心重。④歪曲辨别是非的客观标准，不承认美好事物、优良的传统。⑤对现实不满，经常借故发泄，有较强的逆反心理和冒险心理。⑥轻视他人的合法权益，愤世嫉俗，藐视国家的法律法令和政策。

二、吸毒的原因

（一）毒品的生物学原因

在毒瘾面前，无论人的意志还是毅力，都会变得苍白无力，不堪一击。毒品之所以让人不能自拔，与毒品本身让人产生的药物依赖性关系密切。所谓药物依赖即人们常说的"毒瘾"，是指人们由于经常使用毒品而形成的周期性极度兴奋状态，这种兴奋状态只能靠补充新的毒品维持，否则将使吸毒者遭受到一系列难以承受的生理和心理反应。毒品的药物依赖有两个方面：毒品的生理依赖和毒品的心理依赖。生理依赖性主要表现为：在反复多次用药后所产生的心理上、精神上对毒品的渴求或强制性觅药的一种心理倾向，期望用药所体验到的某种效果或感受，以解脱吸毒成瘾后出现心理上的烦躁不安情绪反应。现代生物学对毒品依赖的成因提出了"补偿理论"，并在动物实验中找到了一些证据。"补偿理论认为，吸毒者神经系统缺乏某种物质，这些化学物质在人体中具有控制情绪的作用，如果缺乏这些化学物质，就会使人处于一种不良的精神状态中，当吸毒者发现毒品可以帮助他们摆脱冷漠、抑郁等精神问题时，他们就会不断重复地使用它们，从而染上毒瘾。"① 弗洛伊德认为人类最原始的驱动力即在于满足个人欲望，而人们都会追求欲望的满足。克里斯特尔（Krystal）和拉斯金（Raskin）在1970年的研究中说："在自我不足的人格中，毒品被用来逃避他们面临的也许对别人来说并不构成潜在损害的精神创伤……通过使用毒品，虽然现实被逃避开来，但这只是暂时的，当化学反应消退时，充满邪恶的现实世界又重新回到眼前，他们不得不再次从毒品中获得安慰，从而形成对毒品的依赖。"②

（二）吸毒者的主观原因

（1）好奇心。对于初始使用者而言，首次使用毒品的心理过程主要可以分为以下几种：①接受暗示，往往是无意识、不知不觉的和潜移默化的过程；②顺从，通常是一种被动的接受过程；③模仿，是一种通过相互影响的习得过程；④逆反心理。

（2）利用毒品的药源性。所谓毒品的药源性就是指一些毒品具有镇咳、镇静、止痛等药物成分，从而使一些吸毒者因为想要摆脱病痛而染上毒瘾。

（3）被引诱。这样的吸毒者实际上对于毒品并没有一个清醒和正确的认识，否则他们也不会轻易地被引诱和怂恿。

（4）赶时髦。有一些人认为吸毒是一种很舒服的时髦享受，就像买名牌包一样，可以显示你的阔绰。比如现在的娱乐圈明星吸毒仿佛已经成为国际化潮流，好莱坞"毒气不轻"，我国港台地区也一直有被曝光的吸毒明星，内地演艺圈"与国际接轨"的势头也很迅猛。

---

① 刘长想. 吸毒原因系统的理论分析 [J]. 兰州学刊，2005（5）：230-235.
② 梅松丽，张明，刘莉. 成瘾行为的心理学分析 [J]. 医学与社会，2006，第19卷（10）：38-40.

（5）追求解脱。对于精神上的空虚不安或压力，人们总是本能地想将其摆脱。区别是有的人选择了积极健康的方式，比如说运动、旅游、看电影等等；而一些人就选择了消极的方式去麻痹自己，比如吸毒。

（三）吸毒的客观原因

（1）毒品的可获得性。要求毒品不可获得，是一个非常苛刻的条件，因为毒品还可以是医药物品。毒品不能被直接消灭，正是由于它有它无法取代的作用。据统计，全世界毒品交易额为 8 000 亿，占世界贸易第二位。这样惊人的数据，我们不得不反思，我们到底出了什么问题。对于我们客观的社会来说，毒品应该被强制性地管理，并加大这种管理的力度。

（2）法律的不完善。1990 年 12 月 28 日第七届全国人民代表大会常务委员会第 17 次会议通过了《全国人民代表大会常务委员会关于禁毒的决定》，随后，陆续颁布了有关禁毒法律法规，在禁毒方面起到了重要的作用。但是法律永远都具有滞后性，在禁毒的方面有许多的空白，比如对于自愿戒毒的性质、方式、法律行为等等都还没有相应完备的规定，这给禁毒工作带来了许多的困难。

（3）经济原因。经济处于弱势地位的人吸毒率反而更高，与部分工作压力太大而追求精神解脱的有经济能力的人相比，这些人无法面对自己在社会上的生存状态，再加上我国的保障制度还不是很完善，使生活本来就艰难，经济地位处于弱势的人容易自暴自弃。

（4）社会文化风气因素。由于社会上败坏的文化风气让吸毒、贩毒行为屡禁不止。这种文化风气造成了吸毒者对于毒品的错误认知，好像吸毒并非完全不能接受，导致更多的人走上了吸毒之路，然后影响更多的人染上或者是接受毒品或者是吸毒者。

三、吸毒的影响

（一）吸毒对人口的影响

吸毒直接影响了人口的质量。从医学的角度来看，吸毒者在成瘾状态下身体素质会受到强烈的影响，这是吸毒者一种生物学上的特征，这种影响不仅仅是一次性的，而是在完全戒毒前一种反复出现的现象，对吸毒人的身体健康危害程度很深。其次，吸毒还会影响人的思想，造成人的思维反应迟钝，还容易让人呈现出与正常人不同的消极状态，一旦毒瘾发作对任何事情都没有激情和严肃认真的态度，长期持续下去，就会形成一种习惯式的消极状态，从而影响到人的科学文化素质和道德素质。

（二）吸毒对文化的影响

吸毒有着自己的文化，很多人将吸毒的文化叫作"亚文化"。吸毒亚文化，也叫毒品亚文化，产生于美国影响深远的嬉皮士颓废派运动时期，大量的吸毒者特别是青少年吸毒者在美国出现，随后在整个西方国家出现。随之产生了一种与主流文化相对立又并存的亚文化形式，这便是毒品亚文化或称吸毒亚文化。① 这种亚文化让一些人视吸毒为荣，并崇尚这种"道德风尚"。这种亚文化让处于不同地位不同背景的吸毒者走到了一起，并成为一些人划分是不是"同类"、是不是有共同生活趣味的标准。在这样一种亚文化之下，我们不得不担忧那些潜在的吸毒者。这种亚文化的"知名度"越是高，我们越是紧张，因为有很多人都是不完全甚至完全不理解毒品的危害。尤其是我们的青少年，判断力还不是很强，很容易被这样亚文化误导，以为这就是"现实社会"。

（三）吸毒对经济的影响

毒品对于经济的影响，在于毒品有一个巨大的市场。这个巨大不仅仅是说它的需求量大，更重要的是毒品的利益非常大，从毒品的种植、收集，到加工，再到出售，是一个非常完整的产业链。现阶段，国内市场海洛因价格低于欧美日本等发达国家。在高额利润的驱使下，境外贩毒集团把中国作为向发达国家转运毒品的过境国，这就决定了国内毒品市场上海洛因的供给将处于相对短缺阶段，也就为化学合成类毒品填补市场空白和快速扩展创造了条件。多年来中国一直是毒品走私的路径国，现在因为吸毒人口增加而成了毒品的消费国。由此看来，毒品正吞噬着我国巨大的社会财富。我们的政府每年都要消耗大量的资金用于与毒品做斗争。而那些吸毒者到最后大多都成为社会的负担，只是一味地消耗社会财富，即使有些吸毒者还在劳动都容易发生种种意外事故。

（四）吸毒对社会秩序的影响

毒品不仅仅影响着国家的经济，同样也影响着个人的经济。对于吸毒者来说，再富有也满足不了吸毒的需求，再多的财产最终也会一贫如洗。没有了钱，又不能摆脱毒品，那会如何，当然是不顾一切地得到毒品！正是在这种环境驱使之下，许多人就会破坏社会秩序，走上抢劫、盗窃、诈骗、贪污、卖淫甚至杀人等违法犯罪的道路。有人宁愿冒着生命的危险去得到毒品，当然也有人冒着生命

---

① 百度百科：http://baike.baidu.com/view/3272545.htm

的危险去贩卖毒品。最恶劣情况是吸毒者都希望发展新的吸毒者，因为这样，可以把自己本来已经高价买来的毒品用更高的价钱卖给新的吸毒者，用赚来的黑钱买更多的毒品。这种做法，在吸毒者队伍中普遍称为"以贩养吸"。由此，不仅导致了更多的人陷入毒窟，还导致引诱、教唆、欺骗他人吸毒及强迫容留他人吸毒的犯罪现象的蔓延。

四、吸毒行为的社会控制

（一）反复、大力地宣传和教育

我国的专家学者对于禁毒的政策方面一直推崇宣传教育，但是我们实践中的宣传教育力度还不够。这样的宣传教育力度在吸毒人口比较多，经济相对比较落后的地区需要加大。在这些经济极其落后的农村，有些人连汽车都没有见过，针对这类人群我们必须开展宣传教育，让他们正确认识毒品的危害，让他们明白毒品只会给贫穷的生活增加可悲，而不是带来财富和快乐。这些地区是吸毒人群产生的较集中地区，宣传教育可以起到一个预防的作用，预防滋生新的吸毒者。

（二）保障体系的完善

从前面的分析不难看出，我国的吸毒者很大一部分是来自于经济弱势群体。他们在精神和生活的双重压力下求助于毒品，在这背后隐藏的深刻原因正是保障体系的不完善。很多时候我们追求经济发展，让大多数人生活有了改善，但是还有那么一小部分，他们在这样的贫富格局中，显得尤其无助。在云南的老班村，他们在新中国成立以前就开始替毒贩背运毒品，因为在 2002 年以前人均年收入才 300 元的他们，帮毒贩背一次毒品就有 1 000 元左右的收入。马克思告诉我们："一有适当的利润，资本就会非常胆壮起来。只要有 10%的利润，它就会到处被人使用；有 20%，就会活泼起来；有 50%，就会引起积极的冒险；有 100%，就会使人不顾一切法律；有 300%，就会使人不怕犯罪，甚至不怕绞首的危险。如果动乱和纷争会带来利润，它就会鼓励它们。走私和奴隶贸易就是证据。"[①] 这些连吃饭都成困难的老百姓在这样的诱惑面前很难不走上吸毒贩毒的道路。

（三）完善禁毒法律，严厉打击犯罪

吸毒贩毒之所以成了社会问题，不仅是因为它的交易额大，消耗了巨大的社会财富，还因为它往往是引发犯罪的原因。一个人单纯的吸毒行为可能只是影响

---

① 马克思，恩格斯. 资本论：第 1 卷 [M]. 北京，人民出版社，1972：839.

他自己和家人，但是他获得毒品的行为等会影响到我们的社会秩序。前面在吸毒行为的原因部分作者已经提出我国的关于禁毒的法律还不是很完善，很多地方还是处于空白。而还有一些法律条文，尤其是各个不同地方的法律条文常常相互矛盾。我们必须要有统一的法律，才能在管理起这些法律的时候井然有序。在种植毒品，毒品管理，吸毒、贩毒管理等方面都应该有相关完善的法律，将人们获得毒品的渠道堵死，严厉打击吸毒贩毒，让一切对毒品跃跃欲试的人望而却步。

（四）加强精神文明建设

在我国建设社会主义现代化的时候，不但要有高度的物质文明，还应当有高度的精神文明。在我们的吸毒人群中，不管是哪一个阶级的人对心理依赖都是相当的强烈。所以我们应当加强对精神文明的宣传，引导大家进行有益身心的娱乐活动，提高法治观念和道德水准，把吸毒人群从吸毒行为中拯救出来。

第四节　自杀行为

一、自杀的定义及现状

自杀（Suicide Behavior）是个体有意识地、自愿地采取各种方式直接结束自己生命的行为①。世界卫生组织（WHO）对自杀的定义为"一个人有意识地企图伤害自己的身体以达到结束自己生命的行为"②。

据世界卫生组织估计，全世界大约每 3 秒钟有一例自杀未遂，每一分钟有一例自杀死亡；据 WHO 的统计资料显示，在 1950—1995 年这 45 年里，世界的自杀率增加了 60%，2002 年全世界大约有 877 000 人死于自杀，自杀未遂者是成功自杀者的 40 倍。③ 自杀占全球疾病总负担的 1.4%，预计到 2020 年会增加到2.4%。④ 1996 年 53 个国家年龄标准化后的平均自杀率是 15.1/10 万。其中，男性为 24.0/10 万，女性为 6.8/10 万。⑤

目前，自杀已成为全世界精神卫生研究领域的重要课题之一。据 39 个国家

---

① 杨玲，樊召锋. 自杀态度与自杀倾向的相关分析——大学生自杀风险评估与危机干预研究 [J]. 甘肃社会科学，2009 (1)：235-237.
② 陈晓霞. 自杀危险因素的研究现状 [J]. 重庆医学，2010 (1)：115-117.
③ 柴森. 沈阳市综合医院急诊室自杀未遂者自杀方式调查及特征研究 [D]. 北京：中国医科大学，2011.
④ 丁海龙. 沈阳市居民自杀态度、自杀意念及心理健康状况研究 [D]. 北京：中国医科大学，2009.
⑤ 宋剑锋. 湖北省城乡居民自杀意念及其影响因素研究 [D]. 武汉：华中科技大学，2008.

国家危亡、亲人丧亡等。古代亚历山大城作为当时世界文化中心，据说还有传授自杀方法的特殊学校，罗马帝国时代也存在支持自杀的宗教团体，在其统治下的马赛市议会的上院甚至颁布了对有"某种正当"理由自杀者提供毒药的决议案。

到了中世纪，罗马教皇完全否定了自杀的"正当性"，对自杀采取不宽容和严厉的态度，对自杀一概否定。法律定义自杀为"罪孽"较早也是出自宗教，尤其是基督教的某些禁令。公元452年阿莱斯的宗教议会就宣布自杀是犯罪，只有中了邪的人才会自杀。到563年，布拉格会议将此正式列入了法典，规定"自杀者不能享受宗教的祭典，送灵时不能唱圣歌"。[1] 这段时期，苏格拉底从哲学层面上，将人的肉体与灵魂进行理性的分离，轻视肉体的存在，而看重精神的存在。他还把人的自然死亡视为神对人的终极召唤，神的旨意下的死是人的最好的境界。他反对自杀，因为自杀既然受控于自我意识，那么必然违背神的精神。在自杀问题上，柏拉图同苏格拉底一样，持反对的态度，他认为"一个人应该等待，在神没有召唤他之前，不要结束自己的生命"[2]。

随着时间的推移，在文艺复兴时期，荷兰学者伊拉斯漠和英国人莫尔等人开始主张自杀肯定论，反对罗马教会传统的戒律，认为人的命运由自己掌握，以自由意志来确定自己的生与死。同时，伴随着17世纪科学发展，教会的传统观念被日益削弱，由于欧洲的基督教分为天主教和新教，天主教的影响越来越弱。而近代资本主义发展，进一步促进了自由主义和个人主义的成长，有关自杀的观念也得到了一定的纠正。到了18世纪启蒙时期，表现最为明显的是巴尔扎克、陀斯妥耶夫斯基的小说中自杀现象出现次数增多。18世纪末爆发法国大革命，接着，欧洲各国逐步废除了关于自杀的禁令。

（二）我国关于自杀的主要态度

在中国，先秦时期人们的思想处于"百花齐放、百家争鸣"的自由环境当中，面对现实生活的无奈和困境以及社会的动荡，人们崇尚"向死而生"的观点，自杀行为较容易出现。[3] 在这一期间，人们对自杀的态度较为宽松，有些观点和法律支持自杀行为。

此后的中国，儒家思想长期占统治地位，认为"身体发肤，受之父母，不敢

---

① 钟继荣. 揭开自杀之谜 [M]. 北京：中国检察出版社，2000：234.
② 柏拉图. 柏拉图全集 [M]. 王晓朝，译. 北京：人民出版社，2012：167.
③ 唐德荣. "向死而生"——试论先秦时期的自杀现象 [J]. 晋阳学刊，1997（4）：79-86.

毁伤，孝之始也"①。《孝经》开宗明义第一章即"父母全而生之，已当全而归之，故不敢毁伤"。② 儒家强调德行，人性（人心）即所谓"仁"，对朋友和对国家忠诚和利他主义就是"至善"。儒家认为家庭在一切事物中占有中心地位。孝心是对家庭责任的基础，包括在不同生命阶段家庭成员之间的相互照顾，"父慈子孝"等。

作为中国本土宗教的道教，主张"自然""无为"和"修身"。"自然"是道的根本特性，是一种生活态度，是他所推崇的一种最高的人生境界。道家所指的自然是自然而然，是一种没有人为的天然状态。"无为"是顺其自然而不含有人力的强加妄为的意思。"无为"与"有为"的分界线要看是否顺应自然发展的规律，遵循和顺应自然规律是"无为"，而把个人主观意志强加于自然就是"有为"。自然、无为构成道家学说的最核心观念。因此，对于自杀的态度上，道家也提倡"无为"，让生命顺其自然地发展，不能擅自强加主观意愿去了结自己的生命，这样是有悖于"无为"的教义核心的。

过去虽无精确统计数字，但在这一阶段，在儒家和道家思想的影响下，中国人的自杀率在五四运动之前是较低的。直到五四运动砸烂孔家店后，西方的新思潮被引入中国，"民主""科学"的思想主张人们挣脱思想的束缚，崇尚自由意志的发挥，而传统的儒家和道家思想被削弱，自杀者陡增。以作家为例，根据文献记载自屈原投江自杀到五四运动以前，作家自杀人数不超过 30 人，平均每一百年才有一个作家自杀，而五四运动之后作家自杀数量急剧增加，超过我国以往作家自杀数量数倍。

三、在当代中国，自杀行为的特点

虽然在人类历史的整体变迁过程中，随着社会和时代的发展，人们对自杀的态度也在不断地转变，但受到不同地域特点和文化思想传统的影响，每个国家和地区的自杀行为又有其自身的特点。在当代，中国的自杀行为主要呈现以下的特点：

（一）性别差异

女性自强意识的觉醒使得妇女的社会地位提高，从而女性在家庭与社会中的角色发生了很大转变，由照顾家庭饮食和起居的"专职家庭主妇"向更多的社会角色转变。在这个过程中女性形成了自己的关系网络，有了自己单独的交际圈而

---

① 轶名. 礼记·孝经［M］. 胡平生，陈美兰，译注. 北京：中华书局，2011：25.
② 轶名. 礼记·孝经［M］. 胡平生，陈美兰，译注. 北京：中华书局，2011：232.

不再孤单、有倾诉对象，自杀死亡的发生概率明显降低。另一方面，男性的社会家庭工作压力不断增大，在社会经济发展背景下，妇女的自由意识得到了很大程度的解放，逐渐把全部精力由照顾全家人的饮食起居转移到追求事业和理想。而这就出现了两个问题：一是女性的独立并不能保证其工作能力和精力完全替代男性的作用，二是女性的觉醒给男性带来了更大的心理压力。[①] 所以，从女性和男性在社会角色定位的两个角度出发，得出了中国男性自杀率高于女性的结论。如表 7-1 所示：

表 7-1 　　　　　　　　自杀相关文献中自杀率的性别差异

文献出处	自杀死亡人口总数（人）	男性自杀死亡人口数（人）	女性自杀死亡人口数（人）
温州市 2003—2007 年居民自杀死亡原因分析	379	221	158
于都县 209 例自杀死亡案例统计分析	209	88	121
揭开自杀之谜	2 312	1 041	1 271
2006—2008 年某院自杀就诊患者特征分析	426	156	270
1 413 例自杀死亡案件特点研究	1 413	753	660
314 例自杀分析	314	197	117
188 例自杀案例的法医学分析	188	92	96
2002—2007 年宁波市不同人群自杀死亡分析	2 083	1 342	741
1998—2009 年哈尔滨市区居民自杀死亡分析	4 232	2 366	1 866
上海宝山区 1999 年居民自杀现状分析	81	44	37
院前急救 479 例自杀病人流行病学分析	479	172	307
总数（人）	12 116	6 472	5 644
所占比重（%）	100	58.42	46.58

（二）年龄差异

从年龄差异上看，0~19 岁年龄段人口，这一年龄段的人群有这样的特点：他们中最大的 19 岁，这一时点上的人群大多数还处在高中毕业的阶段，在当代的我国教育背景下，还是有相当部分的学生选择继续深造，而不是过早地踏入社

----

① 马剑侠. 我国目前自杀的主要特点、社会心理分析及对策 [J]. 安阳师范学院学报，2001（6）：97-99.

会。50 岁以上年龄段人口群体的特征，50 岁及以上的人口多数工作业绩到达顶峰，也面临着退休，赋闲在家，也同样有着不承担家庭生活压力、生活稳定的特征。因此，排除两个端点，得出这样的结论：20～49 岁年龄段人口群体属青壮年时期，负担着家庭生活和自我实现的重任，较之两端的人口群体，他们的社会工作压力更大，面临的工作更复杂。由此推出，社会工作压力大是青壮年年龄段人群自杀率较高的主要原因。① 如表 7-2 所示：

表 7-2　　　　　　　　自杀相关文献中自杀率的年龄差异

文献出处	0～ 19 岁	20～ 29 岁	30～ 39 岁	40～ 49 岁	50～ 59 岁	60 岁 及以上	总数
温州市 2003—2007 年国民 自杀死亡原因分析	21	42	47	54	76	139	379
于都县 209 例自杀死亡案例统计分析	5	114	43	24	13	10	209
揭开自杀之谜	124	559	325	206	71	91	2 312
2006—2008 年某院自杀 就诊患者特征分析	74	149	128	44	15	15	426
1413 例自杀死亡案件特点研究	73	351	262	250	196	281	1 413
314 例自杀分析	35	130	71	41	20	17	314
188 例自杀案例的法医学分析	11	49	59	32	17	20	188
合计	343	1 394	935	651	408	573	5 241
所占比重（%）	6.54	26.60	17.84	12.42	7.78	10.93	100

（三）学历差异

接受教育年限越长、文化层次越高的人自杀死亡率就越低，说明自杀死亡人口数与人口受教育程度呈负相关的关系。这与我国人口科学文化素质的水平有着很大的关系，同时也说明学校的心理疏导对自杀死亡率的降低产生了不可忽视的贡献。这对我国教育工作者，尤其对在校的心理疏导老师的工作是极大的肯定，同时也对其今后的工作道路和要求提出了更高的要求和挑战。相信随着我国教育力度的更大投入以及教育工作水平及人口科学文化素质水平的整体提高，我国的自杀死亡率将得到有效的控制。如表 7-3 所示：

---

① 马剑侠. 我国目前自杀的主要特点、社会心理分析及对策［J］. 安阳师范学院学报，2001（6）：97-99.

表 7-3   自杀相关文献中自杀率的学历差异

文献	文盲（人）	小学（人）	初中（人）	高中及以上（人）	总数（人）
揭开自杀之谜	130	310	218	117	775
280 例自杀分析	41	67	117	55	280
124 例育龄期女性服毒自杀者的因素分析及干预措施	0	78	24	22	124
合计（人）	171	455	359	194	1 179
所占比例（%）	14.50	38.59	30.45	16.45	100

（四）职业差别

职业阶层方面，由于数据有限，作者将总体划分为农民、工人、干部、学生和无业五个组别，综合进行对比。如图所示，农民占自杀死亡案例总体的绝大多数，比例占到了 70%以上。如表 7-4 所示：

表 7-4   自杀相关文献中自杀率的职业差别

文献	农民（人）	工人（人）	干部（人）	学生（人）	无业（人）	总数（人）
于都县 209 例自杀死亡案例统计分析	179	21	3	2	4	209
揭开自杀之谜	527	133	14	22	44	740
院前急救 479 例自杀病人流行病学分析	299	154	–	26	–	479
合计	1 005	308	17	50	48	1 428
所占比例（%）	70.38	21.57	1.19	3.50	3.36	100

以上说明社会转型时期，农村劳动力转移问题、城镇化问题及农民工社会保障制度问题对我国人口自杀死亡率产生着不可忽视的影响。在转型时期，学者及政府工作人员更应该注意农民工保障问题的妥善解决，不但应该首先从制度上保障农民工及城市化中从农村置换出的劳动力的生产生活，更应该从心理疏导方面，充分重视农民工的切身需要，尽量满足他们的精神需求，改变我国自杀人口中农民占绝大多数比例的现状。

（五）婚姻状况影响

很多关于自杀人口婚姻问题的研究，都一致性地表明自杀者大多数为未婚人群，但是根据本书搜集的数据来看，已婚人群占自杀死亡者的大部分，占到总体的 62.9%，这一现象很值得我们深入的研究。如表 7-5 所示：

表 7-5 自杀相关文献中自杀率的婚姻状况差别

文献	已婚（人）	未婚（人）	离异或丧偶（人）	不明（人）	总数（人）
1 413 例自杀死亡案件特点研究	872	340	108	93	1 413
314 例自杀分析	202	89	–	23	314
合计	1 074	429	108	116	1 727
所占比例（%）	62.19	24.84	6.25	6.72	100

为什么已婚者人群自杀率如此之高，其最主要原因要从婚姻家庭方面来分析。近些年来我国离婚率的猛升也说明了这个问题。随着社会转型时期的到来，家庭生活压力变大，女性性别角色也发生着深刻的变化，所以对婚姻的质量产生了一定的冲击作用。所以，笔者认为，婚姻家庭的不幸福应该是已婚者人群自杀率居高的主要原因。

（六）自杀的季节性

季节及日常温度的分析，将一年 12 月每两个月份分为一个组别对自杀死亡人口的现状进行讨论，得出以下结论（如表 7-6），5~6 月自杀死亡人数最多，成为时间段上一年自杀死亡的最高峰，而左右两端依次递减。

表 7-6 自杀相关文献中不同季节的自杀率分布情况

文献	1 到 2 月（人）	3 到 4 月（人）	5 到 6 月（人）	7 到 8 月（人）	9 到 10 月（人）	11 到 12 月（人）	总数（人）
于都县 209 例自杀死亡案例统计分析	21	33	48	46	31	30	209
揭开自杀之谜	92	138	150	135	124	92	731
315 例自杀分析	48	56	67	67	47	30	315
合计（人）	161	227	265	248	202	152	1 255
所占比例（%）	12.83	18.09	21.12	19.76	16.10	12.11	100

也就是说，自杀死亡与季节和温度之间也存在着相关关系，即天气越热的时候人们更容易受到情绪的影响而自杀率较高。季节、气候、温度与人口自杀死亡之间的关系研究尚属于学术界的空白，期待更多学者关注自杀死亡人口与气候之间的关系，将来能做出更多的理论研究贡献。

第八章 他人生命生产行为

第一节 他人生命生产

马克思人口原理在强调人类自身生产时指出人类自身生产是指人类为了世代延续，即为了自身的增殖或种族的繁衍所进行的生产。而人类中的繁衍和世代延续必然离不开新生人口的生产，即他人生命生产，他人生命生产不仅是人类延续的必然，更是构成人口再生产的核心。自己生命生产与他人生命生产是统一于人口生产的不可分割的两个方面，两种人口生产之间相互交织，互为前提，共同构成了人类自身生产的全部内容。研究人口行为更有必要对他人生命生产行为的本质、内涵、内容、实现形式以及周期等进行系统探讨，从而全面系统地把握人口行为的全过程。

一、他人生命生产的本质——个体社会化

他人生命生产行为与自己生命生产行为一样，只是基于从个体角度和家庭角度出发，不同视角下对人类生产的不同定义。自己生命生产行为解释了个体作为社会人，在实现生命生产过程中的社会化本质，他人生命生产同自己生命生产一样，就其本质而言，同样是个体的社会化。这体现在他人生命生产的整个过程中，具体表现在两方面。一方面，在现代文明社会，他人生命生产是通过生育这种方式来实现的，而一定的生育行为在一定的婚姻关系和家庭关系下进行的，这种婚姻关系和家庭关系的缔结都是在一定的社会环境中形成和演化的。婚姻从本质上讲它是一定阶段出现的两性与血缘关系的社会形式，是一种被社会制度所认可的符合法律规定的社会关系。而家庭是以婚姻和血缘关系为基础建立起来的稳

定的社会单位，婚姻和家庭同时受法律、伦理道德和风俗习惯的制约。那么婚姻和家庭作为生育行为的前提和基础，本身就是个人在社会化过程中所受到的行为规范的约束，是社会化的一部分，正是由于个人的社会化过程有了对婚姻、家庭以及择偶等社会行为的规范，如法律制度的约束，风俗习惯的识得、学习与遵守，才会在照既定的社会约束下的进行生育，所以说生育行为本身就是一种社会化的行为。另一方面，他人生命生产除了生育本身即妊娠和分娩等，还有对新一代人口的抚养，家庭作为社会化的主体在个人生命生产中扮演了重要的角色。首先，家庭是孩子社会化的第一步，也是决定社会化的关键时期，家庭中的各种结构和行为会无意识地影响到孩子的社会化。与此同时，孩子从出生就具有了一定的种族、阶级、民族、宗教和地区等亚文化中的先赋地位，这些都会影响后来其与社会相互作用和社会化的性质。其次，在抚育孩子过程中，学校作为社会化的主体，不仅传授给孩子知识，还要进行价值道德标准的传播，这是对孩子社会化的教育过程。不光有这些，还有大众传媒以及同辈人等都会影响到孩子的成长与社会化过程。由此可见抚养本质上也是一个个体社会化的过程。那么，他人生命生产，无论是生育行为还是抚养行为都是个体的社会化。

二、他人生命生产的概念

（一）他人生命生产的定义

自己生命生产行为强调的是个体脱离家庭，具有独立完成自己生命生产的能力，并开始完成自己生命生产的过程。这一定义的出发点是从个人角度和能力的角度双重视角出发。因而相对于自己生命生产，对他人生命生产的定义则是基于家庭视角和能力视角出发，是强调个体不具备独立完成自己生命生产能力和未脱离家庭抚养的情况。他人生命生产的外延包括家庭夫妻双方在孕育新一代人口所经历的所有历程，因而从家庭的视角出发，他人生命生产绝不是生育这一简单的人口行为过程，但生育却是他人生命生产的核心。所谓他人生命生产是指：现实劳动人口通过孕育、抚育等方式，将自己获得的生活资料用于生育准备和抚养新生人口、提供给未进入劳动岗位人口，以维持其发展起生命力、体力、智力的过程。这里的他人生命生产是指不包括与其自身相关的社会关系的生产，所以是狭义的他人生命生产。同样，相对于自己生命生产而言，从广义生命生产的定义来看，他人生命生产也包括与之相关的社会关系的生产，因为这是伴随着个体在生命生产过程中作为社会人，作为个体社会化过程所不可缺失的重要组成部分。

（二）两种定义的区别与联系

作为人类自身生产的两个重要组成部分，他人生命生产行为同自己生命生产行为一样，不仅表现为个体作为独立人，其生命特征的不断延续和发展，同时更表现出个体作为社会人的"社会性"的生产与发展。狭义的他人生命生产重点突出从家庭视角出发，对新的人口和生命体的孕育和抚养过程，重点是个体生命特征的延续。而广义的他人生命生产重点在于个体社会性的发展，尤其是个体在社会认知、人格发展等。因而两者的区别主要在于生命生产的侧重点不同，传统意义上的新生人口生产与再生产，强调的是个体生命特征的生产也即狭义的他人生命生产。而广义的他人生命再生产往往涉及发展心理学和社会心理学的研究范畴，使得他人生命生产行为的研究割裂了人口的"社会性"的生产。他人生命生产行为的两种定义的联系就在于两者是无法割裂和同时进行的，个体的"社会性"的习得和社会化的发展是伴随着新生人口出生之后就不断渗透在个体的生命历程中。他人生命生产的两种定义同样是个体作为"独立人"和"社会人"的两种不同视角。而无论是自己生命生产还是他人生命生产，其本质都是个体作为社会人不断社会化的过程，两种人口生产行为基于不同的视角出发，划分成不同的人口生产行为。

三、他人生命生产的内容

他人生命生产的定义有狭义和广义之分。他人生命生产的内容也应有广义和狭义之分。从他人生命生产的定义可以看出，狭义的他人生命生产重点在个体的孕育与抚养，广义的他人生命生产重点是个体在生命过程中"社会性"的习得，这里重点是个体社会认知和人格发展。

（一）狭义的他人生命生产

基于狭义的他人生命生产的概念，重点是新生人口的孕育和抚养，因而其主要内容可以归纳为三个基本的方面：怀孕、妊娠、抚养。

怀孕。怀孕是他人生命生产的开端，也是孕育新生命的第一步。根据我国目前相关法律规定，合法生育的法定条件是只有在合法的夫妻组建家庭基础上才能进行。因而在合法怀孕之前，夫妻双方从择偶、恋爱到结婚和组建家庭都可以称之前生育行为。从人口学和生理学的特征来看，怀孕有适合的生理年龄和生物年龄，女性在 25~30 岁之间是生育的最佳年龄段，最好不要超过 35 岁。而男性的最佳生育年龄则是在 25~35 岁，最好不要超过 40 岁。这一时期女性全身发育完全成熟，宫缩力较强，卵子质量高，怀胎生育、分娩危险小，胎儿生长发育好，早产、畸形儿和痴呆儿的发生率最低，引起难产的概率也较低，对生育聪明健康的宝宝十分有利。处于此年龄段的夫妻，因为生活经验较为丰富，精力充沛，也有能力抚育好婴幼儿。① 然而，随着现代生活节奏的加快、人们生活方式和饮食习惯等变化，怀孕行为也发生了新的变化，如不孕不育现象明显增多，试管婴儿以及代孕行为等新现象开始出现。

妊娠。从怀孕到妊娠是狭义他人生命生产的前期阶段，从妊娠到婴儿出世意味着新生命体的诞生和新生人口的增加，是他人生命生产的最为核心和关键的环节。妊娠同样具有阶段性，妊娠12周以前称早期妊娠；第13~27周称中期妊娠；第28周及其后称晚期妊娠，而妊娠结束和新生儿诞生并不意味着妊娠的全部过程。妊娠过程还具体包括加强孕期保健、大力加强产前诊断、做好围产期保健以及改善营养条件等。妊娠期的保健直接关系到新生人口的质量，对他人生命生产有着全关重要的作用。

抚养。从新生儿脱离母体独立开始自己生命生产的整个过程，都可以称为抚养行为。抚养是他人生命生产的后期阶段，也称为后生育行为，这一阶段是个体在他人生命生产向自己生命生产过渡的关键时期。他人生命生产的绝大多数时间是在这一过程中完成的，而处于这一时个体大致是在婴幼儿时期和少年时期。婴幼儿的生长发育，是一个连续的过程，但又不是均衡一致的，年龄越小，生长发育越快。在婴幼儿生长发育过程中，这一阶段是下一阶段的基础，下一阶段又是这一阶段的继续。婴幼儿的体格健康与否，各系统、各器官发育，尤其是智力发育情况，会对后期他人生命生产以及自己生命生产产生重要的影响。② 而少年时期同样处于他人生命生产的关键阶段，这一时期他人生命生产的抚养行为重点在于家庭，但同时受到学校和社会的影响，受到同类群和舆论的影响。这一时期个体通过学前教育和学校教育，智力水平开始不断提升，体质、骨骼以及其他生理系统也随着年龄的增加在不断地发育和完善，这一时期的个体会形成对世界和社会的认识和看法。

（二）"社会性"的习得

他人生命生产从广义的角度出发，同样是强调个体作为一个社会人在不断社会化过程能习得其所具备的一系列社会关系的变化。相较个体自己生命生产，他

---

① 中华营养保健学会. 准备怀孕［M］. 济南：山东美术出版社，2009：2.
② 四川省妇女联合会儿童工作部. 婴幼儿抚养与教育［M］. 成都：四川科学技术出版社，1997：4.

人生命生产所表现出来的社会关系相对比较简单、社会地位相对稳定、社会角色相对单一。而在这种特征下的个体发展阶段和所处环境，在他人生命生产过程中，较为突出的是社会认知和人格发展等。

社会认知。新的生命体从降生起，就开始不断地接触社会，随着个体婴儿期到学前期和少年时期经历的家庭和教育的变化，此时个体对外界信息有了判断和加工的能力，从而逐渐形成对社会的认知。社会认知表现为个体对他人表情的认知、对他人性格的认知、对人与人之间关系认知等总和，可以说是个体社会性发展的重要环节。然而由于这一时期的个体心理发育尚未成熟，极度容易受到各种环境的影响。其中，戴维斯（KinDley Davis）的社会文化理论就强调社会文化因素对青少年行为的影响，认为社会行为准则、文化期望、社会或文化仪式、群体压力等会对青少年时期的社会行为产生重要影响。

人格发展。人格，作为区分个体持久性特征的总和，源于婴儿期。对于他人生命生产而言，婴儿从一出生开始就展现出独特、稳定的行为和特质，而这些行为和特质最终会导致他们发展成为行为独特的个体。艾瑞克森的心理社会性发展理论认为，人格主要是由婴儿时期的经验所塑造的。随着个体的年龄增长，这一时期他们会逐渐地意识到社会为他们设置的性别差异和性别角色，同时他们也会逐渐通过对父母和他人的依赖等形成某种社会关系。而当个体经历学前期、儿童中期和青春期等发展过程后，个体就会在后期如何遵循社会的是非准则、如何处理家庭和学校环境的变化、如何应对同期群的压力以及抵制不良行为的过程中不断地形成稳定的人格特征。

四、他人生命生产的实现形式与周期

从他人生命生产的基本概念可以看出，他人生命生产不仅仅只是生育这一简单的行为过程，更重要的是其同时包括生育准备环节和抚养教育环节，也就是他人生命生产的实现是通过前生育行为、准生育行为和后生育行为这三个环节共同构成的一个完整过程。而这三个基本的环节构成了他人生命生产的三种基本实现形式，同时也构成了他人生命生产的一个周期。对应于自己生命生产周期的基本概念，所谓他人生命生产周期是指——从父母准备生育子女，到子女脱离家庭独立生存（开始自己生命生产）这一时期。其同样包括前生育行为、准生育行为和后生育行为三阶段。

他人生命生产周期的三阶段其重点和内容各不相同，具体而言：①前生育行为，主要包括择偶、婚姻和组成家庭。恋爱是婚姻的基础，婚姻是组建家庭的前提，而合法的生育只能在家庭中进行，因而对于前生育行为而言，其重点是他人生命生产的准备阶段，这一时期随着不同群体和个体的差异性特征而表现出不同的周期长短。②准生育行为，主要包括怀孕、妊娠。准生育行为往往是传统意义上的较为狭义的生育行为，这一时期重点在于从怀孕到婴儿出生对婴儿的照护，主要包括孕期检查以及围产期的保健等。③后生育行为。主要包括对新生人群的抚养教育等一系列社会性的学习上，这一阶段的他人生命生产主要包括家庭教育、学前教育、学校教育以及对子女的生活照料等。在他人生命生产的三个基本阶段中，准生育行为和后生育行为都是在家庭中进行和完成的，因而相对于择偶和恋爱而言家庭对他人生命生产的影响更为重要。而由于择偶和恋爱是组建理想家庭的基本前提，尤其是随着社会的发展，人们择偶观和恋爱观的变化，都会对家庭的发展带来新的影响，从而影响到他人生命生产的全过程。如社会中出现的不以爱情为基础的择偶观和非异性的恋爱关系等都决定了未来家庭组建和形式，影响着他人生命生产的全过程。所以，研究择偶行为、恋爱与婚姻行为对他人生命生产都有着至关重要的意义。

第二节 他人生命生产的核心——生育

一、生育与生育行为

（一）生育

"生育"一词专属于人类，它伴随着人类产生而出现，随人类社会的发展而日趋进步。对生育的含义，存在着广义和狭义两种理解。狭义的生育（Fertility）仅指"分娩"或"胎生"，这是一个极为短暂的过程。而广义的生育，则不仅包含"分娩"过程，还包括之前的一系列过程和之后的抚养、教育过程。

（二）生育行为

生育行为相对于生育而言，有着更为广泛的内涵与外延，生育行为不仅强调生育本身——即"分娩或胎生"以及之后的抚养与教育过程。同时，突出生育在所受到来自生育观、生育文化、生育习俗以及生育制度等影响下，人们做出的是否生育、生育数量、质量以及生育性别的行为选择。

二、生育行为的性质

（一）生育行为的社会性

生育是一种生物现象，有其生物的、生理的自然基础。然而，归根到底，它是人类特有的社会行为，是人类繁衍后代一系列行为过程的有机统一。这一过程就是马克思所说的"他人生命生产"过程。人们通过婚姻关系组成家庭，在家庭中结成一定生育关系，即生产他人生命生产关系，包括夫妻关系、父母与子女的关系等。生育行为就是在家庭中、在特定的人口生产关系下进行的生育活动过程。人口生产力，即妇女生殖力，在没有任何制约的情况下，可以生育 15 个~20个孩子。根据 20 世纪 50 年代初古特马赫（Alan. F. Guttmacher）关于妇女生育的研究，亲自哺乳的妇女每 24 个月可生一胎，不亲自哺乳的 19 个月生一胎，那么，一个妇女一生中可生育 15 胎~20 胎，甚至更多。然而，这种生育上的最大的生物潜能，从来没有，也不可能在绝大多数人群中实现。生物因素只是为生育提供了可能，但要把这种可能变为现实，则要受到社会经济、文化环境等因素的限制。人类以家庭为基本单位的生育行为的决定性因素，不是自然因素而是社会因素。

生育行为的社会性还不仅仅体现在其根本的决定因素上，同时也体现在社会化的社会关系当中。就单个家庭内发生的生育行为而言，似乎不具有社会性。然而，在当代商品经济高度发达的社会条件下，尽管每个家庭的生育都是从家庭自身的某种利益出发，但其生育行为结果形式——劳动力产品都必须通过市场，在得到社会承认之后，方能为家庭带来某种收益，以满足各个家庭不同的生育需要。当然，由于生产资料所有制性质的差异，尽管生育行为都具有社会性，但其根本性质却不同。在社会主义公有制下，人类自身的生产，人们的生育行为也被纳入了社会宏观调控的范畴。"计划生育"的最终目的就在于使人们的生育行为符合社会经济发展的需要，要求人类生育行为结果——劳动力，在数量、质量、结构等方面适应和促进社会经济的发展，生育行为社会性得到较为充分和健康的体现。而在私有制下，由于生育行为被看成是家庭或个人的私事，社会无法进行准确、科学和必要的计划调控，生育行为的社会性就很难得以充分体现。

（二）生育行为的时代性

同时，生育行为在不同的历史时代、不同的地区和不同的社会集团之间，是存在着极大差异的。首先，结婚和性结合的时间或年龄就有极为明显的差异。以结婚年龄为标准，大体上可将这种行为划分为两大类型，一类是早婚型，另一类是晚婚型。一般来说，工业化较缓慢或欠发达的国家或地区，人们的结婚年龄较小，早婚率较高，晚婚率较低，属早婚型；而工业化程度较高的发达地区和国家，人们倾向于晚婚，属晚婚型。其次，怀孕和生产方式及表现形式也存在着极大的差异。怀孕的时间选择、怀孕的次数和间隔、生产子女的数量和间隔等，在不同的人口群体中是极不一样的。此外，对后代的抚养和教育，一些人群采用"粗放式"，一些人群却采用"集约化"方式。如此种种，构成了一个社区、一个社会集团、一个地区乃至一个国家、一个社会的人们各具特色的生育行为模式。

（三）生育行为的复杂性

人口群体之间的生育行为模式之所以存在差异，是因为他们各自生育行为的发生有着不同的动机和动因。生育动机或称目的，亦即生育价值观的核心内容，即人们为什么要选择这样的年龄结婚、生育，为什么选择多生多育或少生优育等。人口群体之间的上述生育价值观是不同的，而生育行为又是由生育价值观支配和制约的行为，正因为如此，不同的人口群体之间生育行为模式才表现出差异性。当然，生育的动机或目的，尚不是生育行为发生的基本原因，因为生育的动机或目的乃是由人们的需要诱发的。人们的需要是多种多样的，而且极为复杂，其需要得以满足的途径也是很多的。一些需要可以通过其他途径，如参加社会的物质生产活动和其他社会活动得以实现和满足，而在一定的历史时代和社会环境下，一些需要却又只能通过生儿育女得以实现和满足。譬如，在我国现阶段，广大农村地区的养老在很大程度上尚依赖于养儿育女；再如，增加家庭乐趣和巩固夫妻感情等需要的实现也有赖于生儿育女。当然，生育动因或生育需要是较复杂的，既有物质的需要，也有精神的需要，而且还具有复杂的层次性。总之，人们的生育动机和生育需要乃是生育行为的内在原因，而生育行为不外是生育动机和动因的外在表现形式。同时，还应该看到，人们生育需要、生育动机乃至生育行为模式的差异的终极原因还在于人们所处的社会经济环境、文化背景、社会政策的宏观调控、家庭经济状况、人们的文化素养、妇女地位等因素。所以生育行为表现为这样的链条：社会经济环境→需要→生育价值观→生育行为方式→满足需要，新的环境→新的需要→新的生育价值观→新增的生育行为方式→再满足……

因此，在研究某一人口群体的生育行为时，必须将生育行为外在表现与内在原因结合起来，将生育行为看作是一个复杂的有机联系的行为系统，唯有如此，的统计资料显示，自杀率和性别的差异在各国之间是非常显著的，一般男性高于女性（中国例外）。目前男性自杀率最高的国家为立陶宛、俄罗斯、拉托维亚和爱沙尼亚等，年自杀率大于 60/10 万，而女性自杀率最高的国家为斯里兰卡、中国、匈牙利和爱沙尼亚等，年自杀率大于 14/10 万。而在部分非洲和拉丁美洲国家自杀率却非常低，如埃及、秘鲁等，年自杀率小于 1/10 万。国际上习惯上将年自杀率大于 20/10 万的国家称为高自杀率国家，年自杀率小于 10/10 万的国家称为低自杀率国家，过去中国一直被认为是低自杀率国家，但 1999 年卫生部首次正式对外公布了中国年自杀率为 22.2/10 万（1993 年）。提示中国的自杀问题不容忽视，全社会有必要对该问题关注和重视。

　　自 20 世纪 80 年代以来，我国经济模式发生转变，在市场经济的大环境中社会竞争压力增大，这在一定程度上导致我国的自杀人数逐年增长。北京心理危机研究与干预中心的统计数据显示，我国每年大约有 28.7 万人因自杀导致死亡，年均自杀死亡率为 0.23%[①]。同时一些研究还表明，1 例自杀死亡会影响和波及 6 个亲友，1 例自杀未遂造成的重大负面影响则可波及 2 个亲友，自杀死亡和自杀未遂会给亲友带来长达 10 年和 6 个月的心理伤害[②]。可见，自杀对社会和家庭的稳定造成很大的负面影响。

二、自杀行为的人口学解释

　　自杀是个体有意识地、自愿地采取各种方式直接结束自己生命的行为，在英语用"Suicide Behavior"来表达，其中"Behavior"意在指出和强调自杀是一种行为，而并非一个简单的动作，是由一系列的动作和过程构成。在此基础上，美国国家精神卫生研究机构将自杀行为具体分为自杀意念、自杀未遂和自杀死亡三类。法国学者迪尔凯姆将自杀定义为"任何由死者自己所采取的积极的或消极的行动直接或间接地引起的死亡都叫作自杀"，[③] 并根据自杀的动机分为利他性自杀、利己性自杀、示范性自杀和宿命性自杀。

　　（一）国外自杀态度的转变

　　在古代，古希腊制定了一些允许国民自杀的条款，如受辱、名誉被毁、失恋、

　　① 梁烨，姜春玲，王志青等. 北京 50 家综合医院门诊患者自杀意念及自杀未遂调查 [J]. 中华流行病学杂志，2006（1）：19-24.

　　② 王晓伟. 自杀行为的心理学综述研究 [J]. 太原大学教育学院学报，2010（1）：27-29.

　　③ 迪尔凯姆. 自杀论 [M]. 冯韵文，译. 北京：商务印书馆，2001：9.

才能准确和科学地揭示不同人口群体生育行为模式差异的根源。

因此，生育行为就是人们在一定的社会环境条件下，由一定的需要诱发，受一定的生育价值观支配所发生的择偶、结婚、怀孕、分娩与养教子女的社会行为过程。

三、生育行为的特点[①]

（一）生育行为发生场所的特殊性

物质产品的生产活动主要发生在工厂、车间和其他场所，而生育行为主要在单个的家庭中发生。在家庭中，夫妻双方配合协作，共同承担生育子女的义务，当然，妇女是这一活动的主要承担者。生育行为发生的场所——家庭，也必须具备一定的条件。例如，必须具备家庭生产关系，包括夫妻关系及其他家庭关系；家庭的上层建筑，包括夫妻及其家庭成员的思想、道德意识等；同时，家庭也必须具备一定的物质条件，生育活动才能正常进行，但又不同于物质生产活动所必须具备的机器、设备等物质条件。

（二）生育行为过程的长期性

制造某种使用价值（或物品）的行为过程，随新产品的制成而告完结。某种物品的制成一般在几个小时、几天、几个月至多几年就会实现。然而一个完整的生育行为过程至少得十几年时间，这主要是由人体的生理因素、运动规律所决定的，当然也有社会经济环境、受教育时间长短及习俗等因素的制约作用。例如，在一定社会环境中，年龄达 15 岁者即可作为生育行为过程的结果参与社会经济活动；而在另一些环境条件下，因受教育时间更长些而使这个过程超过 15 年，甚至长达 20 年~30 年。

（三）生育行为过程的复杂性

在生产某种产品的生产行为中，劳动者可按固定划一的操作方式从事劳动，而生育行为过程中则不存在固定不变的行为模式，也没有简单划一的行为方式，而是一个综合性极强极为复杂的行为过程。这个过程不仅是增强子女体质和提高健康水平的过程，也不仅是提高子女文化素质、专业技能的过程，同时也是对子女进行思想、道德和品格等的教育和灌输过程，是这几个过程的有机统一。在这一长期复杂的行为过程中，家庭不仅要连续不断地投入活劳动，而且要持续地将

---

① 张俊良，杨勇. 略论生育劳动 [J]. 人口学刊，1988 (4).

健康的思想意识、伦理道德等潜移默化到后代身上，使子女能更好地完成社会化过程，成为合乎社会需要的合格的劳动力产品。

（四）生育行为是一个生产性的劳动过程

生育乃是人类社会共有的行为范畴，自人类产生以来，人们在从事物质资料生产行为的同时，也从未间断过人类自身的生产和再生产行为，包括自身生命的生产和他人生命生产。同物质产品的生产行为一样，人类在生育行为过程中也必然耗费相应的体力和脑力，才能生产出劳动力这种特殊产品。在自然经济和产品经济的条件下，劳动力仅是作为一种使用价值而存在，而在市场经济条件下，当劳动力作为劳动者个人所有时，就可以在劳动力市场自由卖出，劳动力成了商品。作为商品的劳动力的生产过程，即生育行为过程，一方面通过各具特色的生、养和教育等行为模式，生产出具有不同效用的劳动力；另一方面又都耗费了人类的体力和脑力，"手、脑、神经和肌肉"等的耗费，凝结在劳动力商品中，形成劳动力商品的价值。因此劳动力商品具有使用价值和价值两个因素，是两者的有机统一；同时，由于生育行为创造的是物质形态的产品——劳动力，因而生产劳动力的生育行为过程，实质上是生产性的劳动过程。

第三节　生育行为的动机与动因

一、生育行为的动机——"生育观"

人们的一切行为总是在一定的观念支配下发生的，这种观念可称价值观，即动机。生育行为也是由一定价值观支配的，具有一定的动机性。因此，生育行为的动机是指人们对待生育的态度或行为倾向，是一种控制或支配人们行为的动力机制系统，它的动力源来自生育需求，一旦有了动力源，它就会启动，一旦其开始运转，人们就会投入到各种生育行为中去，开始自己的生育行为活动。

如前所述，生育行为包括从择偶结婚至抚养教育等一系列过程，因而此处所论及的生育观包括与婚姻和生育有关的一系列价值观。具体而言，包括：①婚姻和择偶观。指人们对择偶和结婚等行为的评价和态度倾向。包括结婚的目的是什么，怎样择偶和结合。纵观人类的历史，人们始终在寻求最佳的婚姻模式。在封建时代，人们强调稳定，年轻人择偶的权利为家长、家庭所剥夺。到了近现代社会，人们注重婚姻的质量，由当事者自己权衡和决定。婚姻观点与社会经济的历史发展相联系，随社会历史条件的变化和发展。择偶观大约经历了门户婚、"异质互补"婚和以性爱为基础的婚姻三个阶段。

（一）门户婚

门户婚即"门当户对"的婚姻，它以财产多寡和门第高低作为权衡条件，重视家庭背景而忽视个人成就和品质。之所以如此，这与当时的结婚目的密切相关。在传统社会，男女双方的结合，并非当事人双方的私事，而是关系到家庭和家族的大事。结婚的目的，一方面是生育后嗣，传宗接代。另一方面是借联姻扩大政治势力，名门望族世代联姻，形成各种裙带网络和政治集团；同时，也借联姻来改变自己的经济地位。出于这些目的，结婚当事人双方无权过问自己的婚姻，结合的途径自然是"父母之命，媒妁之言"。

（二）"异质互补"婚

"异质互补"婚姻强调当事人双方的"相互需求"和"相互补充"，结婚的目的主要在于寻求能最大限度地满足自己需要的配偶。人们强调婚姻的契约性，反对包办，主张婚姻自主，尊重男女双方的意志和愿望。

（三）以爱情为基础的婚姻

以爱情为基础的婚姻是以妇女同男子处于平等地位为前提条件的，以男女双方感情洽合，爱和互爱为基础的婚姻。同时，这种婚姻具有专一性和排他性，而且脱离了经济、政治等因素的约束，完全处于自由结合的状态。

婚姻和择偶观还包括择偶的年龄意愿、择偶男女年龄差偏好、初婚的年龄意愿、再婚、离婚和不婚行为价值观。择偶的年龄意愿主要指人们选择的理想择偶年龄。简而言之，就是人们觉得男女应在什么年龄或（或年龄段）择偶。根据程度先生的研究，中国已婚妇女理想的择偶年龄段为 21 岁，最佳年龄为 20 岁。[①]择偶男女年龄差偏好是指男或女在选择配偶时对对方年龄的要求。长期以来，中国的传统文化始终鼓励妻子应小于丈夫，而且成为惯例。当然，也不乏女大于男的例证，例如"女大三，抱金砖"，显然，女子一般情况下不得大于男子，即使大于男子也是有条件的。初婚年龄意愿指男女对初婚年龄的选择。所谓初婚就是第一次结婚。此外，再婚、离婚及不结婚（或称独身）等行为都是在一定的价值观支配下的行为。

生育观。生育观包括的内容十分丰富，包括初育年龄、数量倾向、性别偏好、胎次间隔、孩子质量等的态度倾向。关于这些问题，我们将在婚姻行为与家

---

① 程度. 第三次全国生育高峰的特征及对策［M］. 武汉：武汉大学出版社，1991：60.

庭行为两章中再作详细分析。

二、生育行为的动因——生育需求①

生育行为直接受人们生育观的支配，而生育观的产生却来自人们的生育需求。生育需求是一个内化着社会文化价值、制度规范以及个人、家庭情感、实际利益，并有着一整套内在层次组合的结构动因体系。如果循着由抽象到具体、由高层到低层的顺序，可以看出，人们的生育需求是一个有着内在构成的层次结构，依次包括这五个层次：①自我实现需求；②情感需求；③继嗣需求；④社会性需求；⑤经济性需求。

（一）自我实现需求

关于自我实现或人生的终极意义，不同的文化体系有不同的生命哲学。基督教是通过"上帝"信仰，在信念上是通过赎罪最后进入天堂来达到灵魂净化后的"永生"；佛教则认为生即是苦，求诸佛法来超越轮回，脱"苦海"而入"涅"。但在中国（或者再扩大点说是在东亚深受儒家文化熏陶的国家），这种终极意义上的"永生"愿望，是借助于极端世俗化的信仰方式得到实现的。杨懋春先生就说："人如能在死前留下自己亲生子女和后代，就是自己生命及祖先生命的延续，这就是儒家的'永生'之说。"② 哲学家冯友兰先生认为，在哲学上，最迟在《礼记》中，对"永生"问题已经有了生命哲学上的解决办法，那就是赋予生育以特殊的意义：一个人所生子女，就是他身体的延伸。这是通过婚姻而得到实现的。《礼记·哀公问》说："天地合而后万物兴焉。夫昏礼，万世之始也。"冯先生解释道："从生物学的观点来看，一个人的生命，是一个千万年生命的一个环节。结婚生子就是要继续千万年以来的生命（'万物之嗣'），也是要使自己的生命延长至千万年（'万世之始'）。这真正可以说是'继往开来'的任务。"③

这一看法在生殖崇拜文化里得到了最为系统的表述。赵国华认为，生殖崇拜是人类在原始社会甚至上古早期的主要精神文化，它通过种种文化手段来加以表现。生殖崇拜深刻反映了一个绝对庄严的社会意志——作为社会生产力的人的再生产；它还通过葬礼表现出来，为死者举行葬礼，其实是祈望死者的复生和再生。张铭远则更直接地将它称作"种子信仰"，认为其是一种彻底的重生主义的

① 陈俊杰. 中国农民生育需求的层次结构 [J]. 中国社会科学 1995 (2)：25-33.
② 沙莲香. 中国民族性 [M]. 北京：中国人民大学出版社，1989：201.
③ 冯友兰. 中国哲学史新编（第三册）[M]. 北京：人民出版社，1992：92.

信仰模式。在生命观结构上，人死后化为祖先，就等于永远地加入生命的"原体"之中，一切子孙都是祖先生命的体现。[1]

（二）情感需求

韦政通先生曾说，中国人生育的一个很深刻的原因，是为了"满足原始的创造欲"[2]。其实，因生育而产生的亲子之情，在人类各种文化里是普遍的现象，尽管表现形式不一，但亲密的内容却并无二致。辛稼轩可以说"最喜小儿无赖，溪头卧剥莲蓬"；泰戈尔也同样感受"当我吻你的脸使你微笑的时候，我的宝贝，我的确了解晨光从天空流下时，是怎样的高兴，暑天的凉风吹到身上是怎样的愉快"（《吉檀迦利·62》）。亲子之情，在人类文学和艺术中是一个共同的主题。

特殊的是中国人那种与生育相联系的幸福观念。在西方，人们认为孩子是"上帝托付给他们的"，父母精心地抚养孩子，而孩子同时带给他们许多心理情感上的快乐，这在人口经济学中被称为"消费享乐效用"。但对中国人，在消费享受之外，还更有一种由人生意义而致的幸福感，那就是"子福"。儿孙绕膝，其乐融融，这里的"乐"，远不只是那种消费享受的"乐"，而是一种人生的幸福。正是因为有子有孙是一种连带着人生终极意义的幸福，才使生育成为人们通向人生幸福道路上必不可少的一环。这个环节又分好几个层次。最基本的是有没有孩子，首先是要有男；若再有女，是开"花"（女）结"果"（男）的圆满：如果能在有生之年，看到生命又在第二代之下得到延续，那心理上的情绪更是解开释放，是一种人生意义的"完成"。含饴弄孙之"乐"，正是由此而来。

再回生活中看，像"子福"这种心理情感上的享受，还有更深的意思。李亦园曾说，中国人人生的意义，"存在于对下一代的期望里"[3]。父母在子女身上，可以寄托自己的人生梦想，甚至弥补自己人生遗憾：自己是没有希望再怎么样了，但孩子总是一个完整的开始。这是一种非常深刻的人类心理感受，常使人在平庸的生活里，依然保留一片希望的绿地。"继承祖业秉承父志"，行为的过程因连带着久远的历史而产生一种特殊的意义；"父债子还"对儿子固然是一种人生成就，可对父亲，同样是一件引以为自豪的事。如果子女能有出息，更是光耀门庭、锦上添花。正是这锦上的花，使得这"锦"本身就与别的"锦"迥然不同，有着一种特殊的价值。可以说，这就是父母为什么从来都是为了子女，付出什么

---

① 赵国华. 生殖崇拜文化论 [M]. 北京：中国社会科学出版社，1991：74.

② 韦政通. 中国的智慧 [M]. 长春：吉林文史出版社，1988：213.

③ 文崇一，萧新煌. 中国人：观念与行为 [M]. 台北：巨流图书公司，1988：24.

代价都不在乎的深层心理动因。而且，这种行为在传统的价值观里，总是受到高度评价和欣赏。中国人一生艰辛，在子女成材的过程当中，得到了转换化解，成为一种深刻的成就体验。这与西方社会相比，也是迥然不同的。在他们那里，子女一旦成年，父母的责任就告完成。父母对子女的人生选择，是尊重多于希望，因为每个人都要独自去面对上帝，人的梦想要靠自己的努力，"父债"如何能要子去还？这在文化上，就是个人主义传统；在法律上，就是独立的"法人"观念。与此相对照的，在我们的文化里，则更有深厚的家本位传统，亲友间总有着永远理不清的连带性责任和义务。

（三）继嗣需求

从人类学功能观点看，一个社会若要存在，就得有新成员去补充老去的成员，以维护社会分工结构的完整。在这个意义上，就发生了"社会继嗣"现象，这对家庭来说，也不例外。继嗣的需求，固然是为了家庭能在新陈代谢般的世代交替中维持结构上的完整性，能够胜任日常家计的经营。继嗣本身，是我们社会环环相扣的文化法则中重要的一节。

在中国的传统文化中，人们观念的深层是二元的，即人有今生，还有来世。来世的日常生活，要靠子孙香火祭祀，因而只有子孙相衍，才能香火不绝，像今生一样维持日后在彼岸世界的生活。这样，世子的延续就不只具有结构维系的意义，而成为实现人生意义的一种永久前提。

由于在继嗣的具体规则上，实行的是男性的单系偏重；而人生又在观念上，将自己看作是由祖先那里传下来的生命之流中的一个环节；将这环节传递下去，是自己不可推卸的责任。因而，结婚生子，将子女抚养成人，并且帮助、督促他们及时成家，就理所当然地成为父母一连串的义务与责任。在这样一套意义与规则体系中，生一个男孩，就成为生育中最核心的内容。关联着一整套祭祀礼仪与日常行为的祖宗崇拜，其实也是围绕这一核心而展开的。祖宗崇拜有这样几个最基本的前提：①所有已故的祖先，有着和活人一样的需要；②他们仍能像生前一样，帮助在人间的子孙后代；③与此相关联的是，后代命运（幸运或不幸），常常可以归根于祖先。这里隐含着这样一些深刻的意思：①人死亡后，可以通过成为后代的祖先，转为一种永恒的存在；②敬祀祖先，可以得到祖先的荫佑，保佑子孙的兴旺；③对祖先的不敬，则会导致生活中的不幸。这种信念上的希冀与恐惧，事实上一方面在价值上大大强化了生育尤其生男孩的必要性；但另一方面，又给活着的人以一种终极的安慰，从根本上否定了彼岸世界的虚无，给了生活以积极的意义。这一切归结起来，都表明以男孩为核心的继嗣需求，是一种带有逻辑必然性的文化命令。

（四）社会性需求

现实生活中的人们，生计的维持自是必然，而与人的交往协作也同样不可或缺。前者是经济性的，后者是社会性的。就生育而言，其社会性需求主要包括：①交往需求；②评价需求；③社会支持需求。

人们总是处于一定的人际关系网络之中，而人们以"生男"为核心的生育需求在纵横交错的人际关系网络之中，又得到进一步强化。中国是有着几千年历史的传统农业大国，即使是在当代，传统农业仍占相当大的比重，因而人的交往圈子狭小，流动性极小，居住相近，相互间十分熟稔，不生孩子或不生儿子，通常会遭受异常巨大的压力。所以，生育通常会使人们得到肯定的评价，获得交往与社会支持。

（五）经济性需求

生计是人类最基本的活动，因为它直接关联到生存问题。劳动力的补充和供给以及养儿防老等问题，在现实中国社会，特别是在广大中国农村，是人们生育需求中最现实的内容。例如，在中国农村经济体制改革之前，由于生产资料和劳动方式的集体化，使得家庭不再成为一个独立的经营单位；在分配上，基本上是按各家的人数分配口粮，以劳动出工数的多少折成工分来核算各家年终的"分红"数目。在这一体制下，家庭人口的多少便成为影响家庭收入最主要的因素，对生育的数量需求远远超过质量需求，客观上鼓励了农民多生孩子。改革开放后，分田到户使家庭重新成为一个基本的生育单位，机械播种和收割面积都很少，分别为 9.65% 和 4.22%，其余的必须手工操作。这一事实表明，家庭劳动力的多少、强弱，对于农业生产有着决定性的作用。退一步讲，且不说家庭劳动力多，既可有充足的劳力经营着土地，也可以进行多种经营，形成家庭内较好的分工协作，取得较好的经济效益；即使对于土地严重不足的地方，或甚至土地经营只占收入结构中极小的部分的经济发达地区，只要农民还经营着土地，劳动力就不可缺少，而男性在土地耕作上的核心地位，仍然无法改变，因为客观上有些农活无法由女性完成。这些事实，客观上仍然强化着农民以男孩为中心的生育需求。这种生育需求在养儿防老的需要面前，变得更加必不可少。在目前，极其少量并且薄弱的社会保障体系，使家庭必须承担养老的责任。在男性单系偏重的继嗣制度下，儿子成为养老的实际承担者。农民对于"养儿防老"的需求，正是基于这样一种现实的风险预期。一般地讲，在农村，总是会有一些无子女老人凄惨度晚年的例子，它总会极大地强化农民的这类风险意识。

以上五个层次的分析，正反映了人们在其生活世界里内生的生育的需求，不但要"生""生男"，而且在时间上要尽可能早生。这在许多实地调查中也得到了证实，特别在农村，妇女结婚平均在一年后就生下了第一胎，差不多是婚后不久就怀上了孕。总体而言，中国人特别是中国农民的生育需求，最核心的是性别，其次才是数量。早生是为了生男，多生也是为了生男。近年来婴儿出生性别比研究表明，追求生男孩是农村家庭多生、超生和瞒报女婴的根本原因。

第九章　择偶行为

择偶行为是婚姻行为和组建家庭的基础，也是人类生育行为的起点，择偶状况直接对其后的婚姻和生育行为构成重要影响，研究他人生命生产就离不开对择偶行为的研究与探讨。

第一节　择偶的概念与基本理论

一、择偶的概念与内涵

（一）择偶的概念

从笼统的概念来看：以缔结婚姻、组织家庭为目的的两性相互选择，称为择偶。从不同学科的视角定义，心理学一般认为：择偶是以情感、认知、心理需求、生理唤醒、动机和文化为基础，通过双方互动、按照自己的标准建立起来的一种选择性的亲密关系。社会学则认为，择偶是以缔结婚姻、组织家庭为目的的男女两性互相选择的行为。[①] 从表面看，择偶只是个人的私事，青年男女选择谁与自己终生相伴，似乎只取决于当事人的喜好和意志。但透过个人化自由意志的迷雾，择偶行为实际上受家庭制度、社会价值和风俗习惯的制约。[②] 择偶不仅表现为男女两性基于爱情等生理上的需求，同时还基于社会性、经济性和情感性等多重因素的影响。

（二）择偶的内涵

从择偶行为的概念表述来看，择偶看似是一种个人行为，然而并非个人的私

[①]　杨善华. 城市青年的婚姻观念 [J]. 青年研究，1988（4）：29-36.

[②]　李煜，徐安琪. 婚恋市场中的青年择偶 [M]. 上海：上海科学院出版社，2004：1.

事，它受到家庭、社会环境、法律制度和文化习俗等多方面因素的影响。因此，针对不同时期和不同社会阶层的不同群体而言，择偶表现出不同的模式，如"需求互补""同类匹配""资源交换"或"择偶梯度"等，不仅是"自在的社会意志"的表现，更是一个社会结构和文化的具体体现与折射"。因而，从择偶行为的内涵来看，择偶行为是社会规范对人的行为约束的一种表现形式，这种约束要求男女双方必须在既有的社会规范内，包括法律制度、伦理道德、风俗习惯等做出相应的抉择。择偶行为的背后不仅隐藏了"社会规范"的约束，同时还涉及个人的心理情感和心理预期，导致最终择偶行为的发生正是综合了这多种因素共同作用的结果。最终的实际择偶对象可能会出现与心理预期的择偶对象完全不一致的情形。所以，择偶行为是一个受多因素共同作用的复杂的人口行为，而择偶的恰当与否将直接影响到婚姻和家庭的质量，影响他人生命生产的全过程。

二、择偶的属性

择偶既具有自然属性也具有社会属性。

所谓自然属性是指择偶以情感、认知、心理需求、生理唤醒、动机为基础，或者说以爱情为基础。当一个人进入青年期后，心理、生理都逐渐达到成熟，对异性的需要也更加渴求。这是由人类的自然属性所决定的。每一个人都有生理即性的需要，但需要者本身无法自我满足，必须借助于别的对象，别的对象也有同样的需要，两者需要可以互补，即两个需要者可以相互满足，但是必须在异性之间满足。爱的需要之满足是自我满足与对象满足的高度统一，一个人在找别人作为对象的同时，自己也成了别人的对象。[①] 这是人类爱的自然平衡，但是这种自然平衡对于每个人来说都只是可能的。真正达到现实的平衡还需要进行爱的选择和沟通。这些需要推动人去选择能满足自己需要的对象，也就是择偶。

所谓社会属性是指择偶是一种有着社会性目的、受到社会因素制约的社会行为。首先，择偶不仅是满足生物性需求，择偶更重要的是满足成家立业、生儿育女、传宗接代等人们共同认可的社会性需求。因此，择偶是以组成家庭为根本目的，进而完成人类再生产的社会使命。其次，择偶不是简单的两性结合，择偶行为必然处于一定的社会伦理和道德标准之下。在择偶过程中，人们会受到各种各样的社会和文化规范的制约。不同的时代、不同的社会经济环境影响之下，人们

---

① 冯觉新，邵伏先. 家庭社会学 [M]. 北京：中国环境科学出版社，1993：93.

会形成不同的择偶模式。

三、择偶的基本理论

择偶理论是学者们在揭示择偶的模式、解释其成因过程中形成的理论观点。

（一）"父母偶像"理论

"父母偶像"理论是由弗洛伊德提出的。该理论认为，子女会选择与自己父母品性相似的男子或女子作为恋爱和结婚的对象。具体说来就是，男孩子由于"恋母情结"会选择具有其母亲个性品质或与其母亲个性品质有部分相似点的女子作为他的恋爱对象；而女孩子则因"恋父情结"会选择具有其父亲个性品质的男子或与其父亲个性品质有部分相似点的男子作为她的恋爱对象。该理论一直饱受质疑。反对者认为，"父母偶像"理论仅仅是理论家抽象思维的产物，它在现实中缺少充分的证据。在现实中虽然一定程度地存在这种择偶模式，但是并不是每一个父母都能成为子女的偶像，也并不是每一个子女都有恋父情结或是恋母情结，有的甚至恰恰相反。还有人认为，该理论过分强调了生理和心理因素，强调先天的性意识对个性发展的意义，认为在择偶行为中生理、心理需要的因素大于社会选择的因素。

（二）"同类匹配"理论

"同类匹配"理论认为，人们总是倾向于选择与自己的年龄、居住地、教育、种族、宗教、社会阶级以及价值观、角色认同等相近或类似的异性为配偶。美国社会学家古德认为："人们确实可以相信两个家庭所接受的联姻的条件，往往是双方在经济上或社会上门当户对"；"一切择偶制度都倾向于'同类匹配'，即阶级地位大致相当的人才可结婚，这是讨价还价的产物"；"如果不考虑选择具有类似社会背景的人做配偶，婚姻就缺乏坚实的基础"。这一理论与我国传统社会择偶中的"门当户对"原则相耦合。所谓"门当户对"是指男女在择偶时要相互考虑对方家庭财产的多寡和门第的高低与自己是否相当，以及社会地位、社会声望是否适合等等。

（三）相似性理论

相似性理论是以 Buss 为代表的社会心理学家提出的，该理论与"同类匹配"理论的区别在于，"同类匹配"理论属于社会学理论，属于宏观层面的研究，而相似性理论是微观层面的研究。相似性理论强调择偶双方在个体生理和心理特征方面的相似性。个体生理特征的相似性，例如两者相似的外貌吸引力、智商甚至体重、身高、头发的颜色。个体生理特征的相似性，例如相似的偶像，相似或一致的角色期待、相似的价值取向等。①

相似性理论能得到多种心理学理论的解释。比如：相似的人之间更容易相互赞赏，这本身是一种报偿（Reward）；还有，根据认知不一致理论，我们总是喜欢与那些和我们意见相一致的人交朋友，以达到认知协调；另外，根据预期价值学说，人们不愿意冒失败的风险去和那些比我们强很多或很热门的人约会，而是选择与自己差不多但最好稍强一些的人约会。

相似性理论的一些观点，也得到了社会学观点的印证，其类似性中的大部分观点也可以被社会和文化的相似原则所解释。

（四）"需求互补"理论

"需求互补"理论是由社会心理学家温奇提出的。该理论认为，虽然择偶同诸多因素如年龄、种族、血统、住宅的邻近、社会经济地位、教育或先前的婚姻地位等相一致，但是当择偶表现为心理需求和个人动机时，它势必是互补而不是同一的。它强调在择偶时人们主要考虑的是各种需要的相辅相成，例如支配欲强的男性往往选择依赖性强的女性为偶，想受人侍候的男性往往选择会侍候人的女性为偶等等。② 但是，在温奇后来所撰写的论文和研究报告上，他却没有能够得出支持他的理论的结果。正如埃什尔曼所说，"事实上，试图以人格特质为基础解释择偶的大部分研究似乎陷入了结果相冲突的困境"③。因此，这个互补相吸的论断没有得到经验研究的广泛支持。

（五）历史前例理论

它强调在历史上普遍存在着由父母包办或由父母决定的择偶方式。"包办婚姻"和"自由恋爱"实际上是两个"理想类型"的划分，现实生活是这两大模式的混合。该理论认为，恋爱关系情况能否得到父母或朋友的支持，对恋爱关系的维持和发展有相当大的影响。

（六）"资源交换"理论

该理论认为，人们为某一特定的异性所吸引，是由其所能提供的资源决定的。假如某一资源不足，可以提供另一种资源作为补偿，如在包办婚姻中，劳动力、彩礼和新娘的价格是最常见的交换。姣好的容颜也可以被用来交换诸如社会

---

① Buss D. M. Human Mate Seleetion［J］. Ameriean Seientist 1985（73）：47-51.

② Wineh, R. E. Mate Selection. A Study Incomplementary Needs［M］. New York：Harper, 1985：87.

③ Eshleman, J. R. The Family：an Introducation［M］. Boston：Allyn and Bacon, 1991：105.

经济地位、爱和关心以及自我牺牲等其他资源。

（七）择偶梯度理论

该理论认为，男性倾向于选择与自己社会地位相当或比自己稍低的女性，而女性往往更多地要求配偶的受教育程度、职业阶层和薪金收入与自己相当或高于自己，也就是婚姻配对的"男高女低"模式。该理论在现实的择偶中得到了很好的印证，不管是在中国还是在外国，大多数家庭中，丈夫的能力、社会地位等通常比妻子的强。

（八）进化理论

进化观点认为，人类的择偶标准、择偶观和择偶行为具有进化基础。最有代表性的是 Buss 提出的性策略理论。该理论认为，在历史发展过程中，男性、女性为了获取资源或配偶而赢得最终的生育成功。他们各自面临着不同的"适应性问题"，在解决各自不同的问题过程中，出现了不同的择偶偏好或行为方式。从理论上讲，男女分别进化了不同的"性策略"，有短期性策略（Short-termsexual Strategy）或长期性策略（Long-termsexual Strategy）。Buss 等人通过大量的实证研究发现，在不同的种族和人群中，尽管存在着地理位置、文化、种族和宗教信仰等方面的巨大差异，所有的男性比女性更强调未来配偶的身体吸引力和较年轻的，属于短期性策略；而女性比男性则更重视未来配偶的经济能力、雄心和勤奋等特征，属于长期性策略。[1]

（九）社会学习理论

持社会学习观点的 Domjan 认为，人类的天性就像白板（"白板"隐喻假设），无所谓先天的心理择偶机制。男性和女性的择偶标准，都是后天社会化作用的结果，不同的文化之间会存在择偶标准上明显的、甚至是"质"的差别。[2] Hayes 则从经济社会地位的角度为性别间择偶标准的差异寻找原因，即不同性别的择偶标准都源于男女社会地位的不同以及社会化的力量。在男权社会中，男性处于优势的社会经济地位，因而比女性具有更大的自由选择，他们会选择在生育力和性上使自己满意的女性，而相对处于劣势地位的女性则很难独立地生存，因

① Buss, D. M. Shachelford, T. K. (2001). A Half Century of Mate Preference: the Cultrual Evolution of Values [J]. Journal of Comparative Family Studies1994, 63 (2): 491-502.

② Domjan, M.. Behavioral Systems and the Demise of Equipotentiality: Historical Antecedents and Evidence Evidence from sexual conditioning [C]. In Bouton M E, Fanselow M S ed. Leaning, Motivation, and Cognition: the Functional Behaviorism of Robert C. bollesx. Washington, D. C.: American Psyehology Association, 1997: 31 -51.

而会寻找资源丰富的男性以求得社会经济地位上的依附，因而她们在择偶中不太在乎男性的年龄和外貌特征。而这一社会现实一经社会确认，便会以社会化的力量传递下去，使男性习得寻找年轻、有吸引力的女性的经验；使女性习得寻找年龄大一些的、有经济保障的男性的经验。①

（十）SVR 理论

以 Murstein 为代表的社会心理学家提出的"刺激-价值-角色理论"（Stimulus-Value-Role Theory，简称 SVR 理论）认为，恋爱双方的延续和发展建立在公平的资源交换基础上；关系的发展是一个渐进的过程，可以分为刺激、价值和角色三个阶段。在第一阶段，双方以外表吸引力等明显的刺激来决定是否与之建立关系，如果双方都觉得般配，于是就进入第二个阶段，即价值阶段。在这个阶段，双方衡量其基本价值观是否相容，是否有共同语言。到第三个阶段，双方评估对方是否符合自己的角色期望，回答这样一个问题：即对方是否成为我心目中的好妻子、好丈夫。假如一方企图不合理地利用对方，对方就会决定终止关系。必须要指出的是，SVR 理论有个非常重要的前提，那就是恋爱双方上述三个阶段的延续和发展是建立在公平的资源交换基础之上的。因此有学者指出，SVR 理论实际上是选择理论和交换理论的合一。②

综上所述，西方学者对择偶行为的研究提出了一系列比较系统的择偶理论观点，在西方家庭社会学中仍占有很重要的地位，且由于其存在着很大的思辨性和综合性，对择偶行为研究有较强的解释力。

第二节 择偶行为的自然特征

择偶是男女双方进入青年期、生理、心理都成熟以后才会产生的一种前结婚行为，所以从性别上讲，择偶是男女两性想过性生活的选择过程。从年龄上看择偶行为一般发生在青年期，对于青年期的年龄范围，一般定为 15～28 岁或到 35 岁，是一个跨度比较大的年龄阶段。③ 总的说来，这个阶段是男女择偶行为发生

---

① Hayes A F. Age Preference for Same-sex and Opposite-sex Partners［J］. Journal of Social Psychology，1995（135）：125-133.

② Murstein Bernard I . A Clarification and Extension of the SVR Theory of Dyadic Pairing--Criticism and Reply［J］. Journal of Marriage and the Family，1987，（4）：929.

③ 北京市妇女联合会，北京市婚姻家庭研究会. 爱河鸳盟——婚姻家庭心理漫谈［M］. 北京：中国城市经济社会出版社，1989：59.

极为集中的阶段，大多数人的择偶行为都是在或只在这个阶段发生。

一、择偶行为的年龄特征及历史变迁

（一）择偶年龄的"两端拓展"

在现实生活中年龄对于择偶对象的选择有着至关重要的作用，当前，我国择偶在年龄段上表现出向两端拓展的特点。一是开始择偶的年龄的提前，二是实际结婚年龄推迟，这就造成了择偶年龄段的扩大，择偶期的延长。随着生活水平的提高，我国青少年的青春期发育的提前趋势显著，表现为生长幅度猛增，性发育年龄不断提前。性生理和性心理成熟年龄的提前，使青年更早地有了求偶的欲念，其必然的结果就是择偶年龄提前。但另一方面，初婚年龄显著推迟。2010 年第六次人口普查时我国女性的平均初婚年龄已经提高到 24 岁多，已经超过《中华人民共和国婚姻法》（以下简称《婚姻法》）所规定的晚婚年龄，这表明推迟结婚不是法律约束的结果，晚婚的背后必然是择偶的推迟。经济的压力是迫使青年推迟择偶并结婚的主要原因。面对当今市场经济快节奏和生活的压力，男女在婚姻中遇到的问题主要来自经济压力。现代年轻人生活观念有所改变，拥有宽敞舒适的房子、名贵的小轿车、悠闲的生活是现代年轻人的生活梦想。晚婚者们认为，事业有成、有房有车、基础稳定了再结婚，是对自己对爱人负责的表现。但就业竞争日益激烈的当今，经济成就和地位的获得对于新一代年轻人来说绝非轻而易举的事情，这就造成了很多人将择偶、结婚的年龄一推再推。

（二）择偶年龄的"男大女小"

择偶行为在年龄上还明显呈现出男比女大的特点。人口普查资料表明，我国的实际婚配年龄状况是男大女小，平均相差 2 岁左右。20 世纪 80 年代初，男女婚配年龄相差 2 岁，之后差距趋于缩小，到 90 年代减小到 1.5 岁。但自 20 世纪 90 年代中期以来又开始增大，由 1.5 岁增大到 2 岁以上（见图 9-1）。在可以预计的将来，男大女小的择偶年龄模式会继续保持，而且年龄差会进一步扩大。因为 20 世纪 80 年代中后期出生的人口将逐渐进入婚配期，由那一历史时期出生性别比的失衡所造成的男女婚龄人口的比例失衡问题将会逐渐凸显。男性明显多于同龄女性，一部分男青年由于在同龄群体中找不到配偶，将被迫到较低年龄组的女青年中去寻找。也就是说部分男性择偶年龄的被迫推迟会造成男女婚龄差的进一步扩大。如图 9-1 所示：

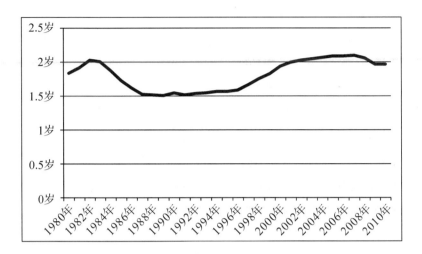

图 9-1 我国历年男女初婚年龄差

数据来源：第六次人口普查数据

关于择偶年龄上的差距，历来都有不同的争议，有人认为男性要比女性年龄大，而有人认为女性要比男性年龄大。究竟怎样的男女两性年龄结构是比较适中的择偶区间，也有不同的学者对此做出研究。女性的衰老要比男性早。女性在 45 岁左右就进入更年期，在此时期，可能会出现各种更年期病态表现。到 50 岁左右，女性的雌激素分泌几乎完全停止，性功能已基本消失。男性则不然，在 50~60 岁时，性功能可以完全正常，有些人甚至到 70 岁、80 岁仍可具有性功能。因此根据男女生理变化的规律，在选择配偶时，女性年龄比男性小些为宜。一般以女性比男性小 2~5 岁为最适宜。如果是 30 岁以上的女子，则女性比男性小 5~10 岁为宜。①

二、择偶行为的性别特征及历史变迁

（一）择偶行为的性别差异

男女两性在生理和心理上的差异会直接影响到择偶行为的判断和选择，因为性别成了影响择偶行为的一个敏感因素，主要表现在以下几方面：

首先，对待择偶女性比男性更慎重。正是由于女性择偶更谨慎，她们的择偶条件往往更高、更周全，这就很容易产生理想化倾向。其次，女性择偶主动性较差，一般在整个择偶过程中处于消极等待的地位。当然，主动性差不等于被动，

---

① 张宪安. 恋爱择偶指南［M］. 北京：科学技术文献出版社，1996：60.

女性虽然很少按照自己的标准去主动寻找男性，但面对男性的追求时就会用自己的择偶标准去衡量是否合适，而不会被动地接受。然后，男性和女性的择偶标准有差异。男性更注重对方的生理条件，也就是容貌、身材等，而女性更重视对方的物质条件，比如经济能力、现实条件和学历等。[①] 男性对女性的气质修养、持家能力要求较高，女性则对男性的事业心、责任心要求较高。[②] 最后，女性在择偶中存在着依赖和依附的弱者心理。男女在择偶标准上的差异，女性对物质和现实条件的重视，就一定程度上体现了对男性物质上的依附心理。当然，依赖和依附还体现在心理和感情方面，女性对男性的责任心要求较高，而且有更多的女性将双方感情深厚作为相处的基本条件。

（二）择偶行为性别差异的历史变迁

两性在择偶行为选择过程中不仅会存在明显的差异，而对于某一方来说，这种择偶行为也会随着社会经济文化的变迁而发生变化。对于女性择偶行为而言，从新中国成立初期到当今社会大致经历了以下几个变化阶段：①新中国成立初期，女性理想的择偶对象是干部、转业复员军人、大学生、政府机关工作人员等。②20世纪50年代~70年代，政治条件、家庭背景、社会地位是女性择偶时比较注重的因素。③20世纪80年代，女性更注重男性的学历、身高和对方的感情因素。④20世纪90年代以后，女性择偶标准重年龄，重健康，轻身高；重事业，轻学历，轻职业；重人品，重修养；重脾气，重经济条件，轻家庭背景；重爱情，轻婚史。⑤当前女性择偶标准的倾向实惠化、条件化、自由化、性爱化。[③] 而男性的择偶观和实际择偶行为也经历了较大的变化，从1985年到2000年间，男性对自身的人品、财产、相貌的重视程度显著增高，对自身的婚史和事业的重视程度明显降低。对女方的持家能力的重视程度显著增高，对女方的健康和工作的重视程度显著降低。当代中国男性的择偶标准随时间的推移有了明显的变化，但仍受到中国传统观念的影响。[④]

在现实生活中，人们的择偶行为虽然最直接地受到年龄和性别等自然特征的

---

① 邱幼云. 理性选择视角下初婚者择偶标准的性别差异——以对厦门市的调查为例 [J]. 青海师范大学学报（哲学社会科学版），2009（3）：P47-49.

② 陈宇鹏. 经商青年择偶标准与行为的实证分析——以义乌为例 [J]. 中国青年研究，2011（2）：79-82.

③ 张海钟，刘慧珍. 女性择偶标准的社会历史变迁及当代走向 [J]. 邯郸学院学报，2010（12）：90-96.

④ 朱松，董葳. 十五年来中国男性择偶标准的变化 [J]. 心理与行为研究，2004（4）：614-622.

影响，但是，更重要的是会受到感情、财富、才华、品德修养、社会尊重、社会权利、社会地位、社会角色、相貌、个性、兴趣爱好等的共同影响。不同的择偶偏好对择偶因素的重视程度不同，从而导致不同的结果发生。受不同时代背景和社会文化变迁的影响，人们择偶行为也出现了诸多新的现象，如拜金择偶行为、嫁富二代、祖孙恋、同性恋、双性恋等不同于传统的择偶现象等都值得引起关注。

第三节　择偶行为的社会特征

择偶行为并不完全取决于当事人的喜好和意志，择偶的社会属性决定了人们择偶必然要受社会的政治、经济、文化等诸因素的影响和制约，因而择偶行为更具有社会性特征。

一、阶级和阶层

择偶标准受政治影响，是阶级社会不可避免的现象。从奴隶社会到资本主义社会，阶级因素对择偶标准的影响始终存在，实行的是阶级或阶层的内婚制，不同阶级和阶层的人相互间不能通婚。正如恩格斯指出的那样："婚姻仍然是阶级的婚姻，但在阶级内部则承认当事者享有某种程度的选择自由。"[①]

我国社会的择偶行为具有同类联姻特征，形成了"门当户对"的择偶规则。所谓"门当户对"是指人们在选择配偶时，男女双方家庭的财产多寡和门第高低要相当。这种择偶观念强调权衡当事人双方家庭背景，是封建社会的婚姻择偶观念。"门当户对"常常表现在阶级、经济、宗教等各个方面。在封建社会中，一个家庭的经济状况、阶级关系、政治地位等不是孤立的，而是相互联系的，因此婚姻中的"门当户对"常常是两家之间各种条件都相当，集中表现为"财产多寡"和"门第高低"要相当。

当今社会的择偶仍然强调"门当户对"。研究发现，在宏观层面上，中国当前的社会婚姻匹配结构趋于相近性匹配模式即"门当户对"，婚姻双方的个人社会经济条件和家庭经济地位呈高度正相关。[②] 但现在的"门当户对"与过去的

---

① 马克思，恩格斯. 马克思恩格斯选集：第 4 卷 [M]. 北京：人民出版社，1972：77.
② 陆益龙. "门当户对"的婚姻会更稳吗？——匹配结构与离婚风险的实证分析 [J]. 人口研究，2009（2）：81-91.

"门当户对"相比，具有更加丰富的内涵，不仅是经济和社会地位的高低，而更多地体现在这样两个层面：一是在收入、职业、教育等方面相似的群体内择偶，这是传统社会的变种，仍在强调着家庭的经济、社会地位。二是强调生活习惯、思维方式、价值观、志趣爱好等相似的思想意识层面的"门当户对"，或者称为文化上的"门当户对"。有学者用"阶层内婚制"概念解释了这种现象，认为基于职业、教育和收入的差别而新生的阶层等级以及阶层多元化，使得阶层内婚制越来越显著。①

人们通常用"等级通婚圈"表示人们的择偶范围被限定在一定阶层和教育标准之内的现象。等级通婚圈的特征与大小是反映一个社会阶层化程度以及社会集团之间的开放性或社会融合程度的重要指标。需要指出的是，"阶层内婚制"现象是社会流动性不强的结果，也会使社会阶层体系进一步固化。

二、经济因素

经济性需求是择偶的动机之一，择偶行为必然要涉及经济利益的权衡。男女之间的生理差别，以及生活经验的不同，造成了男女在经济活动上的差异。传统上已婚男女之间的分工，一般是妇女大部分时间用于生儿育女、操持家务等家庭活动，而男子则主要参与种地、当兵、生产等社会活动，这主要是取决于男女之间的生物学差异。这种男女各取所长的分工模式有利于提高两个人的收益，实现两个人的利益最大化。择偶并成立家庭是实现这种收益最大化的必然途径。

人们择偶历来都有经济方面的考虑，在影响择偶的诸多因素中，经济因素的影响常常起决定性作用。如果说在封建社会，择偶有时还有宗族、门第等因素的考虑，到商品化的资本主义社会，择偶有时变成了一种完全的、赤裸裸的金钱关系。经济是家庭生活的基础，择偶时适当地考虑对方经济状况是有必要的，也是合情合理的，但如果一味地追求金钱，把婚姻作为达到个人物质享受的手段，则是不可取的。

改革开放以来，我国社会择偶对经济条件日益重视。自改革开放后至 20 世纪 90 年代初，由于市场机制运作中的利益获取和财富拥有已经不再依赖于政治面貌、家庭出身等外在条件，而更多地与学历、职业、能力、胆识等个人素质条件相联系。因此，择偶标准对职业、收入、住房、财产等物质条件的重视程度和期望值大

---

① 张翼. 中国阶层内婚制的延续 [J]. 中国人口科学，2003 (4)：39-47.

幅上升。在 20 世纪 90 年代以后，这一趋势得到了继续加强，择偶更加注重经济利益的权衡。

不过，需要指出的是，无论什么年代我国都没有出现唯经济标准是从的择偶文化。一直以来，我国择偶一直重视人品，人品对多数人来讲是放在第一位的择偶标准。另外，随着物质生活的不断改善，择偶开始追求婚姻质量的提高，心理需求和情感需求得到复归，越来越多地体现出"人本"精神，越来越多地注重人的情感、品质及能力，比以往更加注重兴趣、爱好的投和、性格脾气的互补以及温柔体贴等内在素质和性魅力。

三、文化因素

宗教、社会风俗、伦理道德、教育等多方面都在一定程度上影响着人们的择偶行为。如宗教作为一种意识形态，不仅会影响人们的择偶标准，还会对择偶行为产生限制，如基督教徒不准与犹太教徒结婚等。

无论是流行的社会舆论或社会文化还是固定的传统文化，对男女择偶标准都有重要影响。传统文化的深刻影响使择偶标准中的一些基本成分保持相对稳定，比如重视德才兼备、倾向于男大女小、对"贞操"的重视，都是我国传统文化对择偶标准的影响。而社会改革、社会舆论、流行风尚会使每个时代的青年对外表、职业、学历、生活条件等的选择发生变化。

四、民族因素

两个民族间的通婚水平，由居住地域、历史传统、语言和宗教的差异大小等诸多因素所决定，故族际通婚率较高的民族与一个或几个民族相对更频繁地发生通婚关系。我国各民族间的通婚形成的族际择偶圈表现出这样几个特点：

第一，汉族的跨族择偶在族际择偶中占有重要地位。这是因为汉族人口数量巨大，分布于全国各地，与各少数民族交错杂居，汉语在少数民族中广泛传播，而且汉文化对于族际婚姻没有限制性的规定。所以长久以来，汉族与其他民族广泛通婚。2000 年第五次人口普查数据显示，55 个少数民族（包括未识别民族及加入中国国籍的外国人）族际婚姻的人中与汉族通婚的人数占到 81.58%，少数民族之间的婚姻只占 18.42%。

第二，聚居地域的联系是规模化族际择偶得以形成的关键。如主要分布在东北三省和内蒙古自治区的蒙古族、满族、达斡尔族、鄂温克族、鄂伦春族、赫哲族、锡伯族 7 个民族，除与汉族通婚外，其族际婚主要发生在这几个民族之间；主要聚居在与西藏、四川、青海、甘肃等地的藏区相毗邻的羌族、门巴族、珞巴族、土族、裕固族等民族，与藏族的通婚相对较多；主要分布在贵州省的苗族、布依族、侗族、水族、仡佬族、土家族 6 个民族，主要分布在广西壮族自治区的壮族、瑶族、仫佬族、毛南族、京族 5 个民族，其族际通婚率都相对较高。

第三，族际通婚率较高的民族的择偶范围往往限制在一个或几个民族内。如人口数达百万以上的满族、蒙古族与汉族的通婚率分别达到 41.94% 和 37.49%，乌孜别克族与维吾尔族通婚率达到 34.41%，塔塔尔族与哈萨克族的通婚率达到 43.49%。

第四，宗教信仰对族际择偶范围起着限制作用。这在主要聚居于西北地区的普遍信仰伊斯兰教的民族中表现得尤为明显，如维吾尔族、哈萨克族、柯尔克孜族、东乡族等民族。这些民族中多数以族内婚为主，族际婚姻联系相对较弱，且族际婚姻对象也主要是具有同一信仰的民族。

第四节　择偶与他人生命生产

择偶作为婚姻和组建家庭的前提，是他人生命生产的开端，而择偶不仅通过择偶男女双方的个人意愿影响到生育行为，同时也会通过男女双方在婚姻和家庭的稳定上影响他人生命生产。

一、择偶影响生育观和生育行为

择偶男女双方在生育观上的看法将直接决定了其未来的实际生育行为。一方面，在受时代潮流影响和注重个性化发展的时代背景下，人们的生育意愿和生育行为随着时代变迁而发生了巨大的变化。传统的娶妻生子、传宗接代已经不再成为人们择偶和结婚的唯一目的，而以生育为择偶标准和择偶目标的现象也逐渐在年轻群体的观念中逐渐淡化。尤其是在现代社会出现的如同性恋、双性恋等有别于传统的异性恋的择偶行为，在生育观和生育行为上突破了传统观念和择偶标准的束缚。另一方面，男女双方在择偶过程中对待生育的看法和态度同样会对他人生命生产产生影响。择偶双方都赞同生育子女与双方对生育意愿上都不积极的群体以及对生育子女的性别和数量上的看法都将影响实际的生育行为。不仅如此，男女双方在结婚和组建家庭后，彼此之间的价值观念、文化背景、经济收入、社会地位、社会角色、人际关系等都会对未来子女的抚养教育以及"社会性"的习得产生深远的影响。

二、择偶影响婚姻和家庭的稳定性

以缔结婚姻、组织家庭为目的的两性相互选择，是择偶最基本的和最终的目的，但是男女双方在步入婚姻和家庭之后，择偶行为将不再是其主要的人口行为。当然，对于在现代社会中出现的婚外恋以及第三者等情况并不能完全排除个体在结婚之后继续存在择偶行为，同时对于离婚和丧偶的人群同样会再次经历择偶行为。但是，择偶行为会直接影响到婚姻和家庭的稳定性，这是因为择偶观和择偶行为会随着青年男女群体在不断丰富和发展自身的择偶实践的同时，不断修正自身择偶的需要，修正后的自身择偶需求就会触发新的动机，形成新的行为。在人们重点关注自身的发展时，尤其是充满活力和朝气的青年更是崇尚一种个性的张扬和解放的新时代下，婚姻和家庭的观念在青年群体中变得越来越淡薄。婚姻需求往往受到个性张扬和解放需求的冲击而变得不再重要，家庭结果也在这种文化和个人观念的冲击下变得不再稳固。如有很大一部分群体会认为婚姻和家庭只是一种社会形式化的法律规范，并不代表真正意义上的爱情和婚姻。这种不利于婚姻和家庭关系稳固的择偶观往往会导致婚姻的失败和家庭的破裂，无法创造良好的家庭环境以满足他人生命生产的基本需求。

不同的学者还进一步对择偶和婚姻家庭的稳定性关系进行了实证研究。具体而言，人们的择偶标准、择偶态度和择偶方式等均会对婚姻和家庭的稳定性产生影响。从择偶标准来看，配偶条件与自己择偶标准的搭配程度越高，婚姻和家庭的稳定性则相对较高。尤其体现在择偶过程中对对方个性、人品的把握和珍重双方感情基础这两个方面。从择偶态度来看，以结婚和组建家庭为目的的青年夫妇择偶态度会维持较高的婚姻和家庭的稳定性，而在婚前交往时间不长、彼此了解不够就盲目地闪婚等婚姻态度，这样的婚姻和家庭往往不会稳固。从择偶方式来看，相较于传统的经熟人、媒人介绍、以及选择从小一起长大的朋友等择偶方式，现代社会下随着社会流动、各种信息技术以及婚介平台等对交友甚至择偶的影响在某种程度上降低了婚姻和家庭的稳定性。

第十章　婚姻行为

　　婚姻和家庭一直被认为是一个时代的风向标，想要了解一个时代的社会、经济、政治，观察其婚姻家庭的结构和价值取向就能达到目的。原始社会，绝对平均的生产生活方式下产生了同样体现平均的群婚制度；封建社会，随着生产力的发展，人类有了私有物品，而婚姻制度也相应地发展出了强调私人占有的一夫多妻或一妻多夫制度；资本主义社会生产力得到极大的发展，物质的生产不再需要一个大家庭所有成员的参与，于是小型家庭也就是一夫一妻制出现了。然而，随着社会经济的迅速发展，人们的婚姻行为也发生了深刻的变革，世界各国在经历现代化的过程中都不约而同地出现了离婚率上升、同性恋、闪婚、未婚同居、未婚生子等现象。于是一些道德家开始疾呼现代年轻人道德败坏、婚姻崩溃，再加上媒体对各种婚姻问题的大量曝光，社会对"现代婚姻到底怎么了"产生了越来越大的忧虑，人们对现代婚姻的发展和走向越来越不安。而婚姻状况的好坏与家庭的和谐、幸福息息相关，也直接对人们的生育观和生育行为以及对子女的抚养教育、价值观念、心理发展等产生重要影响。因而研究婚姻行为同样作为他人生命生产的一个重要环节而不容忽视。

第一节　婚姻的内涵与本质

一、婚姻的概念与内涵

（一）婚姻的概念

　　人类的婚姻现象，很早以前就已引起人们的注意。千百年来，有关婚姻即对婚姻认识的文献可谓汗牛充栋，婚姻作为一种普遍的社会现象，虽然可以追溯到原始社会，然而要想对婚姻下一个确切的定义却并非易事。古今中外不同学者对婚姻所下的定义层出不穷。《诗经》曰："乃如之人今，怀昏姻也"，把婚姻定义为男女结合成为夫妻。《释名》说："婚，昏时成礼也，姻，女因谋也"，把婚姻定义为男女因婚礼而结为夫妻。《圣经》认为婚姻是人的天性需要，是上帝为了免除自己创造人类的工作，让亚当和夏娃多多生殖，完成繁衍人类的一种代劳行为。[①] 法国资产阶级启蒙思想家孟德斯鸠认为，婚姻是一种可能有十种协议的契约。[②] 德国哲学家康德认为，婚姻是关于性器官的相互利用的法律协定。[③] 英国哲学家罗素认为，"婚姻与其他性关系一样，事实上，它是一种法律制度。在大多数社会中，婚姻还是一种宗教制度，但是，它主要的仍是在它法律的方面。"[④] 美国社会学家萨婢纳认为，所谓婚姻就是男女双方在对立合作和相互利用中进行的一种实验。[⑤] 马克思主义理论观关于婚姻的定义是，强调婚姻在不同的社会制度下的不同社会属性，认为婚姻应该是在以爱情为基础上的，男女双方平等的两性关系的结合。费孝通认为，婚姻是社会为孩子们确定父母的手段。[⑥] 在他看来，婚姻的意义是确立双要素抚育。

（二）婚姻的内涵

现代社会关于婚姻的定义更多关注的是在法律规范内和社会学规范内的婚姻。其中，法律意义的婚姻包括三个层面：以男女两性结合为基础；以共同生活为目的；具有夫妻身份的公示性。而社会学和人口学意义上的婚姻是指：男女双方取得的合法夫妻关系、组织家庭、共同承担抚养后代职能的社会形式。突出强调两点内容：①婚姻是社会公认的合法两性的结合，即过夫妻的性生活；②婚姻之目的不仅是过性生活，而且有共同承担生育子女的义务。

二、婚姻的本质

（一）婚姻的双重属性

1. 婚姻的自然属性

婚姻的自然属性，是指婚姻赖以形成的自然因素。它体现了生物学、生理学规律对人类婚姻的影响和制约。具体表现在以下方面：①男女两性的差别和人类

---

① 徐纪敏，王烈. 婚姻学 [M]. 太原：山西教育出版社，1992：8.
② 沈敬国，王依均. 爱情婚姻论 [M]. 广州：广州文化出版社，1988：11.
③ 潘允康. 家庭社会学 [M]. 重庆：重庆出版社，1986：52.
④ 罗素. 婚姻革命 [M]. 北京：东方出版社，1988：88.
⑤ 萨婢纳. 国外社会科学动态 [M]. 1986（6）：15.
⑥ 费孝通. 乡土中国生育制度 [M]. 北京：北京大学出版社，1998：125.

的性本能，构成婚姻中男女两性结合的生理学基础。②通过生育而实现的种的繁衍和家庭成员之间的血缘联系，构成婚姻生物学上的需要。③某些自然规律对人类的婚姻制度起到制约、影响作用。违背自然规律，人类就会遭受惩罚。例如，自然选择规律在逐步排斥近亲通婚的过程中表现得十分突出，原始社会中两性和血缘关系的社会形式从低级到高级的发展演变，体现了人类对自然选择规律的适应。从优生学的角度来看，它对创造体质和智力更加健全的人种，推动社会的进步，起了很重要的作用。

如果没有婚姻的自然属性，婚姻家庭便无从产生，也不可能实现其特殊的社会职能。因此，人类进入阶级社会以来，任何国家的婚姻家庭立法者，都要考虑婚姻的自然属性，只是各国在程度和表现形式上有所区别而已。各国在婚姻立法时往往会规定：结婚者须要达到一定的年龄；双方当事人不能有一定的血亲关系或患有某种疾病；一方缺乏性行为能力可以离婚等，这些都是从婚姻固有的自然条件出发的。

2. 婚姻的社会属性

婚姻的社会属性，是指社会制度赋予婚姻的本质属性，作为社会关系特定形式的婚姻，是出于社会生产和生活的客观需要而形成的，是同一定的经济基础和上层建筑相适应的。婚姻的社会属性具体表现在两个方面：①婚姻关系的产生、形成和发展是由社会的生产关系决定的：自人类社会产生以来，人们就以社会成员的身份从事物质资料的生产和人口的再生产，并且在这两种生产的过程中，形成了包括婚姻家庭在内的社会关系。同时，人类的生产关系，又决定着婚姻家庭形态。伴随生产力的发展，人类从社会之初的杂乱性关系逐步进化至高级形态，最终产生了一夫一妻制家庭。②婚姻关系又受上层建筑诸因素的制约和影响：婚姻家庭关系是一种社会关系，它和社会的上层建筑，如政治、法律、道德、文艺、宗教、风俗习惯等都有密切联系。在阶级社会中，政治制度最集中地反映了经济基础的性质和要求，统治者必然通过法律来维护符合其阶级利益的婚姻家庭制度。道德、宗教和风俗习惯、文学艺术等，也通过不同的途径对婚姻起着重要作用，它们依靠社会舆论、人们的信仰、传统或教育等力量，去判断是非、善恶，从而调整和影响婚姻关系。

3. 自然属性和社会属性的关系

婚姻的本质是由它的社会属性决定的，自然属性只是婚姻家庭产生的前提条件。我们不能夸大自然属性对婚姻的作用，但也不能将自然属性和社会属性并列对待。两性结合和血缘联系是普遍存在于一切高等或较高等的动物之中的，而婚姻家庭却是人类特有的社会现象。所以，社会性是人类的根本属性，婚姻家庭关系依存于一定的社会结构，具有一定的社会内容。婚姻家庭的起源、性质及其发展变化，皆是由社会制度及社会的物质生活条件所决定的。

（二）婚姻的本质是一种社会关系

任何一种婚姻关系都是在一定的历史条件下、一定的社会制度特别是婚姻制度下产生的，它必然融入一定的社会关系和社会生活之中，受该社会的经济条件、法律、伦理道德甚至风俗习惯的制约。因此，婚姻关系本质上是一种社会关系，一种制约着合法的两性结合以及相应的生育行为的社会关系。婚姻关系与家庭内外的其他关系紧密相连，成为社会的基础性关系之一。

固然，男女两性结合是婚姻的自然基础，从这个意义上说，婚姻关系的内核是两性关系。然而，只有合法的被社会认可的两性结合才构成婚姻关系；其他的两性结合，例如非婚同居，婚外性行为等，并不属于婚姻关系，而且是与婚姻关系、有关婚姻的法律相抵触的。各个社会都有自己的婚姻习俗和立法，对婚龄、婚姻关系的确立都有规定，通过婚姻制度、财产关系等进行干预，包括结婚和离婚。在现代社会生活中，婚姻具有法律保障与约束力，受上层建筑特别是政府行为和道德规范的干预。

从历史唯物主义的视角出发，纵观古今的婚姻生活状况，婚姻是为一定社会制度所确认的男女两性结合及由此而产生的社会关系即夫妻关系的社会现象。由此可以说，婚姻的本质是一种社会关系，这种社会关系在现代社会中通过法律的形式予以确定，从而使得两性关系可以得到调节，子女在社会中的地位赖以确定。婚姻的本质是一种在确定两性关系基础之上的社会关系，这种社会关系是以男女两性和亲属间的血缘联系为其自然条件和特征的；但其变化的性质与特点又是由社会制度决定，并受社会生产方式和生活方式的制约与影响。

三、婚姻的特征

婚姻是男女两性依一定的法律、伦理和风俗的规定建立起来的夫妇关系。[①]男女双方根据法律规定的条件和程序结成夫妻关系的行为。不同的地区、不同的民族在不同的历史时代有不同的结婚法定和习俗加以规范。结婚是男女双方共同

---

① 中国大百科全书（社会学卷）[M]. 北京：大百科全书出版社，1991.

生活的基础，会在双方之间产生相应的权利和义务，并受到法律的保护，它是家庭成立的标志和基础。一般而言，结婚具有以下五点特征：

（1）它是社会认可的合法的两性结合，即可以合法地过夫妻两性生活。在现代社会，它通常是两性感情发展的产物。

（2）婚姻具有持久性、严肃性、稳定性。婚姻是男女双方以永久共同生活为目的的两性结合，要求男女双方在结合时具有永久共同生活的主观愿望，以维护婚姻的严肃性、稳定性，排除了附条件、有期限的结合。男女结合以永久共同生活为目的，这是婚姻区别于通奸、姘居及一切违法的两性结合的重要标志，有利于实现婚姻家庭健康地生存发展的社会需求，也符合婚姻当事人自身的要求。

（3）同夫妻两性生活相联系，它具有生育子女的功能。夫妻共同承担生育子女的义务。

（4）夫妻的结合，包括了精神、性、物质及其他权利义务关系的结合。它在使两性结合的同时，公开建立起相应的经济关系（特别是夫妻财产关系）、血缘姻亲关系和其他社会关系（包括政治关系），建立起夫妻共享的家庭生活，且具有持久性。

（5）婚姻必须为当时的社会制度所确认，夫妻双方才具有夫妻身份并受到相应保护。人类的婚姻，在原始社会是由社会习惯所确认的；自阶级社会以来，一般是由法律来确认的，即婚姻当事人必须依照法定的条件和程序进行结合，才能产生夫妻身份和相互之间的权利义务关系。因此，婚姻是一种法律行为。

四、婚姻的功能

（一）性爱的功能

婚姻的本质体现在对于男女两性关系的限制上，男女两性缔结婚姻后，性爱成为夫妻之间维持相互关系的主要纽带，家庭就成了夫妻满足性需要的场所。传统家庭的设置也是要排除家庭之外的性关系的。现代家庭一夫一妻制的实行，在一定意义上体现了社会要求在家庭中性爱的排他性，同时随着家庭中性爱功能与生育功能的分离，性爱自身的重要性就更加凸显。在现代社会，人们对于婚前和婚外性行为的容忍度提高，婚姻对性关系的限制似乎在减少，这对家庭的存在构成了挑战，但家庭观念无疑仍然是现代社会的主流观念。

（二）生育的功能

婚姻的重要性绝不仅在于对性关系的限制，事实上相当多文化中婚前性关系和婚外性关系都是得到容忍的，婚姻可能不会受太大影响。但大多数社会都提倡合法生育，强烈反对非法生育（即非婚生育），也就是不容许私生子出现。从功能主义的视角来看，婚姻关系的主要目的在于为子女的生育提供合法性，从而促进人口的整合和种族的延续。

总的来说，在"性—婚姻—家庭—生育"的社会过程中，婚姻使得人类社会的繁衍获得家庭的保障和文化的意义，尤其在前工业社会，婚姻关系的意义直接体现在亲子关系之中。即使在现代工业化社会，婚姻关系相对于亲子关系的独立性在增强，夫妻感情的纽带在现代夫妇家庭中日益占据核心地位，但是婚姻关系仍然为生育提供了合法性。尽管私生子的法律地位开始得到承认，但是其社会地位仍然是模糊不清的，缺乏社会意义上的合法性。

（三）情感的功能

任何社会中的家庭都不仅是一个经济单位，而且是一个情感共同体，家庭成员关系通常是人们之间密切的情感关系。在现代社会，夫妻之间的情感关系成为家庭的核心关系（在传统父系制社会中，父子关系是家庭的主要基础）。随着个人在家庭之外的工作领域活动日益增多，家庭的生产、抚育功能不断外化，家庭的情感功能就得到了相对的强化。再者，核心家庭较少从亲属网络中获得友谊和支持，家庭作为情感交流的场所变得更加凸显，即使在婚外性生活和婚前性生活日益普遍的社会，婚姻生活仍然是大多数人的生活选择，因为人们需要家庭这样的归宿来获取情感支持。

（四）经济的功能

婚姻关系建立的同时必然要建立经济关系。家庭作为一个经济单位，夫妻双方为追求经济目的可以合作，有着种种经济联系。在现代社会，大多数家庭的经济活动已经由生产转为消费，人们通常以家庭为单位核算收入与支出，以家庭为单位进行消费活动。美国芝加哥大学人口学家林达·韦特认为，婚姻可以使夫妻共同享有经济和社会资源，两人同舟共济以应付生活中的不测事件。一些人离婚后会陷入经济上的困难，可见家庭作为夫妻经济合作单位的重要。

第二节　婚姻行为的动因与动机

社会要发展，人类要延续，人类自身的生产和再生产是一个重要的前提条件。婚姻是家庭的基础，因此男女双方基于一定的条件结为夫妻的过程，就构成了婚姻。婚姻具有社会历史性，是一种社会行为，社会行为是有目的性的，即具有动机性。人类的婚姻也是如此，它是一定的婚姻观念支配下，为满足一定的需要或需求而发生的社会行为。因此，婚姻的建立就是为满足一定的需要或需求而发生的有目的的社会行为。婚姻行为的动因与动机主要有以下几方面：

一、满足婚姻参加者的性欲需求

性的差异和对异性的追求是婚姻的生物基础——结婚是自然属性和社会属性的统一，自然属性是基础，但本质上是社会属性——当然满足性的需求并非仅仅通过婚姻的形式，没有婚姻发生性行为也能满足性的需求。但是传统的婚姻道德和法律认为，只有建立在婚姻关系基础的性行为才是合乎规范和道德的，才能得到认可。人是生活在一定的社会关系下的社会动物，受到一定的社会规范的制约，其性行为就要受到社会的限制。所以，男女之间需要建立婚姻关系，确立夫妻身份，以婚姻关系为载体才允许发生性关系，或者说只有夫妻间的性行为才是正当的。因此，人们满足性欲的要求通过婚姻的形式来完成，它使男女双方的生理需要得到社会的许可。

二、性爱专一性要求

在现代社会里，虽然有财产关系的羁绊，男女之间的性爱仍然是主要的。爱情是婚姻的基础，没有爱情的婚姻是不道德的，建立在性爱基础上的婚姻是人们追求的最高形式。性爱是在性欲的基础上升华出来的一种感情，这种感情的一个特点就是专一性和排他性，自己所爱的人，不允许第三者插足。为实现这种性爱的专一性，于是采取婚姻的形式把它固定下来，婚姻是一种社会制度，受到社会的法律的规范和道德的约束。

三、生育子女的要求

结婚生子，这是一般人的愿望，生育子女的动机是多种多样的：延续后代，继承财产、增加劳动力、养老、社会责任、情感上的满足等。无论处于哪种动机，都要生育子女。要生育子女，就必须结婚，建立家庭。因为养育子女，要求有一个稳定的家庭，夫妻之间应该有分工，互相配合，才能把子女抚养成人。[①]

[①] 张俊良. 生育行为研究 [M]. 成都：西南财经大学出版社，1999：69.

四、物质生活的要求

人的生存发展和延续要靠物质的支撑，没有物质能量的转化人就很难生活。人的物质生活包括生产和消费两个方面。在传统的社会里，生产和消费都是以家庭为单位进行的，在生产和消费的过程中，男女之间有分工，我国古代就有男耕女织的分工。一个独身者，无论男女，在传统社会里，都将在物质生活方面遇到极大的困难。因此男女双方为了物质生活上的需要，也必须结婚，建立家庭。在现代社会里，生产社会化，一部分家庭的生产职能消失了，但仍然是一个消费单位，经济职能并没有完全消失，既然家庭的经济职能没有完全消失，所以就不能割断生产与家庭物质生活的关系。还有一部分人结婚带有很大的功利性，为了经济利益而结婚。在农村，有些女子结婚就是找个吃饭的地方；结婚的年龄和相貌不再是非常重要的因素，而工作单位和收入则成了首先要考虑的因素，嫁个有钱人成了人们的结婚目标，考虑的就是物质上的利益。追求物质利益，满足物质生活的需要，就成了人们的结婚的一个动机。

五、精神生活的需要

人要沟通思想、交流感情，才能生活得愉快，孤独和寂寞是最大的精神痛苦，所以人要结伴生活。当然，同学、同事、朋友、邻居，都是伙伴，在这些人之间可以交流思想，消除寂寞，但是这些社会关系远没有家庭关系那样亲密，人的思想感情在这些人中间不能得到充分的表达，而且有些感情——如父子之情、夫妻之爱，是有特定的表达对象的。因此，人们为了满足精神生活的需要，要结婚、生育、建立家庭，享受天伦之乐。"家"在人们心目中是一个非常亲切的字眼，不结婚无以为家，所以人要结婚，借助婚姻的形式组建家庭，从而满足精神生活的需要。

六、政治的需要

在中国的封建社会多用婚姻来达到某种政治目的。我国唐朝就用婚姻这种形式来加强和少数民族的关系，在一定程度上保持了边境的和平，促进了民族的融合和社会的进步。同时地处边疆地区的少数民族的王室成员也欲娶汉族女子为妻，用攀附婚姻的形式来强化与中国的关系。唐贞观十四年（公元640年），吐蕃王松赞干布向王室求婚，皇帝允婚，将文成公主嫁之。这种情况当然多见于上层皇亲国戚、达官显贵之家。唐代的和亲政策加强各民族的关系，在一定程度保持了边境的和平，促进了民族融合、团结和文明进步，有它历史上的积极意义。这些公主们以"国家事重，死且无恨"的爱国精神和自我牺牲精神远行和番，值得敬佩，但是她们也终不过是变相的政治牺牲品而已。她们用双肩承担起国家命运，维护两国两族关系，何其难哉。可见唐朝"天可汗"的背后，也有它虚弱的一面。"和亲"这种保境安民的办法只是一时的应变手段，并非团结少数民族的根本办法。根本的办法是增强国力，通过正常的交往，加强民族合作。另外一种政治联姻，则有一定的进步意义，这就是民族与民族之间的联姻。

七、移民的需要

随着中国的改革开放，经济的快速发展，人们的婚姻观念也有了变化。一些人想移民他国，到他国定居，但又不具备出国的正当条件，就想出了嫁或娶一个外国人借助婚姻的合法形式达到出国定居的目的。婚姻就成了其出国定居的最好的形式，这也是这几年涉外婚姻逐年增多的原因之一。

第三节　婚姻行为的自然特征

婚姻是男女双方在一定生理年龄阶段，受法律、风俗等约束，缔结的一种社会关系。因此，就婚姻自身的自然特征来讲，必然受到人口的年龄、性别以及地域等自然特征的影响。

一、婚姻行为的年龄特征

在人类社会发展史上，结婚年龄也由于所处的历史时期不同，年龄也相应地不同。结婚年龄随历史的发展及人口平均寿命的延长，人们的结婚年龄有延后的趋势。

（一）婚龄

所谓婚龄，即指男女双方初次结婚的年龄。可分为法定婚龄和实际婚龄。所谓法定婚龄，就是指由法律所规定的男女结婚的最低年龄。实际婚龄则是指男女事实上的初婚年龄。法定婚龄由各国的法律加以规定。对法定婚龄的确定，各国也要根据本国的地理、气候、传统习惯、政治经济情况来定。实际婚龄则由当时的社会经济环境和伦理道德及宗教信仰等因素来决定，它可能小于法定婚龄，也可能大于法定婚龄。

（二）婚龄的历史演变

从人类发展史看，婚姻年龄有一个历史变化的过程。我国春秋战国时期提出男子 20 岁要娶妻，女子 15 岁即可嫁人，就是鼓励早婚。在中国，后周武帝时规定，男 15 岁、女 13 岁为嫁娶之期。而英国最早的法定婚龄是男 14 岁，女 12 岁。当代法定最高的婚龄是叙利亚规定的男 23 岁，女 18 岁。

中国 1980 年出台的婚姻法对原法定婚龄作了适当提高，正是以中国国情和当事人心理及生理成熟条件为根据的。同时，为照顾民族地区的特殊情况，婚姻法还规定，在民族聚集区法定婚龄可适当降低。许多民族自治地方，据此就法定婚龄问题做了变通的规定，从而使法定婚姻制度更加完善。法定婚龄是基于婚姻关系的自然属性和社会属性决定的。只有达到一定年龄的当事人从心理和生理上达到一定的成熟程度，才能够承担婚姻的后果。

（三）婚龄的群体差异

结婚的年龄特征在不同的人口群体中也有所不同。人们的教育水平、居住地区、从事的职业、文化程度不同，结婚的年龄也不同，在女性中表现比较明显。农村地区的初婚年龄较之居住在城镇的女性要低 1 岁~3 岁，城镇的女性结婚要晚。文化水平与初婚年龄一般来说成正相关关系。受教育程度越低，结婚就越早；受教育程度越高，结婚就相应越晚。其原因是文化程度高，容易接受科学文化知识，受传统婚姻观念影响小；同时，文化程度较高的妇女事业心较强，更倾向于晚婚。

（四）婚龄差

婚龄差即男女初婚年龄的差距。婚龄可分为法定婚龄和实际婚龄。所谓法定婚龄是指由法律所规定的男女结婚的最低年龄；实际婚龄是指男女事实上的初婚年龄。我们所说的婚龄差一般是指男女的实际初婚年龄差距。在中国，大多数婚姻的婚龄差都是男大于女，而且婚龄差距大多集中在男大于女 1~6 岁这个区间。但是，在不同的历史时期男女婚龄的差距总是具有不同的特征。

（五）婚龄差的历史演变

自 1949 年以来，男女婚龄差趋于缩小，由 3.4 岁缩小到 20 世纪 90 年代的 1.59 岁。但自 20 世纪 90 年代以来，我国男女婚龄差开始增大，由 1.59 增大到 2 岁以上。并且男女的初婚年龄都在同步提高，2005 年女性平均初婚年龄已经推迟到 24 岁以上。

根据 1999 年的调查，在我国东部江浙发达地区平均初婚年龄为 26.6 岁，其中男性 27.6 岁，女性 25.6 岁，婚龄差在 2 岁。地处我国中西部的陕西和云南等省也做了类似的调查，结果分别为男性 25.3 岁和女性 24.5 岁，婚龄差在 0.8 岁。北京，男性平均初婚年龄达到 25.77，女性平均初婚年龄为 22.75 岁，婚龄差 3.03 岁。

中国社会科学院的一项调查表明，婚龄差拉大是近 10 多年来全国性的一种大趋势，进入 20 世纪 90 年代后，男大女 5 岁左右的比例高达 45%，男大女 8 至 10 岁的比例亦增加了 10 多个百分点。种种迹象显示，我国的婚龄差有扩大的趋势。20 世纪 80 年代中后期出生的人口已逐渐进入婚配期，由那一历史时期出生性别比的失衡所造成的男女婚龄人口的比例失衡问题已凸显，一部分男青年由于找不到配偶，只能到下一年龄组的女青年中寻找。如此循环下去，将形成男性初婚年龄推迟，女性初婚年龄提前的现象，致使该年龄段夫妻年龄差可能增长到 5 岁以上甚至更大。而再过 10 年，这一问题将更加严重。

二、婚姻行为的性别特征

婚姻在很大程度上受到男女性别比的影响，虽然不同的适婚年龄人群可以向上或者向下搜寻自己的结婚对象，但长期的性别比失调必然会导致男女两双方人数的比例失调，不利于婚姻的稳定性。

自 20 世纪 80 年代起，中国出生人口性别比每年都超出了正常值域上限 107，历年出生人口性别比持续升高形成的性别失调，就势必酿成在其进入婚配年龄段时，凸现出女性人数的相对短缺，危及此年龄段人口的婚配性别平衡问题。数据显示，因流产女胎使本应在 1984—1990 年间出生的女婴短缺了约 230 万，年均女婴短缺数量约为 32.86 万；使本应在 1991—2000 年间出生的女婴短缺了约 1 026 万，年均女婴短缺数量约为 102.6 万。2000 年人口普查数据显示，女婚龄人口 10 401 万，男婚龄人口 12 559 万，男性的婚龄人口比女性多 2 198 万。[①] 两性的不平衡对结婚年龄有重要的影响。近年来出生性别比持续上升，进入婚龄期的人口性别比明显偏高，男性处于婚姻挤压之中。此时，婚姻市场上女性将长期短缺，而男性长期过剩。大量男性将不得不推迟婚龄、拉大夫妇年龄差，并且相当一部分男性将终身不婚。

---

① 马瀛通. 出生人口性别比失调与从严控制人口的误导与失误 [J]. 中国人口科学, 2005 (2)：2-11.

三、婚姻行为的地域特征

（一）城市的通婚范围

婚姻行为从空间范围上讲，是以通婚距离来衡量，用通婚范围来表示的。在城市，由于城市功能及其居民构成的复杂多样，通婚圈都是相当开放的，通婚范围有着很大的包容性，通婚距离构不成重要因素。

（二）农村的通婚范围

中国农村通婚范围狭小有其客观原因。除了双方家庭背景比较相似、"门当户对"外，由于住得近，双方家长乃至婚姻当事人自身相熟相识的机会比较多。按照农村的传统，婚姻圈大致以步行一天之内可以往返为原则，以利姻亲之间的联系和交往。此外，农村异性社交圈通常较为狭窄，婚姻结识突进主要靠邻里、亲戚或朋友牵线搭桥，因此，婚姻圈被限定在一个相对狭小的地域范围里也就不足为怪了。近年来，一些经济较为发达的农村地区，未婚女性一般都不愿意远嫁他乡，多在本地域择偶或招赘。一些经济较为落后的农村特别是山区，未婚女性一般都愿意远嫁到经济较为发达的平原农村，而平原农村的未婚女性则愿意嫁往城市的城郊地区，城郊地区的未婚女性又愿意借婚姻迁居进入城镇。于是，通婚圈有的地区较过去缩小了，有的地区较过去扩大了，形成了错落有致的新格局。但有一点可以肯定，如今左右农村通婚范围的主要因素依然是经济。

（三）通婚范围的新特征

人们的婚姻观念受经济水平、教育程度、文化层次、家庭背景的影响很深。比较典型的例子是农村的婚姻，他们的通婚范围仅局限于本村或周边村庄。一般来说，教育程度越高，社会交际面就越宽广，通婚的地域范围就越广；教育程度稍低或很低的人群，交际面就相对狭窄，通婚范围也就越狭窄。但随着现在流动人口的增多和人口的城市化的出现，未婚的流动人口越来越多，客观上，他们选择对象的范围变广了，更倾向于跨区域选择对象。随着改革开放的深入和经济水平的发展，人民的各种观念都正在发生革命性的变化，涉外婚姻也逐渐增多。

第四节　婚姻行为的社会特征

从婚姻的概念、内涵与本质来看，婚姻作为一种社会行为，所构成的社会关系不仅是基于男女两性基础上的自然结合，更是在一定社会历史条件下，受到特定法律、制度、伦理道德和风俗习惯制约而形成的。

一、婚姻制度

(一) 婚姻制度的本质

婚姻，通常被用做一种表示社会制度的术语。因此，可以给它下这样一个定义：得到习俗或法律承认的一男或数男与一女或数女相结合的关系，并包括他们在婚配期间相互所具有的以及他们对所生子女所具有的一定的权利和义务。这些权利和义务因民族而异，故而不能全都包括在一个通用的定义之中。不过，各个民族又必然有着某些共同的东西。结婚总是意味着性交的权利，社会不仅允许夫妻之间的性交，而且一般来说，甚至认为彼此都有在某种程度上满足对方欲望的义务。但是，性交的权利，并不一定是排他性的。从法律观点上看，很难说婚姻具有排他性，只有与别人通奸被认为是一种足以使婚配一方提出离婚的行为；而事实并非总是这样，笔者在此讨论的是与孩子无关而只是作为男女间关系的婚姻。诚然，婚姻与其他性关系不同，事实上，它是一种法律制度。在大多数社会中，婚姻还是一种宗教制度，但是，其主要意义的仍是在它的法律方面。法律制度所包括的行为，不但在原始人类中存在，就是在猿猴以及其他的各种动物中，也是存在的。

(二) 婚姻制度的社会学解释

婚姻是一种社会行为，是一种制度化的行为，是一种法律行为，是一种历史行为。它主要是男女间的一种持久的结合，它不是个人行为，而是一种社会现象，是一种制度安排，是法律意义上的承诺，是历史的结果。婚姻在社会学上被定义为一种社会赞许的配偶约定，通常包括一男一女之间性行为、经济合作。婚姻是男女两性依一定的法律、伦理和风俗的规定建立起来的夫妻关系。它是家庭成立的标志和基础。婚姻制度是社会规定的有关夫妻关系建立的一整套社会规范，任何社会都具有特定的婚姻制度。婚姻作为一种社会制度形式已有上千年的历史，虽然历经变化，但其本质一直没有改变，即通过建立男女两性特定的社会关系实现人类的再生产。

(三) 婚姻制度的意义

第一，婚姻是家庭的起点和基础，没有婚姻就没有家庭。但是，婚姻并不等于家庭，婚姻只意味着夫妻关系，而家庭既包括夫妻关系，还包括由夫妻关系派生出来的血缘亲属关系。因此，从内涵上说，不能把婚姻与家庭相等同。所以，婚姻是家庭的一个基础、一个要素，但不是唯一要素；是家庭的一个必要条件，但不是充分条件。恩格斯指出，只有建立在一定制度之上的两性关系才能成为人类所特有的婚姻形式。韦斯特马克把"两性在生孩子以前成对同居的一切场合"都叫作婚姻，这种婚姻观实际上否定了婚姻和性交的区别。退一步说，如果按照韦斯特马克的观点，"这种婚姻也是完全可以在杂乱的性交关系状态下发生，它跟杂乱状态，即没有由习俗规定的对性交关系的限制那种状态并不矛盾"。这种婚姻观是错误的。从整个社会来看婚姻完全是一种社会的必然性。

第二，婚姻制度一直是人类建立稳定的两性关系进行人口的生产和再生产的最有效的方法。当讨论人类为什么要建立婚姻制度时，它必然地要与生育联系在一起。婚姻制度是人口生产和再生产的必要前提。婚姻的意义就在建立这社会结构中的基本三角。夫妇不只是男女间的两性关系，而且还是共同抚养子女的合作关系。在这个婚姻的契约中同时缔结了两种相连的社会关系：夫妻和亲子。这两种关系不能分别独立，夫妇关系以亲子关系为前提，亲子关系也以夫妇关系为必要条件。这是三角形的三边，不能短缺的。中国传统"男大当婚，女大当嫁"，传宗接代是婚姻的主要目标，以至于妻子不能生育被休或不能生育的妻子主动为丈夫纳妾成为常事。现代社会，各种法律法规使婚姻制度更加完善。对个人来讲，婚姻成为生命周期中重要的一环，具有文化和社会标签的作用。

（四）婚姻制度的历史变迁

婚姻制度是一种历史的现象。随着历史的发展和社会以及文明的进步，婚姻制度在人类历史上变化很大。婚姻的历史远远长于家庭的历史。自从人类诞生以来两性之间的关系一直存在着，并且还将继续存在下去。不过，人类在不同的发展时期，发生两性关系的形式是不同的。纵观人类历史，婚姻制度的发展经过了下述几个阶段：

1. 前婚姻时期的杂乱性关系阶段

按照恩格斯的话说，所谓杂乱性关系，就是指在男女交往中，没有以后所具有的任何限制。换言之，从人类发展的第一个阶段——原始群时代，男女之间的性关系没有任何限制，是杂乱无章的。

2. 群婚制

它是群婚制度的早期阶段，就是一群男子和一群女子互为夫妻的集团婚姻形式。此群内男子可以和对方群内的女子发生性行为，自由同居，而不限定于特定的一个女子。它是人类历史上第一个对两性关系有所限制的婚姻制度。它发生在从原始群向氏族过渡的时期，经历了血婚制和伙婚制两个阶段。

血婚制是群婚制的早期阶段，在蒙昧时期的中期阶段，两性关系出现了简单的、不严格的限制。它标志着两性关系有了社会规范的限制和约束，成为婚姻制度和关系。在这种婚姻形式下，婚姻集团是按辈分来划分的，不同辈分之间的男女禁止发生性关系。这种婚姻禁例就是禁止父母与子女发生性关系。但是，婚姻没有近亲限制，同胞兄妹之间的性关系被看作是自然的。

伙婚制又称普那路亚（伙伴）婚制，它是人类家庭发展史上的第二个阶段。伙婚制家庭与蒙昧时代的中、高级阶段相适应。血婚制家庭排除了父母与子女之间的性关系。之后，两性关系中又出现了一种新的禁例，即不准兄弟姊妹之间发生婚姻关系。这样就出现一种新的婚姻形式，一列兄弟（同胞的或血统较远的）与另一列不是自己姊妹的女子通婚；一列姊妹（同胞的或血统较远的）与另一列不是自己兄弟的男子通婚。伙婚制家庭仍然是群婚式，在家庭范围内相互地共夫和共妻，只不过在这个家庭范围以内把妻子的兄弟除外，另一方面把丈夫的姊妹也除外。排除父母和子女之间的通婚关系是家庭进化史上的第一个进步，而排除兄弟姊妹之间的婚姻关系则是第二个进步。它的特点是，婚姻关系不在本氏族集团内发生，而是在氏族集团之间发生。比如甲氏族的男子与乙氏族的女子发生性关系。一般都是本氏族一群男子与外氏族一群女子自由发生性关系。仍然是一种群婚制，发生性关系的男女们仍然属于不同的氏族。其子女在母亲所在的氏族内。

3. 对偶婚制

对偶婚制是一种不牢固的个体婚，是群婚向一夫一妻制的个体婚过渡的婚姻家庭形式。其特点是，一个男子与一个女子过不稳定的婚姻生活。随着社会的进步，一种新的婚姻形式——偶婚制便逐渐产生：偶婚制家庭发展初期，一个男子在许多妻子中定一个当主妻，一个女子在许多丈夫也有一个主夫，以后逐渐过渡到一个男子和一个女子共同生活。贝克尔从经济学的角度阐述了一妻多夫和一夫多妻的区别和发展的趋势。一夫多妻之所以比一妻多夫更为普遍，其主要原因就在于妇女对产出的边际贡献大大超过了男人对产出的边际贡献。由于人们喜欢自己的孩子大大胜过喜欢其他人的孩子，又由于当一妻多夫时，难以确知一个孩子的父亲，所以，每个丈夫都会降低其他丈夫的生产率。

4. 一夫一妻制

一夫一妻制个体婚姻产生于野蛮时代的中期，而"鲜明形式的一夫一妻制出现于野蛮期的最晚期"。一夫一妻个体婚制取代群婚制是社会文明时代开始的重要标志，它是人类历史上最文明和进步的婚姻形式。一夫一妻制是一个男子和一个女子相互结合、基础比较牢固的婚姻。它从父系氏族后期开始产生，一直延续到现在。其特点是名正言顺的合乎规范的妻子或丈夫只有一个。一夫一妻制有一个历史发展的过程，它经历了不同的社会形态，具体说就是有奴隶社会、封建社会、资本文义社会和社会主义社会的一夫一妻制。但是在前三种社会形态中的一夫一妻制都只是名义上的，实际上是一夫多妻或一妻多夫，即有通奸、卖淫、嫖娼、纳妾等各种形式作补充。只有到消灭私有制和剥削压迫制度的社会主义和共产主义社会，才真正注重男女两性间的婚姻的基础——性爱和道德，一夫一妻制的婚姻形式和制度才得到发展和完善。

从历史的角度看，自人类历史以来，婚姻制度，与其他社会制度一样，经历几个历史阶段，先后经历了群婚，一妻多夫，一夫多妻，和一夫一妻的几个发展阶段。均的是，这几个发展阶段的变革，都与生产力的单命相一致。

这样，我们便有了三种主要的婚姻形式，这三种婚姻形式大体上与人类发展的三个主要阶段相适应。群婚制是与蒙昧时代相适应的，对偶婚制是与野蛮时代相适应的，以通奸和卖淫为补充的一夫一妻制是与文明时代相适应的。在野蛮时代高级阶层中，在对偶婚制和一夫一妻制之间，插入了男子对女奴隶的统治和多妻制。①

二、婚姻法律

婚姻法作为规范人们婚姻行为的基本法律制度依据，并非自人类的婚姻伊始就出现，而是一个随着社会不断发展进步的历史变化的过程。就婚姻家庭法的历史沿革而言，大致可分为以下两个发展阶段：

（一）诸法合体时期的古代婚姻家庭法

在婚姻发展的最初时期，群婚制时代，没有法律来规范人们的行为，仅仅依靠婚姻习俗来控制男女两性之间的性行为，性禁忌就是控制人们的性活动的形式。

私有制的形成，国家的出现，让婚姻也进入到一个高级阶段，调整婚姻的规范也相应出现。在中国的奴隶社会和封建社会早期，并没有专门的婚姻法来调控

---

① 熊复. 马克思，恩格斯，列宁，斯大林. 论恋爱、婚姻和家庭［M］. 北京：红旗出版社，1982：74.

婚姻关系。在奴隶社会,其规范一般是以"礼"的形式出现的,还有为当时统治阶级所认可的习俗。随着历史的演变,婚姻的法律规范出现,但是并不是以民法的形式出现的,而是以刑法的形式出现的。诸法合体时期的古代婚姻家庭法中,各国的古代法多采取诸法合体的形式,有关婚姻家庭的法律规范,一般都包括在内容庞杂的统一法典之中。在中国,古代成文法典的制定和公布较晚,奴隶社会中的婚姻家庭关系,主要是由维护奴隶主贵族的宗法等级制度的礼制以及为统治阶级所认可的习俗来调整的。奴隶制时代有关婚姻家庭的礼制,在《礼记》《周礼》和其他古籍中留下了比较系统的记载。如《周礼》就"同姓不婚"规定得非常严格,"虽百世而婚姻不得通"。婚姻家庭制度在礼制中占有重要的地位,同奴隶主贵族的"家国一体"的政治观点和伦理观一样,它们利用血缘关系来维护宗法统治的实际需要。这些奴隶制的婚礼和家礼,是中国古代婚姻法最重要的渊派。例如,嫁娶方面的"六礼"程序,婚姻离异方面的"七出""三不去"。婚姻家庭立法至唐代进入了全盛时期,现存的《永徽律疏》(又称《唐律疏论》)以户婚为第四篇内容,计四十六条。在婚姻方面,唐律对订婚、重婚、各种婚姻限制和违律为婚的后果,嫁娶违律时主婚人的责任,婚姻离异等,都做了具体现定,以维护出于封建伦理的婚姻之道。封建王朝历来都是礼法并用的,在婚姻家庭领域里表现得尤为突出。某些有关婚姻家庭的礼,实际上起着法的作用,或者说,为国家所认可的某些婚礼、家礼,在广义上也是婚姻家庭法的组成部分。

(二) 近代资本主义和社会主义婚姻法

在近现代社会时期,婚姻法就从诸法合体的形式中脱离出来,形成了专门调整婚姻关系的一个部门法,隶属于民法的范畴。它被划分为资本主义和社会主义婚姻法,它已经属于民法的范围,调整平等主体之间婚姻的法律关系。随着社会的进步,它的立法精神,调整的原则和规定越来越文明和进步。特别是我国的婚姻制度随着历史和社会客观情况的发展变化,从苏维埃时期的苏区婚姻法(那时就确立了婚姻的原则、结婚的程序、条件、规范、权利和义务等婚姻要件,真正奠定一夫一妻制的婚姻基础,强调了结婚和离婚的自由,尊重和保障妇女的权益,它是婚姻历史的一大进步)至新中国成立后婚姻法的多次修改和调整,婚姻法更趋完善和人性化,更加尊重当事人的意愿。

"婚姻法"一词,广义的调整对象不以婚姻关系为限,还包括基于婚姻而产生的家庭关系。婚姻法一词,是在扩大的意义上使用的。形式意义上的婚姻法专指以婚姻法为名的法律或民法典中的婚姻部分,它是调整婚姻关系(从广义上说也包括家庭关系）的基本法。实质意义上的婚姻法则是调整婚姻关系的法律规范的总和，这些规范集中而系统地存在于形式意义上的婚姻法中，同时又散见于其他规范性文件。我国婚姻法，是规定婚姻家庭关系的发生和终止，以及婚姻家庭主体之间的权利和义务的法律规范的总和。这一观念是就广义的、实质意义上的婚姻法而言的。首先，我国的婚姻法既包括婚姻法规范，也包括家庭法规范，名曰婚姻法，实际上是婚姻家庭法。应当指出，除婚姻家庭法规范外，我国婚姻法中也有少量规范是针对其他亲属关系而制定的。

三、婚姻习俗

（一）婚姻习俗的概念

婚姻习俗是指调节人们的婚姻的风俗和习惯，是社会风俗习惯中一个重要的组成部分，是社会生产力发展的客观反映，是一种早于法律法规出现的社会行为规范，对当时人们的婚姻起着制约作用。它的约束力不靠法律，而是依赖习俗势力、传习力量和心理信仰，超越于当时的法律法令，但同样起着一种约束和制约作用。

（二）婚姻习俗的历史变迁

在人类社会发展的不同历史时期，不同的民族和种族在婚姻习俗上有着不同的情况。

1. 远古婚俗

这一时期，人类是在血缘关系群体内生活的，过着毫无限制、杂乱的性生活。其特点是在血缘群体内，不论辈分、不讲年龄，可以随意发生性关系。后来又发展为"群婚制"，并且在一些民族还有野合的习俗存在。所谓群婚，就是一群兄弟一群姐妹之间共为夫妻，即一个兄弟有多少直系或旁系姐妹，就有多少妻子；一个女子有多少直系或旁系兄弟，就有多少丈夫，这种婚姻制度也被称为"同辈血缘婚"。

随着历史的发展，在从母系氏族社会向父系氏族社会转变的过程当中，在婚姻制度上表现为"从妻居"转变为"从夫居"，婚俗的表现形式为抢夺婚，是指在没有得到女子及其亲人同意的情况下，以武力将女子强行抢走。用这种方式获得妻子的婚俗可见于世界许多地方，这里可以列举数例。在火地岛，雅甘人和奥纳人居住地，抢夺婚时有发生。据说，当奥纳人与相邻部落发生战争时，他们便杀死对方的男子，而强娶对方的妇女为妻。在和平时期，他们则是在本部落内部娶妻，结婚事宜由双方父亲通过协商来安排。在巴西许多部落中，妇女也是从其他部落中被抢过来与抢夺者成婚。在南美某些印第安人中，战争似乎完全是以抢妻为目的。在加利福尼亚沿岸的卢伊塞诺印第安人中，有一种娶妻方式，据说就是"一个男子约好几个朋友以武力去抢夺他想要的女子，有时甚至是从她父母手中把她抢走。"

2. 奴隶、封建时期的婚俗

始于奴隶社会的一夫一妻制的婚姻风俗，即"六礼"，是我国传统一夫一妻婚俗的主流，是婚姻必须执行的礼仪典范。"六礼"是指纳采、问名、纳吉、纳征、请期、亲迎六项礼俗步骤。在大多数拥有古老文明的民族中，可见到一夫多妻制或与真正的一夫多妻制难以区别的某种纳妾制。在中国，有的人除正室之外，还有若干"庶妻"，即合法的侍妾。但法律规定，当正妻在世期间，丈夫不得另外正式娶妻。妻对妾拥有相当的权力。妻称夫，也像我们一样称为"丈夫"；当妻在世期间，妾亦不可上升为妻；至于所生子女的合法性，并不以其母是妻是妾为改变，而是取决于丈夫是否已把她纳入房室。在日本，中国式的纳妾制也曾作为一种合法制度。西藏自古以来即盛行一妻多夫制，至今仍很普遍，诸夫皆为兄弟，选妻之权属于长兄。按照当地人的看法，长兄缔结的婚约，只要其弟愿意，亦可分享，而成为诸兄弟的婚姻。

3. 近代新婚俗

新中国成立后，废除旧婚姻一切陋习，实行男女婚姻自由。1950年，国家颁布《中华人民共和国婚姻法》，男女婚姻受到法律保护，父母、亲属不得干预儿女婚事。但是，旧的婚俗时有沿袭，或改头换面。比如昔日的媒人改称介绍人；相亲为男女见面，比旧俗前进了一步。

由介绍人穿针引线，男女见面相亲，双方没有意见，即商定吉日举行订婚仪式。此间，男家必备厚礼（俗称彩礼）给女家，礼物包括衣服、物品（自行车、缝纫机、手表、收录机等）。一般是冬、春各置全套衣服，直至结婚。结婚日期由双方商定后，男女各持介绍信，到乡政府或街道办事处办理结婚登记，领取结婚证书。结婚日子，多选择在重大节日或三、六、九日。城乡的新婚俗，是经中间人介绍后，青年男女双方，彼此要进行见面交谈。见面地点一般设在介绍人家里或集市上某个地点。通过交谈或吃上一餐饭，双方有好感，可继续进行二次、三次接触。第一次见面后交谈，一般介绍人不再介入，由男女双方自便。此间，双方还可到对方家里走访。男去女家时，必须带礼品；女去男家时，一般由男方相引，男方父母必须给姑娘"见面礼"，衣物或红包（封钱）。如女方慨然受之，则视为没意见，下步可行"订婚礼'。这期间一般要经过订婚、行礼和结婚三个环节。

4. 良俗与陋俗

婚俗有良俗和陋俗之分。区别良俗和陋俗主要根据以下标准：一是看对生产和生活是否有利；二是看对人的身心健康是否有利；三是看对发展科学文化是否有利。凡是符合这些条件之一的是良俗，反之就是陋俗。我国传统的婚姻陋习除近亲结婚外，还有指腹婚、童养婚、转亲婚、典妻婚、冥婚等多种形式。还有一些其他的婚俗形式，如：①赘婿婚。赘婿，俗云"养老女婿"，即男嫁女，入女家为婿。②招养婚。在东北个别酷寒山区，有一女二夫现象，谓之招养婚，俗谓"拉帮套"或"招夫养子"。

四、婚姻道德

婚姻家庭是社会中重要的伦理实体。道德观念、道德规范中具有大量的有关婚姻家庭的内容。道德伦理是调整婚姻关系的社会控制手段之一。对于婚姻家庭制度，道德的作用方式不同于法律，它不是依靠国家的强制力，而是依靠社会舆论，依靠信念、传统和教育等力量去评断善恶、是非，从而影响人们的婚姻家庭观，调整婚姻家庭关系的。道德不仅具有社会性，而且具有阶级性。统治阶级的婚姻家庭道德同他们的婚姻家庭立法是一致的，两者是相辅相成的。

在原始的两性关系中，性禁忌是人类最早的道德规范。在远古时代，原始人的行为准则和规范表现为禁忌。禁忌的功能在于控制性关系使"部分人由于近亲血统而在自然选择中被淘汰"，所以原始人不自觉地意识到性关系在某些条件下对人类自身的危害。性禁忌禁止父母辈和子女辈之间的两性关系、同胞兄弟和姐妹之间的性关系。在以自然经济为主导的农业社会中，男子在家庭经济中占主导地位，婚姻形式是以男权为中心；以丈夫统治妻子为特征的，婚姻道德对女性有众多的规范要求，如服从丈夫、不享有继承权等。在家长制下，婚姻由家长确认，女人无选择自由。在私有制经济条件下，为保障财产不向外转移，婚姻关系中尤其注重门第等级。在等级森严时代，社会严禁不同阶层、利益团体之间的通婚。婚姻关系的伦理道德围绕着门第等级、家长特权、男女不平等而展开。进入工业社会后，个人意识的变化和意识的觉醒导致婚姻关系的众多变化，"婚姻自由""男女平等""爱情与婚姻统一"成为新的婚姻道德要求。在很多民族地区，婚姻以外的性关系被认为是不道德的。但在古巴比伦，女子每年要有一次到庙献身给庙里的男子。在我国西南一些少数民族中，男女未婚也可以自由性交，有些地方还举行自由的春事社交活动，一些地区和村庄盖有专门供自由性交活动的"公房"。这些行为之所以是道德的，是因为它与社会习俗相一致，为社会习俗所认可。

第五节　离婚行为

一、离婚的概念

离婚是指夫妻双方自愿并经法院判决解除婚姻关系的社会行为，在法律上表现为解除由结婚而产生的权利义务。它意味着男女在婚姻关系上的权利义务的终止，同时又相应地产生了其他的关系，如子女的抚育、财产的分割、赡养费的给予、亲属关系的变更等一系列的关系。

离婚，亦称婚姻解体，就是解除男女夫妻间的婚姻关系，是一种社会中常见的现象。离婚是随着社会的发展而变化的，离婚的权利和自由在男女之间是不平等的。在中国古代，男子在婚姻中处于主导地位，选择离婚的权利主要掌握在男子手中。一般表现在男子的休妻，如"七出三不出"规定，就是男权的象征，是对女子社会地位的漠视和否定。到现代社会，法律规定离婚的条件以夫妻双方的感情确以破裂为前提，它强调了男女双方的地位的平等性。不能将离婚与婚姻分割开来进行论述。不用说，离婚就是婚姻的解除，不仅是婚姻解除的结果，也意味着婚姻解除的过程。婚姻本身就是复杂的人际关系，而且也是一个过程。婚姻就是处于各种复杂的人际网络中的男女，通过结合使既存的网络发生变化，组成新的人际关系，使其再生产，而且使其变化的过程。

二、离婚的原因

在封建社会里，家庭以男子为中心，夫权主宰一切，只有丈夫休妻，没有离婚的规定。离婚是现代社会的一种现象，受到多种因素的影响，各种因素的变化都会导致离婚的发生。产生离婚现象的个人、家庭和社会因素主要有：个人方面如性格不合、对浪漫爱情的注重、生活作风等；家庭方面如家务矛盾、家庭经济、家庭暴力、婚后不育、子女教育、第三者插足等；社会因素如社会生活和妇女地位的变迁、法律对于离婚限制的变化，还有科技发展，伦理道德观念的改变等政治、经济、宗教、生理和心理各个方面的影响。它是多种因素发展和综合作用的结果。

我国离婚率逐年攀升，这是一个不争的事实。离婚是一种社会现象，我国法律规定，结婚自由，离婚也同样自由。当然，法律也规定了严格的离婚程序。现代社会的人们一定要转变离婚观念，离婚并不一定是违背伦理道德的事，男女双方若失去了维系婚姻的动力和源泉——感情，那勉强在一起就是一种折磨，这对双方的身心是一种折磨，这样的婚姻失去了它原有的意义和价值。尤其要指出的是，这种婚姻对孩子的伤害太大，不利于孩子的成长。所以，当夫妻双方感情破裂的时候，就不要因为爱惜面子等原因勉强地保持形式上的婚姻，而应该选择明智的方式——离婚。

三、婚姻的维持

维持婚姻关系的正常运转，不使它走向婚姻关系的反面——离婚，不但有利于婚姻关系的当事人，而且也有利于与当事人有关的人以及社会的稳定。一般认为，婚姻的维持依赖于以下几个因素：

第一，经济的独立，双方在家庭中的地位平等。一般来说，婚姻的稳定与家庭的收入有正相关关系，到了一定程度，收入越高，婚姻关系就越稳定，夫妻就不会离婚。婚姻的载体就是家庭，而家庭承担着重要的职能，其中经济消费是重要的内容。家庭的经济开支与家庭的收入有很大的关系。现在，随着生活活动的社会化，夫妻分工很难再是工业化以前的男的挣钱养家，女的在家操劳家务，而是需要两个人都有工作。换言之，就是双方都有经济收入，来共同承担家庭的支出。"贫贱夫妻百事哀"说明经济对家庭的重要性。如果夫妻中一方经济不独立或者经济虽然独立，但在家庭中地位不平等，没有平等的发言权，这种情况会对婚姻造成影响，甚至影响到婚姻的稳定。

第二，婚姻当事人意愿表示。也就是说，择偶过程越是自由，完全由当事者个人进行的，离婚的机会反而多。这使我们联想起封建的"父母包办婚姻"时代，人们无权自己择偶，离婚的也少。这说明择偶的自由度和离婚是密切相关的。同样在离婚问题上，强调个人意愿，不考虑或较少考虑家庭、子女，离婚的也多。过去中国人的婚姻观念比较保守，一般是从家庭的整体利益出发，对婚姻采用容忍的态度，即使夫妻情感已经破裂，还是要维持它。今天的人们不同了，是从个人出发，"合得来则合，合不来则散"，鉴于这种观点，人们越来越容易地做出离婚决定。在社会调查中，在问到"如果夫妻关系十分紧张，即将破裂，您认为当事者应首先考虑的问题时"，离婚群体认为"该离则离"的为71.4%，认为"为了子女，不能离婚"的为25.3%。

现代社会，人们结婚更追求爱情至上，以有无爱情作为择偶和婚姻成立的首要条件，使婚姻成为一种个人心理感受，个人情感和意愿的事情，是婚姻中个人行为因素增长的又一表现。以往的义务型婚姻更多地表现了夫妻之间以及家庭成员之间的合作和认同。和义务型婚姻相比，爱情型婚姻则表现了更多的"自我中心"和"自我认同"。社会调查资料表明，择偶时把"爱情"放在重要位置的人离婚的多，而把"过日子"放在重要位置的人离婚的相对较少。至于对家庭的责任和义务的考虑，今天人们只承认前者，否认后者，价值观念逐渐转向个人，许多人对之直言不讳了。

在本次调查中非离婚群体有87.7%的人说一生中只爱过自己的配偶一人，而12.3%的人说不只爱过配偶一人，还爱过他人；而离婚群体有68%的人说一生中只爱过配偶一人，有32%的人说不只爱过配偶一人，还爱过他人。离婚群体多元情爱的比例显然高于非离婚群体。多元情感必然会导致婚外恋的出现。"婚外恋"和"第三者插足"是近年来在婚姻家庭领域出现较多而引人注目的社会现象。

第三，夫妻双方经常交流合作有利于维持婚姻的稳定性。结婚只是婚姻和家庭的开始，夫妻在婚姻存续期间，在日常的家庭生活中，还要进行全面的合作与交流，才能保持婚姻的长期性和稳定性。今天人们以自我为中心，必然在一定程度上减少夫妻之间的交流与合作，从而增加婚姻的不稳定性。事实表明，结婚后，能较多进行情感和语言等方面交流的夫妻，离婚率低，相反则较多。被调查者谈到婚后夫妻间情感和语言等方面交流的体会时，非离婚群体认为有"说不完的话"的占65.6%，"希望交谈，但没有机会"的占12.4%，"缺少共同语言，没话找话的"占7.5%，"没有共同语言且不愿交谈"的占5%。而离婚群体恰恰相反，比例分别为7.1%、24.9%、23.2%、35%，相比而言，离婚群体在情感和语言交流上较差。这说明婚后不能或不注意进行情感和语言交流的离婚者是较多的。

第四，女性地位的提高与离婚。由于妇女在社会上就业和受教育的机会增加了，有了独自的经济收入，法律地位提高，社交公开，客观上也提高了她们在家庭中的地位，减少了她们在家中对男人的依附。从一定的意义上说，这是女性在婚姻家庭中不再依附男性，讲求自主自立，和男性平起平坐，是婚姻中个人和个性突显的又一表现形式。它是从性别角度上表现的。世界许多发达国家提供的资料表明，自 20 世纪下半叶以来，女性在离婚中渐渐取得了主动地位，离婚多数是由女性首先提出来的。自 20 世纪 80 年代以来我国各地有关离婚的调查数字都证明女性在离婚中有很大的主动权。这说明如果女性在婚姻家庭中的经济处于从属地位，或者没有收入来源需要依赖对方，一旦离婚其生活就会陷入困境，就倾向于即使出现了危及婚姻解体的因素，也会极力去维护现存的婚姻；但是，如果女性在经济上独立，在家庭中有平等的话语权，当有危及婚姻稳定的因素出现时，无论是经济的、情感的、精神的等，女方就有可能提出离婚。

第五，家庭伦理道德和社会责任感的注重有利于维护婚姻的稳定性。婚姻要保持一定的稳定性才有利于双方当事人的工作、生活和学习，也有利于子女后代的健康成长和发展。婚姻不但受到法律的规范，也受到伦理道德的约束，夫妻要恪守婚姻的法律规范和伦理道德。同时，夫妻双方要有社会责任感，不仅仅考虑自己的利益，也要重视他人的利益，树立良好的责任意识，尊重他人，地位平等，民主协商，避免家庭暴力的发生，这些都有利于维护婚姻的稳定。

第六，夫妻双方的信息对称和性格的磨合有利于维护婚姻的稳定。在社会中，信息对人们来说很重要。信息不对称或不完全，就可能对双方造成错误的导向或误解，造成婚后的矛盾。然而，婚姻的参加者在婚前很难真正了解到他们的才能、性格特征，往往对对方做出不正确的信息评价。并且在婚后对婚前的信息不对称而产生的矛盾不宽容不体谅，从而导致价值观念的冲突，这不利于婚姻的稳定。

第十一章　家庭与生育行为

第一节　家庭的概念与构成

一、家庭的概念

有关家庭的含义，一直有着不同的解释。书中的"家"字，在中国古代辞书《说文解字》释"家"："尻也，从宀"。清段玉裁注："本义乃豕之尻也，引申尻借以为人之尻"，这是从居住的角度解释"家"。"家庭"一词是后起的，基本含义是指一家之内。如南朝宋《后汉书·郑均传》："常称疾家庭，不应州郡辟召"。在古罗马，Famulus（家庭）的意思是一个家庭奴隶，而 Familia 则是指属于一个人的全体奴隶。古罗马人用 Familia 一词表示父权支配着妻子、子女和一定数量奴隶的社会机体。马克思和恩格斯则从人类自身再生产的角度来理解家庭。他们认为，每日都在重新生产自己生命的人们开始生产另外一些人，即增殖。这就是夫妻之间的关系，父母和子女之间的关系，也就是家庭。[①] 美国社会学家 E. W. 伯台斯和 H. J. 洛克在《家庭》（1953 年）一书中指出："家庭是被婚姻、血缘或收养的纽带联合起来的人的群体，各人以其作为父母、夫妻或兄弟姐妹的社会身份相互作用和交往。创造一个共同的文化。"[②]《中国大百科全书·社会学卷》中"家庭"所下的定义为：家庭是婚姻、血缘或收养父系所组成的社会生活的基本单位。中国社会学家孙本文认为，"所谓家庭，是指夫妇子女等亲属所结合之团体而言。故家庭成立的条件有三：第一，亲属的结合；第二，包括

[①] 马克思，恩格斯. 马克思恩格斯全集：第 3 卷 [M]. 北京：人民出版社，1972：32.
[②] 中国大百科全书（社会学卷）[M]. 北京：中国大百科全书出版社，1991：102.

两代或两代以上的亲属；第三，有比较永久的共同生活"。[①]

因此可以得出，家庭是由两个或两个以上的成员由于婚姻、血缘或收养关系而构成的社会生活的基本单位，家庭是婚姻的结果，也是人口再生产的基本单位。"家庭本质"的定义中：家庭是"人与人的生理结合"，这种定义太简单，完全否认了家庭的社会性；"按血缘和姻缘关系建立起来的经济组织，"这样说来许多依靠收养而结合起来的家庭就不算是真正意义的家庭了；"由婚姻关系、血缘关系或收养关系组成的社会生活的基本单位"更为全面地囊括了家庭的内涵。它把两性关系、繁衍后代、经济生活等内容都包括进去了，它不仅适用于现代家庭，也适用于古代原始人的家庭。家庭的基本形态是扩大家庭和核心家庭。家庭的传统功能包括性生活和生命的延续；保护、照顾年幼和年老的家庭成员；个人人格的塑造和社会化；生产和消费以及情感需要的满足。

二、家庭的属性

家庭虽然在本质上表现为一种男女双方由法律和一系列社会规范所确定的社会关系，但其同时又是以两性结合和血亲关系为自然条件和前提的，因此家庭同样是自然属性与社会属性的统一。家庭的自然属性源于两性间的性别差异、性的本能以及种族的繁衍等，如果没有这些因素的存在，每个人都是独立的个体，所谓的夫妻关系、父子关系以及其他亲属关系也将不复存在。[②] 即使随着社会的进步与发展，人们越来越关注家庭的社会属性，但自然因素对家庭的影响依旧存在并发挥作用，如法律禁止近亲结婚以及医学上患有某些不适宜结婚疾病的人群结婚等。虽然家庭的构成有其自然的基础，但家庭是社会发展到一定阶段的产物，其本质属性就是社会性。家庭作为社会最基本的细胞，它具有调节两性关系、繁衍后代、养育子女、组织社会生活等社会功能。同时，家庭的性质、特点、类型、发展程度等总是与当时的经济基础与上层建筑紧密相连的，受到经济、政治、文化、道德、宗教信仰等诸多因素的制约。家庭的社会属性，也使得家庭能够作为社会化的主体，在完成他人生命生产过程中扮演着至关重要的角色。

---

① 孙本文. 社会学原理 ［M］. 北京：商务印书馆，1935：441.
② 李薇菡. 婚姻家庭学 ［M］. 广州：华南理工大学出版社，2007：5.

三、家庭的结构

(一) 家庭结构的内涵

事物的结构是指事物的构成，即事物内部各分子占据一定位置，并相互依赖存在、相互关联、相互维持的关系。家庭结构是家庭的构成，但这种构成不是指家庭的经济、职业、文化的构成，而是特指家庭中成员的构成及其相互作用、相互影响的状态，以及由于家庭成员的不同配合和组织的关系而形成的联系模式。

家庭是通过血缘、姻缘或收养关系组合成的社会生活基本单位。家庭结构就是家庭成员之间不同的组合关系和组合方式，其中既有横向的关系组合，也有纵向的关系组合。横向的组合指同代人之间的联系形式，如夫妻和兄弟姐妹之间的关系；纵向的组合指代际之间的联系方式，如父子、母女、祖孙的关系。家庭结构是这两种关系相统一的组合形式。由此，家庭结构包含了两方面的要素，一是家庭人口要素，相关的问题是：家庭由多少成员组成？家庭规模大小如何？二是家庭代际要素，相关的问题是：家庭成员的代际分类是怎样的？不同的家庭人口要素、代际要素的组合，形成不同的家庭成员之间相互联系的方式，因而形成不同的家庭结构模式。家庭结构是在婚姻关系和血缘关系的基础上形成的共同生活关系的统一体，既包括代际结构，也包括人口结构，并且是二者组合起来的统一形式。

(二) 家庭结构的基本类型

家庭结构是指家庭的类型结构。一般说来，有五种类型：①复合家庭，指两代以上的夫妇及其子女、亲属所组成的家庭，包括已婚兄弟在内，这类家庭人数最多。②直系家庭，包括夫妻、父母、子女，甚至第四代。③核心家庭，由一对夫妇与未婚子女组成的家庭。④不完全家庭，指夫妇没有子女或夫妇离异、丧偶后只有一方与子女共同生活的家庭。⑤单身家庭，包括终身不婚或丧偶、离婚后过独居生活的家庭。家庭结构按不同的内容还可分为家庭代数结构、家庭性别结构、家庭年龄结构、家庭教育结构、家庭婚姻结构、家庭职业与就业结构。不同的家庭结构反映和影响家庭的规模。传统的大家庭是与浓厚封建色彩的、封闭的农业生产力水平相联系的。自给自足的小农经济为以血缘关系为纽带的大家庭提供了经济基础。在这种社会、经济条件下，家庭往往表现为规模大、结构复杂的特点。随着社会经济的发展，尤其是社会分工的进一步扩大和市场经济的广泛深入，家庭规模就会改变，由原来的大家庭或较大家庭向小型家庭转变，这一点已由世界上许多发达国家的家庭演变过程所证实。家庭规模的缩小是家庭生育子女数降低的反映，是伴随着家庭变迁而使妇女生育行为发生变化的反映，核心家庭显然已成为生育率降低的证明或标志。家庭结构类型与生育之间是相互影响、相互制约的。一方面，在家庭总数中主干家庭、联合家庭所占比重越大，核心家庭所占比重越小，生育子女数量就越多，生育率就越高；反之核心家庭所占比重越大，生育子女数量就越少，生育率就越低。另一方面，生育子女数越多，代数越多，家庭结构类型就越复杂。近代家庭结构变化的趋势是：复合家庭在减少，直系家庭尤其是核心家庭在增加。

家庭，如前所述，在通常意义上，是由婚姻和血缘关系建立起来的社会生活基本单位。在一个家庭之中，至少应该有两个由婚姻联结的不同性别的成年人，他们与其子女间又有着由血缘关系联结起来的亲子关系。但由于近几十年来两性关系和家庭价值观的变化，传统的家庭模式受到极大冲击，家庭形态出现了异化现象，因而派生出种种变异家庭。变异家庭指的是一种不符合通常所理解的家庭概念的生活组织形式，是特殊的家庭。作为一种社会客观存在，家庭的异化现象在现代社会颇有正盛之风，我们将在本章第四节进行详细的分析阐述。

四、家庭的功能

（一）家庭功能的概念

所谓家庭功能，是指家庭在人类生活和社会发展方面所能起到的作用，即家庭对于人类的功用和效能。家庭功能的发挥是自发的，许多人在家庭中生活了几十年，并不懂得什么是家庭功能，在这种情况下，家庭功能是在自发地起着作用。但是，如果了解了家庭的功能，就能更充分地发挥家庭在各方面的作用，从而促进生活质量的提高，促进社会的协调进步。

（二）家庭功能的基本类型

一般来说，家庭功能有八个方面：①经济功能，组织家庭的生产、分配、交换与消费，它是家庭功能其他方面的物质基础，满足家庭成员基本生活的需要；②生育功能，从人类进入个体婚制以来，家庭一直是一个生育单位，是种族延续的保障，满足人类社会子孙繁衍的需要；③生理功能，满足个人生理上的需要，是家庭中婚姻关系的生物学基础，性生活和生育等行为密切相关，社会通过一定的法律与道德使之规范化，使家庭成为满足两性生活需求的基本单位；④抚养和赡养功能，具体表现为家庭代际关系中双向义务与责任，抚养是上一代对下一代的抚育培养，赡养是下一代对上一代的供养帮助，满足对未成年人的抚养和老人赡养的需要；⑤教育功能，家庭是儿童社会化的摇篮，是青少年教育的第一个学校，包括家庭成员之间相互教育两个方面；⑥感情和娱乐功能，家庭是家庭成员思想感情交流最充分的场所，也是个人主要娱乐场所之一；⑦宗教功能，家庭原本也是传承宗教信仰、进行宗教仪式的场所，由于家庭成员之间的血缘关系和共同的生活联系，宗教信仰会潜移默化地相互影响，家庭成员经常持同样的宗教信仰，家庭就是一个宗教场所和单位，不过现代社会，宗教与家庭生活分离，有专门的宗教场所和专业的宗教传播人员，个人也具有宗教上的相对自由；⑧政治功能，家庭中家长的权利与他对家庭成员的经济行为、生活选择的掌握和操纵，使家庭成为一个小型政府，在一个封闭的社会里，家庭又是政治权利的扩充和传递系统。

（三）家庭功能的变化发展

家庭的功能受一定社会性质的限制，它也随着社会的发展而变化。现代社会第三产业的发展和生产社会化程度的提高，使得家庭的部分功能发生外移。如经济功能中的生产功能、教育功能、赡养功能已经部分地转移到社会，由社会的专门组织如生产组织、学校和养老院等机构来承担，而家庭的性爱、感情功能却在日益增强。第一，威望、权利、地位从以家庭为中心正转向以个人为中心。个人主义观念倡导个人价值和幸福高于世系和家族的延续。第二，家庭的经济功能已经广泛地进入工厂、商店和银行。第三，教师代替家长对孩子实行基本的教育。社会已经建立起一个从幼儿教育一直到高等教育、职业训练的社会化的系统教育构架。相对于教师而言，家长在向孩子传授科学技术知识和职业技能方面处于劣势。第四，社会保险、国家医疗保险、医疗补助、失业补贴和其他各种社会立法，取代了家庭中传统的保护功能。社会保障包括社会保险、社会救济和社会福利三项内容，因而社会成员因年老、疾病、伤残或因其他原因而失去生活安全和能力时，都会得到社会所规定的保障。而家庭在应付现代社会生活的种种风险时，显然有些力不从心，个人生活安全和保障更多地依赖于社会的救助与支持。第五，家庭赡养老人的功能也已部分转移给社会。有了老年保险制度后，老年人在经济上不再需要子女的负担与赡养。第六，公共娱乐场所增加，娱乐内容丰富，家庭不再是休闲的唯一场所。游乐场、展览厅、音乐厅、电影院、健美中心等等，都是家庭以外的娱乐场所。更重要的是，家庭成员有各自的娱乐圈和游戏团体。第七，专职的教父或牧师承担起满足宗教需要的功能。宗教在更多的意义上成为一种社团活动，而不是家庭活动。第八，性观念的变化，使婚姻以外的性关系增加。在一些社会中，婚前性关系已经不再被认为是异端。另外，已婚者的婚外遇、婚外性行为也不再只是个别现象。性解放、性自由的观念和对不受压抑的性关系的渴望，给传统的规范制度、传统的价值观施加了强大的压力。第九，家庭的生育功能越来越萎缩。在现代社会，夫妇在很大程度上认为控制生育是无害的，只要夫妇双方赞同就是合法和正统的，因此避孕和生育控制的方法被广泛采用。观念的变化和技术手段的应用使生育行为在家庭中的地位下降，丁克家庭开始出现。

五、家庭的生命周期

（一）家庭生命周期的概念

家庭生命周期反映一个家庭从形成到解体呈循环运动的过程，强调家庭随着时间的各种变化。每一个家庭都有它形成、成长及消亡的过程。一般把家庭生命周期划分为形成、扩展、稳定、收缩、空巢与解体六个阶段。标志着每一阶段的起始与结束的人口事件。如果我们观察一对刚结合的夫妻，他们的家庭会经历一个人口由增长到减少的过程。由此家庭生命周期可分为以下几个阶段：第一阶段是从人出生到 6 岁学龄期开始为止。第二阶段是 6~16 岁，是一种逐渐与家庭脱离紧密依赖关系，但仍然难以自立必须依赖家庭的时期。第三阶段是青年人离家或可离家阶段。到自己成立家庭之后，一个新的家庭诞生开始了个人生命周期中的一个新阶段。

在家庭生命运行中，家庭成员承担人生任务，家庭得到延续，母家庭孕育了子家庭。我国学术界把家庭生命周期大致划分为：新婚期，从结婚到生育第一个孩子；育儿期，从生第一个孩子至最后一个孩子上小学；教育期，从孩子入小学至孩子独立；向老期，子女相继离家；孤老期，夫妻中只剩一人，直至该家庭生命终结。生育子女越多，生育和教育阶段就越长，从而夫妻的新婚期和晚年期就越短。如果生育子女较晚较少，那么，夫妻新婚期与晚年期就长。

（二）家庭生命周期的基本阶段

从家庭规模来划分，分为建立期（新婚期）、扩张期（育儿期、教育期）、萎缩期（向老期）、消亡期（孤老期）。以下我们就从家庭规模划分来具体介绍：

1. 建立期

建立期也就是婚姻系统的形成及整合，夫妻角色的认定，姻亲关系的协调。

建立婚姻家庭需要结婚者必须具备一些条件，这些条件基于社会需求和个人生理两个方面，可分为禁止结婚条件和结婚必备条件。家庭的组建首先要双方的认可，要有组建家庭的物质、爱情基础。组建家庭出于不同的目的，还有生活成本、传宗接代、社会趋势、宗教习俗、家庭生活、生理和心理需求等需求；另一方面还受一些主客观条件的限制。

婚姻的主观条件是指当事人的主观愿望，即想不想结婚，要不要和对方结婚。2001年《婚姻法》第二章第五条规定："结婚必须男女双方完全自愿，不许任何一方对他方加以强迫或任何第三者加以干涉。"这一规定充分体现了尊重当事人的主观愿望和婚姻自由的原则，反对封建的包办、买卖婚姻和干涉他人婚姻自由的各种行为。婚姻的客观条件是指当事人的生理、心理等条件，以当事人的年龄为标志。男女结婚要履行夫妻的义务，承担对家庭和社会的责任，所以需要达到一定的年龄，才能具备结婚、成家立业所需要的生理、心理和社会条件，因此社会历来对人的结婚年龄有所规定和限制。《婚姻法》第二章第十条是关于无效婚姻的解释，该条款说，有下列情形之一的，婚姻无效：①重婚的；②有禁止结婚的亲属关系的；③婚前患有医学上认为不应当结婚的疾病，婚后尚未治愈的；④未到法定婚龄的。这些无效婚姻的界定就可分为禁止结婚条件和结婚必备条件。

2. 扩张期

扩张期是从生第一个孩子至最后一个孩子上小学那一段时期。包括从孩子入小学至孩子独立，父母角色的认定，家庭财政、家务劳动等分工或协作，职业与家庭之间的精力分配及亲子关系的调整，夫妻情感的深化发展。

小孩出生意味着夫妻角色的转变，对于大多数女性而言，第一个孩子出生常常还意味着她停止就业。当然，这是自己放弃工作，从夫妻转变为子女的父母，家庭规模扩大。妻子的事情则是致力于家务和教育孩子。此外她还有义务时时刻刻对丈夫关怀备至。但现代社会，由于女性的地位不断提高，特别是受过高等教育的女性，她们生育的旺盛期也是工作学习精力的旺盛期。因此她们不愿把自己精力最旺盛的时期都用在养育子女上，而妨碍自己参加社会活动和全面发展，进而自觉控制生育子女数。而且受过较高教育的妇女，更关心第二代的智力发育和能否受到良好的教育，她们愿意生得少，养得好，教育得好，使子女在德、智、体、美几方面都得到发展。这些都会影响对生育子女数量的选择，影响家庭规模的大小。

3. 萎缩期

萎缩期是子女相继离家、子女已独立，婚姻关系的再调整，家庭开始趋于萎缩。这个时期子女事业、学业有成，开始相继离家独立门户建立他们自己的家庭。家庭夫妻的注意力又开始从子女身上转向双方的夫妻生活，家庭夫妻关系再度调整。一方面，早期由于顾及子女而掩盖的紧张关系突显出来，不会再由于怕影响子女而妥协自己的意愿，最后由于夫妻感情的不和而造成离婚家庭；另一方面，子女的负担减少，夫妻双方更关注、体贴对方，夫妻感情进一步加深。

4. 消亡期

消亡期是夫妻中只剩一人，面对自己及配偶的衰老与死亡，安排晚年充实的生活，体味人生的意义，直至该家庭生命终结。这个时期子女都早已成家立业，对儿女已无太大的牵挂，唯一期待孙子的出生。如果在传统的大家庭中则直接要求儿女早生后代，而在现代家庭中则是提醒儿女早要孩子，不会直接干涉他们的生育愿望。此时，他们最大的愿望就是儿孙在闲暇时间能来看望自己，看着自己的家族繁衍生息，夫妻老伴享受自己的晚年生活，由于年龄的趋老龄化，病痛开始缠绕日常生活，往往是女性的预期寿命更长，看着自己的男伴去世，自己一个人度过余生，家庭的周期走到末端而最终消亡。

第二节　家庭的演变及其相关理论

一、家庭的历史演变

家庭自身是随着社会的发展而不断发生变化的，家庭自身有一个产生、发展和变化的过程。在历史早期，婚姻关系的范围很大，性交关系的限制就很少。因此，在血缘家庭出现以前一定还存在过毫无限制的杂乱性交关系的状态。那时没有任何形式的婚姻和家庭，但是后来各种各样的家庭形式，正是从这种原始状态中衍生出来的。它的发展过程是这样的：最初在两性关系上和其他动物一样，没有任何的限制，也就不存在任何的婚姻关系和家庭形式，后来性交关系的限制越来越多，婚姻和家庭的范围就越来越小，直到最后只留下现在占主要地位的成对配偶为止。从婚姻关系的演变过程看家庭也是从无到现代血缘家庭的过程。从这种相互联系中出现五种家庭形式：①血统家庭。它是兄弟姊妹互为夫妻的一种群婚。②普那路亚家庭。它是建立在几个兄弟及其妻子之间或几个妹妹及其丈夫之间的群婚之上的，这两种家庭都属于蒙昧时代的家庭。③对偶家庭。它以一男一女成对配偶为基础，但还没有独占同居。这是一夫一妻制的萌芽。它只要根据夫妻任何一方的意愿就可以离异。这主要是和野蛮时代相适应的家庭形式，没有创造出独特的亲属制度。④家长制家庭。它以一男数妻婚姻关系为基础。在希伯来人畜牧部落中，酋长或显贵都过着这种一夫多妻的生活。⑤一夫一妻制家庭。它是一男一女独占同居的婚姻。这主要是文明时代的家庭。本质是属于近代的东西。在这种家庭形式的基础上建立了独立的亲属制度。

我国传统家庭是以父子轴为主，不论媳妇进门、女儿出生，都全是为了服侍父子轴的。但现代家庭有完全不同的特质：家庭不再以男性为中心，是两性平权的。不再以家庭集体为导向，家中每位成员的尊严幸福都很重要。过去女性被要求担负各个家庭美满幸福的重责，直至今日我们仍要求女性担起稳定整个社会的主要力量，因此个人的状况常是在集体中被忽视了。现在家庭的权力关系不再是权威导向，夫妻轴的家庭在亲子和夫妻之间的权威没有那么清楚。传统家庭认为两代同居，家庭才会昌盛，不希望儿子结婚后分家独立。父母帮儿子安排娶进媳妇，一起住在父母家庭中。在父子轴家庭中多靠单向强势的长老来领导（通常是公公的影响力非常大）。孩子没有说话的权力，要听命于父母，靠公婆来主导。但在夫妻轴的家庭里两性是平权的，这种影响是双方相互平等的，孩子对父母同样产生一些影响。父子的家庭不注重人与人之间的关系，只注重角色扮演，做父母和夫妻的，各有其应尽的责任。夫妻轴的家庭，强调彼此间的感情，常是两人共同负担分享家庭中的权责，而不只是角色的扮演，不再以片面要求为标准。父子轴的家庭原则是扩散，只要经济能力许可，男人找外遇是被允许的，女人要包容，甚至要接回外面女人生的孩子来抚养，好让家庭兴旺。夫妻轴的家庭是收敛主义，一切以夫妻为考量核心，单面贞操的标准已不被接受了，对外遇是否容忍，是双方共同的协议，不再以片面的要求为标准。在传统家庭中强调责任，你尽了责任就有你的地位。但是现代夫妻轴家庭是个人主义，主张平权，每个成员的发展、权利都是十分重要的。

二、家庭演变发展的相关理论

（一）家庭来源于男女两性的结合

家庭是通过婚姻而构成，并以婚姻为依据，所以它是自然关系和社会关系的统一。家庭的基础是两性的结合，但这种结合必须是男女两性依一定的法律、伦理和风俗的规定而建立起来的两性关系，为一定的社会制度所确认，从而成为婚姻关系。一方面，婚姻是一种自然关系，是男女两性的生理结合，另一方面，婚姻也是一种社会关系，是以生理结合为自然基础的社会结合。婚姻总是为一定的社会条件下的道德、法律所承认的两性结合。自人类摆脱血亲杂交的两性关系状态以来，风俗、伦理和法律便成为维护两性关系的规范化、制度化的主要手段。同时，人们对婚姻的需求也不仅仅限于生理的满足，还包括感情、经济等多种动机，夹杂了复杂的社会因素。因此，婚姻是家庭的基础和根据，是家庭成立的标志，家庭自然是源于男女两性的结合。

男女之间建立起稳定的两性关系以后，将生儿育女、繁衍后代。一般而言，有婚姻即有生育，由生育而形成父母与子女、兄弟姐妹等血缘亲属关系，血缘关系包括同自身有直接生育关系的直系血亲和间接生育关系的旁系血亲。直系血亲和旁系血亲共同构成个人的血缘亲属关系网。血缘关系从婚姻关系而来，如果没有父母的两性结合，也就无所谓后代的繁衍。血缘关系成为家庭中人与人之间相互联系的特定形式，是组成家庭的自然纽带，对家庭的存在与维系起着加固的作用。

由此可见，家庭是建立在婚姻和血缘关系之上的，无论从其中哪一种关系看，家庭都具有自然属性和社会属性。在家庭里，自然关系和社会关系是统一的，自然关系是前提，但自然关系寓于社会关系之中，社会关系是主导。所以，要认识家庭，首先必须看到家庭就是夫妻之间的关系、父母和子女之间的关系，是自然关系和社会关系的统一。

（二）家庭转变理论

作为人类社会生活的组织形式，家庭并不是从来就有、一成不变的。人类从血亲杂交依次经历血婚制家庭、伙婚制家庭、偶婚制家庭，到实现个体婚家庭，任何一种家庭形态都不是偶然产生的。家庭形态的发展的根本原因是社会生产力的进步。在社会生产力十分低下的时候，人们通过群居生活来对付大自然，血亲杂交成为必然。之后，一定地域内有限的生活资料养不活日益繁衍的人口，造成原始群分裂；同时出现年长者掌握一定的生产经验，社会逐渐形成长幼区别，出现血婚制家庭，继而又出现伙婚制家庭。弓箭发明后，偶婚制家庭开始出现。畜牧业的发展，剩余产品的出现，私有制的产生，又造成一夫一妻制家庭的萌现。这一切都发生在原始社会里，经历了二三百万年的历史。家庭发展史就包含在这二三百万年的人类发展史，并以社会生产力的发展为基本前提。其次，自然选择在家庭形态的演变中也起着不可忽略的作用。由于自然法则的警示作用，人类从婚配关系中逐渐排除父母与子女、兄弟与姐妹之间的性交关系，人类体质增强，智力发展，人口数量增多。大自然的规律对人类自身的发展具有一定的选择作用。当然，与其他生物不同，人是通过自己的实践活动而自觉认识自然选择的作用的。据此，社会生产力和自然选择是理解家庭史的两根基本线索，抓住这两条线索，家庭形态的演化就有规律可循。

历史的发展是一个否定之否定的过程，是螺旋式前进的过程。家庭的发展过程同样是复杂曲折、螺旋式上升的。虽然在人类发展的不同时代有相应的家庭制度，但这只能是从总的方面大体而言，实际情形要复杂得多。例如，当大多数地区进入个体婚家庭时，有些地区还残留着群婚的遗迹。社会生产力的发展造就了家庭的变化，这也只是就大体而言，实际上家庭的演进并不是整齐划一的。因此，要从历史的总体上看待家庭发展史。

（三）家庭制度理论

每种社会制度都由一组相关的社会规范构成，围绕着某一社会目标进行一系列规范化的规定，因而也是一种相对持久的社会关系。每一种社会制度在人类社会生活的某些确定的特殊领域中广泛地存在。家庭制度是社会制度的一种。家庭是社会的基石，包括婚姻制度在内的家庭制度被认为是一切制度中最普遍、最基本的制度之一，对人类社会生活具有重大的影响。家庭制度就是对家庭在组织结构和行为活动上的规定，是一定社会历史条件下的家庭关系和活动的规范体系中某一领域的制度。

家庭是按婚姻和血缘关系建立起来的经济组织，在婚姻（血缘）与经济两大类因素中，经济更为重要。因此，家庭的本质，归根结底是一种经济关系。生产、交换、分配、再分配、消费都是以家庭为单位进行的。正是家庭内部在经济上的相对平衡，促使家庭成为社会的基本单元。家庭的本质是社会关系，而人们的婚姻关系是构成家庭的基础。血缘亲属关系是结成家庭的纽带。家庭是人们社会生活的基本组织，家庭是在生命生产的过程中形成的人们的自然关系和社会关系的矛盾统一体。自然关系在远古没有家庭时就存在，而家庭则从一开始就作为一种特殊的社会关系而存在和发展。这种社会关系包括经济关系、法律关系、道德关系、思想关系和感情关系。家庭中的社会关系支配和制约着自然关系，从而成为家庭的本质。

随着社会物质生产和精神文明的发展，经济关系在家庭中的作用越来越小。人口的生产和增长也只是家庭的一项功能，而感情已成为家庭建立、组成或离异、分裂的决定因素，它是纽带、是基础、也就是家庭的本质。

（四）家庭教育理论

在传统的观点里，家庭教育是由家长对其子女实施的教育，而按现代观点，家庭教育则是在家庭生活中，家庭成员之间相互的影响和教育。家庭教育是教育的组成部分之一，是学校教育和社会教育的基础。家庭教育是终身教育，这开始于孩子出生之日（甚至可上溯到胎儿期）。婴儿时期的家庭教育是"人之初"的教育，在人的一生中起着奠基的作用。孩子上了小学、中学后，家庭既是学校教育的基础，又是学校教育的补充和延伸。

第三节　家庭中的他人生命生产

男女两性通过择偶、婚姻组建家庭，从而构成社会的基本单位。虽然择偶和婚姻都包含在他人生命生产过程之中，是前生育行为的必经环节。然而，就他人生命生产的整个过程而言，绝大多数时间是在家庭中完成的，家庭是他人生命生产中的重要一环，更是扮演着社会化主体的重要角色，在子女抚养和教育过程中发挥着至关重要的作用。因此，家庭也就成了他人生命生产的核心，具体表现在从怀孕到子女脱离家庭抚养这一较长的他人生命生产过程。

一、怀孕

怀孕是孕育新生命的由精子和卵子结合而成的受精卵，是第二代生命的开始。孕卵在妇女子宫里着床、发育，这就是怀孕（也叫作妊娠）。[①] 一般人习惯地认为，人的生命是从新生儿呱呱坠地开始算起，新生儿第一声嘹亮的哭声才真正宣告了一个生命的诞生，其实不然。道理很简单，新生儿在降生之前就已经作为一个生命在母亲的子宫中实实在在地存在了十个月。从人口学角度来说，生育行为实际上可分为前生育行为、准生育行为和后生育行为。前生育行为是为受孕所进行的一切准备活动，准生育行为指的是从受孕开始直到出生这段成长时期，后生育行为是指对婴儿的抚养和母体的恢复。胎儿期是人的一生中发展最快、变化最快的时期；同时，胎儿期的成长和变化并不是简单的、与世隔绝的，胎儿期的发展和变化受到了母亲、父亲以及社会环境的重要影响，这是一个很复杂的过

---

① 黄雄. 人口与生育［M］. 上海：复旦大学出版社，1991：79.

程，它不单单是一个生理事实，更是一个社会事实。

胎儿的发育从卵子与精子的成功结合开始，卵细胞期大约持续三周时间。这是胎儿发育的第一个阶段。胚胎期是一个关键阶段，它从第四周开始直到第八周或第九周。胚胎期主要是一个生长的过程。在这个阶段，身体的主要部分以及重要的器官开始形成。眼睛、耳朵、鼻子、嘴巴、心脏以及性器官等在这个时期已经开始形成，手和脚也在开始形成，胃、食道、血管以及神经系统也开始形成并发挥作用。这个时期的胚胎已经变得开始像个"人"了，它开始运用和协调已经形成的生理结构组织，胎儿从第九周开始直到婴儿出生这段时间，这是胎儿继续发育和完善的阶段。在这个阶段，所有的器官都已完全形成，所有的系统都具有整体的功能，这个时候的胎儿看起来更像是一个人，母亲能够清晰地感觉到一个新的生命的躁动和不安。

二、胎生

胎生是指胎儿生长发育成熟而从母体子宫向外排出的过程。近年来，流行一种说法，认为剖腹产是最安全的一种分娩方式，对胎儿来说最保险。还有人认为，剖腹产的孩子不受阴道挤压，长大后聪明。因此有些本来可以自然分娩的人也要做出牺牲，去挨一刀。其实，这是舍其主而就其次，这种做法是不对的，能自然分娩，还是自己生好。

为什么这样说呢？首先，自然分娩时，子宫的收缩能使胎儿的胸廓有节律地压缩或扩张，使胎儿的肺脏得到锻炼，为出生后自主呼吸的建立创造有利条件。同时，子宫收缩还能使胎儿的肺泡产生较多的磷脂类物质，由于这种物质分布在肺泡腔内，可以使孩子的肺泡有弹性，容易扩张，出生后容易建立自主呼吸。阴道分娩时，随着一阵阵子宫收缩和相对抗的盆骨底的阻力，可将胎儿积贮在鼻腔和口腔中的羊水、粘液挤出，使胎儿的呼吸道通畅。胎儿经阴道分娩出时，胎头因受子宫收缩的挤压，头部血液充沛，使脑部的呼吸中枢得到较多的营养物质，而使呼吸中枢活跃。

其次，自然分娩还可以减少产后并发症。剖腹产毕竟是一种大手术，无论医院条件怎么好，医生本领如何高，也有可能发生一些并发症，出现一些意料之外的事，如麻醉意外、产后出血、感染等。由于剖腹产的干扰，还可能影响产妇肠胃的功能，使其进食减少，不利于产妇的健康。同时，做剖腹产手术必定要在子宫体上留下疤痕，为再次妊娠、分娩或人工流产带了许多麻烦。因此，能够自然分娩的妇女就没有必要做剖腹产,这样对母子健康都是有益的。①

人类的胎生过程通常分为三个阶段。第一阶段,子宫收缩的频率较低,收缩力量较弱,其主要作用是使子宫口更加扩大。到了这一阶段的末尾,胎儿外面的包膜破裂,羊水被排出体外。当子宫口已经完全大开,胎儿的头部已经落到盆腔时,便开始第二阶段。从此以后,子宫收缩变得又快又有力,这就称为临产阵缩。阵缩的作用是在挤压胎儿外出。每当阵缩发生时,产妇应配合作屏气运动,闭住声门,使腹壁肌和膈肌都用力收缩,这将有助于胎生。通常这种阵缩间断地发生二、三次后,子宫仍继续作强力的收缩,经历时 20～30 分钟,这是第三阶段。这一阶段的收缩作用是把胎盘挤出体外,并使子宫壁的静脉窦和破损的血管压紧,以免流血过多。分娩过程完毕后,子宫乃逐渐缩小,但已不能恢复到妊娠前的状态。

三、抚养

抚养是指从子女出生时开始,到子女达到成年年龄乃至具有独立生活能力为止,父母均责无旁贷地承担抚养义务。具体包括四个方面:一是精心关怀、照料子女,为子女营造安全、健康、幸福的生活条件和氛围,确保子女的生命权、健康权、生存权。二是提供子女所必需的一切生活费用,为子女健康成长和发展提供经济保障。三是提供子女教育、学习费用,保证子女充分享受接受义务教育的权利,为培养和提供子女的文化素质和生活技能创造条件。四是言传身教,身体力行,以健康的思想、品行和正确的方法教育子女,使生活抚养与家庭教育有机统一起来。

抚养可分为几个方面:首先是对已成年子女的抚养。①成年子女因自身的生理、心理的客观障碍和短期内学习条件的限制,没有劳动能力或独立经济来源,确实需要他人供养或扶助;②父母在现实条件下具备承担供养义务的经济承受能力或提供扶助的身心操劳能力。只有在这两方面同时符合的前提下,父母才对子女承担抚养义务。

其次为变更抚养。夫妻离婚后的任何时间内,一方或双方的情况或抚养能力发生较大变化,均可提出变更子女抚养权的要求。变更子女抚养权一般先由双方协商确定,如协议不成,可通过诉讼请求人民法院判决变更。有下列情形之一

---

① 黄雄. 人口与生育 [M]. 上海:复旦大学出版社,1991:192.

的，人民法院应予支持：①与子女共同生活的一方因患严重疾病或因伤残无力继续抚养子女的；②与子女共同生活的一方不尽抚养义务或有虐待子女行为，或其与子女共同生活对子女身心健康确有不利影响的；③十周岁以上未成年子女，愿随另一方生活，该方又有抚养能力的；④有其他正当理由需要变更的。

再次为祖孙之间的抚养。《婚姻法》第二十八条规定："有负担能力的祖父母、外祖父母，对于父母已经死亡或父母无力抚养的未成年的孙子女、外孙子女有抚养的义务，有负担能力的孙子女、外孙子女，对于子女已经死亡无力赡养的祖父母、外祖父母有赡养的义务。"祖孙之间的抚养的条件有：①祖父母、外祖父母必须有抚养的负担能力；②孙子女、外孙子女的父母已经死亡或者无力抚养；③孙子女、外孙子女尚未成年。

最后为离婚时子女的抚养。夫妻离婚后，是从法律上解除了婚姻关系，夫妻间的相互的权利和义务随之终止。但是，这并不意味着解除了婚姻关系也就解除了对孩子的抚养、教育的义务。《婚姻法》第三十六条规定："父母与子女间的关系，不因为父母离婚而消除。离婚后，子女无论由父或由母直接抚养，仍是父母双方的子女。"因此，夫妻离婚后，父母对于子女仍有抚养和教育的义务。离婚后，孩子由谁抚育，应从有利于孩子健康成长的角度考虑，在这个前提下，夫妻离婚时可以协商确定，协商不成，可由人民法院判决。人民法院对于离婚案件中的子女抚养问题必须慎重处理，因为这不仅关系到子女今后的成长问题，而且可以稳定离婚后的男女双方的关系，不至于因子女的抚养问题发生矛盾。人民法院处理此问题应依照《婚姻法》第三十六条的规定、最高人民法院《关于人民法院审理离婚案件处理子女抚养问题的若干意见》以及《中华人民共和国未成年人保护法》《中华人民共和国妇女权益保障法》等有关法律规定，从有利于子女身心健康，保障子女的合法权益出发，结合父母双方的抚养能力和抚养条件等具体情况妥善解决。

四、教育

生孩子容易，要把孩子养大，让孩子成为对社会有用，成为一个健康快乐的人这是最难的。我们往往把生孩子看得很重要，可是却忘了在孩子教育上下功夫。孩子没有培养好，对父母是一种不幸，对社会更是一种灾难。

孩子在成长的过程中，要求家庭给予教育，婴儿一出世，最迫切需要学习的就是语言。婴儿出生后，父母一抱上孩子便对他说话，其实就是教他语言。孩子所有能接触到的人、物和现象，主要就是家庭生活，学会怎样和自己相处，怎样和别人相处，怎样和环境相处。家庭教育扮演着很重要的角色。

现代社会家庭里父母与孩子之间的价值观不一致常使孩子产生逆反心理，如果好好引导，这种逆反心理将会逐渐消失，不会成为一种习惯性的行为方式。但是，如果家庭在这个时期的教育方式不恰当，可能导致孩子将这种方式固定下来成为一种习惯，这对孩子人格的培养、健康心理的形成是极为不利的。因此，采取科学的教育方式对家庭来说是非常重要的。

现代家庭独生子女在中国占很大的比例，从小没有兄弟姐妹与之相处，并且父母特别溺爱，所以在这种家庭环境下长大的小孩很容易产生挫折感。所以笔者对现代中国家庭子女特别推崇挫折教育。所谓挫折教育是指，在事情发生前向青少年灌输振作精神、鼓舞斗志的理论或事先拟置特定的环境让青少年置身其中，以增强青少年的心理适应能力的教育方式。它是针对青少年心理不成熟、承受能力弱的一种素质教育，挫折教育有利于促进青少年生理和心理的健康发育。青少年生理和心理尚未完全定型，如果外界消极因素不能被消除或被有效地抵制，就会出现各种消极意识和心理问题，挫伤青少年的积极心态，使其情绪低落，心理阴影扩大，丧失对前途美好的憧憬。更为严重的是，这些心理问题如果不及时加以疏导、转化，就有可能形成一种犯罪动机。

在我国改革开放初期，各种社会价值观念发生剧烈的冲撞，社会矛盾错综复杂，宣扬不良价值观的书籍充斥市场，损公肥私的贪污腐化作风侵蚀着青少年纯洁的心灵。这些社会污染不可避免地会影响青少年的健康成长，成为他们前进道路上的障碍。社会既然不能为青少年创造一个"真空"，那么就必须教会青少年如何应对这个复杂的社会，增强他们的心理承受能力和适应能力就成为当务之急。挫折教育正是增强青少年免疫力的重要方式。挫折教育包括认知理论的教育和心理适应能力的强化培养。认知理论教育应侧重人生价值观的教育，使青少年树立远大的理想和崇高的信念，明白事物发展的规律，增强青少年的自信心；心理强化训练应侧重青少年认知能力的培养，培养必要的情感交流和控制能力，开展青少年健康人格形成的教育。

第四节　特殊家庭中的他人生命生产

随着社会结构与文化的变迁，传统的基于男女两性组建的基本家庭形式也发生了新的变化，出现了诸如单身家庭、同性恋家庭以及丁克家庭等新的形式。同时，伴随着社会的发展与家庭结构和周期的变化，传统的家庭结构也出现了新的变化，如空巢家庭、失独家庭等。在这一系列新的情况下，家庭作为他人生命生产的基本职能也随之发生了一些新的改变，在不同的家庭类型中表现出了有别于传统家庭的新特征。

一、单亲家庭

这一类家庭是指由父亲或母亲一方与子女共同组成的生活联合体。其中包括的类型有：①由未婚的父亲或母亲一方与未婚子女组成的家庭。男女双方因为偶然性的非婚姻关系、短时间的非婚同居而生育子女，以后这种婚外两性关系的结束致使子女与父亲或母亲中的一方共同生活。②单身者由于采取人工受孕和寻找代理母亲的方式而生养子女，单身者也因此成为单身母亲或父亲，与其子女组成的家庭。③核心家庭中配偶一方因离婚、死亡、出走、分居等原因使家庭成员不全，只能由配偶的另一方抚养孩子而组成的家庭。单亲家庭上升的趋势是与未婚同居现象普遍、离婚率不断上升相联系的。在单亲家庭增长的同时，完整家庭的数量相应下降。当然，很多单亲家庭的父亲或母亲有可能通过结婚或再婚而使家庭的残缺转化为完整。目前，单亲家庭已成为占相当比重的家庭形式，单亲家庭中的父亲（或母亲）和子女都面临着比正常家庭中的父母和子女更多的生活问题。

二、独身家庭

凡是30岁以上，无配偶，亦无恋爱对象的皆为独身家庭。其中包括未婚独身、离婚独身和丧偶独身。独身家庭不仅在农村有，而且在城市也有。不同的是，在农村，偏僻贫穷落后的山村较多，男性为绝大多数，在城市，高知识阶层较多，女性较多。中国传统的封建意识还在影响着人们的恋爱婚姻观，人们认为配偶之间，男的在文化程度、事业等方面都应当比女的强。部分独身者中女性大学本科毕业的学士、研究生毕业的硕士比比皆是，男性中专毕业的技术员即凤毛麟角。现实是女高于男，观念上却要求男高于女，大龄女性不肯俯身低就，大龄男性不敢企足高攀，于是造成了一大批独身者。城乡独身者中都有一些不顾主客观条件，要求过高，给自己定下框框，非什么什么条件不嫁（娶），结果错失良机，以至后悔晚矣。除此之外，还有一些个别情况，如自己所钟爱的人已经结婚了，于是自己决心不再结婚，等等。主观上要独身的人有没有？也有，但不是受西方的"独身主义"才要独身的，而主要是受中国传统文化、宗教思想的影响，是受宗教的禁欲主义的成规的影响才独身的，但这部分独身者所占全体独身者的比例很小。很明显，独身家庭是不利于后代繁衍的，离婚独身有子女、丧偶独身有子女的除外，他们不具备繁育下一代的条件，所以会导致生育率降低。如果随着生产力不断提高，经济的高速发展，独身家庭逐渐增多，那么对社会经济的发展都会是一种灾难，生育率会很低，劳动适龄人口出现不足，严重影响生产和创造。

三、丁克家庭

结婚后自愿不生育家庭也称"丁克"家庭（Double Income，No Kids），含义为"双份收入，不要孩子"。丁克家庭也叫无子女婚姻，被认为是一种不为子女所缠，夫妻个性得到最大的发展的高层次的生活方式。人们选择丁克家庭七大理由：①夫妻双方以事业为重，不愿意让孩子影响自己的工作。②要做"新新人类"的代表，他们有全新的婚恋观、家庭观、生育观，所以拒绝"第三者"（孩子）插足。③不让自己和孩子太累，认为自己势必会为子女成长费尽心血，所以还不如不生育。④对家庭生活没有信心，在自己对生活还没有十足的把握时，不要孩子。⑤受经济条件的制约，认为自己现在的工作还不够稳定，希望能创造更好的经济条件，让孩子出生后有好的生活。⑥把家庭幸福的条件放宽，认为没有儿女承欢也一样可以活得很充实。⑦相信社会保障功能的进步，这些家庭认为"防老"未必非得"养儿"，家庭的保障功能逐步由社会来承担。家庭变迁是社会变迁的缩影，丁克家庭能被越来越多的人认可，主要是因为人们的家庭功能观念有所转变。不过，人们在接受的同时还是有一些疑问。有人认为不生育有悖于人类正常繁衍的自然规律，"不育文化"的无限扩展，对人类正常的繁殖生息是不利的。也有医学界人士提出，女性在其一生中如果有一次完整的生育过程，就能提高免疫力，不生育不利于身体健康。从人口学的角度看，丁克家庭是对人类生育习俗的违背，是对人类传统的家庭生活模式——一对夫妻和两个或多个子女的挑战。但是也有数据显示，许多妇女最终还是选择了生育子女，只是推迟了生育时间。

四、独生子女家庭

提倡"一对夫妇只生一个孩子"是中国实行了 30 年生育政策的核心，也是中国能在 20 世纪 90 年代实现低生育水平的重要措施。独生子女家庭本质上是风险家庭，脆弱家庭。如果孩子意外死亡、伤残、失能、失智、犯罪获刑等，这对父母将是致命的打击，许多失独父母都走不出失独的阴影，也会导致父母年迈后无法得到子女的经济支持、生活照料和精神关爱。而对于独生子女本人来说，由于没有兄弟姊妹，会造成独生子女以自我为中心的性格。独生子女父母对孩子过分关心，在家里不让孩子做家务，在学校因怕孩子在社会实践中受伤而反对。他们只注重对孩子学习上的高要求，给孩子创造一个很有利的学习环境，可是把天真好动的孩子关在房间里学习，容易使他们弱不禁风，就像温室里的花朵。在望子成龙的气氛下，父母将极大的希望寄托在下一代身上，希望孩子能上大学、读研甚至读博。父母对子女在学习上进行很大的投资，为了不辜负父母的期望，孩子会心理压力很大。

在多子女家庭，家庭负担相对较重，孩子们培优的可能性降低，父母还要处理孩子之间的各种关系，孩子们的活动空间将会增大，更容易形成健全的人格。而独生子女依赖性强，缺乏独立性。独生子女在优越的环境中长大，无论在学习方面还是在生活方面，父母几乎把所有的事情包办。子女们知道的只是如何使用父母给自己安排好的资源，而不操心其他的事。在"衣来伸手，饭来张口"的环境中生存，长期的潜移默化的影响，使得他们的依赖心理很强，他们不愿意做也不屑于做生活中的琐事，导致他们的自理能力比较差。由于独生子女家庭对父母和子女本身都有不利的因素，生育率的持续降低对社会经济的发展产生重大影响，造成劳动适龄人口不足，人口抚养比上升，从而经济衰退，国力下降。由于年轻人的减少，兵源不足，甚至带来更大的危害，所以我国人口政策由实行"单独二孩"逐渐向"全面二孩放开"转变。

五、失独家庭

计划生育自 1982 年确立为基本国策 30 多年来，中国人口过快增长的势头得到了有效控制。然而据社科院的一项研究显示，虽然人口如官方预期般得到有效控制，但是也同时制造了 1.5 亿独生子女和超过 100 万失独家庭。预计到 2050 年，中国将产生 1 100 万失独家庭。当一个社会独生子女人群如此庞大之时，失独问题将变得不容忽视。一对已步入中年甚至晚年的夫妻，如果失去他们的独生子女，一方面会在心理上造成毁灭性的打击；另一方面，在社会保障体系依然不健全的情况下，他们的养老失去了一个重要支柱。尽管从 2007 年起，全国开始逐步建立独生子女伤残死亡家庭扶助制度，但相关扶助仍然是杯水车薪，很难从根本上解决失独家庭面临的实际问题。随着中国失独家庭越来越多，积累的问题也将越来越严重。

六、空巢家庭

空巢家庭是指无子女或虽有子女，但子女长大成人后离开老人生活，剩下老人独守"空巢"的家庭，形象来说就是鸟儿长大，离巢飞去，鸟巢空留。空巢家庭可分为，孤身空巢家庭和配偶空巢家庭，孤身空巢家庭指老年人一人独立居住，又称为独居户。配偶空巢家庭指老年人仅与其配偶同住，又称为夫妻户。作为核心家庭的一种，空巢家庭是一种新的家庭模式，也是现代社会家庭结构形式之一。

空巢家庭产生的原因是多方面的，从老人的意愿来看，许多低龄老人希望独立生活，在离退休后能有更多的自由，因为他们在经济上能够独立，生活上能够自理，所以选择与子女分开住。从子女的意愿来看，年轻人希望有自己独立的生活空间，而代际之间的生活观念、生活习惯、生活方式都有一定差别，如果经济条件允许，子女也更愿意和父母分开居住。从社会角度来看，我国城市第一代独生子女都已经长大，他们或是因为外出求学、工作，或是因为组成自己的小家庭，而纷纷离开父母使原有的家庭成为空巢家庭。此外，随着社会人口流动的加快，农村青壮年人口大量迁移到城市，是农村老年空巢家庭增长速度加快的重要原因。再者，随着家庭结构的核心化、家庭规模的小型化、人口出生率的下降、人口预期寿命的延长、住房条件改善，使得空巢家庭数量日益增多，从这个意义上来说空巢家庭是现代化的结果。

七、同性恋家庭

顾名思义，即同性恋者的家庭，是指两个相同性别的男性或女性所组成的、具有固定伴侣关系的一种家庭模式。这种家庭除了双方的性别相同而无法进行传统意义上的性生殖外，其他关系基本与传统家庭一致。同性恋家庭是"特殊家庭"的一种，多数同性恋家庭是 LGBT 收养儿童，LGBT 收养指 LGBT 族群（男同性恋、女同性恋、双性恋和跨性别）通过同性伴侣中其中一方通过生物学方法（例如：离异子女、代理孕母），或法律手段（例如通过再婚的继子女）获得一个儿童的监护权，而伴侣的另一方则在事实上或法律上获得了这个孩子的监护权，从而形成事实上或法律上的收养关系。

近年来，国际社会尤其是欧美的一些国家已经对同性恋的家庭给予立法保护。早在 2001 年，荷兰新婚姻法就认可了同性恋家庭。同样，美国大多数州的法律都容忍同性恋现象的存在，有五个州和首都华盛顿特区对同性婚姻已经实现合法化。在 2015 年，全美都通过了同性恋婚姻合法化的议案。在这样的社会背景下，美国的同性恋家庭也开始大量出现，而且有逐年增加的趋势。据美国人口普查局的统计，目前美国的同性恋家庭已经超过 100 万，但实际履行结婚手续的只有 13 万多一点。同性恋家庭虽然基本上被这个社会接受了，但是针对同性恋家庭权益保护的相关法律却并不健全，使他们的家庭得不到保障。

我国法律在同性恋婚姻家庭方面处于一种特殊的真空状态。无论是从宪法、民法或是婚姻家庭法，我们都找不到任何与同性恋或同性恋家庭有关的规定。虽然有极少数的同性恋者会举行形式上的"婚礼"以证明其双方存在事实婚姻，但从法律角度来说，这种行为没有任何法律效力，也不符合婚姻家庭法对婚姻家庭的定义。这种情况导致了一系列问题的产生，其中最令人关注的问题就是以夫妻名义同居的同性恋者，在感情破裂以后，期间双方的共同财产分割问题以及子女的抚养问题。中国在同性恋家庭问题上会采取怎样的举措正成为国内外瞩目的焦点。普遍来说，同性恋者结婚后组成家庭应该是无法生育的，可是随着生产力的不断进步与社会的发展，新的生殖技术的出现，使不能自然孕育生命的同性恋夫妻也可以有自己的后代，似乎可以弥补同性结婚不能生育而造成的生育率下降的缺口。

八、同居家庭

同居是指男女双方未办结婚登记手续即以夫妻名义同居生活，是一种不合法行为，不受我国法律保护。同居行为作为一种社会现象早已普遍地存在于现实生活当中，越来越多的人采用同居方式来代替传统的婚姻家庭模式。

同居家庭分为非婚同居家庭和婚外同居家庭。非婚同居家庭是指未形成法律上的婚姻状态的双方同居在一起的现象。婚外同居家庭是指有配偶者与婚外的异性不以夫妻的名义，持续、稳定地共同居住。它有两种形式，一种是事实上的重婚，双方以夫妻名义共同生活；另一种是姘居，即无夫妻名义的公开同居。

非婚同居家庭作为婚姻之外的另一种二人亲密的共同生活方式，已日益盛行，甚至越来越多的中老年人加入这个行列。但婚外同居家庭是夫妻间性生活不忠实的体现，是对婚姻关系稳定、家庭和谐的破坏。

第十二章 特殊人群行为问题

本章研究的贫困人口问题、艾滋病人口问题、残疾人口问题及女性人口问题，都是人类自身生产过程中产生的或与之密切相关的问题，因此，也属于人口社会学的研究范畴。

第一节 贫困人口问题

一、贫困的概念

贫困是一个涉及多学科、多领域复杂的问题，不同的学科对贫困的概念做出了不同的解释。根据不同学科的定义，贫困的内涵和外延也变得复杂和不确定。最早对贫困问题进行系统研究的是英国的学者布什和郎里特。其中，郎里特对贫困的定义是："如果一个家庭缺乏一定数量的货物和服务，那么这个家庭和个人的生活状况就陷入了贫困。"[①] 在此之后，对贫困的概念不同的学者都给出了不同的定义，汤森在其著作《英国的贫困：家庭财产和生活标准的测量》一书中，对贫困的定义是："所有居民中那些缺乏获得各种食物、参加社会活动和最起码的生活和社交条件的资源的个人、家庭和群体就是所谓贫困的"。[②] 美国经济学家雷诺兹对贫困的定义是："是指在美国有许多家庭，没有足够的收入使之有起码的生活水平"。[③] 著名经济学家阿玛蒂亚·森在其著作《贫困和饥荒》中论述了贫困不仅仅是指经济资源分配的不公，更是一种资源获取权利的缺失，给出了贫困的真正含义是贫困人口创造收入能力和机会的贫困。不仅学界对贫困给出了不同

---

① 龚晓宽. 中国扶贫模式创新研究 [D]. 成都：四川大学，2006.
② 叶普万. 贫困经济学研究 [M]. 北京：中国社会科学出版社，2004：4.
③ 雷诺兹. 微观经济学 [M]. 北京：商务印书馆，1982：430.

的回应，贫困问题作为一个现实社会面临的严峻问题，世界各国在应对贫困的实践中都对贫困做出了描述，其中最为有代表性的是世界银行分别于 1980 年、1990 年和 2000 年的世界发展报告中对贫困做出的定义。《1980 年世界发展报告》对贫困的定义是："当某些人某些家庭或某些群体没有足够的资源去获取那个社会公认一般都能享受到的伙食、生活条件、舒适和参加某些活动的机会，就是处于贫困状态。"[①]《1990 年世界发展报告》将贫困定义为"家庭和个人缺少达到最低生活水平的能力"。这一概念的界定在很大程度上受到了阿玛蒂亚·森理论的影响。而在《2000/2001 年世界发展报告》中贫困的内涵和外延又进行扩张，认为贫困不仅仅是个人和家庭能力与机会的问题，也不仅仅是经济就业的问题，其更为广泛的是包括社会制度、自然环境等多方面的因素。因此，这一时期对贫困的定义侧重于外部性"贫困不仅仅指收入地位和发展能力不足，还包括人对外部冲击的脆弱性，包括缺少发言权、权利和被社会排斥"。[②]

我国在反贫困的实践过程中，对贫困概念也做出了适合我国的实际的界定。其中基本上包括两个方面：一方面是指在物质上的匮乏，尤其是指经济收入低于国家标准；另一方面是精神上的贫困。虽然研究结论各异，但基本上都是指缺乏维持个人和家庭的基本生活能力。[③] 而我国关于贫困人口及贫困的具体标准是随着国家反贫困的战略不断调整而变化的。贫困人口基本上是指在国家贫困线标准以下的人口，而这一标准线随着经济社会的变化也在不断地调整，因而贫困人口的数量和比例也在不断地变化。随着近年来对贫困问题的进一步认识，贫困的定义也延伸到了健康、教育以及其他社会福利以及权利获得等方面。

二、贫困的分类

按照不同的贫困划分标准，贫困可以划分为不同的种类，按贫困程度划分可以分为绝对贫困与相对贫困；按贫困外延划分狭义贫困与广义贫困；按照城乡划分的城市贫困与农村贫困；按贫困的内容可以划分为精神贫困与物质贫困等；按贫困成因划分可以分为资源型贫困、制度型贫困、能力不足型贫困以及先天缺乏型贫困。同时，由于划分的依据不同，很多贫困的类型还是重叠在一起的，我们重点分析前三种贫困类型。

---

① 世界银行. 1980 年世界发展报告 [M]. 北京：中国财政经济出版社，1980：79.
② 世界银行. 2000/2001 年世界发展报告 [M]. 北京：中国财政经济出版社，2001：15.
③ 吴清华. 当代中外贫困理论比较研究 [J]. 人口与经济，2004（1）：74-79.

（一）狭义贫困和广义贫困

早期的贫困主要关注的是个人或家庭无法满足日常基本的生活，也就是一种食物的匮乏、收入水平的低下以及消费水平的不足的一种基本的状态。这种贫困集中地表现在经济维度这一个方面，也就是所谓的狭义的贫困，即贫困主要是指经济上的赤贫、反映维持生产与生活的最低标准。处于这种贫困状态下的人们一般渴望的是得到与其他社会成员能有相同的收入来源、食物、衣着和住房等生存环境，而且他们一般看重的是数量的满足。按照马斯洛的生存需求理论，处于绝对贫困的人们是满足最基本的生存需求。

随着对贫困研究的不断深入和发展，不同的学者对贫困的内涵和根源提出了新的看法和认识，贫困不仅仅表现为收入相对缺少，更多地表现为能力和权利的缺乏，于是又衍生出了广义贫困。所谓的广义贫困是指：除了狭义的贫困之外的包括社会方面、环境方面和精神文化方面的贫困。即贫困者享受不到作为一个正常的"社会人"所应享受的物质和精神文化生活。① 阿玛蒂亚·森的研究就指出：贫困不仅仅是食物的匮乏与饥饿，更多的是个人的反抗能力和权利被剥夺，丧失了更多的发展机会。Pacione 认为，贫困是由综合的因素导致的，即综合性贫困，指个人、家庭或群体所在社区处于缺乏食物、衣物，住房条件差，缺乏教育、就业机会、社会服务和参与等综合不利状况，主要是从社会和经济两个维度来反映的。② 彼特·H. 沙里温在给贫困下的定义中就强调，每个人应该享有教育和医疗服务，穷人也应该享有能够通过劳动来获得报酬来养活自己的权利，同时应该能够享受抵御外来冲击的保护权。③

（二）绝对贫困与相对贫困

鲁德斯说，绝对贫困标准想要明确的是维持生存所必需的、基本的物质条件；相对贫困标准想要明确的是相对中等社会生活水平而言的贫困。④ 英国学者彼特·阿尔柯克在《认识贫困》一书中对绝对贫困给出了如下定义：他认为这种建立在维持生存这样一个客观的基础上的贫困才是绝对贫困，生命的维持是所有需求中最低的，可见他这里指的贫困是温饱型的。而他对相对贫困的定义则认为其是一个更为主观的概念，这主要是指那些处于绝对贫困的低水平收入的人们

---

① 叶普万. 贫困经济学研究［M］. 北京：中国社会科学出版社，2004：14.

② 刘小鹏，苏晓芳. 空间贫困研究及其对我国贫困地理研究的启示［J］. 干旱区地理，2014（1）：144-152.

③ 王雨林. 转型期中国农村贫困问题研究——基于省际数据的分析［D］. 杭州：浙江大学，2007.

④ 鲁德斯. 政策研究百科全书［M］. 北京：中国科学文献出版社，1989：189.

与相较于他们富裕的人们的比较的基础上，而且这些相对富裕的人们一般是指社会在平均收入水平以上的人们。[①] 而我国在对贫困的二分法定义中基本的观点与国外的研究相似，将绝对贫困者定义为：依靠个人或集体的力量无法解决温饱问题的人群，而相对贫困的人口只是指收入只及平均收入水平的三分之一的社会成员。其实国内外学者关于绝对贫困和相对贫困的定义争论的焦点在于绝对贫困是一个客观的定义，它建立在能否基本维持日常基本生活的基础上，而相对贫困则更偏向于主观判断，它往往由于判断的标准和判定的要素不同而很难有一个确定的统一标准。

三、贫困人口

贫困人口就是处于贫困状态的那部分人口。单纯从数量上分析贫困人口属于一个结构性的概念，但是由于贫困概念本身所具有的历史性、社会性，贫困人口概念除了其结构属性外还表现出其历史的、社会的范畴。人类社会经历过农业革命、工业革命以及信息革命和新技术革命，尤其是知识经济革命的到来，世界经济不断发展，社会财富迅速增加。根据世界银行的一份研究报告，在过去数年中，在国际范围内有相当一部分贫困人口的贫困状况获得了非常大的改观，然而，与此形成鲜明对比的却是贫困问题的日趋恶化，有更多的人口其贫困状况依然十分窘迫，贫困人口在逐渐增多。

据联合国 2009 年统计，在地球上的 60 多亿人口中，有 11 亿缺乏"基本生活条件"，温饱问题尚未解决；将近 2 亿五岁以下的儿童患极度营养不良症；近五分之一的人还没有喝上卫生合格水；10 亿人口处于文盲状态；占全世界 25% 的人口的 100 个左右的国家和地区自 20 世纪 80 年代初以来由于各种原因，国民经济增长几乎等于零，这就造成了目前全世界每天收入不足 1 美元的人口接近 13 亿。而中国，作为世界上人口最多的国家，长期以来同样面临着人口贫困问题，尤其是我国地域范围广，人口分布散，城乡差异明显，我国的贫困人口问题又呈现出了新的特征。

（一）中国贫困人口历史与现状

我国的贫困人口问题，有着深刻的历史根源。自新中国成立以来，1949 年到 1986 年中国制定和执行了一系列贫困人口的研究，比较重要的有世界银行 1988 年的报告《中国的贫困现象、问题和世界银行的策略》和周彬彬的《人民公社时

---

① 樊怀玉等. 贫困论：贫困与反贫困的理论与实践［M］. 北京：民族出版社，2002：47.

期的贫困问题》。1978 年以前，按国家确定的贫困衡量标准统计贫困人口超过
2.5 亿人，占农村总人口的 3%。导致这一时期大面积贫困的因素是多方面的。但
最主要成因是人民公社制度造成的低下的生产积极性对土地生产率的抑制。20 世
纪 80 年代中后期以后，中国的贫困人口不仅在绝对数量上从 2.5 亿人减少到约 2
000 万，占世界贫困人口的比例从 1/4 下降到 1/20，而且贫困人口的生产生活状
况也得到较大程度的改善。因此中国政府向世界宣布 20 世纪中国基本解决了农
村绝对贫困人口的温饱问题。据统计，1985 年中国农村人均纯收入在 200 元（相
当于 1985 年全国农村人均纯收入的 50%）以下的贫困人口有 1.25 亿人，占当时
农村人口的 14.8%，其中有近 4 000 万人的年人均纯收入不足 50 元，占农村人口
总数的 4.4%。这些贫困人口分布比较集中，大部分居住在后来被确定为国家重
点帮助的 18 个集中连片的贫困地区，即东部的沂蒙山区，闽西南、闽东北地区，
中部的努鲁尔虎地区、太行山区、吕梁山区、秦岭大巴山区、武陵山区、大别山
区、井冈山区和赣南地区，西部定西千旱山区、西海固地区等。从 1986 年到
1993 年，国定贫困县农民人均纯收入从 208 元增加到 483.7 元，中国农村贫困人
口由 1.25 亿人减少到 8 000 万人，平均每年减少 640 万人，贫困发生率从 14.8%
下降到 8.72%。到 2000 年年底，中国农村没有解决温饱的贫困人口已经减少到 2
500 万人，占农村人口的比例下降到 3% 以下。

中国社会科学院发布的《2011 年城市蓝皮书》指出，截至 2009 年年底，全
国城镇人口为 62 186 万人，城镇居民人均可支配收入为 17 175 元，中国现如今
城市合理的贫困线在人均年收入 7 500~8 500 元之间，全国贫困人口数约为 5 000
万人。2014 年扶贫办国际合作和社会扶贫司指出，中国现有 8 000 多万贫困人
口，在湖南、河南、广西、四川、贵州、云南这 6 个省份的贫困人口都在 500 万
以上，到 2012 年年底，592 个扶贫开发工作重点县农民人均纯收入不足全国平均
水平的 60%，农民医疗支出仅为全国农村平均水平的 60%，劳动力、文盲、半文
盲的比例比全国要高 3.6 个百分点。[①] 2016 年 2 月 29 日，国家统计局发布《2015
年国民经济和社会发展统计公报》，数据显示，按照每人每年 2 300 元（2010 年
不变价）的农村扶贫标准计算，2015 年农村贫困人口 5 575 万人，比上年减少 1
442 万人。2015 年，共有 4 903.2 万人享受农村居民最低生活保障，农村五保供
养 517.5 万人。全年资助 5 910.3 万城乡困难群众参加基本医疗保险。[②] 2017 年

---

① 华商网：http：//news.hsw.cn/system/2014/1215/193709.shtml
② 中国经济网：http：//www.ce.cn/xwzx/gnsz/gdxw/201602/29/t20160229_ 9165569.shtml

国家统计局发布的《2016 年国民经济和社会发展统计公报》也称，按照每人每年 2 300 元（2010 年不变价）的农村贫困标准计算，2016 年农村贫困人口 4 335 万人，比上年减少 1 240 万人。①

（二）中国贫困人口特征

1. 中国的贫困人口主要集中分布在农村

在中国，存在着城乡人口间的收入差距，而城市人口收入要普遍高于农村人口，正是由于这一现象才构成了中国二元结构的特殊国情。因此，用城乡各自的人均收入标准为尺度来衡量相对贫困人口可能更加合适。1999 年，中国农村家庭人均纯收入为 2 210 元，低于 40% 为 1 326 元。由于资料限制，取 1 500 元（相当于当年全国平均水平的 67%）为衡量农村相对贫困人口标准。根据统计抽样调查，当年收入水平在 1 500 元以下的人口所占比重为 26.6%，大约 2.4 亿人，扣除绝对贫困人口 2 600 万人，农村相对贫困人们总数为 2.14 亿人。根据城镇家庭抽样调查，当年城镇家庭人均收入为 5 854 元。其中，收入低于平均水平 40% 的"低收入户"所占比重 21.9%，推算当年全国城镇人口中的贫困人口数为 7 400 万人，扣除绝对贫困人口 280 万人后，城镇相对贫困人口总数为 7 120 万人。这样推算，当时全国相对贫困人口约为 2.8 亿人，其中农村人口占 75%。

2. 中国贫困人口主要分布在西部地区

在全国 2 109 个县级行政区中，592 个贫困县所占的比重为 28%。而东部地区县级单位中划入贫困县的比重为 12.9%，中部地区为 24.1%，西部地区高达 40.1%。动态地看，在 1986 年划定的 592 个国家级贫困县中的贫困人口，有 2/3 是分布在东、中部地区，但是到 1999 年，东、中部地区的贫困人口所占比重已下降到不足 50%，而西部地区贫困人口所占的比重，则从 1986 年的 1/3 上升到 55% 以上。而最新的《中国农村扶贫开发纲要（2011—2020 年）》中对新时期扶贫开发重点集中连片贫困区的划定中，绝大多数地区仍旧是处在我国西部自然地理环境恶劣的地区。

3. 知识贫困占贫困的较大比重

新中国成立以来，尤其是改革开放以来，我国的知识贫困状况已经有了很大的改善。全国人口的平均受教育年限从 1982 年的 4.64 年提高到了 1999 年的 7.18 年，到 2014 年，全国人口平均受教育年限已达到 9.04 年。尽管如此，我国

---

① 新华网：http://news.xinhuanet.com/politics/2017-03/01/c_1120546680.htm

知识贫困现象依然比较严重,尤其在农村。统计数据显示:2009 年我国农村 6 岁以上人口受教育程度小学及以下占比高达 47%,大专及以上占比仅为 1.5%,到 2014 年这一现象仍未改观。其中,2014 年我国农村 6 岁以上人口受教育程度小学及以下占比高达 31.62%,大专及以上占比仅为 11.52%。不仅如此,知识贫困状况还存在严重的地区差异,西部地区和少数民族地区是知识贫困的重灾区,处于严重的知识能力不足状态。从区域总体水平看,西部地区知识能力指数平均水平仅相当于东部平均水平的 35%。其中,西部获取知识能力指数仅相当于东部水平的 14%,交流知识指数相当于东部水平的 31%。省际间差距更大,西藏的知识发展指数仅相当于全国平均水平的 32%,贵州为 38%,知识资源极为匮乏。①

四、扶贫开发与贫困人口

消除贫困、实现共同富裕,是社会主义制度的本质要求,在过去半个多世纪,我国经历了与贫困的长期斗争,扶贫事业取得巨大成就。

纵观我国扶贫开发的历史,大致可以分为以下五个阶段:①1978—1985 年,农村制度性变革的减贫效应集中释放。1978—1985 年是我国农村改革试点突破阶段,是我国减贫效应集中释放的阶段。这一阶段的农村改革主要表现在以下方面:第一,农村家庭联产承包责任制试点推广和普遍推行。第二,改革农产品价格制度。在此阶段,改变了长期实施的工农产品价格"剪刀差"制度,中央大幅度提高了农产品收购价格,从而增加了农民的收入。第三,推进农村市场化制度改革。在农产品交易上逐渐建立起以市场化为导向的资源配置机制,从完全限制到鼓励农村劳动力进城务工、经商,提升了农村整体收入水平,带动了农村减贫。第四,出台《关于帮助贫困地区改变面貌的通知》。②1986—1994 年,全面改革冲击下确立贫困县减贫新模式。经过 1978—1985 年的农村优先减贫,农村改革成效显著,大大缓解了农村贫困。但是,市场化改革的推进也逐渐引起农村贫困的新问题:一方面,在连续的农业大丰收后,1986 年农业产量开始出现减产,农产品购销体制面临新的变革。另一方面,城市改革开始推进,国内工业企业承包制开始实施,农民收入快速增长势头受到城市经济和工业企业快速增长的冲击,全面改革使农村发展失去其优先效应,农村经济增长对减贫的拉动作用变弱。③1995—2000 年,非均衡新格局下的专项扶贫政策创新。1995—2000 年,

---

① 樊怀玉,等. 贫困论:贫困与反贫困的理论与实践 [M]. 北京:民族出版社,2002:141.

国家采取一系列刺激和拉动社会投资的政策，使减贫发生了新变化，即大规模连片区域贫困现象得到一定缓解，但是区域间差距不断扩大，贫困类型和贫困成因也随之发生重大变化。若干自然环境条件恶劣的贫困地区的人口在全国贫困总人口中占据了相当比重，贫困由区域连片式分布转向散点式分布。④2001—2010年，区域轮动到联动推进下的整村推进扶贫开发新模式。进入21世纪尤其是2003年后，我国经济进入新一轮增长周期，资源约束日益凸显。我国由非均衡发展战略进入到均衡发展战略新阶段，并从区域轮动进入到西部大开发、振兴东北老工业基地和中部崛起的区域联动新阶段，此时贫困特征也有了新变化，大面积的普遍贫困已经解决，但随着贫富差距拉大，取而代之的是部分地区贫困程度不断加深。同时，贫困也从收入性单维贫困转向贫困人口健康、教育和社会福利等方面需求日益显现的多元贫困新形态。这些贫困新特征对新阶段我国扶贫开发工作提出了更高的挑战和要求。⑤2011年至今：连片开发新举措与精准扶贫方略的融合推进。2011年后我国扶贫开发特点主要体现在以下几个方面：第一，贫困标准提高到2 300元新标准后。扶贫脱贫人口从2000年的2 600多万人扩大到1.4亿人，扶贫开发惠及贫困人口规模和区域扩大，将更多群体和区域纳入扶贫开发的范围，增加了扶贫脱贫任务和规模。第二，制定和出台了《中国农村扶贫开发纲要（2011—2020年）》，这是我国农村扶贫开发未来十年具有指引性的重要政策，标志着我国在上一阶段扶贫工作圆满完成后进入一个新的起点。第三，在扶贫重点和扶贫方式上，由以"整村推进"为核心的扶贫开发转向以集中连片特殊困难地区为主战场。第四，精准扶贫机制深化推进。在实施"四个精准"基础上，2015年在扶贫对象、扶贫方式和扶贫监管等内容上进行深化，即"扶贫对象要精准、项目安排要精准、资金使用要精准、帮扶措施要精准、因村派人要精准、脱贫成效要精准"等"六个精准"，分类施策，因村施策，提高扶贫脱贫精准性。

第二节　艾滋病人口问题

一、艾滋病及艾滋病群体

（一）什么是艾滋病

艾滋病一般包括 HIV 感染者和 AIDS 的病人。HIV 是人类免疫系统缺损病毒（Human Immunodeficiency Virus）的英文缩写。AIDS 是获得性免疫缺损综合症

（Acquired Immune Deficiency Syndrome）的英文缩写。目前在我国通常将 AIDS 译为"艾滋病"。其实 AIDS 并非指疾病（disease），而是指由于感染了 HIV，致使被感染者免疫系统严重受损，当被其他病毒、细菌或寄生虫感染时，就会出现诸如卡氏肺囊虫（pneumocystis carinii）性肺炎、肺结核、宫颈癌等，各种各样不同的，难以或不能治愈的严重综合症状，以致最后死亡。[①] 而艾滋病群体主要是指由于性接触传播、血液传染和母婴传播等途径感染艾滋病病毒的人群，其中包括已经感染发病和处于感染期而尚未发病的人群。艾滋病人群在我国的发展经历了三个阶段，从 1985 年我国首次发现第一例艾滋病感染者，经历了扩散期和局部传染期到现在的广泛流行期。截止到 2010 年我国艾滋病感染者及艾滋病群体人数已达 150 万。

艾滋病发病率的不断提高和艾滋病人群的增加已经远远超出了艾滋病单纯地作为一种疾病在医学领域的难题。艾滋病群体及其面临的相关问题已经越来越成为社会学、人口学、人类学以及法学领域关注的重点。艾滋病患者群体作为一个特殊的群体，往往受到社会的广泛排斥和歧视，这使得这一群体很难再进入原有的社会主流群体之中而逐渐游离在社会的边缘。艾滋病患者群体遭受社会排斥和歧视不仅仅是疾病的原因，更深层次的原因还包括社会文化。

（二）艾滋病的传播途径

根据目前医学界的研究表明，艾滋病是由于感染上 HIV 引起的。HIV 的传染途径有三种：

（1）性接触传播，这是 HIV 感染者和 AIDS 的主要传播途径。目前全世界 HIV 感染者中，2/3 以上是通过性接触传播的。包括：①异性传播。②同性传播。在我国，2007 年 5 万新发感染者中，异性性传播占 44.7%，男－男性传播占 12.2%，性传播在我国呈明显上升趋势，并逐渐成为主要传播途径，应引起社会关注。[②]

（2）血液传染包括：①静脉吸毒。因使用了吸毒者使用过的针头或注射器而染病。②因输入了被 HIV 污染的血液及血液制品而染病。

（3）母婴传播。母亲是艾滋病患者或感染者，在怀孕、分娩过程中通过血液或产后通过母乳将艾滋病病毒传播给胎儿或新生儿。

---

① 翁乃群. 艾滋病的社会文化建构［J］. 清华社会学评论，2001（1）：1-56.
② 国务院防治艾滋病工作委员会办公室、卫生部、联合国艾滋病中国专题组. 中国艾滋病防治联合评估报告［R］. 2007.

（三）艾滋病的人群特征

通过对艾滋病传播途径的分析，我们可以将染上艾滋病病毒的人群分成以下几类：

（1）卖血者。据估计，非法采供血传播感染的几乎100%是农村人，而且多半是生活在贫困地区的。① 这种现象在国际社会中具有特殊性，即绝大多数农村患者都是在采血、输血过程中感染的，而国际艾滋病的主要传播方式多为"不洁性行为"。②

（2）吸毒者。多为静脉吸毒者，即使用了吸毒者使用过的针头或注射器。有资料表明，静脉吸毒者可能占了全国艾滋病感染人数的70%以上。静脉注射吸毒感染占38.1%。云南、新疆、广西、广东、贵州、四川、湖南7省（自治区）注射吸毒人群中艾滋病病毒感染者和病人估计数在1万例以上，7省（自治区）估计数占全国该人群估计数的87.9%。③

（3）性工作者。在有些地区，艾滋病的传播是以性服务业的兴起为重要背景的。云南的一些村落和城镇由于地处边陲，国界另一边的毒品经济和性产业，构成了国界这一边艾滋病传播的背景。

（4）艾滋病儿童。这一部分儿童受传染是通过母婴传播，母婴传播艾滋病病毒的几率为20%~35%，但据卢旺达的报道，婴儿因哺乳而感染艾滋病病毒的几率为36%~53%。④ 由于父母感染艾滋病的死亡，留下了年幼的艾滋病孤儿，未成年子女的抚养和教育也是艾滋病患者留给下一代的另一大苦难。由于家庭的不完整以及社会上他人的有色目光，艾滋病患者子女们普遍存在着消沉、自卑、自闭以及偏执倾向，甚至有仇视社会心态，艾滋病儿童的心理健康问题也亟待解决。如果不及时加以疏导，这些"心理阴影"会伴随其终生，影响他们的健康成长甚至成为社会隐患。⑤

据相关资料统计，我国HIV的主要传播人群也有地域性的差别。大致分布为：西南西部省份——吸毒人群；中部地区——有偿供血者（我国10个重灾省

---

① 胡玉坤. 社会性别与艾滋病问题研究——全球化视域下的中国个案［J］. 社会科学论坛，2007（5）：16-38.

② 高耀洁. 中国艾滋病调查［M］. 桂林：广西师范大学出版社，2005：57.

③ 国务院防治艾滋病工作委员会办公室、卫生部、联合国艾滋病中国专题组. 中国艾滋病防治联合评估报告［R］. 2007.

④ 高耀洁. 中国艾滋病调查［M］. 桂林：广西师范大学出版社，2005：57.

⑤ 曾震，邓兆鹏，姚丽莎. 艾滋病患者子女心理健康状况及原因对策浅析——以河南省上蔡县为例［J］. 经营管理者，2009（23）：102-102.

区有 7 个位于经济欠发达的中西部地区）；东南沿海——性病患者。由此可见，感染艾滋病的不同人群与地域分布有一定的关联性，并且艾滋病在我国的分布十分不平衡。①

二、我国艾滋病人口现状及其变动状况

1985 年我国发现首例 HIV 感染者，从此开始，艾滋病在我国的流行经历了三个阶段：

第一阶段：1985—1988 年，即传入期或散发期，艾滋病感染者主要为来华的外国人和海归，多分布在沿海一带，4 年报告病例总数为 22 例。

第二阶段：1989—1994 年，即扩散期或局部流行期，它是以 1989 年 10 月在云南吸毒人群中发现了 146 例艾滋病病毒感染者为标志开始，6 年共报告病例 1 221例。

第三阶段：1994 年至今，即增长期或广泛流行期。我国在 2001 年前 HIV 感染主要发生于高危行为人群和部分脆弱人群，一般人群感染率低。②

2003 年 HIV 感染从有高危行为的人群向一般人群蔓延的趋势，HIV 感染者约84 万，艾滋病病人约 8 万，我国成为世界上艾滋病感染率增长最快的国家之一。2005 年我国 HIV 感染者约 65 万人，其中艾滋病病人约 7.5 万人，2005 年当年新发生的 HIV 感染者约 7 万人。2007 年年底，我国现存 HIV 感染者和艾滋病病人约 70 万人，全人口的艾滋病感染率 0.05%，其中艾滋病病人约 8.5 万人。据统计，有 3.5 万人是因卖血和输入受污染的血液而感染。2007 年当年新发 HIV 感染者约 5 万人，2 万人死亡。具有艾滋病高危险行为的人群总数可能为 3 000 万至 5 000 万，主要是静脉注射吸毒人员和他们的性伴侣、性工作者、嫖客和其配偶以及无保护的男-男性行为人群。与 2005 年相比，2007 年我国艾滋病流行呈现出疫情上升速度有所减缓的特点（见图 12-1）。

目前，云南、河南、广西、新疆、广东和四川 6 省区累计报告的 HIV 感染者和病人数占全国累计报告数的 80.5%。HIV 感染者以 20~39 岁年龄组为主，占报告总数的 70.0%，艾滋病病人和患艾滋病死亡以 20~49 岁年龄组为主。这表明我国的艾滋病疫情处于总体低流行、特定人群和局部地区高流行的态势，艾滋病疫情地区分布差异大。

① 翁乃群. 艾滋病传播的社会文化动力 [J]. 社会学研究, 2003 (5)：84-94.
② 曾毅. 艾滋病的流行趋势、研究进展及遏制策略 [J]. 中国公共卫生, 2001 (12)：1061-1062.

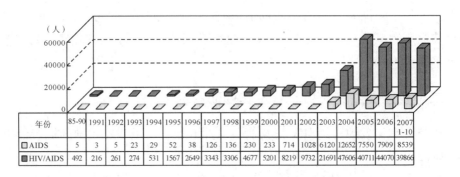

图 12-1　全国历年报告艾滋病病毒感染者和病人数

年份	85-90	1991	1992	1993	1994	1995	1996	1997	1998	1999	2000	2001	2002	2003	2004	2005	2006	2007 1-10
AIDS	5	3	5	23	29	52	38	126	136	230	233	714	1028	6120	12652	7550	7909	8539
HIV/AIDS	492	216	261	274	531	1567	2649	3343	3306	4677	5201	8219	9732	21691	47606	40711	44070	39866

三、艾滋病人口问题

据统计，这个世界上95%的艾滋病感染者在发展中国家。非洲的人口占世界总人口的13%，但是艾滋病感染者占世界艾滋病感染者的69%。加勒比海的人口占世界总人口的0.5%，但是它的感染者占了世界感染者的10%。在中国，80%以上的感染者都是被排斥在城市之外、比较贫困的具有农业人口身份的弱势群体。艾滋病的易感人群主要是来自农村地区和边区的少数民族、贫困地区的农民和非正式就业妇女。[①]

（一）艾滋病与贫困

感染艾滋病的大部分患者都属于贫困人口与边缘人口。正如恩格斯在《英国工人阶级状况》一文中对流行疾病本质的深刻揭露，流行疾病的蔓延有着深刻的政治、经济、社会、文化原因，即疾病与社会环境内部因素设置偏差导致的不公平息息相关，也意味着疾病时刻与因社会不公平而产生的非主流性群体（弱势群体、边缘性群体等）紧密为伍。艾滋病作为一种流行性疾病，也凸显了这一特征。[②] 而且值得注意的是艾滋病与贫困的关系是互为逆反的。首先贫困导致了大量的劳务输出、家庭破裂、失去土地、居无定所的情况，从而提高了贫困人口从事高危行为（即卖血、吸毒、从事性行业）的比例，同时贫困也使得艾滋病宣传教育很困难，很多农村地区的人口对艾滋病的传播途径都一知半解。其次，穷人已经在艾滋病病毒感染者或艾滋病患者中占大多数，而许多非贫困群体一旦感染上艾滋病就非常有可能因病致贫，变成新的贫困群体，并且艾滋病对贫困家庭经

① 李楯. 面对艾滋病2004 ［M］. 北京：社会科学文献出版社，2003：169.
② 景军. 艾滋病与乡土中国 ［J］. 市场与人口分析，2005（2）：37-39.

济的影响会比非贫困家庭经济的影响更大。①

（二）艾滋病与犯罪

艾滋病不仅仅是医学上的问题，更延伸到法律方面。近年来，一些艾滋病人报复社会，以恶意暴露、传播艾滋病病毒相威胁进行抢劫勒索、盗窃等的案例不断涌现，且有蔓延趋势。随着"艾滋病罪犯"的增多，这一问题已经严重威胁着公共安全，威胁到人类的正常社会生活，在社会上引起大多数群众的恐慌。形成艾滋病病患犯罪的原因是多重的，一方面，虽然艾滋病并非不可治愈的疾病，但是艾滋病的治愈率过低，进而导致艾滋病病患的心理压力过大，对生活没有期盼。正如武俊青认为，如果更多的感染者感觉到生活无望，很难保证他们对社会不会有仇视。②另一方面，由于社会的普罗大众都将艾滋病视为一种"不道德"的疾病，对艾滋病病患的谴责、歧视多于关怀、同情，这使得艾滋病病患难以融入社会，与社会普通人群之间产生了一条不可逾越的鸿沟。因此，艾滋病病患更容易滋生仇视社会报复社会的情绪。③

（三）艾滋病人口受歧视问题

你愿意和艾滋病病患握手吗？你愿意与艾滋病患者同喝一杯水吗？你愿意给艾滋病病患一个拥抱吗？也许有许多人的答案都是否定的。由此可见，在我们这个社会中，对艾滋病病患的歧视是实实在在存在的。艾滋病人口的问题并不在于其有多么庞大的数量，而在于艾滋病人口受到歧视以及艾滋病人口的人权问题。

根据 2009 年调查研究显示，受访的艾滋病感染者中，有 40%的感染者表示曾遭受与艾滋病有关的歧视，有超过三分之二的人表示家庭成员因为自己的感染状况而遭受歧视。超过 12%的受访者表示，自检测出艾滋病感染后，曾至少一次被拒绝就医。④由此可见，人们对艾滋病病患的歧视不仅限于普通大众，而且在医院中广泛存在，例如，47.8%的医务人员认为"HIV/AIDS 患者不能在普通医院做手术"是应该的（而实际上这是不符合《艾滋病防治条例》的歧视行为），而教育后也只下降到 40.9%。⑤

① 河南调查：http://www.cctv.com/health/topic/health/UNAIDS/20050906/101524.shtml
② 刘潼福."社会科学与艾滋病——理论和实践研讨会"综述［J］.社会学研究，2004（2）：112-113.
③ 倪玉霞，刘敏.艾滋病人违法问题现状及解决方法初探［J］.云南警官学院学报，2008（5）：68-71.
④ 来自"中青在线-中国青年报"。
⑤ 任海英.我国艾滋病歧视问题的社会心理学分析［J］.卫生行政管理，2009（1）：143-146.

在人们的眼中，艾滋病人口是特殊的，而它之所以与其他疾病的病人不同，并不在于艾滋病在目前而言是不治之症，而是由于 HIV 感染者来自被社会排斥的群体。① 人们对艾滋病病患的歧视主要是因为在很多人的观念里，艾滋病和同性恋、卖淫嫖娼、多性伴侣、静脉吸毒等不道德行为是联系在一起的，人们视艾滋病患者为道德意义上的敌人，对艾滋病患者普遍存在歧视心理，这是一种先入为主的认知引起的偏见。②

四、艾滋病人口群体的权利与社会适应

(一) 艾滋病群体权利

HIV 感染者群体首先是一个公民群体，应该享有权利，其次 HIV 感染者群体有群体特殊性，又决定了该群体享有的权利具有特殊性。③

基本权利。HIV 感染者作为公民，他们应该享有公民的权利，包括：①平等的生命权；②平等的经济权利；③平等的政治权利；④平等的文化权利。

特殊权利（作为特殊的社会弱势群体）。①接受治疗的权利。我国《艾滋病防治条例》明确规定："医疗机构应当为艾滋病病毒感染者和艾滋病病人提供艾滋病防治咨询、诊断和治疗服务。医疗机构不得因就诊的病人是艾滋病病毒感染者或者艾滋病病人，推诿或者拒绝对其进行其他疾病的治疗。"从未来着眼，为了最大限度地减少艾滋病的危害，HIV 的现症感染者应该享有比其他群体更多的、更优先的治疗权。但是横亘在 HIV 感染者与有效医疗之间的两道鸿沟是：昂贵的医疗费用和特殊的医疗服务要求。②隐私权受到理解、尊重的权利。③社会保障权利。艾滋病患者的这种社会处境，集中表现为社会排斥，包括经济排斥、文化排斥以及社会关系排斥等各个方面。其中，艾滋病患者所受的经济排斥主要包括两个方面：一方面是受到劳动力市场的排斥，艾滋病患者由于劳动能力下降，失去工作，收入急剧减少；另一方面是治疗费用大幅增加，从而在经济上陷入困境。文化排斥是指社会对艾滋病患者存在歧视和偏见，在一定时期内艾滋病患者甚至被"污名化"、妖魔化。社会关系排斥则是指艾滋病患者被整体排斥出家庭、邻里以及社会公共领域等社会关系的各个方面，从而无法参与相应的社会

---

① 来自 http：//www. jshealth. com/jkzt1/jbkzzt/aizib/yqdt_ az/200406/t20040604_ 1857. html.
② 任海英. 我国艾滋病歧视问题的社会心理学分析［J］. 卫生行政管理，2009（1）：143-146.
③ 出自 http：//www. jshealth. com/jkzt1/jbkzzt/aizib/yqdt_ az/200406/t20040604_ 1857. html.

活动。①

（二）艾滋病群体社会适应

对艾滋病群体而言，伴随着疾病而来的不仅仅是这一人群逐步陷入贫困和弱势的境地，社会再适应才是其在未来生活过程中面临的主要问题。原有的社会关系、文化道德价值观念以及社会经济地位等都在遭受社会排斥的情况下随之发生不利的变化，这种变化会要求这一群体要同时调整个人自我适应与社会再适应。而这种再适应往往是相对困难的，不仅需要自我心理、生理的调整，更重要的是社会的接纳问题，这往往是与现有社会价值观念与伦理道德相悖的。艾滋病群体在得知患病之后面临的社会适应还往往与感染途径有关，买血与输血感染者与同性恋感染者面临的压力是不同的。对于有些同性恋患者而言，不光要隐瞒自己艾滋病患者的身份，同时还要隐藏同性恋的身份。而对不同的年龄群体而言，社会再适应的类型也不同，对于中老年患者而言，一般会自我疏导，因为他们有比较多的社会经验和生活阅历。而对于青少年患者而言，他们从刚刚被确诊到最后的接受往往会选择网络减压，通过网络可接触更多的同类患者，以及一些医疗组织，这样可以更好地了解客观病情以及增加心理的沟通和交流，有助于更进一步地走出阴影。还有一部分患者会采取报复社会的再适应方式，由于一时无法接受染病的事实，往往会感觉到世界对自我的不公平，心存不满与抱怨，对社会的冷漠与排斥使其产生仇视心理，会做出过激行为。但无论哪种社会再适应的方式都会经历一个缓慢的过渡期，而如何使艾滋病群体能够较为合理地度过这一时期，不仅仅是患者个人更是社会面临的主要问题。

艾滋病群体从本质上来讲是弱势群体，这种弱势表现为新旧贫困的叠加与累计，而这种弱势的成因是多方面的，既有艾滋病这种疾病本身的危害性与传播性，但更为重要的是来自社会以及法律制度的因素。其中，文化与价值观念对艾滋病群体的影响则是潜移默化的，同时也是渗透在其他方面的，正是这种文化的作用使得艾滋病群体无论是寻求救助还是在社会再适应上都面临着重重困难。要使艾滋病群体能够更好地融入社会，不仅需要个体自我的调整适应，更需要的是社会环境的宽容、接纳和理解，同时需要正式制度和法律的保护。首先，从最基本的舆论宣传导向开始着手，因为大众对艾滋病的了解一般都来自社会舆论的宣传，媒体在报道艾滋病问题时应该保持客观性与真实性，才能使大众更好地了解

① 朱海林，韩跃红. 艾滋病患者权利保障面临的伦理冲突及其协调［J］. 大连理工大学学报（社会科学版），2009（1）：93-96.

和改善对艾滋病群体的看法和偏见，这样才有助于社会环境的改观，从而来接纳艾滋病这个群体。从制度方面来看，通过立法手段有效地保护艾滋病群体的利益，使其享有接受治疗的平等权利，是避免艾滋病继续蔓延的有效途径。从社会参与社会支持的角度在帮扶的基础上鼓励艾滋病群体参与社会活动，这样才能更好地让艾滋病群体再适应社会，早日走出痛苦的阴影。

第三节　残疾人口问题

一、残疾人口及现状

（一）残疾

残疾人问题是社会的固有问题。世界对残疾人有各种不同的定义。根据《联合国残疾人权利公约》CRPD 第一条宗旨释义为：残疾人包括肢体、精神、智力或感官有长期损伤的人，这些损伤与各种障碍相互作用，可能阻碍残疾人在与他人平等的基础上充分和切实地参与社会。在中国，残疾人是指身体残缺、生理功能障碍、心理状态异常，部分或全部失去以正常方式从事活动的能力，在社会生活中不能充分发挥正常作用的人。目前，我国统计的残疾人包括以下类别：视力残疾、听力语言残疾、肢体残疾、智力残疾、精神病残疾。[①]

残疾的原因大致分两种，一种是先天性的，另外一种是后天性的。先天性的残疾往往是由于遗传导致，一般具有不可逆性，但也有一部分是非遗传造成的。例如，由于环境因素或母体的变化，影响了胎儿的发育，会导致聋哑儿的出生。这虽然是先天的，却不是遗传的。但绝大多数残疾是由于后天性因素造成的，包括灾害、事故、疾病、战争、贫困、污染、中毒、犯罪及其他公害等都是造成残疾的重要原因。

（二）我国残疾人口状况

残疾不论对个人还是对家庭和社会而言，都是不幸的，但却又是每一个主体必须面对的现实问题。为全面了解我国残疾人口现状及基本情况，我国政府在全国范围内分别于 1987 年和 2006 年展开两次全国残疾人口抽样调查，为研究全国残疾人口的基本现状提供了依据。1987 年 4 月，我国政府对全国残疾人进行了一次全面的抽样调查，共抽取 424 个县、市，3 169 个调查单位，调查 26.98 万户，

---

① 丁启文. 中国残疾人 [M]. 北京：华夏出版社，1990：1.

样本量达 150 万人。根据调查结果推算，全国残疾人共 5 164 万人，占当年总人口数 4.9%。其中：听力语言残疾约 1 770 万人，占 34.28%；智力残疾约 1 017 万人，占 19.69%；肢体残疾约 755 万人，占 14.62%；视力残疾约 755 万人，占 14.62%；精神病残疾约 194 万人，占 3.76%；综合残疾约 673 万人，占 13.03%。① 2006 年 5 月，全国第二次残疾人口抽样调查数据显示，截止到 2005 年年底，我国残疾人口总数为 8 296 万人，其中城镇残疾人口为 2 071 万人，占全国残疾人口的 25%；农村残疾人口为 6 225 万人，占 75%。就不同的残疾种类划分，各类残疾人的人数及各占残疾人总人数的比重分别是：视力残疾 1 233 万人，占 14.86%；听力残疾 2 004 万人，占 24.16%；言语残疾 127 万人，占 1.53%；肢体残疾 2 412 万人，占 29.07%；智力残疾 554 万人，占 6.68%；精神残疾 614 万人，占 7.40%；多重残疾 1 352 万人，占 16.30%。② 最新数据显示，根据第六次全国人口普查我国总人口数，及第二次全国残疾人抽样调查我国残疾人占全国总人口的比例和各类残疾人占残疾人总人数的比例，推算 2010 年年末我国残疾人总人数 8 502 万人。各类残疾人的人数分别为：视力残疾 1 263 万人；听力残疾 2 054 万人；言语残疾 130 万人；肢体残疾 2 472 万人；智力残疾 568 万人；精神残疾 629 万人；多重残疾 1 386 万人。各残疾等级人数分别为：重度残疾 2 518 万人；中度和轻度残疾人 5 984 万人。③

二、残疾人口面临的主要问题

由于身体的残疾，残疾人在现实生活中的方方面面都可能会遇到不同的困难，这不仅不利于残疾人正常地参与社会生产活动，享受基本的的权利，更进一步加剧了社会问题，不利于社会和谐发展。一般而言，残疾人在现实生活中面对的主要问题表现在以下几个方面：

（一）残疾人教育问题

残疾人教育是使用一般的或经过特别选编的教材，运用特别的教育教学设施、教学方式和教学组织形式，对视力、听力、言语、智力或肢体有残障的人实施的一种教育。④ 残疾人由于自身身体机能的缺陷，往往会被排除在正常教育的

① 出自 http：//www.cdpf.org.cn/sjzx/cjrgk/200804/t20080402_387541.shtml
② 出自 http：//www.cdpf.org.cn/sjzx/cjrgk/200804/t20080407_387580.shtml
③ 中国残疾人联合会.http：//www.cdpf.org.cn/sjzx/cjrgk/201206/t20120626_387581.shtml
④ 于景辉.谈社会公正观视域下的我国残疾人教育 [J].教育探索，2013（9）：107-109.

大门之外，因而才有了针对残疾人群体的特殊教育。目前我国有各类残疾人8 296万余人，占全国总人口的6.34%。具有初中以下学历（含文盲）的残疾人比例高达90.2%，大专以上文化程度的残疾人仅占残疾人总数的1.1%，可见我国残疾人口整体的受教育水平不高。① 而作为社会弱势群体的特殊组成部分，残疾人的教育对于帮助残疾人回归主流社会，消除对残疾人的社会排斥和隔离，促进残疾人的人格完善和参与社会生活能力的提高具有十分重要的意义。

我国在1994年就颁布实施了《中华人民共和国残疾人教育条例》，于2017年1月又进行了修订，同时《中华人民共和国残疾人保障法》也明确规定了对残疾人保护的基本条例。但残疾人在接受教育上仍旧存在着不公平的待遇，而这种教育的不公平体现在残疾人的整个受教育过程中。第一，残疾人教育起点（机会）不公平。残疾人教育机会不平等不仅体现在残疾人各层次教育的入学率上，还体现在义务教育年限上。很多残疾人虽然获得了入学机会，但是并不能接受完整的教育，辍学率极高，教育机会看似公平实际并不公平。② 我国18岁以下的残疾人约1 289万，到1999年，接受特殊教育的在校生只有35万多人，学龄残疾儿童接受特殊教育的仅为4.53%，最终能坚持到高中毕业的更是屈指可数。③ 残疾人能够接受高等教育的比例在我国仅占残疾人总数的0.03%，能在普通高校就读的比例就更低，且都是一些偶发行为。④ 第二，残疾人教育过程不公平。这一点主要表现在，在教学过程中，老师仍然会用传统的教育理念来看待残疾学生、歧视和排斥这些学生。⑤ 例如，我国普通教师对有特殊需求的残疾学生"随班就读"的态度很消极，许多普通学校开展的"随班就读"徒有形式，导致残疾人在教育过程中被排斥。⑥ 第三，残疾人教育结果不公平。经过长期的教育，残疾人从学校毕业后还遭受着不能融入主流社会、不能独立生活、不被接纳、不能就业等被排斥、受歧视的问题。⑦ 教育起点上的不公平、教育过程中教育资源接受不平等必然导致教学质量不能得到保证和就业机会的不公平。

---

① 出自http：//www. cdpf. org. cn/sjzx/cjrgk/200804/t20080407_ 387580. shtml.
② 李术. 试论残疾人的教育公科［J］. 中国特殊教育，2003（4）：8-12.
③ 田宝军，智学，李长城. 弱势群体教育问题研究［J］. 社会科学论坛，2002（11）：78-80.
④ 钱志亮. 社会转型时期的教育公平问题——中国教育学会中青年教育理论工作者专业委员会第十次年会会议综述［J］. 教育科学，2001，（1）：63-64.
⑤ 曲建武，赵慧英. 关于普通高校招收残疾学生的思考［J］. 中国高教研究，2003（1）：63-64.
⑥ 杨东平. 教育公平是一个独立的发展目标——辨析教育的公平与效率［J］. 2004（7）：26-31.
⑦ 苏君阳. 论教育公正的本质［J］. 复旦教育论坛，2004（5）：33-36.

(二) 残疾人就业问题

残疾人就业是摆在残疾人口独立生存和自我发展能力前面的最大门槛，然而，面对来自社会各方种种歧视和压力，残疾人就业机制、社会服务系统不健全的问题，残疾人很难通过自身摆脱这种困境，也使得就业问题成了残疾人发展的核心问题。从现有的调查数据看：当前残疾人的就业率只是非残疾人的一半左右，平均工资也只有非残疾人的一半左右；在未解决温饱问题的绝对贫困人口中，约有 42% 为残疾人，在相对贫困人口中，残疾人约占 1/3。[①] 第二次全国残疾人抽样调查主要数据公报显示，截止到 2008 年年底，全国城镇残疾人口中，在业的残疾人为 297 万人，不在业的残疾人为 470 万人，城镇残疾人的总体就业率仅为 16.93%，农村残疾人的总体就业率约为 35.65%。[②] 根据《中国残疾人事业发展统计公报》最新数据显示：近 5 年来残疾人实现就业的人数呈下降态势，表现在：城镇新安排残疾人就业从 2011 年 32.4 万减少到 2015 年的 26.3 万，从 2011 年到 2015 年城镇新安排残疾人就业的增长率为 -2.34%。就农村而言，2011 年农村残疾人实现稳定就业 1 748.8 万人，实现增长率为 1.23%，而后几年中实现稳定就业的人数不断下降至 2015 年的 1 678 万人，从 2011 年到 2015 年共减少了 70.8 万人，年均减少 0.82%。[③]

残疾人就业难不光有来自残疾人自身作为特殊人群的原因，更多的是来自社会歧视与保护政策的缺失。从残疾人就业难的主观原因看，主要表现在两方面：第一，残疾人在就业信息的获取、社会关系网络、职业技能培训、就业观念等方面往往处于劣势且他们具有自卑、怕被人嘲笑或歧视的心理。第二，残疾人接受教育的机会比健全人要少，导致他们体质、智力、知识、技能及潜能不能得到充分的开发，整体文化素质较低，劳动技能单一也是残疾人在就业市场上处于劣势的重要原因。除此之外，更多的原因是来自社会的歧视性待遇和残疾人就业等相关保护措施的不完善。从残疾人就业难的客观原因看：首先，政策体系不健全，落实力度不强，缺乏有效监督。我国虽有《中华人民共和国劳动法》《中华人民共和国残疾人保障法》《残疾人就业条例》等等，但残疾人就业还存在一定的难题，国家把按比例安置残疾人就业列入法律中，可是这条法律并没有得到用人单

① 赖德胜，廖娟，刘伟. 我国残疾人就业及其影响因素分析 [J]. 中国人民大学学报，2008 (1)：10-15.

② 出自 http：//www. stats. gov. cn/tjsj/ndsj/shehui/2006/html/fu3. htm.

③ 豆红玉，韩旭峰. 我国残疾人就业现状及存在问题的分析 [J]. 经济论丛，2016 (8)：39-41.

位的认可。其次，市场经济体制所带来的潜在影响，在市场经济追求利益最大化和我国就业市场供大于求的前提下，劳动力市场对于残疾人的排斥已成为一种普遍的社会现象，即便在残疾人的人力资本更高的情况下，很多用人单位仍然会录用健全人，而不是残疾人。再次，残疾人就业服务机构不健全。这一机构作为推进残疾人这一群体就业的重要手段，虽在全国范围内有所设立，但比例严重不足，同时残联在推进残疾人就业中的工作被动和表面化也是造成这一现象的重要原因。最后，全社会扶助残疾人就业的社会责任意识薄弱。社会用人单位对安置残疾人就业的态度不认可，往往以本单位不适合残疾人就业，残疾人工作效率低，残疾人不好管理，残疾人需要照顾等理由拒绝接收残疾人，使残疾人无法就业。

（三）残疾人心理问题

残疾人作为一个特殊的群体，是社会人群的一部分，除了具有和正常人一样的心理特征之外，自身的残疾状况形成了他们特有的心理特征，导致了他们与众不同的生活方式和适应行为。而残疾人心理特征的差异性一般表现在具有孤独感、自卑感、敏感多疑、自尊心强，具有一定的抱怨心理，情绪不稳定等方面。[①]而恰恰是残疾人所具有的这些特殊的心理行为，使得他们往往被贴上了不容易与人相处、孤独怪僻、另类等负面的标签，成了他们饱受社会歧视和不公平待遇的根源。残疾人口的特殊心理行为和心理问题是与其长期的生活环境有着密切的关系，长期的社会排斥和不公平待遇是其心理问题的根源。而在多种因素的影响下，其中教育、就业则是残疾人在社会中面临的最主要的两大困境，也是残疾人难以像正常人一样融入社会而导致心理问题的核心。当然除此之外，来自婚姻关系、家庭关系和自我认知等方面的因素同样会作用于残疾人的心理。

首先，不平等的受教育机会是残疾人孤独和抱怨的根源。较低的残疾人口受教育水平意味着相当部分的残疾人没有机会去学校学习，也就没有机会延长自己的活动半径、接触到更多的新鲜事物和获得更多与他人沟通的机会，缺少信息和朋友，其结果是孤独和抱怨等心理的产生。其次，就业困难引起焦虑和自卑。由于残疾人群受教育机会少，文化素质低，难以找到一份适合自己的工作，没有工作就没有稳定的收入来源，意味着残疾人的恋爱、婚姻和家庭都会受到严重的影响，这是残疾人焦虑和自卑心理产生的主要原因。再次，婚恋困境和家庭压力使

---

① 宓淑芳，曹华. 残疾人心理问题研究［J］. 北华大学学报（社会科学版），2009（12）：116-118.

残疾人难以重拾自信。残疾人同样希望自己可以拥有正常的婚姻、组建幸福的家庭，但由于生理缺陷而导致婚姻歧视、经济负担、舆论困惑等，导致残疾人即使有强烈的婚姻欲望也不会有理想的婚姻结果。如果再加上来自家庭的压力，最终的结果是残疾人无法拥有正常的人际关系、婚恋关系和家庭关系，从而恶化其对自我和社会的看法。最后，由自我认知缺乏导致自我否定。人本主义心理学家罗杰斯强调，不确定的自我认识会引起严重的心理问题，对自己的清晰认识会对自身的心理活动及行为有重要的影响，同时也可以帮助个体协调人际关系。而大多数残疾人无法正视自身残疾，认为这是先天的不公，也是终身的弊病而永远无法摆脱，从而对自我和未来失去信心，以消极负面的态度对待事物。①

（四）残疾人社会保障问题

残疾人由于身体残缺和功能障碍的影响，在家庭生活和社会生活中，残疾人需要家人和社会成员的照料和帮助，更需要合理的制度安排，即残疾人社会保障。② 近年来，在良好的政策环境和各部门的共同努力下我国残疾人社会保障体系与公共服务体系的建设取得了显著成就。截至 2009 年年底，850 多万城乡残疾人享受最低生活保障，410 多万残疾人得到临时救济和定期补助，64.1% 的城镇残疾人参加了基本医疗保险，94.4% 的农村残疾人参加了新型农村合作医疗。③政府初步建立了省、市、县三级康复服务机构，特殊教育学校已发展到 1 697 所，城镇各级残疾人就业服务机构达到 3 043 个，建立了托养服务机构 3 474 个。省、市级盲文及盲人有声读物图书馆（室）达到 383 个，文化活动场所 4 000 多处，残疾人体育基地和体育活动场所 1 800 多处，542 个市、县、区系统开展无障碍建设，残疾人参与社会活动的环境和条件进一步改善。④

我国残疾人社会保障事业虽取得了很大的进展，但在庞大残疾人群体面前，仍存在诸多问题，具体表现在以下几方面：第一，残疾人的社会保障覆盖面不广。第二次全国残疾人抽样调查资料显示，在城镇残疾人中，只有 275 万人享有城镇居民最低生活保障，仅占城镇残疾人总数的 13.28%，城镇 16 岁及以上残疾人参加养老、医疗、工伤、失业社会保险的比例分别为 27.87%、36.83%、

---

① 兰继军，胡文婷，赵辉等. 残疾人心理发展问题及影响因素的质性研究 [J]. 现代特殊教育（高教），2015（12）：3-7.

② 王江曼. 我国残疾人社会福利的问题及对策 [J]. 法制与经济，2011（8）：200-202.

③ 周林刚. 残疾人社会保障体系与公共服务体系建设研究 [J]. 中国人口科学，2011（2）：94-103.

④ 中国残疾人联合会. 加快推进残疾人社会保障体系和服务体系建设 [J]. 求是，2010（14）：11-12.

1.11%、1.35%。在农村 6 225 万残疾人，只有 319 万人享受农村居民最低生活保障，仅占农村残疾人总数的 5.12%，农村 16 岁及以上残疾人参加养老、合作医疗、工伤、失业保险的比例分别为 1.95%、29.39%、0.10% 和 0.07%。① 第二，残疾人社会保障设置标准偏低。当前我国各地的社会救助标准偏低，众多残疾人家庭生活处于贫困境地。以 2008 年的最低生活保障金为例，该标准只相当于当年农村家庭人均纯收入的 30% 左右；而在城市，只相当于城镇居民人均收入的 20% 左右。② 第三，政府责任缺失，社会保障资金投入少，筹资渠道不畅。对残疾人来说，政府支持、群体支持和个体支持相互补充、相互依存，才能更好地为这一特殊困难的社会阶层提供基本的生存环境，帮助他们减轻来自经济、社会和心理等方面的压力，使他们摆脱贫困，提高生活质量。③ 第四，工作观念落后。目前我国残疾人福利工作的重点仍然是救助，工作观念落后，忽视了残疾人自身的建设，没有切实地站在残疾人自身的角度的思考，造成政府和社会无法切实感受到残疾人的真实想法和需求，难以最大限度地帮助他们融入社会，因而国家在这方面大力度的投入并没有换来残疾人生活素质相应的提升。④

三、残疾人康复与回归社会

康复是指综合地、协调地应用医学、社会、教育、职业的措施，以减轻人的社会功能障碍，使其得到整体康复而重返社会。对残疾人而言，康复又有了新内涵，具体指在专业人员的指导和服务下，在社会和国家的支持下，通过一系列行之有效的服务和过程，帮助残疾人改善生理、感官、智力、精神和社交功能，引导残疾人积极参与，进而改善其生活，增强其生存和自我发展的能力体现。⑤ 在社会实践工作中，康复社会工作（也称为社会康复工作）是 20 世纪 80 年代在我国出现的与残疾人社会福利密切相关的新型社会工作。目前，我国残疾人的康复社会工作主要是在政府的领导下，通过康复机构和社区两个途径开展的。不论是社会福利机构、康复医疗机构还是在社区康复工作中，残疾人的身体康复和心理

---

① 第二次全国残疾人抽样调查办公室. 第二次全国残疾人抽样调查主要数据手册 [M]. 北京：华夏出版社，2007：127.

② 刘迟，韩俊江. 我国残疾人社会保障制度的完善 [J]. 税务与经济，2012（1）：46-49.

③ 许琳，张艳妮. 我国残疾人社会保障的现状与问题研究 [J]. 西北大学学报（哲学社会科学版），2007（11）：80-84.

④ 李江涛，蔡国萱. 文明的尺度：广州市残疾人社会保障体制的建设实践与探索 [M]. 广州：广东人民出版社，2005：261.

⑤ 卓彩琴. 残疾人社会工作 [M]. 广州：华南理工大学出版社，2008：79-81.

康复是两大工作重心，具体表现在医疗、教育、职业和社会等几个方面。残疾人康复说到底是帮助残疾人回归社会、重新参与社会生活的具体措施，使得残疾人能够重新回归社会是残疾人康复的最终目的。而目前我国对残疾人康复的扶持力度和工作重心偏向了救助和救济，以增强残疾人生活技能和社会适应能力为目的的救助服务机构还相对欠缺。早日让更多的残疾人能够享有和正常人同样的待遇，不再有社会上的偏见与歧视是政府和社会公共政策制定应当考虑的重点，同时也是每一位社会成员应尽的社会义务。

第四节 女性人口问题

一、女性与女权主义

（一）女性

在人类历史的发展长河中，女性与男性一样，是推动历史发展的重要力量，是人类文明的缔造者。[①] 男女两性共同构成了人类社会的全部，女性相对于男性而言，在人类社会的发展历史上扮演着更为重要的角色，即生育子女和繁衍后代。也正是基于男女两性这种生物和生理机能上的差异，在漫长的历史发展过程中，才衍生出了基于生物性别而引发的社会性别的差异。伴随着人类社会的发展，当母系氏族社会逐渐过渡到父系氏族社会，女性相对于男性而言在社会中的地位发生了明显的变化。随之而来在今后人类社会若干的文化中，女性就一直是受歧视的群体，大部分的权力都集中在男性身上。在某些文化中，女性没有身份、地位和权利。三从四德是中国古代宋明开始的女子行为规范，这种行为规范严格地限制了女性自由发展的权利，并在中国历史中延续了数千年，根深蒂固、牢牢扎根于人们的思想观念当中。女性成了相对于男性而言的"另一类人口"，她们也就被习惯地认为是需要依附男性，只需服从男性，甚至是为了男性而生存的群体。新中国成立以来，我们国家极力宣传男女平等，妇女能顶半边天等思想观念，同时也在法律上赋予了女性相对于男性平等的权利，还专门出台了保护妇女权益的法律与政策，但基于对女性不平等的观念和行为规范依旧存在，女性仍旧处于弱势的边缘，女性人口问题依旧值得我们关注。

---

① 祝平燕. 女性学导论 [M]. 武汉：武汉大学出版社，2007：100.

（二）女权主义

随着社会对女性问题的广泛关注，越来越多团体和个人开始为争取妇女平等权利而发声，于是便有了逐渐兴起的女权主义运动。女权主义，又称"女性主义"，最早是由法国大革命的妇女领袖奥兰普·德古热于1791年发表《女权与女公民权宣言》（或称《女权宣言》）而兴起，这是拉开女权主义运动序幕的标志性事件。[①] 女权主义运动从兴起至今已有200多年的发展历程，但西方女权主义却没有一个统一的理论体系，其内部流派林立，而它也正是在不同流派的互相批判和砥砺中发展壮大的。尽管不同流派的政治主张和理论观点存在分歧和差异，可谓百花齐放、异彩纷呈，表现出多元性和分化性，但是它们都以消除性别歧视、实现男女平等为目标。[②] 到目前为止，比较有代表性的女权主义如以重崇尚理性，强调男女都平等的自由女性主义流派；如主张从男性主导的运动里撤退出来的激进女性主义流派；如主张妇女解放必须通过社会、政治与经济结构等全面性社会改造方能达成女性主义的马克思主义女性主义流派。自20世纪80年代起，女权主义研究开始在我国兴起，研究者积极了解和学习西方女权主义理论与实践，并将其作为解决中国妇女问题的借鉴与参考。[③] 但就对女权主义本身，包括一些基本的认识，国内学者还尚未达成统一，其中反对性别歧视，主张男女平等的基本观点还未获得主流社会的认同。

二、女性问题

社会作为一个有机系统，在其不断运行的过程中，各要素、各子系统总会出现这样或那样的矛盾。当某一矛盾的出现和存在，影响大多数社会成员的正常生活或阻碍社会发展时，就会形成社会问题，即社会病。[④] 在各类社会病中，占人口半数的女性或因未获得社会的公正待遇，或因自身素质差使她们不能充分发挥其在社会发展中的作用，甚至成为社会进步的障碍，这种影响女性与社会协调发展的问题，就是我们所指的女性社会问题，也就是女性社会病。女性社会病的表现是多方面的，如女性教育问题、家庭问题、婚恋问题、参政就业方面等等。

（一）女性生育与健康问题

关于女性生育的主要问题，以往的研究过多地集中在关注生育性别比（即出

---

① 西慧玲. 西方女性主义与中国女作家批评［M］. 上海：上海社会科学院出版社，2008：32.
② 祝平燕. 女性学导论［M］. 武汉：武汉大学出版社，2007：70.
③ 荣维毅. 中国女性主义研究浅议［J］. 北京社会科学，1993（3）：144-151.
④ 辛星编. 女性的世界［M］. 济南：山东人民出版社，1998：149.

生性别比）上，而往往忽视了女性作为生育任务的主要承担者的自身的健康问题。许多研究表明，在全球健康服务范围内广泛存在着性别的不公平现象。主要表现为妇女对医疗特别是与性、生殖相关的信息及服务的可及性较低，很难得到有效的避孕服务；怀孕妇女由于得不到安全流产则常常处于健康危胁和生命危胁的双重危险之中；从解剖学可知，妇女对性传染疾病（STD）和人类免疫缺陷病毒（HIV）具有易感染性，这使性传播疾病严重威胁着妇女的健康甚至生命。传统生育文化的影响和传统的接生方法，易造成母婴死亡；落后的经济条件和重男轻女的意识形态往往使未能生育男婴的母亲遭到歧视，生下的女婴被遗弃，或养育过程中女孩的营养不良，发育迟缓。在医院诊疗室的设置上，更多关注的是生理意义上的女人，一般仅与女性生育功能有关，如妇产科，其他诊疗室一般不分男女，一些涉及隐私的诊疗对女性极为不方便，反映了健康领域的性别不公平性。

在针对我国女性健康问题的研究中，普遍认为处于多元生存状况下的女性人口，尤其是弱势女性群体的健康问题最为突出。在经济、医疗资源匮乏的地区，女性医疗和保障质量低于男性；家庭营养资源配置偏好男性，生育女孩的女性产期营养供应不足，健康状况恶化。① 而这种生殖健康领域内的性别不平等问题会直接影响男女社会经济地位的差距。性别健康的不平等会影响妇女尤其是贫困地区妇女就业创业决策，减少她们获取外界信息的机会，从而更难脱贫致富。那么如何更好地促进女性健康，给予女性更多的关爱，则应当是公共医疗卫生领域需要关注的话题。把性别观点纳入公共卫生意味着妇女和男人的不同需求在制定政策和规划的所有阶段将得到考虑，最终目标是实现两性平等。

（二）女性教育问题

教育是人的社会化过程和手段，是实现平等、发展与和平目标的一个重要工具。女性教育是教育中不可分割的重要组成成分，女性参与教育的状况是衡量一个国家妇女地位和国家现代化程度的重要尺度之一。由于社会、经济、文化等诸方面的制约，女性教育还存在诸多问题，教育领域中的性别平等常常容易被忽视，性别偏见隐蔽性地存在于整个教育系统。

广义上的女性教育是指促使女性的知识、技能和品德培养的社会化过程以及社会适应女性个体心理发展需要的个性化活动。从外延上看，包括学龄前女童、

---

① 王冬梅. 健康方面的性别不平等与贫困 [J]. 妇女研究论丛，2005（1）：17-19.

适龄女生和女性成人的教育，也包括与女性有关的正规教育和非正规教育；狭义上的女性教育是指与女性有关的学校教育。① 女性教育的目的是通过教育更好地开发和利用女性人口的潜能，满足社会经济建设对女性人力资源的需求。然而，由于受到传统观念和性别歧视的影响，我国虽然在基础义务教育和高等教育上强调公平，但在现实中，女性在受教育过程中仍旧遭受着不公平的待遇，尤其体现在农村。2000 年全国第五次人口普查以及第二次中国妇女社会地位调查都反映出我国农村女性受教育水平仍然相对较低，这也成为了农村妇女参与社会、经济发展的不利因素，也是导致妇女社会地位偏低的重要原因。② 导致男女受教育程度和结构差异的最直接因素是教育投入方面的性别差异和偏好，因此，不仅应增加女性受教育机会的教育投入，保障女性利用教育资源的平等机会和权利，而且要采取相应的政策和措施，缩小教育回报方面的性别差异，促使各教育投入主体更主动地投资女性教育。③

（三）女性婚姻与家庭问题

婚姻家庭原本是自然平衡在人类生活中的天作之合，然而当这种自然平衡被纳入社会关系的网络，家庭便成了一种对社会稳定和发展起重要作用的社会控制机制。女性是组成家庭的重要因素之一，基于家庭性别角色的差异和家庭分工的不同，女性往往被认为是家庭中最为核心的组成部分，在我国"男主外、女主内"的思想观念下，女性被赋予了更多的家庭责任。虽然现代女性已普遍投入了社会劳动，但其特殊的家庭使命仍难以卸任，于是，现代女性陷入了事业与家庭矛盾冲突的困惑之中。

女性主义者常常把家庭看作是压迫妇女的重要场所，把争取让妇女走出家庭看作是妇女运动里重要的一部分。但在公私领域的二元划分中，在把女性的活动场所圈定在家庭中，在从经济角度评价婚姻以及家务劳动的价值中，性别观念一直在影响着人们做出正确的评判。家庭作为一个系统，为了维持最佳功能状态，必须在丈夫和妻子之间进行劳动分工，丈夫注重职业的、教育的和政治的外部活动，维持家庭与外部世界的联系，使家庭适应外部世界，承担工具性功能；妻子注重家庭的内部事务，抚养儿童并使其社会化，维持家庭内部关系，承担表意性

① 祝平燕. 女性学导论 [M]. 武汉：武汉大学出版社，2007：185.
② 谭琳，唐斌尧，宋月萍. 95 世妇会以来中国大陆女性人口学研究述评 [J]. 云南民族大学学报（哲学社会科学版），2006（11）：11-18.
③ 谭琳. 90 年代以来的中国女性人口研究：回顾与展望 [C] //李秋芳. 半个世纪的妇女发展——中国妇女五十年理论研讨会论文集. 北京：当代中国出版社，2001.

功能家庭中角色的扮演，呈现出互补的特点。丈夫的角色固定在家庭的外部事务上，他挣钱养家，确立家庭在社会中的地位；妻子的工作则集中在家庭中，她既是妻子，又是母亲，同时还是家庭的管理者。结构功能理论认为，家庭中的角色整合是社会中各种角色整合的基础，因而家庭中的性别分工也是社会大系统实现均衡的基础。① 人们普遍把"男主外、女主内"的模式看作是生活稳定和美满的象征，把传统的模式看作是人性的需要。正是诸如此类的认知和观念的驱使，使得性别刻板印象和传统性别文化得以传承和发展。女孩和男孩首先在家庭中被教育成为符合自身性别的人，具有符合自身性别特征的气质、仪态和行为，而这种教育将会影响孩子终身的性别发展，限制了他们多种可能的自由发展，有可能抹杀了孩子的天性和天赋。

（四）女性就业与政治参与问题

女性参加社会劳动是社会发展、人类进步的需要。女性的劳动与就业对于发展经济、提高女性地位、获得与男性平等的权利、拥有独立的人格、实现人生价值和社会公正具有重大的意义。但由于种种原因，女性的劳动与就业还面临许多问题，就业矛盾十分突出，造成这一现象既有历史的原因，更有现实社会就业歧视的原因。首先，传统的劳动性别分工把女性与家庭牢牢地绑定在了一起，随着生产力的发展，以男性为中心的父系氏族代替母系氏族，在传统劳动性别分工中逐渐形成了男性角色和女性角色。由于社会的成见和历史发展的局限，男性因其"有力"成为社会的主导，是家庭的顶梁柱。而女性的"柔弱"让其只可以是依赖者，做辅助性的工作。当"男主外女主内""男强女弱"的社会性别分工成为社会共识时，女性便被划进家庭、生育，服务性、照顾性的劳动活动领域。其次，在现代劳动力市场中，文化性歧视、政府再分配和市场机制对两性就业不平等的影响依旧存在，从而使得女性人口的劳动就业和职业发展在整体上处于劣势。具体表现为女工处于低层次职位；女工的特殊保护和生育保险待遇一直不能落实；拖欠、克扣、压低女工工资现象严重；女大学生就业难等。

女性除了参与社会劳动实现就业外，另一项能够反映妇女地位的就是女性的政治参与。"政治参与"就是个体拥有并行使政治权利以维护、保障其权利实现的活动与过程，即公民直接参与国家政治生活并发挥作用。但在历史上，女性作为人的价值、女性的公民地位曾经长期受到质疑并被剥夺，甚至一直到1993年，

---

① 谭琳，陈卫民. 女性与家庭：社会性别视角的分析［M］. 天津：天津人民出版社，2001：145.

女性组织才成功地促使当时召开的世界人权大会承认女性的权利是人权的一部分。将女性排除在政治之外的传统十分久远，即使到了今天，男女平等成为世界潮流、成为中国的基本国策，许多人仍认为女性与政治无关、女性不善于政治、女性不应当涉足政治。虽然一些国家在女性参政及女性进入政府高层方面取得了一些成绩，但就世界范围看，仍存在发展不平衡的问题，世界总体女性参政水平也没有显著的提高。实现女性拥有至少30%决策职位的目标已被联合国经济与社会理事会、非政府组织及各国的政府部门通过，并在北京《行动纲领》中重申，但是直到目前为止，那些签署协议的国家在实际确定任务时并没有提及上述目标，且只有少数国家达到了这个标准。[1] 实现女性就业与政治参与是确保女性拥有平等政治权利与消除性别不平等的重要举措。

三、女性与发展

(一) 女性发展的概念与内涵

女性发展是人类发展的一部分，女性同男性一样，是推动整个人类发展进步不可或缺的最基本因素，妇女的发展水平是社会发展的重要指标，也是衡量社会进步程度的尺度。

广义的女性发展是指女性在社会、政治、经济、文化、资源、环境等各领域的全面发展、协调发展。狭义的女性发展是指女性在经济领域里的发展，女性经济地位的提升。[2] 我们通常用其广义上的含义。在理论研究和具体实践中，人们对女性发展的理解有几层不同的意思。①女性的发展："女性的发展"是一个偏正词组，强调发展的主体是女性。指女性作为"人""与男人一样的人""自觉活动着的人"，主要通过自身努力摆脱奴役、压迫、歧视，消除贫困、无知、不公，获得独立、自尊、平等的发展进程。与其相应的概念是"男性的发展"。②女性参与发展："女性参与发展"是一个判断，强调应该承认女性参与了发展的过程，重视并调动女性的进一步参与。与它相应的概念是"女性不参与发展"。长久以来，女性作为物质生产者、社会进步推动者的角色被忽视，一味地被定位在家庭中进行人口再生产。这不仅抑制了女性在经济发展和社会进步中的积极性、创造性的发挥，也极大地影响了经济发展和社会进步的进程，没有妇女参与

---

① 联合国妇女发展基金会. 世界妇女进步 2000——联合国妇女发展基金双年度报告 [M]，北京：地质出版社，2003：238.

② 辛星. 女性的世界 [M]. 济南：山东人民出版社，1998：398.

的人类发展受到了很大的局限。③有利于女性的发展：强调发展的结果应该惠及女性、造福女性。与其相应的词是"不利于女性的发展"。发展是世界性的潮流，世界各国都致力于发展，但一直到今天，全球发展成见也没有普遍惠及女性，仍有大量女性深陷贫困的深渊。女性贫困化、贫困女性化已经成了全球性倾向，而且规模在不断扩大，程度不断加深。

（二）女性发展的政策与实践

伴随着"妇女参与发展"到"妇女与发展"再到"社会性别与发展"三种理论的兴起和传播，有关女性发展的政策实践也逐渐被纳入联合国相关文件和国家的政策制定中去，并在实践中形成了对以下几个方面的集中关注：①经济发展；②平等；③赋权；④教育；⑤就业；⑥福利；⑦效率。在妇女与发展的政策实践方面，也形成了多种模式。英国伦敦大学的卡罗琳·摩塞（caroline Moser）概括了五种政策框架。

1. 福利政策框架

通过福利途径来帮助发展中国家的贫困人口和贫困妇女是最传统和最早期的发展援助方式。社会福利援助的对象是所谓的"脆弱群体"，而妇女被认为是主体援助对象。[①] 福利政策的主要实践包括：给妇女发放救济式食品、免费的避孕工具，为妇女提供免费药品、物品，发展妇女专门项目，支持妇女进行制衣、刺绣等经济活动。福利政策框架自身的政策假设引发人们对妇女与发展政策途径的深刻思考。例如，人口与计划生育的项目假设前提是：人口的过度增长导致贫困的加剧，因此，控制生育数量将有效缓解贫困，而妇女是生育的责任者，因此，通过向妇女传播避孕知识和手段将降低生育率进而缓解贫困。然而，错误的指导理念导致了上述假设的失败。也就是说，单纯将妇女作为生育载体的角色确认使得福利途径忽视了影响项目实施的其他方面的重要变量，如：妇女的生产角色，妇女的家庭决策地位，家庭收入水平，丈夫和妻子受教育的程度等。对妇女多重角色的思考，对福利框架的局限性的反思，再加上对妇女在经济发展中的巨大贡献的发现与认可，共同引发了妇女与发展政策途径的根本性转变。福利框架甚至不被认为是"妇女与发展"（WID）的政策，在实践中它逐渐演变为其他政策途径。

---

① 林志斌. 性别与发展教程［M］. 北京：中国农业大学出版社，2001：75.

2. 公平政策框架

公平政策框架的含义主要有以下几个方面：①公平政策框架承认妇女在发展进程中的重要作用与贡献，以及其所扮演的生产及生育等多重角色。②公平政策框架认为，之所以妇女在社会中处于不平等地位是由于她们没有获得正式就业和参与市场活动的机会。因此妇女的经济独立就意味着公平，而就业与平等参与市场活动可以使妇女获得经济上的独立。③在促进妇女就业方面，公平政策框架强调减少性别劳动分工中的不平等，强调改变传统的性别角色模式。④最根本的是，公平政策框架要求妇女能公平地受益于发展效益。⑤公平政策框架强调通过立法来保障妇女的平等地位。

3. 反贫困政策框架

如果说公平政策框架是以性别不平等的根源性问题为出发点思考政策框架的话，那么反贫困政策框架也许更多地是以男女不公平的后果为出发点来思考补救措施的政策框架。按摩塞的话来说，反贫困政策框架是"低调"（Toned Down）的公平。她把反贫困政策框架看作是继公平政策框架之后的第二个妇女与发展政策框架。反贫困框架的政策对象是最贫困的发展中国家的妇女，而对这一群体，人们更倾向于认为，帮助她们解决眼前的贫困问题比让她们去争取与男性平等的家庭、社会和政治地位更为紧迫和可行。虽然反贫困政策框架是以不平等的后果为出发点，但它也并不是完全不关注造成这一后果的原因。

4. 效率政策框架

如果说反贫困政策框架是源于为了解决发展中国家最贫困妇女的贫困状况这一背景的话，效率途径的时代背景则是 20 世纪 70 年代的世界经济的恶化。20 世纪 70 年代的拉丁美洲与非洲，由于出口商品价格的下降、民族保护主义和劳务危机的共同作用，引发了涉及世界的经济问题。国际货币基金组织和世界银行为了改善这一状况，出台了结构调整政策（Structural Adjustment Policies）。提高效率与生产力是这一政策的两个核心内容。在这一背景下，效率政策框架成了重要的妇女发展途径。在分析妇女的经济生产的效率问题时，效率政策框架认为妇女劳动对经济的贡献低是由于她们缺乏教育和没有掌握先进的生产技术。

5. 赋权政策框架

加拿大国际开发署在其《性别平等政策》（1999）中论述了对赋权的理解：赋权是指人，即女性和男性，能支配自己的生活，制定自己的生活议程，获得技能，建立信心，解决问题，能够自立。它不仅是集体的、社会的、政治的过程，而且还是个人的过程。它不仅是一种过程，也是一种结果。其他人不能给妇女赋权，只有妇女才能给自己赋权来代表自己进行选择或发言。机构（包括国际合作机构）可以推动这一过程。赋权政策框架与其他途径相比是较新的妇女发展政策框架，不仅如此，它的缘起和发展思路也完全不同于其他政策框架。赋权政策框架是从发展中国家妇女运动、基层妇女组织和女权主义作者的本土经验出发来看待妇女及其发展问题。这一政策框架是从发展中国家的本土经验和妇女的本体状况出发来思考问题，它认为研究妇女受压迫的头号命题不能单从她是一个女性的角度出发，还应该考虑阶级、民族、家庭结构、社会地位、经济状况等多方面因素。正因为妇女所受的压迫是多元化的，因此，该政策框架认为争取妇女平等的努力也应该同时在各个层次上展开。

第十三章 人口行为规范与现代化

　　自己生命生产行为与他人生命生产行为共同构成了人类社会得以生存、延续和发展的两种基本人口行为。为了更好地实现两种生命生产，衍生出了如人口流动迁移、消费、择偶、婚姻、生育、家庭以及死亡等一系列与之相关的其他人口行为。人口行为是以人为行为主体而发生的，而无论是自己生命生产行为、还是他人生命生产行为都离不如社会规范、法律制度、伦理道德、风俗习惯等特定社会环境所带来的约束。处在一定社会环境下的人口行为就从根本上区别于动物界出于本能需要的行为，而个体在不同时代，特定的社会当中，在习得这一系列行为规范的同时，其实质上就是个体在不断社会化的过程。所以，从本质上讲，无论是自己生命生产还是他人生命生产都是个体的社会化。

　　人类社会总是向前发展，人口行为也总是在不断地实践中发生变化，但总的趋势是向着积极和有利于人类的生存与发展的方向去演进。然而，在人口行为的发生过程中，也就是在个体不断社会化的过程中，终归不是一帆风顺的，总是会有一些与现实社会规范相违背的行为发生。正如第十一章当中所讨论的部分"逆人口行为"现象一样，在个体社会化的过程中，总会出现社会化失败的现象。但，就如何使人口行为朝着更有利于人类发展的方向迈进，如何实现人口行为的现代化，这不仅是人口行为发展的最终"归宿"，也是人口社会学研究人口行为的最终目标。

第一节　社会规范

　　人作为社会的主体，人口行为的发生必然会受到社会规范的制约，因而社会规范也就成为人口行为规范的基本准则，是约束人口行为发生的基本尺度。而

"规范"一词在产生之初本是用在建筑度量方面，后来借指人的行为准则和评价标准。不同国家和不同学科的学者对于社会规范的定义不尽相同，我国社会学家把社会规范界定为——人们参与社会性生活的行动规则。它是人们在长期社会生活中，根据人们普遍认可的社会价值观对特定环境中的人类行动所做出的、必须共同遵守的程序与规则。

一、社会规范的内涵

（一）社会规范是一种价值标准

价值是社会成员或团体在社会中存在的意义，价值观念则是社会成员或团体对这种存在意义的认识。价值标准是社会成员或团体对社会存在怎样才算好、怎样才是合理、正确和令人满意的问题上的一致认识与看法。而这些认知和看法，又是通过社会规范表达与体现出来的。例如，国家政府机关的工作规则与章程就体现着政府机关追求工作高效率的价值标准；企业的流水线作业生产程序的规范就体现着企业追求经济效益的价值标准。另一方面，我们认识和了解一个社会或群体的文化行为，往往是先从认识社会规范开始的，评价一个事物与人的行为也是从符合与不符合社会规范开始的。例如，在日本，遗产的分割实行长子继承制，在中国则实行均分制。这种遗产分割制度，有助于我们认识为什么日本能够在近代积聚起相当的社会财富、发展资本主义，而中国的分散的小家庭阻碍了资本主义经济制度在中国的发育。概而言之，社会每个成员的价值观念是千差万别的，为了使社会生活保持一定秩序，就必须将那些人们普遍认可的价值以一定的形式固定化，使之稳定而持久地指导人们参与社会生活，并成为社会成员行为的价值导向和评价事物的一种标准。

（二）社会规范是一种行为准则

行为准则是指人们在特定的社会情况下，应该怎样待人接物、应该做什么和不应该做什么的行为期待。如果社会成员按照社会结构中为其确定的规范行为，扮演好自己的社会角色，就可以获得社会赞许，为社会或群体所接纳。如果违背社会规范，就会受到社会的指责甚至惩罚。所以，本质上社会规范既是一种对社会成员行为限制的手段，同时也是社会成员获得行为自由的保证条件。这里所称的行为准则就是社会成员公认和遵循的行为模式，即实践标准，与它对应的是实践角色，如"为人师表，教书育人"的行为准则，就是教师的实践角色。又如，"为官清廉，为国为民"的行为准则，就是官员的实践角色。诸角色扮演的成功与否，就在于扮演者对行为准则认可与遵从的程度，社会与他人是依据该准则对其扮演者作出评价的。

（三）社会规范是各种社会关系的反映，是一种对社会关系肯定化和固定化的手段

社会规范使人们的行为与关系一致，使个人利益与社会整体利益和要求相一致。马克思曾指出，社会关系的含义是指许多个人的共同活动，社会关系是人们相互作用的产物。当人们彼此交互作用的社会性活动或行为经常、重复地发生时，就会模式化、程序化、固定化。社会关系是由这些相互作用的组合和模式构成的。为了使活动沉淀下来，在人们之间建立稳定的互动秩序，保证社会实践活动的正常进行，社会往往会制定某种社会规范（包括规则、纪律、法令等等）加以确认和肯定，从而赋予社会关系合法性、稳定性和普遍性。这样，在现实生活中社会成员彼此遵循着特定的模式进行社会交往，合法地去获取自己的利益，使个人的利益与集体的利益、社会的利益与他人的利益相一致。例如，在中国封建社会里，地主与佃农的关系就是通过封建的土地所有制的法规将两者的关系固定下来，体现着封建社会的生产关系。法规规定农民必须向地主按一定的比例交租，从而也规定了地主有权向农民收取一定比例的租金。又如，我国宪法中明确规定父母与子女之间的关系是一种互养互扶的关系，即"父母有抚养未成年子女的义务，成年子女有赡养扶助父母的义务"。社会通过制定这样的法则将人们的血缘关系提升到伦理关系，并以法规的形式将其关系固化，要求父母与子女都履行其义务，维护家庭稳定及家庭秩序，进而达到维护社会秩序的目的。所以，在现实社会生活中，人们的任何社会关系的互动都是凭借对社会规范的遵从来进行的。任何人参与社会生活，首先都必须熟悉了解其中的规范，通过对规范的掌握和利用，才能进入一定的关系之中去，从而达到自己行动的目的，即获得一定的福利。

二、社会规范的种类

社会规范的本质是对社会关系的反映，也是社会关系具体化的直接表达。它包括习俗、礼仪、道德、制度、法律、宗教等形式。社会规范的各种形式之间相互补充、印证，从而起着综合治理与维持社会秩序的作用。

（一）习俗

习俗是社会规范体系结构中最原始最悠久的部分，它是对人类社会发展初期

的血缘群体和地缘群体关系的反映，是社会成员在集体生活中逐渐形成并共同遵守的习惯和风俗，是一定文化背景下的群体的行为模式。它与人们衣食住行方面的行为联系密切，主要协调婚丧嫁娶、节日盛典、人情往来等方面的行为。习俗遍及社会生活的各个方面。习俗规范的遵从是依赖社会成员的信念、习惯和社会舆论的力量实现的。因此，在对社会秩序与治理的作用范围上，可以说没有任何一种社会意识形态和社会规范形式能与之相比，甚至在法律、道德无法作用的领域，习俗仍然可以发挥作用，这体现了习俗的广泛性、自发性和普遍性的特征。习俗具有继承性，一个民族的习俗总是相沿成习的，因而它对社会的制约作用具有持续性和稳定性。习俗又是发展变化的，任何社会继承以往的习俗都是以其是否有利于该社会的利益和能否安定社会的秩序为准则的。因此，在社会主义制度下，尤其是在社会主义市场经济条件下，仍然应该充分发扬中华民族优秀文化传统和习俗，提倡移风易俗的精神文明，将优秀的文化传统和习俗提升为民德，消除那些破坏社会主义精神文明的陋俗，这对于端正社会风气，治理社会秩序有着十分重要的意义。

（二）道德

道德规范是人们的一种自觉的行为准则。它是由习俗规范中与共同生活关系联系较紧、较为重大的一部分提升、演化而来，但又与习俗不同。习俗对社会作用的范围较大，人们有一定的自由可选择。而道德作用的范围相对习俗较小，是必须遵从的，不道德会受到社会舆论的谴责。道德与法律、纪律也不同，它主要是通过教育、示范和社会舆论的力量，通过社会成员内心的信念来实施约束的。尽管不同的文化背景、不同的时代、不同的阶级，有着不同的道德标准，但由于道德较之法律、纪律有着更大的感召力，作用范围更为广泛，也更为自觉，较之习俗有更大的约束力。因此，历来的统治者都十分重视道德教化在维持和治理社会秩序中的作用，作为治国的法宝。特别是像中国这样一个礼仪之邦和道德之邦的国家，很多人更是深谙此道。我国在社会主义精神文明的建设中，应该以德育人，提高全民族的道德水平；以德施政，提高国家治理社会和管理社会的水平；以德治序，实现社会秩序持续稳定发展的目标。

（三）宗教

宗教规范是自然力量和社会力量在人们思想中一种反映，是一种与神圣物相联系的信仰和行为准则。某些宗教规范只是调整与之相应的宗教团体中人际关系的特定教仪和教规。宗教规范的基本精神就是教导人们安分守己，所以，历史统治阶级非常重视通过宗教宣传维护社会政治，他们往往以重新解释宗教教义的手段，达到用宗教进行社会控制的目的。这正如马克斯·韦伯所言："'宗教'观念对生活方式和经济的首要的和基本的影响，总的来说，就是起了固定化的作用。"在古希腊和古代东方世界普遍存在着这种人格化的宗教形态，这表现为自然观上的万物有灵论和社会心态上的祖先崇拜。到了古罗马时代，西方宗教逐渐呈现出一种"非人格化"的趋势。古罗马的精神有着明确的分工，并且不再是一种"为所欲为"的非理性存在，人们甚至可以理性地预见神灵的作为，这使得宗教逐渐走进了理性的疆域。

（四）法律

法律规范是国家制定的，由国家政权强制实行的行为规范，它是一种根本性的强制手段，即刚性控制。它是将外部世界的意志，即国家意志加于每个社会个体。法律是社会规范的特殊形式。它对社会秩序的维持与治理的作用为：第一，告示于教育社会成员，什么是应该做的，什么是不应该做的，什么是合法的，什么是违法的，从而使社会成员在法律允许的范围内，更充分地发挥自我的作用。另一方面，教育人民无一例外地自觉遵守法律，树立法律意识，履行法律义务，承担法律责任。第二，制止不守法分子的违法行为。法律的颁布和实施，增强了公民遵法守法、执法的自觉性，但总是有一些人存着各种的违法犯罪心理或动机，还有一些人在思想冲动之下，也往往会莽撞行事。经过法律教育，在法律的威慑作用下，少数不守法分子就会冷静下来想一想，以身试法将给自己带来的严重后果，从而终止犯罪或打消犯罪的念头。所以，从这个意义上说，法律的威慑是对社会成员内心世界的意念控制，最终达到对社会控制的目的。第三，不仅如此，法律对社会成员的越轨行为具有惩罚与制裁的作用。现实生活中，当极少数人无视法律，违法犯罪，侵犯国家、集体或个人安全和利益，破坏社会安定时，法律就要追究这些人的法律责任，警示社会成员——谁敢以身试法，代价是沉重的。简而言之，法律对社会治理的作用表现为强制控制，是最高层次的社会规范，它规范社会生活的方方面面，用制度化的权力维持和治理着社会秩序。

（五）制度

制度规范是随着国家和政权的出现而产生的。我国早期社会学者孙本文认为：制度是社会公认的比较复杂的而有系统的行为规则，与习俗和道德不同，制度是由人们自觉制定的系统的行为规则，它是一种代表统治阶级利益、比较系统的、具体的社会控制形式。制度的规范作用集中表现在：它可以使人们的行为纳入统一的轨道，它对人们的行为具有导向作用。例如，社会主义社会的按劳分配制度，它就给人们提供了行为方向——努力劳动，通过自我劳动来满足自己的生活需要。制度规范就是这样通过导向作用，使人们的行为呈现出秩序性。制度的建立为人们的行为提供了各种具体的规则。但要使制度规范的作用得以更好地实现，还要有更加严格的某些强制手段来保证，于是产生了以法律为中心的诸多强制性规范。

总之，社会规范的各种形式是客观地存在着，它们之间并不是相互排斥，而是相互补充的，对社会秩序起着相同性质的作用。只不过各种形式的规范所作用的范围与力度不一样。但习俗、道德、宗教、纪律、法律等社会规范形式之间在对人的行为控制时不是机械地结合，而是相互联系地展开过程。在社会主义初级阶段，社会规范的各种形式对社会秩序的治理也起着相同性质的作用。

三、社会规范的作用

（一）维护和控制作用

社会规范的维护功能表现在两个方面：一是保证人类共同社会生活的稳定性与秩序性。由于社会关系的形成离不开人类共同形式的社会生活。这就要求一套完整的个人行为的标准——社会规范，并以此作为共同生活的标准，这在客观上能起到维护社会秩序的作用。社会控制也就是依据这些社会规范为标准进行的，从而确定一定的社会秩序，只有在社会秩序得到有效的维护时，社会稳定才能得到保证。二是惩治反社会行为。这是社会规范维护功能另一方面的体现。社会规范具有控制、制裁越轨行为的作用。在任何社会形态下，都可能出现与社会秩序相左的偏离或越轨行为，如不加以制止，则必然威胁到社会发展。在此，社会规范通过教育、舆论、权力、手段对越轨行为的制裁就显示出了它的重要性。

（二）延续作用

社会规范可以保存和传递社会文化，使社会得到延续。社会规范的各种形式是社会文化的总结，是保存社会文化的载体。人们往往通过言传、身教以及文字记载的方式和其他物质来传递社会文化。而这些言传、身教、文字记载等方式的作用都是通过社会规范文化来保存并表现出来，是靠社会规范的实践来实现的。同时社会规范对个人而言具有社会化、行为导向的功能，它为个人提供了社会化的内容及其行为方式。简言之，人是规范化了的人。

（三）整合作用

整合主要是通过社会规范的制定与执行对社会进行有效的管理，将个人与社会有机地联结起来。社会规范的整合是通过价值统摄与关系协调两种方式实现的。第一，价值统摄的过程实际上是消除、化解多元价值标准之间的差别或不一致性，实现价值标准基本趋同的过程，或者说是价值观念转化成社会整合的过程。因为，在实际生活中，存在着价值主体、利益主体的多元化，不论是对物质需求还是对精神需求的追求以及对需求满足的体验，不同的社会个体具有不同的内容、不同的层面、不同的方式。但是，个人的需求与目的，都是在社会的需求与社会的目的实现过程中得以实现的。因此，社会必须通过一定的社会价值（社会规范就是一种价值标准），将属于个人的意愿、目的、理想、信念引导集中在社会价值、社会理想、社会信念、社会目标的实践活动上来，形成统一的社会目标与力量，使社会成员在实现社会的共同目标的过程中，最终实现个人目标，满足自身需求的同时，为实现社会的理想与目标而共同努力。价值统摄就是社会规范社会化的过程。

四、人口行为与社会规范的关系

（一）社会规范对人口行为的调整是自然自发的过程

社会规范是两种生产实践的结果，规范是伴随社会的产生而产生的，它来源于人们长期的物质资料生产和人类自身生产的实践，它是人类社会自身发展的需要，是社会运转的一种自行调节机制。自然界存在着规律，社会的发展中也包含着"自然的"规律，但是，这些规律一旦被人所承认，就变成了社会规范。一切社会规范的产生和存在，都是为了适应调整人与自然、人与社会、人与人的物质关系和精神关系的要求的。然而，在历史上，一种规范的产生，是由于所调整的关系已开始成为社会的主要矛盾，而且其破坏力已得到了显示。正是在这种意义上，我们说人类历史是一个自然历史过程。

（二）社会规范转化为个体规范必须通过规范内化的过程

社会规范要真正体现它的价值，必须通过教育、训练把社会规范内化为个体意识中的规范。要使每个人的个别性在社会规范面前转成同一性，也就是说，在规范面前人人意识到自己与他人平等。其次，只有人们将行为规范提升出来并转化为自觉的理性规范的时候，理性规范的价值蕴涵才能体现，并以此反转过来对人性从根底处加以内在的润泽。即是说，在此情况下，社会规范才真正实现了其产生的意义，理性规范的成熟包括了规范的合理性。从根本上看，社会规范的功能仍是使得人们对掌握和保持不同的利益和价值的一种共同的默许。理性规范的产生是以取道德规范为第一要务代替以取某种利益为第一要务。此时，规范的道德价值已超越了功利取向。由于社会规范是在社会关系的发展变化中不断演变的，因此人口行为受其规范和约束的程度和方式也是个逐渐完善的过程。在原始社会里，人口制度、人口政策和人口法制等强制性规范还未确定，人们受到的是服从于自然选择规律的血缘关系和特定的风俗文化和道德规范的限制和约束，人口行为活动基本上是自由和任意的。随着国家的产生和与人口行为相适应的上层建筑的出现和完善，人口行为不仅受到伦理道德、风俗习惯的约束，更开始被置于国家强制力的限制和约束之下。

（三）社会规范对人口行为的调控

1. 受社会规范调控的人口行为

人口行为的原则和规范一经产生，便作为一种善恶标准，一方面通过舆论和教育的方式，影响人们的心理和意识，形成人口行为善恶观念情感和意向，从而形成人们的内心信念；另一方面，又通过社会舆论传统习俗和规章制度等形式在社会生活中确立起来，成为一定社会一定阶级约束人口行为的原则和规范，纳入社会行为的人口行为受社会规范的调控，同时对其起着反作用。

2. 不受社会规范调控的人口行为

未纳入规范范围的自主性人口行为，不受社会规范的限制和约束。这类人口行为一般是属于个人性质的不对社会造成危害的行为。社会规范形成社会共同目标与价值，促成社会成员社会化并惩治反社会行为，社会必须通过社会规范的机制对人口行为进行引导、规范，以此作为社会成员行动的指南，避免、化解可能产生的或已产生的矛盾冲突，保障社会的秩序化。现代社会的各种社会规范处于非常的紧张之中，因为它们必须适应迅速变化的环境。人口行为以其对整个人口过程造成某种变化或后果的方式对社会发展起着深刻的影响，这也左右着社会规范的变化趋势。

第二节　人口行为与习俗、道德

一、风俗习惯与伦理道德

习俗和道德在对社会秩序的维持和治理中，属于文化性的疏导手段，对它们的遵从依赖于社会成员的信念、习惯和社会舆论的力量。所以，习俗和道德是社会软控方式。

（一）风俗习惯

风俗习惯是一定文化背景下的群体的行为模式，是社会在集体生活中逐渐形成共同遵守的习惯和风俗。在中国的传统文化中，习俗和道德对人口行为活动的影响是不可小觑的，研究道德对人口行为的作用途径和影响方式是十分必要的，习俗遍及社会生活的各个方面。因此，在对人口行为的调控与治理的作用范围上，可以说没有任何一种社会意识形态和社会规范能与之相比，这体现了习俗的广泛性和普遍性的特征。

（二）伦理道德

"道德"一词源于拉丁语 mores，意指风俗和习惯，引申其义，也有规则和规范、行为品质和善恶评价等含义。道德性规范，指的是依靠社会舆论、人们的内心信念和风俗习惯调节人与人、人与组织、组织与组织之间关系的行为原则和规范的总和。道德性规范的基本特征是：要求一个人对自己进行自我约束，没有外在的力量强迫其干什么和不干什么，因而是一种自律的力量；通常都要求人们具有一种利他的思想，强调的是"我为人人"。在社会生活中，道德性规范除了道德伦理以外，还包括风俗习惯和宗教训诫，它是通过人在社会化的过程中从其生活的环境中潜移默化地获得的。在这一社会化的过程中，家庭、教会和学校发挥主要的作用。任何一个社会的社会规范的产生都有其特殊的自然环境及社会环境。中国特殊的环境和条件，使中国社会规范文化有着自己的特征。其中之一就是中国社会规范是伦理型文化，具有"泛道德中心主义"。

（三）伦理道德和风俗习惯的区别

道德规范是人们的一种自觉的行为准则。它是由习俗规范中与共同生活关系联系较紧、较为重大的一部分提升、演化而来的，但又与习俗不同，习俗对社会作用的规范较大，人们有一定的自由，可以选择。而道德作用的范围相对习俗较小，道德是必须遵从的，不道德就会受到社会舆论的谴责。道德与法律、纪律也不同，它主要是通过教育、示范和社会舆论的力量，通过社会成员内心的信念来实施约束的。尽管不同的文化背景、不同的时代、不同的阶级，有着不同的道德标准，但由于道德较之法律、纪律有着更大的感召力，作用范围更为广泛，也更为自觉，较之习俗有更大的约束力。

二、人口行为与风俗习惯

在对人口行为的影响方面，习俗的继承性表现得更为突出。一个民族的人口习俗总是相沿成习的，因而它对人口行为的制约作用具有持续性和稳定性，虽然人口习俗也发展变化着，但是相比而言，其稳定的趋势似乎更为明显，而且对人们的人口观念产生着根深蒂固的影响。在我国现有的人口形势条件下，仍然应该充分发扬中华民族优秀人口文化传统和习俗，提倡移风易俗的精神文明，将优秀的人口文化传统和习俗提升为民德；与此同时，也要看到，一些不良的人口习俗不是一时可以改变的，它们对人口现代化的实现有着恶劣的影响。如我国几千年的妇女在家庭中地位低下的风俗习惯至今还存在于个别地区，转变不良习俗，尤其是改变人们的已经形成的错误观念，对于端正社会风气，形成良好的人口活动秩序有着十分重要的意义。

三、人口行为与伦理道德

（一）人口行为道德

人口行为的具体内容总是明显地具有伦理的内涵，我们姑且将与人口行为密切相关的道德规范称为人口行为道德。人口行为道德既是善恶标准又是行为原则，它既存在于人们内心，表现为人们的人口道德心理和意识，又外化为具体的人口道德行为和活动，同时还表现为一定的人口道德原则和规范现象。

人口行为道德最突出的表现在人口行为的核心内容——人口再生产（即生育行为）上，生育行为的伦理又表现为婚育年龄选择、子女数目的确定、子女性别偏好、生育时间间隔、对子女质量的要求等方面。选择理想的生育数目是个永恒的历史的伦理主题。人们对子女性别的需求也随着人们不同的道德标准而变化，在各个不同的历史时期有不同的道德评价，如此等等。在引起人口的地域变动和社会变动的行为方面，也离不开伦理的评价和约束。在人口流动迁移行为中，家庭伦理、社会伦理是人们做出抉择的重要评判标准，人们在社会生活中结成和处理各种人际关系的意识和行为也包含着道德伦理因素。

人口行为道德意识现象，包括人口道德意识的一切表现形式，是人们在人口行为过程中形成的各种道德观念、情感、意志、信念和理论的总和。道德观念即人们的善恶观念；道德情感指人们的爱憎好恶；道德意志是人们根据善恶正邪荣辱的功能观念产生的一种道德责任感和克服困难的勇气和力量；道德信念是人们根据自己的道德观念、情感、意志而形成的对理想目标的坚定信仰。人口道德意识现象，是一种极其复杂的社会意识现象，它归根结底都是社会在人们头脑中的反映。

人口行为道德活动现象，指根据一定的善恶观念，可以进行善恶评价的个体人口行为，人口行为无一不是在一定的善恶观念下进行的善恶评价活动和行为。同时，它们又总是和各种经济的、政治的、军事的、精神的等一切活动错综复杂地交织在一起，而且由当时的社会经济社会条件和人口状况决定。归根结底，由经济发展水平和生产关系性质决定。

（二）伦理道德对人口行为的调节功能

道德的调节功能，指社会按照一定的人口道德原则，对人口行为进行干预和影响的过程。人口道德原则指人口行为总体价值取向，即人口行为"为公"还是"为私"；人口道德规范，则是制约和调节人口行为的具体行为准则；人口道德责任，指人们对其行为所必须承担的道义上的责任和义务。道德对人口行为的调节作用，是通过社会舆论、责任和义务、良心荣辱以及社会习俗等影响人们的思想意识来实现的，通过精神的手段来调节人们的行为，而行政的、法律的和政策的调节，一般都依靠物质的强制手段来保证实行，如法律上的惩罚、经济上的制裁、行政上的处分等。因此，道德对人口行为的调节通常是靠人们内心的信念，引起人们一定的内心活动来实现。由于道德对人口行为的调节是运用影响思想的手段，因而它的调节不仅包括对行为主体自身的道德意识，和对行为的直接指导和影响，还包括外在的道德对个人的意识、内心活动的直接干预和影响，具体表现为以下四个方面：

首先，人口道德具有评价功能。对人口行为，人们可以按一定的道德原则和规范，通过社会舆论、内心信念和传统习惯等方式，对他人或者自己在客观上表现出来的善恶行为做出褒贬判断。因此，人口行为道德的评价功能，就是指可以用它来对人们的人口行为进行善恶是非判断。这个判断标准是个历史范畴，而且总是具有阶级性，因此，在不同历史时代不同阶级之间，这个标准总是有差别的，但是，不管这个标准如何，道德总会对人口行为做出是非评价。

社会舆论通过人们的荣辱和功利心等心理因素对人口行为发生作用。个人总是生活在一定群体或社会中，因而一个群体或者社会对一个人如何评价，决定着这个人在群体和社会中的地位和作用。人口行为得到舆论赞赏的视为光荣，反之，视为耻辱。久而久之，就能在人们心中形成一种以一定的人口行为道德原则和规范为标准的荣辱观念，并将其作为行为选择的出发点。当风俗习惯与社会舆论相一致时对人口行为的指导和规范作用是非常强大的。另外，功利思想也是社会舆论发生作用的内在心理因素之一。功利是一种实在利益，一切足以造成利益上损失的考虑，都能成为人们行为的道德防线。

道德评价作用于人的自身，反映在人的内心信念上就表现为良心。良心是人们对自己的行为进行判断的内在力量，它的作用表现为两方面，一方面是以道德伦理为评价手段对自身行为做判断；另一方面是通过影响人口行为的动机来指导人们的行为抉择。当然，良心也是个随时代变化而变化的历史范畴，不同历史时期的人们的"良心"是不尽相同的，对人们的道德评价也有所不同。

道德对人口行为的评价是无形的，但又是人们可以感觉到的强大精神力量，通过评价可以给人口行为以规范和导向。

其次，人口行为道德具有教育功能。人口行为道德可以通过道德评价、说理、事实感化和榜样示范等形式用于培养道德信念、道德情感、道德意识。通过宣传教育，向人们呈现一定的人口道德，使人们能正确地认识它，这是培养人们正确人口道德的关键。信念是人口行为的重要依据，只有通过人口道德教育，才能使人们树立牢固的内心信念，才能使人们按照社会需要和要求，进行人口活动。所以，一旦人口道德确立起来，就会通过各种途径向人们宣传、教育和灌输，从而培养起人们的合乎该道德的品质。

再次，人口道德具有指导作用。人口道德可以指导、规范人口行为，使其不越出一定的界轨。相对来说，法律作为一种上层建筑，也具有指导和指引的社会功能，但是在作用程度和机制上，二者有显著的差异。道德的指导作用比法律的指导作用范围更宽泛，因为合法行为并不一定意味着符合道德标准，因此，人口行为除了需要法律的调整更需要道德的指导。此外，法律指导人口行为的机制通常是依靠强制力做后盾的，而道德的指导作用则是受人们自身和舆论的力量保障的。

最后，人口道德还具有激励功能。通过前述的评价、指导和教育功能，人们可以认识到自身行为的善恶是非，荣辱和幸福的界限，促使人们选择合乎道德的人口行为。当整个行为完成后，舆论的评价和人们自身内心深处的责任感和道德情感可以形成激励的作用，使人们获得完成道德指引下行为的荣誉感，从而将正确的人口行为进行到底。

因此，历来的统治者都十分重视道德教化在维持和治理社会秩序中的作用。我国在社会主义精神文明的建设中，应该以德育人，提高全民族的道德水平；以德施政，提高国家治理社会和管理社会的水平；以德治序，实现社会秩序持续稳定发展的目标。

第三节　人口行为与宗教

宗教在世界各国、各民族的历史和现实中是一种普遍存在的社会现象。随着世界人口的迅速增长，各种宗教信徒的人口数量也随之增加。宗教作为意识形态领域的一种特殊现象，自产生之日起，就为一些人所信仰而成为世界观渗透到社会生活的各个领域，它影响着社会政治、经济、文化以及风俗习惯和生活方式的方方面面，尤其是约束着教徒的意识和行为，成为他们做出行为选择的重要道德性标准，在人口行为的问题上亦是如此。正如恩格斯所说："一切宗教都不过是支配着人们日常生活的外部力量在人们头脑中的幻想的反映，在这种反映中，人间的力量采取了超人间的力量的形式。"[①] 宗教属于意识形态的范畴，归根结底是由社会的物质生活条件决定的。它对人口数量、质量的影响，主要是通过人们的信仰，通过人们的婚姻家庭观和生育观而起作用的。

一、宗教的产生与发展

（一）宗教的产生

关于宗教的产生，信教者与非信教者的看法是相去甚远的。《圣经》上说上帝创造世界，若果真如此，那宗教一定也是出自上帝的智慧和荣光了。但事实并非如此，随着人类知识和理性的积累，多数人已经逐渐接受了宗教是一种远古产生的历史现象，是人类创造了神灵，而非相反。影响宗教起源的因素十分复杂，关于宗教起因的认识也是多样的。归纳起来，本文认为，宗教产生的原因主要有：

1. 人们对自然力和社会力造成的危机所产生的恐惧

正是由于人类对自然力造成的危机怀有恐惧才产生了宗教。如果地球上没有自然灾害，或者说人们已经完全能够随意对抗和掌握自然力所造成的电闪雷鸣、地震海啸，使人类免受灾害的侵袭，则自然宗教产生的基础就不存在了。

由于人类从原始时代发展至今，社会经历了无数更迭变化，这无可避免地伴随着等级分化和社会动荡。社会力造成的这些饥饿、战争、流血甚至死亡，都让人们产生了对命运是否掌握在自己手中的疑惑，因此，对社会力的恐惧缠身必然

---

① 马克思，恩格斯. 马克思恩格斯选集：第 3 卷 ［M］. 中共中央马克思恩格斯列宁斯大林编译局，编译. 北京：人民出版社，1995.

产生了相应的屈从和崇拜心理，这便是宗教产生的又一温床。

2. 宗教对人的抚慰作用是其产生的心理根源

马克思说过，宗教乃是无情世界的感情，是人民的鸦片。宗教从它产生之初就表现出强烈地关注人们的生存危机和帮助人们走出"苦难"的倾向，这使陷入危机的人们找到了心灵的慰藉，由此产生了对超自然力量的崇拜和皈依，表现出一种完全的投顺和服从。人类的这种心理因素，促使了宗教广泛传播和长期留存。

（二）宗教的发展

宗教从产生至今，也是不断发展变化着的，其形式、教义、派别、性质都有极大的发展。根据马克思、恩格斯的观点，阶级社会产生以前的宗教是自发的原始宗教，阶级社会产生之后的宗教是人为宗教。按照这个理论，可以将宗教发展分为三个阶段：

1. 原始宗教

近现代宗教是由原始宗教发展而来的，二者有联系，更有区别。原始宗教充满了粗朴、杂乱和混沌，信仰多是直觉和非理性的，不存在系统的教义、教团这些特征化的宗教要素，因此很难真正算得上符合现代意义的宗教的标准。原始宗教的崇拜对象是多样化的，最初主要以多种自然存在物为崇拜对象，直接将大自然中的日月星辰、花草树木作为神灵对待或者是对某个活人如巫师等直接作为崇拜对象，而后发展到对虚拟的多个神灵进行膜拜，最后才发展到将一个最高神灵作为宇宙的统治者，这与现代宗教已是相差无几。

原始宗教在崇拜方式上有单纯的对神力的敬畏，这常常表现在人对自然的顶礼膜拜和遵从畏惧；另一种重要形式则更多的是含有魔法和巫术的成分，这是与现代成熟宗教最相异的地方，也与前一种方式有很大区别，因为这种方式多体现了人的能动性，表现了人希望通过自己的力量把握、运用超自然的力量。相应地，由于原始社会文明程度低下，因此，祈祷和祭祀仪式也显得比较原始和野蛮，甚至存在杀人祭祀的风俗。

2. 人为宗教

人为宗教是伴随着阶级的产生和文明发展而产生的，到了中古时期基本上形成了比较完整的形式，它与原始宗教相比，有了巨大的发展和改进。人为宗教主要以社会力量作为崇拜对象，生产方式的改变和人们对自然认识水平的提高使得自然力的压力退居其次，贫富悬殊和阶级的出现使得社会矛盾的压力逐渐高出了自然压力。在观念上，人为宗教更加理性化，有了比较系统的组织性，宗教礼仪也更加规范化，出现了宗教的职业化，信仰对象也越来越特定化，至高无上的神灵被确定下来，被统治阶级用来安抚被压迫者的心灵。由于人为宗教与国家政权的联系越来越紧密，因此，人为宗教在作为社会规范对世俗的影响也愈来愈强烈。

3. 现代宗教

现代宗教的时间划分没有统一的标准，由于文艺复兴和资产阶级革命对整个世界包括社会规范产生了巨大影响，本文以此为界，将这个时期之后的宗教发展称为现代宗教。现代宗教具有人为宗教的所有特点，但它与中古时期的人为宗教相比又有了许多新的特点，主要体现在：

首先，经过文艺复兴的洗礼，教会的作用被大大削弱，世俗王权与神权的分离势在必行。到目前为止，政教合一的统治方式已经比较少见了，信教与否在大多数国家已经成为一种自由。其次，在神权不断削弱和人类进一步掌握自然规律的情况下，人权得到了强化。人权意识要求人类通过自身努力来求得生存、发展和民主权利，这在资产阶级革命中几乎成了所有革命者的口号，从马丁·路德的基督教改革中也能看出端倪。最后，人们已经自觉地意识到是人类创造了神灵，而不是神灵创造了人类，当神不再灵验的时候，人们开始选择抛弃神灵和相信自己。

二、宗教与婚姻、生育

（一）宗教与婚姻

婚姻是男女双方依据法律或习俗的规定所结成的社会关系，通过社会认可的性生活，并且承担生育子女的义务。其本质是男女两性的特殊社会关系，存在于一定的社会结构中，自然受到社会因素的影响。宗教属于上层建筑的范畴，它必然会对人口的婚姻生育观产生重要的影响，继而对人口的数量、质量、结构均产生影响。世界各大宗教都有自己各具特色的婚姻观，有丰富多彩的婚姻形式和各种各样的婚姻制度，尤其源自中世纪的宗教普遍认为两性关系是神圣的，婚姻是由上天决定的，是神意的表现，因而婚姻是一种神圣和至高无上的制度，信奉男女结合是神的旨意和命运的安排，婚姻在神的注视下存续并受神的祝福。世界主要宗教都肯定和鼓励婚姻，主张增殖人口。

1. 原始宗教的婚姻观

在远古时期，原始宗教有的部分本来就是"生殖崇拜"，从某种程度上说，这种原始宗教也就是原始婚俗的组成部分。宗教对婚姻的看法是随着世俗观念的变化和宗教自身的发展而改变的。历史上的宗教几乎都存在过禁欲主义的阶段，并有相关的教规，随着文明宗教世俗化日渐增强，宗教对婚姻行为的态度也日渐"随俗"了。一般认为，文明程度较高的宗教对婚姻行为的态度比较符合世俗社会的公共准则和民族习惯。

原始婚姻行为和婚姻关系比较简单，远不如今天的婚姻形式那么复杂，原始婚俗在很大程度上就是原始社会关于性关系的风俗。早期原始社会自然状态下的人，是不会禁止人性欲需求的，人类早期对自然力的崇拜与人类的求生本能是紧密联系的，在那种情况下，人们对产生生命有关的性行为和婚姻行为是不可能禁止的。宗教中的禁欲主义多是来源于原始宗教中的戒律和禁忌制度，以父权社会歧视妇女为内容的禁忌为开端。

2. 佛教的婚姻观

佛教对出家弟子在"饮食、男女"方面的规定的戒律十分严格，因为人的"贪欲"引起的行为是为"业"，作"业"必有报，人死后进入"六道轮回"，故要断其因，即断其一切烦恼，当然也要求教徒必须断其因感情上的骚动引起的烦恼。

许多人认为佛教没有家庭生活，只有出家生活，其实出家只是佛教生活方式的一种。佛教徒的成分总是以居士为多，居士通过婚姻建立家庭，既维系种族的繁衍，也维持出家人的修行，为出家人提供物质生活保障。因此，佛教重视婚姻问题，对婚姻的条件、婚姻道德、离婚问题都有许多论述。在婚姻条件上，佛教强调尊重当事人的意志，明确反对将自己的信仰强加于婚姻，主张可以与不信仰佛教的人士通婚。佛教主张众生平等，反对种族和阶级歧视。在婚姻道德问题上佛教特别重视家庭价值，强调维护家庭的稳定，对于出家人要求禁欲，对于已婚者，要求节欲，如果有嫖妓和通奸行为，必须严厉谴责，佛教重视家庭稳定，也不绝对反对离婚。

3. 儒教的婚姻观

中国儒教认为"昏礼者将合二性之好，上一事宗庙，下以继后嗣也，故君子举之"（《礼记·婚义》）；"天地不合，万物不生。大昏，万世之嗣也"（《礼记·婚义》）。在中国传统的农业社会里，这种本天继后的婚嫁观，具有宗教的性质。儒教认为，男女的存在，本是天道"乾坤阴阳"的表现，故男女结合所成的婚姻，本身就是天道在人道上的表现。《易经》认为"乾道成男，坤道成女。男女构精，万物化生"①。"大婚者，所以继祖宗，延嗣续。宗庙之礼，谓之祭祀之礼也"②。因此儒教以"继后为大孝"，③ 就是《礼记·婚义》上所谓的继后也，延嗣续也。它与孟子所称的"不孝有三，无后为大"④ 的思想有共通之处，这种婚姻观在中国传统的孝文化里得到了体现，故婚姻的目的是以个体生命之结合延续族类之生命，此即"为子孙娶嫁"，以存"万世之嗣"也。因此儒教推崇"孝"，并且植根于婚姻之中，使个体和宗族的生命得到延续。儒教的伦理道德推崇以"妾"为补充的一夫一妻的婚姻制度。

4. 基督教的婚姻观

基督教认为婚姻是神圣的，是上帝创立的。《圣经创世记》中记载，上帝造人类始祖亚当以后，又从他的身上取出肋骨一根，为他造了配偶夏娃，与之共同生活，这就是人类婚姻的开始。天主给男人配备一个女人是以为"人单独不好，我要给他造个与他相称的助手"，"人应离开自己的父母，依附自己的妻子，二人成为一体"。在婚姻生活中，男人与女人结成一个团体，这个团体适合于为双方提供完全的保障，提供一个家，也适合于双方各自的性欲望，并且生育抚育子女。圣保禄在《格林多前书》前七章中谈到了婚姻，对性的补救，未婚及守寡的人最好保持独身的生活，但是他仍然补充说："但若他们节制不住，就让他们婚嫁，因为与其欲火中烧，倒不如结婚为妙"。从这点上可以看出，基督教是鼓励男女过婚姻生活的，上帝的子民应该过一种婚姻的生活；并且在关于伊甸园的故事中第一对夫妻的记述（以后每个婚姻的原形）与众先知书和智慧书的观念很类似——终身一夫一妻制。"一个相称的助手"及描述两人的关系"我的亲骨肉"这种表达方式证明了这一点，这是两个人的团体，还是持久的团体，是正常的婚姻模式。

5. 伊斯兰教的婚姻观

伊斯兰教经典《古兰经》并未认为肉体是罪恶之源，但是其中关于先祖阿丹和其妻因偷吃禁果被逐出乐园的传说使一些穆斯林也主张禁欲、修行、忏悔等，

---

① 常万里. 易经 [M]. 北京：中国华侨出版社，2003：495，525.
② 孙希旦. 礼记集解下 [M]. 北京：中华书局，1989：1262.
③ 崔高维校点. 礼记 [M]. 沈阳：辽宁教育出版社，2000：227.
④ 孟子. 孟子 [M]. 西安：太白文艺出版社，2012：51.

以求真主宽恕。但是并不是所有穆斯林都这样认为，许多穆斯林还认可一夫多妻制，以致现代伊斯兰世界中还有很多地方保留这种婚俗。

（二）宗教与生育

不同的宗教对人口生育的教律略有不同，但几乎共同认为，人为地限制生育，否定了人的崇高性，这在教义和道德上是不能容忍的，原因在于：孩子是神赐予的，人类本身没有权利进行限制，所以应该是"能生多少就生多少"，并且对人的这一自然本能以宗教思维的形式做了系统而合理的说明。但并非所有宗教从一开始就有这样的认识。如前述，原始宗教中带有强烈生存本能的表露和"生殖崇拜"的因素，因此是提倡自然生育和多育的。在一些主张禁欲的教派和曾经将禁欲作为其教义的宗教中，生育的可能性自然就被扼杀了。中世纪时期，各大宗教之间的派系斗争日益强烈，为了扩大势力、增强本派的力量，这些教派修改教规，提倡多育以壮大力量，这便是许多宗教主张多生多育的本源。

1. 佛教的生育观

佛教传入中国后，伴随着历史的发展，深受中国传统文化的影响，特别是儒家文化的影响，并且日益与儒教相融合。佛教居士深受儒教"多子多福""不孝有三，无后为大"的生育观念和男孩偏好的影响。因而，主张增殖人口，传宗接代的观念在劳动人民中有颇大的影响，最终导致了信仰佛教的民族和国家人口增长迅速，特别是佛教与儒教盛行的东南亚地区已成为世界上人口最多和人口增长最快的地区。

2. 儒教的生育观

儒教在传统的中国社会里，一直作为正统的文化受到推崇，深深地影响着生育观。孔子的"孝弟也者"[①] 及至提出"庶矣哉"的庶的思想和后来备受推崇的"不孝有三，无后为大"的生育观，这种提法无疑明确认为婚姻的目的就是"继祖宗，延嗣续"。因此，儒学形成以后，逐渐确立了"孝"文化，强调祖宗"香火"的延续，"多子多孙多福寿"成为人们的一种理想追求，并内化为中华民族的价值。中国传统的文化特点是"内圣外王""外王"是要有许多人口为基础的；"继祖宗，延嗣续"，奉养父母，进献孝心，也是要有子嗣为基础的。因此，人们就把早婚多生和"四世同堂"看成兴旺发达和家庭和睦的主要标志。

---

① 孔丘. 论语 [M]. 杨伯峻，杨逢彬，注译. 长沙：岳麓书社，2000：1.

3. 基督教和天主教的生育观

基督教明确提出人的来世是万能的上帝决定的，对此人没有选择的余地，如果人为地限制，那就是对生命崇高存在的践踏。正如《旧约全书》所说："要生育繁殖充满地面，治理大地，管理海中的鱼、天空的飞鸟、各种在地上爬行的生物!"① 并把这一思想贯彻到信徒的实际生活中。天主教的婚姻制度规定：男女之间的结合是"永恒地且排他性地"接受"肉体上的权利"，而肉体权利的目的在于生育子女，"子女的生育"是婚姻的最终目的。"儿女绕膝被认为是第一位且最重要的价值，其他一切都是次要的。"（《圣经》)，子女是主的礼物，也是快乐的源泉；相反地，没有子嗣是不幸的，也是天主的惩罚。从本质上说，认为婚姻注定要生育和教育孩子，孩子是真正婚姻的极好恩赐，能为父母的福祉作出极大贡献，要与造物主的圣爱合作，来扩展家庭。夫妻要把优生和教育子女视为他们必然的使命。"子女全是上主的赐予，胎儿也全是他的报酬"②，因而将生育能力赐给了所有时代的婚姻，婚姻承担了延续人类的重要使命。如果婚姻当事人失去了对这个目的的认识，教法就不承认为有效，即所谓"失去认识即无意义"。教会也认为婚姻主要有两大目的：防恶和生育。在奥古斯丁时期已形成的婚姻的目的在于生育的思想，得到格里哥利一世的肯定，又经过 13 世纪神学家托马斯·阿奎那的发展最终定型，成为了基督教会的正统思想。

4. 伊斯兰教的生育观

伊斯兰教也是主张多育的，在它传播的初期，阿拉伯世界动荡不安，多年的战争和土地的扩大，使阿拉伯本土人口显得很不足，因此，穆罕默德很重视人口。伊斯兰教认为，真主阿丹用血块和泥土创造了人，《古兰经》说"我确已用泥土的精华创造人"③。"他创造你，先用泥土，继用精液，然后使你变成一个完整的男子"④。宗教认为，人就其生命历程的起点而言，就是神的意志的体现，生命的诞生不分男女都是神的恩赐。"你们的妻子好比是你们的田地，你们可以随意耕种"⑤，"他从一个人创造你们，他把那个人的配偶造成了与他同类的，并且从他们俩创造许多男人和女人"⑥ 男女就承担着生育繁殖的使命，"众人啊！我

---

① 出自圣经［M］. 中国天主教教务委员会印制，1992：10.
② 出自圣经［M］. 中国天主教教务委员会印制，1992：988.
③ 出自古兰经［M］. 马坚，译. 北京：中国社会科学出版社，1996：254.
④ 出自古兰经［M］. 马坚，译. 北京：中国社会科学出版社，1996：220.
⑤ 出自古兰经［M］. 马坚，译. 北京：中国社会科学出版社，1996：24.
⑥ 出自古兰经［M］. 马坚，译. 北京：中国社会科学出版社，1996：54.

确已从一男一女创造你们，我使你们成为许多民族和宗族，以便你们互相认识"①。所以，只有生养众多，才能形成种族。伊斯兰教是鼓励和主张多育的，认为传宗接代是真主的旨意，财产和子嗣是今世生活的装饰。

三、宗教对人口行为的其他作用和影响

宗教在人口问题上的出发点是为了维护人的生命这一崇高的价值。这一出发点的动机是由历史的、现实的社会物质条件决定的，它产生的社会作用有正反两个方面。我们应从社会利益和社会进步的角度看待它对人口行为的指导和影响，这才是现实的和有意义的。

（一）宗教对人口行为的积极作用

宗教能促使人们史好地遵守社会道德规范。借助于神的名义，宗教赋予人的行为规范一种特殊的神圣灵光，通过宗教法律规范、教内行为律法规范、宗教道德规范等形式强化和规范人口行为。仅仅依靠人类的道德自觉和法律的威力来规范人的行为是远远不够的，借助于神的"威严"和宗教的"劝善"却产生了意想不到的效果。宗教的"劝人为善"是其影响社会的最重要功能，也是约束人口行为的最重要的准绳。

宗教对民族人口的发展具有重要的整合功能。在民族的产生和发展过程中，宗教通过其特定的信仰、组织及体现宗教意识的礼仪等来强化民族意识和调节民族心理，从而加强民族凝聚力。共同的宗教信仰、特定的宗教组织和宗教礼仪强化了民族的基本特征，增强了民族的凝聚力。但宗教的这一功能只能发生在信奉同一宗教的个人、群体和社会集团之中，信奉不同宗教的个人、群体和社会集团不仅常常难以整合，还极易造成对立，即使他们属于同一民族或国家。从这个角度上讲，宗教的这个功能对于人口融合行为的作用是消极不利的。

（二）宗教对人口行为的消极作用

宗教问题总是制约着社会政治问题，在这个层面上，宗教阻碍社会进步的负面效应对人口行为的影响是显著的。由于宗教始终坚持自己的教义，否认并抵制科学发展给人们带来的观念更新，因此它可能使已经不适合社会发展情况的人口行为观念被禁锢在人们（尤其是其绝大部分教徒）脑中，这对科学人口观念的构建和人口行为现代化是极为不利的。

---

① 出自古兰经［M］. 马坚，译. 北京：中国社会科学出版社，1996：388.

（三）因势利导、趋利避害地处理宗教和人口行为关系问题

面对现代化的压力，现代化也使宗教发生了重大变化，如一些宗教团体和宗教学家开始重新反省生命的终极价值，把宗教提升到了一种关注人类和服务人类的境地，这对于修复现代社会破碎的道德信念具有重要作用。许多宗教群体大量从事社会福利和慈善服务事业，这已成为其影响社会的一个不可忽视的方面。尽管这些变化对社会有些积极作用，但并不能彻底根除其消极作用，更不能改变其精神鸦片的本质。

综上，要认识到，在一定时期内，宗教还将长期存在。我们在处理宗教和人口行为关系的问题上，必须做到趋利避害，去其糟粕，发扬其在道德因素方面对人性肯定的积极作用，同时通过宣传、提高人口科学文化素质、大力发展科技事业等途径从根本上抑制其危害。

第四节　人口行为与法律、制度

一、法律、制度的内涵

（一）法律的含义

法律是社会规范的一个组成部分，它是指社会上人与人之间关系的规范，以正义为其存在的基础，以国家的强制力为其实施的手段。由于法律是国家制定的，由国家政权强制实行的行为规范，因此它是一种根本性的强制手段，即刚性控制。它是将外部世界的意志，即国家意志强加于每个社会个体的外部规范，是一种规律。广义的法律是指法的整体，包括法律、有法律效力的解释及其行政机关为执行法律而制定的规范性文件（如规章），狭义的法律专指拥有立法权的国家机关依照立法程序制定的规范性文件。

人们在相互交往中订立契约来规范彼此的行为，人口行为是在人们的相互交往中产生的社会行为，它的产生也离不开人与人之间订立的契约。从典型的意义上说，契约是市场的法律原型，契约关系是市场经济关系在法律层面上的再现。尽管不能把市场中所有的经济关系都归结为契约关系，但是契约关系却最集中、最准确地表现出了市场经济关系的独特个性，走向契约化意味着社会经济生活方式的深刻改变。契约性规范在社会生活中，主要表现为市场规范，在市场经济条件下，人们的其他非经济交往当中，也会在一定程度上具有契约性。这种契约一般是依靠行为人自身的自律性来约束双方行为的，但是它在很大程度上要依靠其

他规范的辅助才能发挥作用，不可能单独存在，即在它发挥效用的过程中不能脱离道德规范对行为人思想意识的影响，且对违约行为责任的确定和制裁往往离不开法律的作用。

（二）制度

所谓制度，也即行政性规范，指的是以国家的强制力作为保证，由国家或政府制定出来的一系列调节人与人、人与组织、组织与组织之间的行为与关系的规则，包括经济制度、政治制度、婚姻家庭制度、文化制度。国家或政府通过强制力量来禁止某些行为，从而保证了社会生活的稳定与秩序。制度的基本特征是：它是对人的一种外在约束力量，以国家的强制力量作为后盾。任何人只要违反了行政性规范，必然会受到惩罚。在一般意义上，制度包括法律、政策、法律法规和各种规章制度，由于法律的创设单位不同，且效力层级高于政策规章，因此，此处单独对法律和人口行为进行讨论，此处的制度，主要指除法律以外的其他各种行政规范。

二、法律对人口行为的作用

法律从本质上说是行政规范的一种，但它作为行政规范的特殊形式，对人口行为的秩序维持与治理的作用有其自身的特点：

（一）更加显著的预测作用和教育作用

法律教育社会成员，什么是应该做的，什么是不应该做的，什么是合法的，什么是违法的。使得社会成员在实施一定行为之前可以从现有法律推知其行为是否合法，从而使社会成员在法律允许的范围内，更充分地发挥自我的作用。另一方面，秩序是法律的重要价值原则之一，依法办事的原则教育人民无一例外地自觉遵守法律，树立法律意识，履行法律义务，承担法律责任。

（二）法律对人口行为有不同于其他规范的威慑作用

法律的颁布和实施，增强了公民遵法守法、执法的自觉性，但总是有一些人有各种的违法犯罪心理或动机，还有一些人在思想冲动之下，也往往会莽撞行事。经过法律教育，在法律的威慑作用下，少数不守法分子就会冷静下来想一想，以身试法将给自己带来的严重后果，从而终止犯罪或打消犯罪的念头。所以，法律的威慑是对社会成员内心世界的意念控制，最终达到对社会控制的目的。

（三）人口法律对人口越轨行为有特殊的惩罚与制裁机制

行政规范都具有强制性的特征，都是以国家权力为后盾的，它们的区别就在于违反法律的法律责任和违反普通规范的违规责任在责任轻重和惩罚上是不同的。首先，现实生活中，只有当极少数人无视法律，违法犯罪，侵犯国家、集体或个人安全和利益，破坏社会安定时，法律才追究其法律责任。而法律规范是包含于整个行政规范之中的，因此，法律责任的范围要比违规责任小。其次，法律责任是社会对失范行为最严厉的制裁。法律的惩罚措施不仅有赔礼道歉、恢复原状等形式，也有剥夺违法者财产权的罚金、赔偿金等形式，更有其他社会规范所不具有措施，那就是对人身自由权利甚至生命权的剥夺。剥夺人身自由权利是对失范行为最为严厉的制裁措施，其实施被严格限制在违法行为已经触及刑法，是严重的犯罪行为的情况。简言之，法律对社会的治理的作用表现为强制控制。法律是最高层次的社会规范，它规范社会生活的方方面面，用制度化的权力维持和治理着社会秩序。

（四）法律是以权利义务为基础运行的

法律不单是权力的工具，要求人们依法履行自己的义务，更重要的是公民权利的保障，公民依法平等享有权利、行使权利，平等地受法律保护，任何人都无超越法律的特权。人口法律规范的制定，为公民行使正常的符合社会人口运行秩序的各种人口行为提供了法律保障，公民可以依据人口法律规范赋予的权利享受各种权益，侵害公民合法权益的行为将受到法律的惩处。扬弃法律的统治工具观，树立法的权利保障观，将法律由手段上升为社会目的，成为现代有序生活的主导模式，成为公民追求的目标，形成法律至上的社会观念，依法规范人口行为才能有正确的思想根基。

（五）与其他法律部门的互补、协调

人口是全部社会生产行为的主体。人口的社会属性决定了人的关系的多重性，不仅人口自身之间发生着直接的关系，更为重要的是人口与其他社会要素（家庭、组织、环境）以及社会的、经济的各种现象存在着不可分割的联系，从而使人口法的调整对象不可避免地具有多重性、交叉性。我国有专门的人口法，此外还有散见于宪法及其他法律法规中的有关人口法律法规条文。人口法同隐含在这些法律部门中的人口法律法规之间存在着协调一致、相互配合的关系。人口法与民法对公民权益的维护与义务履行的规范目标是一致的，都是为了保证当事人的权利。人口法中所涉及的有关人口数量、质量、结构和分布的法律法规以及人口活动和人口工作所涉及的犯罪问题，与刑法中相关规定互相衔接，互为定罪量刑的依据。刑法中的打击拐骗、贩卖妇女儿童的规定，婚姻法中的婚育规定，继承法、收养法中的代际人口关系的规定，环境保护法关于人口与环境关系的规定，行政诉讼法中对于人口行为的行政执法与妨碍执法等的规定，都反映出其他法律法规与人口法中相应法律法规的相互关联性。

三、制度对人口行为的作用

制度对人口行为的调控是伴随国家的产生而产生的，它和人口行为的关系具有的最大特点是相互作用显著。人口问题和人口行为因素产生约束和调控的需要是人口政策、人口法律的产生依据，而人口政策和法律又作用于人口行为，使其走上规范化的道路。二者都在不断向前发展，新的问题出现对应新的政策法律，它们之间的交互影响呈现出螺旋状的上升趋势。

（一）社会政策对人口行为的影响

制定社会政策以约束人口行为是从国家产生就有的。我国古代有鼓励人口生殖行为的政策，许多国家在战乱年代都有奖励生育的政策。大规模运用行政和法律手段干预人口行为是近几年的事情。最近几十年中，各国政府都开始关注人口快速增长给社会生活带来的影响，都开始围绕人口生育行为制定相应的控制生育行为、保障社会福利的人口政策。与人口行为的多样性相适应，人口政策囊括了人口问题的方方面面，包括人口规模、生产消费和与推行其他公共政策配套的政策。

1. 社会政策对生育行为的影响

在生育行为方面，计划生育政策是最有中国特色的。它的出台是为了应对我国无节制生育行为导致的人口数量激增情况。中国曾出现过两次出生高峰期：第一次是 1950 年至 1954 年及 1957 年，共为 6 年，每年出生人数稍多于 2 000 万；第二次是 1962 至 1975 年，时间长达 14 年，其中有 10 年每年出生人数都超过 2 500 万，特别是 1963 年出生人数达到 2 960 万。党中央和国务院于 1980 年 9 月宣布了计划生育政策，并有效地开展了计划生育工作和不断提高计划生育服务质量，建国后的第三次出生高峰期从 1985 年开始，到 1997 年已平稳度过。近年来，中国的人口出生率在波浪式迅速下降的过程中，平均预期寿命逐步上升，从而导致人口老龄化的进程被压缩，老龄化问题已然摆在我们面前。严重的人口老龄化会加重可持续发展的负担，中国 21 世纪上半叶的生育政策只能按照有利于实现"既不要使总人口数量过多，又不要使人口老龄化程度过高"的总目标进行调整。由于我国不同地区生育行为观念和人口数量问题的不同情况，调整相应的计划生育政策应该因地制宜。

2. 社会政策对人口流动迁移行为的影响

改革开放以来，随着我国城市化进程加快，城乡人口流动活跃起来。与此同时，各种社会问题伴随着人口行为出现了。这些人口行为或是失范的行为，或需要特别的规范调整，如人口流动中的犯罪行为、流动人口的劳动就业行为、婚育行为等，对各种配套社会政策的具有相当的冲击，使得相关政策不断地做出相应的调整变化。这些政策包括：拆除城乡分割的人口管理模式，包括户籍制度、就业制度、人事制度。这些制度是与高度集权的政治经济体制相适应的，是特定历史阶段和历史条件下的产物，现阶段它们造成了事实上的不平等，使城市之间人口流动行为的机会成本更高。

首先，调整和改革户籍制度为中心的人口管理体系，打破了不适应人口流动行为需要、限制人口流动行为选择的城乡二元户籍制度格局，城乡人口基于户籍政策而形成的不合理差别和歧视正在逐渐被消除，以平等的户籍制度为中心的政策是保障合法人口流动行为的基础。

其次，完善社会保障体系，不断促进城乡结合。社会保障体系是指社会安全和保护政策。我国社会保障模式要变过去的福利模式为保险模式，即社会保险为主、救助为辅，费用由个人和企业（雇主）分担，做到低水平，广覆盖；要建构面向进城农民、乡镇企业职工的社会保障制度。

最后，建立与市场经济相适应的就业促进政策和提供人口流动要求相应的就业岗位，人口流动的自由在于开放的政策条件，创造就业机会容纳劳动力流动，同时市场经济要求劳动力、资本等生产要按市场规律优化配置，要建立统一的劳动力市场。

（二）社会政策对人口行为控制的特点

1. 社会政策对人口行为进行控制是有必然性的

社会作为一个完整的整体是具有一定社会需求的，人的某些个人的需求放在社会中就成为社会需求。人口行为与这些需求是相对应的，如社会需要生养一定数量的后代使其社会化，这对应着人口的生育行为；社会需要一定数量的成员学习和掌握生产技能，这对应着与教育有关的人口行为。为了满足这些个人和社会的需求，使社会成员在遵循某些规则方面有基本的一致性，形成一种有秩序、有组织的状态，仅仅依靠人们内心以道德为标准的自省和社会舆论的监督作用都有可能导致无政府状态。因此，推动社会团结和实施社会控制是有必要的。

2. 人口政策具有明显的社会福利性

社会政策与其他社会规范的显著不同在于：社会政策是以寻求社会福利为宗旨的。社会政策与社会需求和社会福利有直接联系。可以说，人口政策是社会为了满足其作为整体对人口状况的需求和成员个人公认的需求而制定和实施的。由于工业化和城市化导致了社会分工的高度发展，个人与社会的关系越来越密切，人口行为对社会的依赖性增强。在人口问题已经成为社会福利的重要影响因素的现代社会，国家承担着协调各种社会需要的职责，人口行为不仅关系到个人需求，还关系到社会需求和社会福利的实现，不得不被纳入政策调控的范围并打上深刻的福利印记。

3. 社会政策对人口行为的规范作用是以国家权力为后盾的

社会政策是政府行为，人口政策也是政府为了把人口状况和人口发展引向所期望的方向而制定的各种目标和手段，它是个政治过程。为了保证这些目标的实现，必须将国家强制力作为后盾。如果缺乏了这种外在约束力量，违规和失范行为得不到惩罚，社会的稳定和秩序就无法得到保证。

4. 人口政策是个历史性范畴，其实施具有历史性

人口政策作为社会政策的一部分，它伴随着人类的自身发展变化规律认识的增长而产生发展，反映了一定历史条件下人类需求和人类的认识能力。同时，也随着社会需求的历史变化而变化，和社会的经济基础、上层建筑保持着高度的一致。

第五节 人口行为现代化

一、现代化的含义

"现代化"一词对于我们来说并不陌生，"农业现代化、工业现代化、国防现代化和科学技术现代化"，即所谓的"四化"早已成为家喻户晓的专有名词。随着时代的发展，国内外对现代化问题的研究也日益深入，现代化的内涵和外延都发生了很大的变化。为此，我们可以先粗略地看看国内外对现代化的研究。

（一）西方学者关于现代化的观点

20世纪50年代，美国一批社会学家、经济学家和政治学家相继开展了现代化研究。1951年6月，在美国社会科学研究会经济增长委员会主办的学术刊物《文化变迁》杂志编辑部举办的学术讨论会上，大家讨论了贫困和经济发展不平

衡等问题，与会者认为，使用"现代化"一词来说明从农业社会向工业社会的转变是比较合适的。1958 年，丹尼尔·勒纳出版《传统社会的消逝：中东现代化》一书，他认为从传统社会向现代社会的转变就是现代化。

西方学者开展现代化研究，历时 50 年，最终形成了现代化理论体系。我们不妨称其为经典现代化理论。在经典现代化理论中，现代化可以被概括为一句话：从农业经济向工业经济、农业社会向工业社会、农业文明向工业文明转变的历史过程就是现代化。

根据经典现代化理论，现代化不仅是一个历史过程，也是一种发展状态，可以指发展中国家赶上发达国家后所处的状态（完成现代化进程后的状态），也可以指发达国家已经达到的世界先进水平所处的状态。由于人们对世界先进水平有不同的认识，高度发达的工业社会内部也存在许多弊端，而且社会是不断向前发展的，所以，关于现代化的辩论也一直持续不断。

美国的现代化理论专家阿历克斯·英克尔斯认为，当今社会的巨大进步，首先要体现在人的现代化上。笔者认为这一观点对于我们认识现代化有着重要的意义，因为现代化不应仅仅体现于物质世界的繁荣，更应体现在人们不断进步的观念之中，唯有如此，人们才能正确地把握社会的前进方向，充分利用先进的科学知识和技术推动社会不断向前发展。

（二）我国学者关于现代化的观点

（1）我国现代化问题专家罗荣渠在《现代化新论》一书中归纳了世界各国学者关于现代化的解释，他认为："从历史的角度来透视，广义而言，现代化作为一个世界性的历史过程，是指人类社会从工业革命以来所经历的一场急剧变革，这一变革以工业化为推动力，导致传统的农业社会向现代工业社会的全球性的大转变过程，它使工业主义渗透到经济、政治、文化、思想等各个领域并引起相应的深刻变化；狭义而言，现代化不是一个自然的社会演变过程，它是落后国家采取高效率的途径（其中包括可利用的传统因素），通过有计划地经济技术改造和学习世界先进，带动了广泛的社会变革，以迅速赶上先进工业国和适应现代世界环境的发展过程。"

（2）中国社科院《当代中国社会阶层研究报告》课题组组长陆学艺认为，判断一个国家、地区是否实现了现代化，仅有 300 美元的人均国民收入是远远不够的。只有研究和揭示出一个国家或地区是否具有现代化的社会阶层结构形态，才足以更深刻、更本质地判断这个国家或地区的整体现代化水平。关于现代化的社会阶层结构，学术界有一种比较形象的说法，即两头小、中间大的橄榄型等级结构，它有庞大的社会中间层。而我国传统社会阶层结构，是顶尖底宽的金字塔结构，在这种结构中极少数人居于社会的上层而绝大部分人则处于社会的下层。历史经验表明，在社会中间层规模大的社会，社会资源的配置一般都比较合理，经济社会分配差距比较小，社会各阶层之间的利益矛盾和冲突一般都不会很大，这样的社会最稳定、最可持续发展。

从上述观点可知，现代化更是一个过程，这一过程是一个不断走向进步，且总是与推动社会发展的最先进的因素（科学技术、知识经济）等联系在一起的。它至少包括三个方面的转变：一是工业化，二是城市化，三是家庭核心化和个性明显化。

无论是一个过程，还是一种状态，现代化都应该是一个动态的概念。随着时代的发展和社会的进步，人们观念中的"现代化"也会不断地发展、进步。而在不同的时代，现代化的标志和标准也有所不同的。比如，20 世纪 90 年代以前，人们所说的现代化多指发起于西方国家的工业化，而进入信息社会以后，人们眼中的现代化就多了信息化的内容，而就我国的实际情况来看，工业化进程与发达国家还有差距，而信息产业、知识经济也只是初现端倪。因此，当前我国的现代化已不仅仅包含以往所说的农业现代化、工业现代化、国防现代化与科学技术现代化这四方面内容，还应包含信息现代化、人的现代化以及社会阶层的现代化等多方面的内容。它体现的不仅仅是经济的增长和科技的进步，同时也是社会、文化、观念、心理及环境等的变迁过程。

二、人的现代化

从众多现代化的理论研究可知，现代化的含义包括三个互为影响的层面：物质层面，如经济技术等的现代化；制度层面，如社会、政治等的现代化和观念层面，如价值体系等的现代化。从现实社会发展的过程来看，只有物质层面的现代化是不能使社会得到可持续发展的，社会经济的繁荣是短暂的。人的现代化滞后于物的现代化的矛盾在许多国家尤其在发展中国家已充分暴露出来，严重影响了社会的发展进程，对整个社会的政治，经济产生了破坏性的作用。经济增长并不等于现代化，真正的现代化必须把人的因素考虑在内，以人的发展和人的现代化为核心。

美国哈佛大学教授英格尔斯在《人的现代化》一书中指出：国家的现代化首

先是人的现代化，"一个国家只有当它的人民是现代人，它的国民从心理和行为上都转变为现代的人格，它的现代政治、经济和文化管理机构中的工作人员都获得了某种与现代化发展相适应的现代性，这样的国家才可真正称为现代化的国家"。马克思在《1844年经济学哲学手稿》中就把占有自己全面的本质作为人的发展的理想目标；在《共产党宣言》中则把人的自由发展视为共产主义社会最根本的特征。因此，社会的现代化程度的水平并不只限于看得见、摸得着的硬件层面上，而首先在于人的现代化程度。人的主体性的弘扬，自主意识的形成是社会充满生机与活力的源头活水。而本书讨论的人口行为更是与人的现代化密不可分。

人的现代化就是要把传统人变为现代人。唯物史观认为，人的现代化是一个相对的历史范畴，和传统人相比较，人的现代化是指近代以来随着现代化的发展过程所生成的现代人。近代之前的社会是传统社会，传统社会的文明塑造的人属于传统人。而现代社会是近代以来发展起来的工业文明社会，它所塑造的人是现代人。人的现代化问题就是指传统社会向现代社会的文明转型过程中人由传统向现代的转变和重塑问题。现代人不只是生活在现代社会，享受着现代物质生活的人，更重要的是必须具备现代人的内在素质。现代人的内在素质是在社会现代化过程中生成的，人的现代化和社会现代化具有互动关系。

三、人口行为的现代化

人口行为是人们早已具有的一种最基本的日常生活行为。但是正由于这一行为太平凡、太普通，反而使人们忽略了它的重要性。在历史上，对人口关系的调整，对人口行为的规范，主要是通过伦理、道德、家规、族规等对婚育、家庭关系的约束和导向来实现的；同时人口再生产的生物学规律（包括血缘婚配规律、生殖生育规律、生活规律、环境生存规律等）也起着很强的约束作用。

现在，随着人类社会的文明进步、科学技术的发展，人口再生产已经不再只是个人和家庭的私事，人口再生产的生物学基础也随着生命科学的现代化而发生着革命性的变化。过去那种人口行为的私人性、家庭性和自然性正在被淡化，而其社会性和科学性却在被日益强化。这是人类由感性走向理性、由盲目走向自觉的历史过程的必然反映。

近20年来西方学者对18世纪的英国进行的研究，集中于农业革命、原始工业化、城镇发展、人口行为转型以及消费变迁等五个方面的变化。由此可见，人口行为的转型在人类现代化进程中发挥了巨大的作用，而人口行为的变化又是由需求，价值观念的变化引起的。由于人口行为典型表现为生育行为，人口流动迁移行为，且这两方面在现代化进程中变迁最大，因此本书重点阐述这两种人口行为的现代化问题。

（一）生育行为现代化

1. 传统生育需求及其变迁

生育需求是一个内化了社会文化价值，制度规范以及个人，家庭情感，实际利益，并有着一整套内在层次组合的结构化动因体系。如果循着由抽象到具体，有高层到低层的顺序，可以看出，人们的生育需求是一个有着内在构成的层次结构，依次包括五个层次：①自我实现需求；②情感需求；③继嗣需求；④社会性需求；⑤经济性需求。

以上五点需求基本反映了中国人生育需求的状况。总体上讲应该说中国人的生育需求更多地受风俗习惯和家族势力的影响，而较少进行自身的实际利益的比较和计算。典型的例子就是新婚夫妇对生育缺乏自主权，更多受制于家族内外的压力。但近二十多年来，随着社会、经济发生的巨大变化，加上计划生育政策的执行等使得人们在生育需求方面也相应发生了改变。特别是在城市，由于养老保障体制的相对完善，人们对子女的经济性需求、社会性需求、继嗣需求日益减弱。由于文化体系的原因，人们在自我实现需求、情感需求方面变化不大，现在的人们生育子女，可能更多是为了满足精神需要，为了调剂家庭的稳定，为了尽自己的社会责任等。

2. 生育观和生育文化的变迁

如前所述需要决定动机，动机决定行为。生育需求决定了生育观念，主要表现为五个方面的内容：一是对生育目的和意义的看法，就是为什么要生育；二是对生育孩子性别偏好的看法，期望生男孩还是生女孩；三是对生育孩子数量的期望，是希望生一个还是期望生两个或多个；四是对生育孩子素质的期望；五是在生育孩子的时间方面的选择，即是早生还是晚生，生育孩子的间隔是长还是短，这种时间的选择也反映了人们对生育方面的理念。

传统社会的生育观就是不但要生，而且要多生，早生，生男。随着传统社会逐步发展到现代社会，人们在生育观念上越来越趋向于少生，晚生，生男生女都一样，重视孩子的素质，都想生育聪明健康的孩子，优生的思想越来越占统治地位，并且在城市中相当部分年轻人不想生孩子。现代社会给了人更多的选择空间，对不同的观念和行为有了更多的包容，而不是像原来那样，不生孩子，不生男孩就会遭受多方面的压力。

应该说在生育观念的转变过程中，中国的计划生育国策的实施也起到了相当大的作用。科技的发展，也为生育观和生育行为的改变提供了客观条件。在古代，由于科学技术极不发达，人们在生育的方法、手段等方面没有多少科学性可言，孩子的死亡率高迫使人们多生，并且由于没有有效的避孕节育方法，即使人们不想多生也没有办法。但是到了现代，科学技术高度发展，围绕着人们生育的观念形态，开展了广泛的自然科学方面的研究和技术创造，取得了一系列的研究成果和科技产品，例如优生优育研究、男女性节育技术研究、各种避孕药具研究等，这就保证了生育价值观念取向的实现。

3. 中国生育行为现代化面临的新问题

我国社会正处于从传统社会向现代社会的转变过程之中。我国现阶段，尽管工业化和社会化大生产占据着相当重要的位置，是我国社会经济的主体和支柱，然而，在广大的农村和边远地区，以一家一户为生产经营单位的小商品生产和自给自足的自然经济却仍然是农村和农业的经济基础。尽管农村城市化，工业化及城乡一体化的速度在不断加快，但是这种转变过程仍需要有一个较长的时间。与此相对应的是，我国人口的生育行为也正处于从传统型向现代型的转变过程之中，在城镇和发达的农村地区，人们的生育行为已基本上完成了这种转变，而在落后地区，这种转变的速度较缓慢，转变过程的完成尚需要一个较长的时间。

目前，我国落后的农村地区，人们的生育行为尚表现出较强的传统社会生育行为的特色。例如，多胎生育、早婚生育、粗放式的养教等现象还较为严重，而且，这些传统的生育行为正是严重阻碍生育行为现代化的行为。这种情况的产生和存在，根源在于目前农村的社会经济环境决定了人们的生育需求和观念。目前，广大落后的农村地区，除了工业化程度和生产的社会化程度较低外，农村的整体经济发展水平较低，家庭经济收入较低，社会养老保障性较差，养老主要依赖于家庭和子女，同时，农村家庭抚养和教育子女的成本费用较低。因此，生育子女的费用支出较少，而子女长大成人后为家庭所带来的经济收入高。养老效益远比生育子女的耗费多，所以，人们倾向于多生多育。这种传统色彩的生育行为对我国人口的现代化和经济、社会的发展已经产生并将继续产生着极大的危害。为此，我们必须采取各种措施，加快我国农村人口生育观念现代化的步伐。

（二）流动行为现代化

人口由农村向城市迁移是经济发展的必然产物，是社会进步的重要标志。国家通过人口城乡迁移实现工业化、城市化、现代化，个体或群体通过城乡迁移改变经济条件、生活方式和生存环境。从世界各国的经验来看，人口的迁移流动带来了社会、文化、经济等全方位的发展。在我国当前市场经济条件下，数目巨大的过剩劳动力的存在，东部地区和西部地区，城市和农村又有着巨大的发展差距，人口的迁移流动是必然的，同时人口迁移流动也是实现人口行为现代化的必然。

1. 人口迁移流动行为对现代性的培育和发展

在我国由于人口的迁移流动更多地表现为农民工的流动，因此我们不妨着重探讨流动民工在流动过程中的现代化问题。如前所述，社会的现代化和人的现代化是互动的过程，在农民工的迁移流动过程中更多显示出人的变化，即一种观念，思想及行为方式上和传统社会的极大不同，开始逐步地向现代转变或转型（即形成所谓的"现代性"），核心体现在农民工现代性的发展上，具体表现为：

（1）自我发展能力的培养。这是个人现代性中最为引人注目的一点，农民工通过流动寻求发展，在城市就业过程中，培养并锻炼了自身的发展能力。中国的乡土生活如费孝通所言，是"生于斯，长于斯，死于斯"的，农民被限制在狭小的地域范围内，思想闭塞，不愿意接受新经验、新事物。改革开放以来，当制度壁垒逐步松动之后，大批的农民涌入城市谋求更好的发展，且不论这种流动是盲目的还是有序的，流动本身就体现为一种现代性。更何况大多数的农民都是怀着美好的愿望进入城市的，他们并不是毫无准备和完全盲从的。在城市中，农民工们也无时无刻不在通过各种方式——如学习职业技能、学习政策法规等来谋求更好的职业和更高的收入，并且还力图使他们的下一代能够在城市中接受教育，以期他们能有更好的未来。这些都充分地说明了流动过程中农民工在发展能力上得到了培养和锻炼。

（2）开放性头脑的形成。传统中国社会，农民具有强烈的"安土重迁"观念，对土地怀有执著的甚至是固执的情感，结果导致农民封闭和保守的心理特点的形成和固化。向城市的流动，首先会开阔农民的视野，增长他们的见闻，同时也迫使他们不得不接受各种新鲜的事物，不得不去学习和掌握各种新的技术，不得不与更多的人打交道扩展自己的交往半径，也不得不养成开放性的思维模式以适应城市中的生活和工作。很多进入城市的农民工都反映他们在城市生活所获得的最大的收获就是长了见识，开阔了视野，这种开放性思维方式的形成显然有利于他们今后的发展。

（3）商品经济意识的萌发。城市是一个商品经济的海洋，商品流通频繁而发达，农民工需要不断地参与商品生产和流通，在此过程中他们的商品经济意识、消费意识等都得到了强化。同时，农民工在城市从事非农职业，劳动力的商品化无形之中会给他们某种潜在的暗示，促使他们对传统的个体意识产生怀疑，即个人不再仅仅是一个自给自足的个体，而是一个可以通过参与生产和流通创造更大价值的个体，商品经济社会给人们改变自身命运提供了更多的机会。这一切都有利于农民工现代性的培育。

（4）关系网络的重构及其意义的重释。传统社会存在"差序格局"，农民社会关系中最主要的就是血缘和地缘关系。农民之间通过交往形成的关系网络是由不同的人伦道德约束的，这其中最主要的莫过于"孝悌、仁义、信用"等。这些道德规范的约束使得他们对关系网络的意义的理解显得那么的朴实，往往仅局限于情感的交流。农民工进入城市就业，首先扩大了他们交往的圈子，使他们建立超越地缘和血缘限制的各种新型的社会关系。而这种新的关系网络非常有利于农民工现代性的形成，他们通过对关系网络的运用，重释了关系的意义。此时，关系成为一种社会资本，被理性地运用于谋生存、求发展的过程中，这不能不说是巨大的进步，毕竟现代社会一定程度上是拒绝"情感涉入"的，是追求理性的。

（5）制度文化与行为规范的习得。乡土社会维系人们之间交往的准则是传统和道德，所以费孝通说中国的乡土社会是一个"礼治"的社会，一个"无讼"的社会，这显然与农村社会中缺乏有效的正式制度文化与行为规范有关。现代化的社会要求的是"法治"而非"礼治"或"人治"，具备现代性的个体也应该更多地了解、学习、掌握各种正式的制度文化与行为规范。农民工进入城市后，无论是在工作中，还是在日常的生活中都必须遵循城市生活的规则，稍有不慎就有可能受到规则的惩罚——交通违规、随地吐痰可能会被罚款，上班迟到、违规操作可能被扣工资甚至被辞退，不签劳动合同、经济合同可能要上当受骗——所有这些都在提醒进城农民对于制度规范应该保持应有的敬意。也正是在这些过程中，农民工习得了不同于农村生活中的制度文化和行为规范。

2. 人口迁移流动行为现代化过程中的制度因素

在我国，国家的政策制度往往在相当大程度上规范着人们的行为，而长期以来关于人口迁移的政策制度在很大程度上影响着人口迁移流动行为的现代化。透过我国人口迁移政策的历史变迁可见一斑。

（1）静态等级人口流动制度

1958—1984 年，中国政府实行的是静态等级人口流动制度。其主要内容包括：①关于变更居住地的迁移流动制度，主要是由农村流入城市，并定居城市的永久性流动。"公民由农村迁往城市，必须持有城市劳动部门的录用证明，学校的录取证明，或者城市户口登记机关的准予迁入的证明"，否则是绝对不允许的。②关于短期流动的制度，或者叫暂时性流动的制度，包括两个方面的内容：第一，公民在常住地市、县范围以外的城市暂住三日以上，三个月以内的，由暂住地的户主或者本人在三日以内向户口登记机关申报登记，暂住在旅店的，由旅店设置旅客登记簿随时登记；公民在常住地市、县范围以内暂住，或者在常住地市、县范围以外的农村暂住，不办理暂住登记。第二，公民因私事离开常住地外出，暂住时间超过三个月的，应当向户口登记机关申请延长时间或者办理迁移手续，既无理由延长时间，又不具备迁移条件的，应当返回常住地。③国家对市民，即城市的常住人口，实行供应粮制度，分配公房制度，以及包教育、包就业、包医疗费、包养老金等一系列特殊优惠制度。而对流入城市的暂住人口以及农村人口则不实行这种制度。这一制度是前两项人口流动制度的实质性辅助制度，也可以叫作"釜底抽薪"制度。由于有了这项制度，即使在城市暂住超过三个月而又被政府管理所漏掉的暂住人口，因无供应粮、无住房、无职业等，而无法在城市长期居住。这就保证了国家和政府对流动人口的有效管理，就使户籍制度这道城乡之间的"闸门"发挥了应有的功能。也正是由于这一辅助性制度，才提高了市民的等级身份，降低了农民的等级身份，使城市户口变得更具有吸引力、诱惑力和神秘色彩。

这种人口流动制度，在城乡之间构筑起深沟高垒，使市民与农民两种等级身份趋近凝固化、世袭化。农民除了极少的机会，如招工、升学等可以进入城市，改变身份外，不可越雷池一步，城市简直成了农民可望而不可即的人间天堂。从这个意义上讲，这一时期的人口流动制度，实质上是人口静止制度，或者叫人口静态制度。画地为牢，将农民死死地捆绑在土地上，把少数市民放在全国仅有的几座城市里。不仅如此，在特殊时期，还将几千万市民压缩回农村。这叫作"反城市化"或者"回流"。

这种人口流动制度，使身份和权利完全不平等的两种公民等级泾渭分明，一级是具有较高社会地位和经济地位、享受政府给予的各种特殊待遇，旱涝保收的市民等级；一级则是社会地位和经济地位均较低的，几乎享受不到政府任何特殊待遇的农民等级。入籍农村的公民主要是为入籍城市的公民提供质优价廉的农副产品（主要是粮食）和无偿的资金（通过剪刀差），入籍城市的公民的权利和义务就是享用这些东西。当然，入籍城市的公民也为农村提供工业产品。

这种人口流动制度，在当时的历史条件下，有其存在的客观必然性和现实合理性。自 20 世纪 50 年代起，为了使重工业迅速起步，在短期内赶上和超过西方国家，为了使新兴的工业城市一开始就具有与西方国家不相上下的现代气质，中国政府在不能获得大量外援的情况下，要动员和调集巨额的起步和后继资金，就只有牺牲农业和其他非工业行业的利益。不得不依靠行政之手建立静态等级人口流动制度，强行构筑分割城乡的壁垒，以防止农村人口大规模地涌入、分享城市居民的利益，降低城市生活的现代化水平。并且将农村的人才和资源通过一定的渠道转移到城市中和工业上，以保持工业化和城市化的"后劲"。从一定的意义上讲，正是这种静态等级人口流动制度才保证了年轻共和国的经济稳定，社会稳定以及政治稳定，并且对中国的重工业化起过积极的、强有力的推动作用，应当给予应有的肯定。

（2）动态混合型人口流动制度

1984 年至今以及今后一段时期，中国政府实行的是动态混合型人口流动制度，即残存状态的等级人口流动制度与萌芽状态的新人口流动制度所组成的混合型人口流动制度。因为这一时期的总背景和总特征，是新旧体制转换。在这一转换过程中，沿用了几十年的静态等级人口流动制度，被市场经济体制从本质上和整体上给予否定了，尽管它的部分形式依然存在，但其功能已经残缺不全了，即适应社会主义市场经济体制的新人口流动制度，尚处在尝试和萌芽阶段，只能发挥零星的功能，而不具备从整体上取代静态等级人口流动制度的完整功能。所以，在这一时期发挥作用的，只能是等级人口流动制度的残存功能与新人口流动制度的萌芽功能所形成的混合功能。所实行的人口流动制度，只能是残存状态的等级人口流动制度与萌芽状态的新人口流动制度所组成的动态混合型人口流动制度。

由于等级人口流动制度残余功能的羁绊，致使流入城市的流动人口无法实现由农民身份向市民身份的彻底过渡，并且导致了我国城乡居民社会心理、社会情感、社会认同和社会价值观念上的隔阂、对立、分裂和矛盾。这不仅阻碍我国城市化、工业化和现代化的顺利进行，而且会由此衍生出一系列社会问题。由于适应市场经济体制的新人口流动制度尚处在尝试和萌芽阶段，对传统人口流动制度的改革力度不够，致使政府无法实现对流动人口的有效管理。暂住证和寄住证虽然使流动人口的流动合法化，但由于阻碍和制约人口流动的其他配套改革没有及时跟上，使流动人口永远处在动态过程之中，犹如惊弓之鸟，无安定感，更无法作长久居住的打算和安排，既影响他们的爱情、婚姻、家庭以及对子女的教育和培养，更影响他们的心理、情感以及对社会、人生的理解、态度和行为。

总而言之，由于这种动态混合型人口流动制度自身的对立与统一，就导致了在具体的社会实践中，有时强调前者，有时强调后者，有时两者并重，有时二者均轻。这样，就出现了对流动人口管理的制度真空。所谓"盲流""民工潮""边缘人""两栖人""候鸟型人"等，正是这种制度真空的现实表现。这是新旧体制转换过程中所无法避免的过渡性现象，是两种体制相互矛盾、相互碰撞、相互摩擦的必然结果，它们将随着市场经济体制取代计划经济体制这一过程的基本完成，将随着适应社会主义市场经济体制的新人口流动制度的基本建立而终结。

参考文献

[1] 柏拉图. 理想国. [M]. 北京：商务印书馆，1957.

[2] 亚里士多德. 政治学 [M]. 北京：商务印书馆，1981.

[3] 马克思，恩格斯. 马克思恩格斯全集：第1卷 [M]. 上册，北京：人民出版社，1979.

[4] 马克思，恩格斯. 马克思恩格斯选集：第2卷 [M]. 北京：人民出版社，1972.

[5] 马克思，恩格斯. 马克思恩格斯选集：第4卷 [M]. 北京：人民出版社，1972.

[6] 瓦连捷伊. 马克思列宁主义人口理论 [M]. 北京：商务印书馆，1978：93.

[7] 马克思. 资本论：第1卷 [M]. 北京：人民出版社，1975：23.

[8] 中国方志大辞典 [Z]. 杭州：浙江人民出版社，1988.

[9] 佟新. 人口社会学 [M]. 北京：北京大学出版社，2000.

[10] 佟新. 人口社会学 [M]. 北京：北京大学出版社，2010.

[11] 南亮三郎. 人口论史 [M]. 北京：中国人民大学出版社，1984.

[12] 南亮三郎. 人口思想史 [M]. 长春：吉林大学出版社，1980.

[13] 罗兰·普列萨. 人口学词典（中版）[M]. 上海：辞书出版社，1989.

[14] 索维. 人口通论（下册）[M]. 北京：商务印书馆，1983.

[15] 瓦连捷伊. 人口学体系 [M]. 北京：中国人民大学出版社，1981.

[16] 福格特. 生存之路 [M]. 北京：商务印书馆，1981.

[17] 埃利奇. 人口爆炸 [M]. 纽约：纽约巴兰图书公司，1972.

[18] 梅多斯等. 增长的极限 [M]. 北京：商务印书馆，1984.

［19］陈长蘅. 中国人口论［M］. 上海：商务印书馆，1918.

［20］陈达. 人口问题［M］. 上海：商务印书馆，1934.

［21］孙本文. 现代中国社会问题人口问题［M］.（第二册）. 上海：商务印书馆，1932.

［22］毛泽东. 毛泽东选集：第1卷［M］. 北京：人民出版社，1991.

［23］桂世勋. 人口社会学［M］. 济南：山东人民出版社，1986.

［24］阿尔弗雷. 人口通论（上册）［M］. 北京：商务印书馆，1978.

［25］安川正彬. 人口事典［M］. 河北大学人口研究室译. 保定：河北大学出版社，2005.

［26］刘铮. 人口学辞典［M］. 北京：人民出版社，1986.

［27］袁亚愚，詹一. 社会学——历史·理论·方法［M］. 成都：四川大学出版社，1986.

［28］吴忠观. 当代人口学学科体系研究［M］. 成都：西南财经大学出版社，2000.

［29］谈谷静. 社会学［M］. 成都：四川人民出版社，1988.

［30］米拉·马儿科维奇博士. 社会学［M］. 徐坤明、夏士华译. 北京：中国社会科学出版社，1979.

［31］王胜今. 人口社会学［M］. 长春：吉林大学出版，1988.

［32］胡伟略. 人口社会学［M］. 北京：中国社会科学出版社，2002.

［33］瓦连捷伊. 人口学体系［M］. 北京：中国人民大学出版社，1981.

［34］杨德清. 人口学概论［M］. 武汉：湖北人民出版社，1982.

［35］杨国璋. 当代新学科手册［M］上海：上海人民出版社，1985.

［36］刘洪康. 人口手册［M］. 成都：西南财经大学出版社，1984：14.

［37］桂世勋. 人口社会学［M］. 济南：山东人民出版社，1986.

［38］马克斯·韦伯（Max Weber）. 社会学的基本概念［M］. 胡景北，译. 上海：上海人民出版社，2005.

［39］关信平，袁辛. 多元化的社会行为与人际关系［M］. 北京：工人出版社，1988.

［40］刘铮，李竞能. 人口理论教程［M］. 北京：中国人民大学出版社，1985.

［41］华红琴. 社会心理学原理和应用［M］. 上海：上海大学出版社，2005.

［42］鲁思·华莱士，艾莉森·沃尔夫. 当代社会学理论［M］. 刘少杰，译. 北京：中国人民大学出版社，2008.

［43］陈婴婴. 职业结构与流动［M］. 北京：东方出版社，1995.

［44］李仲生. 人口经济学［M］. 北京：清华大学出版社，2013.

［45］戴维·波普诺. 社会学［M］. 北京：中国人民大学出版社，1997.

［46］红如林. 人口科学［M］. 北京：高等教育出版社，2003.

［47］宋超英，曹孟勤. 社会学原理［M］. 北京：警官教育出版社，1991.

［48］安德列耶娃. 社会心理学［M］. 南开大学社会学系，译. 天津：南开大学出版社，1984.

［49］E. 弗洛姆. 精神分析个性及其在理解文化中的应用［J］. 文化与个性，1949.

［50］乐国安. 社会心理学［M］. 广州：广东钢等教育出版社，2006.

［51］孙世近. 社会心理学导论［M］. 上海：复旦大学出版社，2011.

［52］尹志宏. 消费经济学［M］. 北京：机械工业出版社，1995.

［53］姜彩芬，余国扬等. 消费经济学［M］. 北京：中国经济出版社，2009.

［54］杨家栋. 消费经济学［M］. 北京：中国商业出版社，2008.

［55］韩玉梅. 新生代农民工市民化问题研究［M］. 哈尔滨：哈尔滨工业大学，2013.

［56］张桂蓉. 人口社会学［M］. 武汉：武汉大学出版社，2009.

［57］杨菊华，谢永飞. 人口社会学［M］. 北京：中国人民大学出版社，2016.

［58］张文新. 青少年发展心理学［M］. 济南：山东人民出版社，2002.

［59］车文博. 青年心理学［M］长春：吉林教育出版社，1987.

［60］关中文. 青年心理学［M］. 王永丽，周浙平译. 哈尔滨：黑龙江人民出版，1982.

［61］K. W. 夏埃，S. L. 威里斯著. 成人发展与老龄化［M］. 上海：华东师范大学出版社，2003.

［62］罗伯特. 费尔德曼. 发展心理学——人的毕生发展［M］. 苏彦捷译. 北京：世界图书出版公司北京公司. 2007.

［63］毕可生，李晟. 老年学基础［M］. 兰州：甘肃人民出版社，1991.

［64］克伦塔尔. 老年学［M］. 毕可生，郭连珊，译. 兰州：甘肃人民出版

社，1986.

[65] 魏太星，邱国宝，吕维善. 现代老年学 [M]. 郑州：郑州大学出版社，2001.

[66] A. II. 拉夫林. 直面死亡 [M]. 呼和浩特：内蒙古人民出版社，1997.

[67] 中共中央马克思恩格斯列宁斯大林著作编译局. 恩格斯论宗教 [M]. 北京：人民出版社，2001.

[68] 段德智. 西方死亡哲学 [M]. 北京：北京大学出版社，2006.

[69] 雷蒙德·穆迪. 死后的世界生命不息 [M]. 林宏涛译. 北京：世界图书出版社，2014.

[70] 查尔斯·科尔，克莱德·内比. 死亡课——关于死亡、临终和丧亲之痛 [M]. 榕励译. 北京：中国人民大学出版社，2011.

[71] 刘自觉. 解析死亡——走入神秘幽暗的世界 [M]. 北京：中国国际广播出版社，2004.

[72] 胡佩诚. 生命与安乐死 [M]. 北京：世界图书出版公司，1993.

[73] 徐吉军. 中国丧葬史 [M]. 武汉：武汉大学出版社，2012.

[74] 郑志明. 中国丧葬礼仪学新论 [M]. 北京：东方出版社，2010.

[75] 李永胜. 人口统计学. [M]. 成都：西南财经大学出版社，2002.

[76] 四川省妇女联合会儿童工作部. 婴幼儿抚养与教育 [M]. 成都：四川科学技术出版社，1997.

[77] 程度. 第三次全国生育高峰的特征及对策 [M]. 武汉：武汉大学出版社，1991.

[78] 沙莲香. 中国民族性 [M]. 北京：中国人民大学出版社，1989.

[79] 冯友兰. 中国哲学史新编（第三册）[M]. 北京：人民出版社，1992.

[80] 赵国华. 生殖崇拜文化论 [M]. 北京：中国社会科学出版社，1991.

[81] 韦政通. 中国的智慧 [M]. 长春：吉林文史出版社，1988.

[82] 文崇一，萧新煌. 中国人：观念与行为 [M]. 中国台北：巨流图书公司，1988.

[83] 李煜，徐安琪. 婚恋市场中的青年择偶 [M]. 上海：上海科学院出版社，2004.

[84] 冯觉新，邵伏先. 家庭社会学 [M]. 北京：中国环境科学出版社，1993.

［85］北京市妇女联合会、北京市婚姻家庭研究会. 爱河鸳盟——婚姻家庭心理漫谈 ［M］. 北京：中国城市经济社会出版社，1989.

［86］张宪安. 恋爱择偶指南 ［M］. 北京：科学技术文献出版社，1996.

［87］徐纪敏，王烈. 婚姻学 ［M］. 太原：山西教育出版社，1992.

［88］沈敬国，王依均. 爱情婚姻论 ［M］. 广州：广州文化出版社，1988.

［89］潘允康. 家庭社会学 ［M］. 重庆：重庆出版社，1986.

［90］罗素. 婚姻革命 ［M］. 北京：东方出版社，1988.

［91］孟昭华，王明寰，吴建英. 中国婚姻与婚姻管理史 ［M］. 北京：中国社会出版社，1992.

［92］中国大百科全书：社会学卷 ［M］. 北京：大百科全书出版社，1991.

［93］费孝通. 生育制度 ［M］. 北京：商务印书馆，2008.

［94］张俊良. 生育行为研究 ［M］. 西南财经大学出版社，1999.

［95］李薇菡. 婚姻家庭学 ［M］. 广州：华南理工大学出版社，2007.

［96］黄雄等. 人口与生育 ［M］. 上海：复旦大学出版社，1991.

［97］中国社会科学院语言研究所词典编辑室. 现代汉语词典 ［M］. 北京：商务印书馆，1996.

［98］加里·斯坦利·贝克尔. 王献生、王宇译. 家庭论 ［M］. 北京：商务印书馆，1998.

［99］伯特兰·罗素. 文良文化译. 性爱与婚姻 ［M］. 北京：中央编译出版社，2005.

［100］埃米尔·迪尔凯姆. 自杀论 ［M］. 冯韵文译. 北京：商务印书馆，2001.

［101］钟继荣. 揭开自杀之谜 ［M］. 北京：中国检察出版社，2000.

［102］王晓朝. 柏拉图全集 ［M］. 北京：人民出版社，2012.

［103］胡平生. 陈美兰. 礼记·孝经 ［M］. 北京：中华书局，2007.

［104］中华营养保健学会. 准备怀孕 ［M］. 济南：山东美术出版社，2009.

［105］叶普万. 贫困经济学研究 ［M］. 北京：中国社会科学出版社，2004.

［106］雷诺兹. 微观经济学 ［M］. 北京：商务印刷出版社，1982.

［107］世界银行. 1980 年世界发展报告 ［M］. 北京：中国财政经济出版社，1980.

［108］世界银行. 2000/2001 年世界发展报告 ［M］. 中国财政经济出版社，

2001.

[109] 鲁德斯. 政策研究百科全书 [M]. 北京. 中国科学文献出版社, 1989.

[110] 樊怀玉, 郭志仪, 李具恒等. 贫困论: 贫困与反贫困的理论与实践 [M]. 北京: 民族出版社, 2002.

[111] 高耀洁. 中国艾滋病调查 [M]. 南宁: 广西师范大学出版社, 2005.

[112] 李楠. 面对艾滋病2004 [M]. 北京, 社会科学文献出版社, 2003.

[113] 丁启文. 中国残疾人 [M]. 北京: 华夏出版社, 1990.

[114] 李江涛, 蔡国萱等. 文明的尺度: 广州市残疾人社会保障体制的建设实践与探索 [M]. 广州: 广东人民出版社, 2005.

[115] 卓彩琴. 残疾人社会工作 [M]. 广州: 华南理工大学出版社, 2008.

[116] 祝平燕. 女性学导论 [M]. 武汉: 武汉大学出版社, 2007.

[117] 西慧玲. 西方女性主义与中国女作家批评 [M] 上海: 上海社会科学院出版社, 2008.

[118] 辛星. 女性的世界 [M]. 济南: 山东人民出版社, 1998.

[119] 谭琳, 陈卫民. 女性与家庭: 社会性别视角的分析 [M]. 天津: 天津人民出版社, 2001.

[120] 联合国妇女发展基金会. 世界妇女进步2000——联合国妇女发展基金双年度报告 [M], 北京: 地质出版社, 2003.

[121] 林志斌. 性别与发展教程 [M]. 北京: 中国农业大学出版社, 2001.

[122] 第二次全国残疾人抽样调查办公室. 第二次全国残疾人抽样调查主要数据手册 [M]. 北京: 华夏出版社, 2007: 127.

[123] 董杰. 关于《人口社会学内容》的探讨 [J]. 人口与发展, 1989 (1): 48.

[124] 方素岚. 人口社会学浅谈 [J]. 人口研究, 1981 (4): 34.

[125] 陈祖耀. 人口社会学的几个理论问题 [J]. 中共山西省委党校学报, 1995 (1): 9.

[126] 方向新. 人口社会学的学科和理论体系初探 [J]. 人口与经济, 1989 (2): 31.

[127] 谷胜利, 刘小伟. 换得移民不思蜀 [J]. 中国边防警察, 2009 (8).

[128] 赵敏. 国际人口迁移理论评述 [J]. 上海社会科学院学术季刊, 1997

(4).

[129] 曹新. 农民变市民：新型城镇化的核 [J]. 理论学习，2013 (9).

[130] 刘传江. 农民工生存状态的边缘化与市民化 [J]. 人口与计划生育，2004 (1).

[131] 刘同昌. 老年歧视与社会责任 [J]. 人口与经济，2001 (1).

[132] 宋林，姚树洁. 我国农民工城市化问题阐析 [J]. 西安交通大学学报，2011 (31).

[133] 高季乔，姜国俊. 农民工融入城市面临的主要障碍分析 [J]. 经济与管理评论，2012 (6).

[134] 白柯. 人类自然寿命到底是多少 [J]. 今日南国，2007 (12).

[135] 周天来. 孑遗植物的风姿绰绰 [J] 生物学教学，2004 (5).

[136] 杨维中. 佛教的生死观与命运观 [J]. 世界宗教文化，2007 (2): 43 -45.

[137] 肖云昌. 关于宜黄县重振合作医疗的思考 [J]. 中国乡村医药，1997 (10).

[138] 章蓓蕾. 浅谈临终病人的心理变化历程及护理措施 [J]. 科技资讯，2011 (4).

[139] 秦茵. 义工在晚期癌症患者服务中的作用 [J]. 癌症康复，2009 (4).

[140] 宗立. 人口死亡水平的差异分析 [J]. 江西教育学院学报，2003 (1).

[141] 沈毅. 人对死亡的态度极其意义 [J]. 浙江学刊，1995 (5).

[142] 周德新. 死亡态度论 [J]. 湖南文理学院学报，2008 (2).

[143] 刘丹萍，刘朝杰. 城市劳动适龄人口死亡态度的影响因素分析 [J]. 人口学刊，2012 (3).

[144] 汤新和，周菊琼. 晚期癌症病人临终的家庭护理指导 [J]. 宜春医专学报，2000 (1).

[145] 陈晶晶. 安乐死的伦理困境 [J]. 前沿，2002 (12).

[146] 赵丽娜. 对安乐死与生命权问题的浅析 [J]. 法制与社会：旬刊，2010 (7).

[147] 方素娟，黄祥凌. 安乐死在我国施行的可能性有多大 [J]. 中华医学实践杂志，2005 (8).

[148] 李春泰. 对死亡问题的解读 [J]. 理论探讨，2002 (4).

[149] 李珂. 安乐死的内涵与外延 [J]. 武汉船舶职业技术学院学报, 2008 (1).

[150] 严领蓉. 关于安乐死立法的思考 [J]. 海南大学学报: 人文社会科学版, 2004 (4).

[151] 顾鉴塘. 人口社会学的理论特点及其实践功用 [J]. 人口与发展, 1989 (1): 46.

[152] 赵雪莲. 中国实施安乐死的不可行性分析 [J]. 中国医学伦理, 2006 (3): 66.

[153] 朱萍. 荷兰: 欧洲的另类堡垒 [J]. 新闻周刊, 2003 (34).

[154] 胡锦武. 安乐死立法难在哪 [J]. 瞭望, 2011 (12).

[155] 宋丁. 面向现代化的人口社会学 [J]. 人口学刊, 1985 (5).

[156] 方向新. 人口社会学的研究对象和内容实探 [J]. 人口学刊, 1986 (6).

[157] 蔡尚忠. 人口基础知识 [M]. 北京: 知识出版社, 1982: 3.

[158] 刘长茂. 关于人口社会学发展的思考 [J]. 人口与发展, 1989 (1): 10.

[159] 刘桂英. 关于临终关怀工作的国外见闻及国内实践体会 [J]. 现代护理, 2001 (11).

[160] 苗娟等. 临终关怀的研究概况 [J]. 中国肿瘤临床与康复, 1995 (2).

[161] 尚巧玲. 我国临终关怀事业现状及对策研究 [J]. 现代商贸工业, 2011 (3).

[162] 黄继红. 开展临终关怀护理的体会 [J]. 中国校医, 2001 (4).

[163] 秦小华. 做好临终关怀的护理 [J]. 实用护理杂志, 2002 (6).

[164] 刘芳. 临终关怀的本质与道德原则 [J]. 锦州医学院学报 (社会科学版), 2004 (1).

[165] 申鹏. 基于中国人口实践的制度人口学研究内容探析 [J]. 西北人口, 2010 (2).

[166] 杨剑龙, 王国旭, 杨高洪. 哀牢山中部彝族腊鲁人的风葬习俗 [J]. 寻根, 2010 (5).

[167] 余仕麟. 藏族传统社会天葬习俗的缘由辨析 [J]. 西南民族大学学报 (人文社会科学版), 2010 (12).

[168] 韩云彪. 万甲峰"临终关怀"与"安乐死"[J]. 中国医院管理杂志, 1997 (7).

[169] 王文婷, 桑青松. 从心理学角度看我国临终关怀现状 [J]. 中国校医, 2009 (3).

[170] 姜卫平. 中国人口发展趋势 [J]. 人口与计划生育, 2010 (8).

[171] 周德新. 死亡观教育: 大学生思想教育的"软肋"[J]. 湖南文理学院学报 (社会科学版), 2005 (4).

[172] 陈俊杰. 中国农民生育需求的层次结构 [J]. 中国社会科学, 1995.

[173] 杨善华. 城市青年的婚姻观念 [J]. 青年研究, 1988 (4).

[174] 邱幼云. 理性选择视角下初婚者择偶标准的性别差异——以对厦门市的调查为例 [J]. 青海师范大学学报 (哲学社会科学版), 2009 (3).

[175] 陈宇鹏. 经商青年择偶标准与行为的实证分析——以义乌为例 [J]. 中国青年研究, 2011 (2).

[176] 张海钟, 刘慧珍. 女性择偶标准的社会历史变迁及当代走向 [J]. 邯郸学院学报, 2010 (12).

[177] 朱松, 董葳. 十五年来中国男性择偶标准的变化 [J]. 心理与行为研究, 2004 (4).

[178] 陆益龙. "门当户对"的婚姻会更稳吗？——匹配结构与离婚风险的实证分析 [J]. 人口研究, 2009 (2).

[179] 张冀. 中国阶层内婚制的延续 [J]. 中国人口科学, 2003 (4).

[180] 马瀛通. 出生人口性别比失调与从严控制人口的误导与失误 [J]. 中国人口科学, 2005 (2): 2-11.

[181] 陈一筠. 同居关系会替代婚姻吗？——美国的最新研究报告 [J]. 国外社会科学, 1999 (4).

[182] 刘长想. 吸毒原因系统的理论分析 [J], 兰州学刊, 2005, (5).

[183] 杨玲, 樊召锋. 自杀态度与自杀倾向的相关分析——大学生自杀风险评估与危机干预研究 [J]. 甘肃社会科学, 2009 (1).

[184] 陈晓霞. 自杀危险因素的研究现状 [J]. 重庆医学, 2010 (1).

[185] 梁烨, 姜春玲, 王志青等. 北京50家综合医院门诊患者自杀意念及自杀未遂调查 [J]. 中华流行病学杂志, 2006, (1).

[186] 王晓伟. 自杀行为的心理学综述研究 [J]. 太原大学教育学院学报,

2010，（1）.

　　[187] 唐德荣."向死而生"—— 试论先秦时期的自杀现象 [J]. 晋阳学刊，1997（4）.

　　[188] 马剑侠. 我国目前自杀的主要特点、社会心理分析及对策 [J]. 安阳师范学院学报，2001（6）.

　　[189] 潘令仪，王祖承. 自杀的国内研究概况 [J]. 中国行为医学科学，2005，（7）.

　　[190] 方向新. 人口社会学的学科地位与理论体系初探 [J]. 人口与经济，1989（4）.

　　[191] 李玲，我国临终护理发展现状与前进展望 [J]. 国外医学（护理学分册），2005（8）.

　　[192] 蔡建民，张云辉. 对殡葬服务收费情况的调查与建议 [J]. 中国价格监督检查，2011（4）.

　　[193] 咏慷. 中国殡葬报告 [J]. 北京文学，2013（4）.

　　[194] 张洪河，李舒. 殡葬也疯狂 [J]. 现代经济信息，2007（6）.

　　[195] 刘小鹏，苏晓芳等. 空间贫困研究及其对我国贫困地理研究的启示 [J]. 干旱区地理，2014（1）：144-152.

　　[196] 翁乃群. 艾滋病的社会文化建构 [J]. 清华社会学评论，2001（1）：1-56.

　　[197] 胡玉坤. 社会性别与艾滋病问题研究——全球化视域下的中国个案 [J]. 社会科学论坛，2007（5）：16-38.

　　[198] 曾震，邓兆鹏，姚丽莎. 艾滋病患者子女心理健康状况及原因对策浅析——以河南省上蔡县为例 [J]. 经营管理者，2009（23）：102-102.

　　[199] 翁乃群. 艾滋病传播的社会文化动力 [J]. 社会学研究，2003（5）：84-94.

　　[200] 曾毅. 艾滋病的流行趋势、研究进展及遏制策略 [J]. 中国公共卫生，2001（12）：1061-1062.

　　[201] 景军. 艾滋病与乡土中国 [J]. 市场与人口分析，2005（2）：37-39.

　　[202] 刘潼福."社会科学与艾滋病——理论和实践研讨会"综述 [J]. 社会学研究，2004（2）：112-113.

　　[203] 倪玉霞，刘敏. 艾滋病人违法问题现状及解决方法初探 [J]. 云南警官学院学报，2008（5）：68-71.

［204］任海英. 我国艾滋病歧视问题的社会心理学分析［J］. 卫生行政管理，2009（1）：143-146.

［205］朱海林，韩跃红. 艾滋病患者权利保障面临的伦理冲突及其协调［J］. 大连理工大学学报（社会科学版），2009（1）：93-96.

［206］于景辉. 谈社会公正观视域下的我国残疾人教育［J］. 教育探索，2013（9）：107-109.

［207］李术. 试论残疾人的教育公科［J］. 中国特殊教育，2003（4）：8-12.

［208］田宝军，智学，李长城. 弱势群体教育问题研究［J］. 社会科学论坛，2002（11）：78-80.

［209］钱志亮. 社会转型时期的教育公平问题——中国教育学会中青年教育理论工作者专业委员会第十次年会会议综述［J］. 教育科学，2001，（1）：63-64.

［210］曲建武，赵慧英. 关于普通高校招收残疾学生的思考［J］. 中国高教研究，2003（1）：63-64.

［211］杨东平. 教育公平是一个独立的发展目标——辨析教育的公平与效动［J］. 2004（7）：26-31.

［212］苏君阳. 论教育公正的本质［J］. 复旦教育论坛，2004（5）：33-36.

［213］赖德胜，廖娟，刘伟. 我国残疾人就业及其影响因素分析［J］. 中国人民大学学报，2008（1）：10-15.

［214］豆红玉 韩旭峰. 我国残疾人就业现状及存在问题的分析［J］. 经济论丛，2016（8）：39-41.

［215］宓淑芳，曹华. 残疾人心理问题研究［J］. 北华大学学报（社会科学版），2009（12）：116-118.

［216］兰继军，胡文婷，赵辉等. 残疾人心理发展问题及影响因素的质性研究［J］. 现代特殊教育（高教），2015（12）：3-7.

［217］王江曼. 我国残疾人社会福利的问题及对策［J］. 法制与经济，2011（8）：200-202.

［218］周林刚. 残疾人社会保障体系与公共服务体系建设研究［J］. 中国人口科学. 2011（2）：94-103.

［219］中国残疾人联合会. 加快推进残疾人社会保障体系和服务体系建设［J］. 求是，2010（14）：11-12.

［220］刘迟，韩俊江. 我国残疾人社会保障制度的完善［J］. 税务与经济，

2012（1）：46-49.

[221] 许琳，张艳妮. 我国残疾人社会保障的现状与问题研究 ［J］. 西北大学学报（哲学社会科学版），2007（11）：80-84.

[222] 谭琳，唐斌尧，宋月萍. 95 世妇会以来中国大陆女性人口学研究述评 ［J］. 云南民族大学学报（哲学社会科学版），2006（11）：11-18.

[223] 王冬梅. 健康方面的性别不平等与贫困 ［J］. 妇女研究论丛，2005（1）：17-19.

[224] 荣维毅. 中国女性主义研究浅议 ［J］. 北京社会科学，1993（3）：144-151.

[225] 吴清华. 当代中外贫困理论比较研究 ［J］. 人口与经济，2004（1）：74-79.

[226] 国务院防治艾滋病工作委员会办公室，卫生部，联合国艾滋病中国专题组. 中国艾滋病防治联合评估报告 ［R］. 2007.

[227] 谭琳. 90 年代以来的中国女性人口研究：回顾与展望 ［A］. 李秋芳. 半个世纪的妇女发展——中国妇女五十年理论研讨会论文集 ［C］. 当代中国出版社，2001.

[228] K Davis. The Theory of Change and Response in Modern Demographic History ［J］. Population Index，1963，29（4）：345-366.

[229] J. C. Caldwell. The Mechanisms of Demographic Change in Historical Perspective ［J］. Population Studies，1981，35（1）：5.

[230] Wrightsman. Social Psychology，（2ed，ed）［M］. Monterey Brooks/cole publishing Company，1977.

[231] Not Available. Human Mate Seleetion ［J］. American Scientist，1986，73（1）：47-51.

[232] RF Winch. Mate-selection；A study of complementary needs ［J］. Marriage & Family Living，1959，21（1）：428.

[233] J. Ross Eshleman. The Family：An Introduction ［M］. Allyn And Bacon，Inc，1988.

[234] David M，Buss Todd K，et，al. A Half Century of Mate Preferences：The Cultural Evolution of Values ［J］. Journal of Marriage and Family，2001，63（2）：491-503.

［235］AF Hayes. Age Preferences for Same - and Opposite-Sex Partners ［J］. Journal of Social Psychology, 1995, 135 (2)：125-33.

［236］BI Murstein. A Clarification and Extension of the SVR Theory of Dyadic Pairing ［J］. Journal of Marriage & Family, 1987, 49 (4)：929-933